elefante

Conselho editorial
Bianca Oliveira
João Peres
Tadeu Breda

Edição
Tadeu Breda

Assistência de edição
Luiza Brandino

Preparação
Mariana Zanini

Revisão
Laila Guilherme
Eduarda Rimi

Capa & direção de arte
Bianca Oliveira

Diagramação
Denise Matsumoto

Discurso filosófico da acumulação primitiva

Pedro Rocha de Oliveira

Estudo sobre as origens do pensamento moderno

Thomas Smith e a oligarquia republicana moderna 292

Apresentação

O conceito de uma ciência eficaz, baseada na evidência dos experimentos; a utopia político-filosófica e o Estado administrativamente capaz; a noção de sociedade civil e a funcionalidade da economia baseada no benefício próprio. Tais ideias, ainda hoje fundamentais para a compreensão da sociedade capitalista, foram formuladas pela primeira vez no período particularmente brutal da "assim chamada acumulação primitiva de capital": as origens da modernidade. Os pioneiros que então as propuseram, longe de serem pensadores profissionais, eram membros bastante ativos da elite político-econômica: cortesãos habilidosos, aristocratas favorecidos, representantes eleitos das classes proprietárias, inimigos ferrenhos das rebeliões populares. Francis Bacon, advogado e terratenente, supervisionava torturas; Thomas More, o conselheiro humanista de Henrique VIII, tinha um pelourinho no jardim; Thomas Smith, o que primeiro escreveu "sociedade civil" em inglês, engajou-se pessoalmente na genocida colonização da Irlanda. Eram homens de confiança de seus monarcas; sua percepção afiada e sua posição social privilegiada permitiram que colocassem no papel os baluartes ideológicos da sociedade moderna, os quais o Iluminismo depois transformou em referências importantes também para sua autocrítica. Mas a leitura que usualmente se faz desses autores — em busca de inspiração na genial tradição moderna — costuma tratar como meramente anedótico o papel político por eles desempenhado em vida: o caráter engajado dessa intelectualidade é relegado ao estatuto de biografia, da qual seria preciso separar o pensamento brilhante e revolucionário. A tradição filosófica assim construída acaba fundando-se em uma insensibilidade quanto ao enraizamento material das belas ideias de que é supostamente composta.

O presente trabalho vai no caminho contrário: propõe uma "leitura a contrapelo" das obras de autores paradigmáticos, visando desrecalcar o conteúdo histórico, econômico e social de seu pensamento, mostrando a incômoda continuidade que existe entre a mais alta imaginação moderna e a violência do processo civilizatório capitalista. Trata-se de uma análise detalhada de textos-chave de Francis Bacon, Thomas More e Thomas Smith, homens do "longo século XVI", buscando reconstruir passo a passo a lógica de suas exposições, ao mesmo tempo permitindo que os acontecimentos e a atmosfera de seu contexto histórico se insinuem entre os argumentos, de modo que possam ser compreendidos em sua densidade real. Para tanto, são mobilizados documentos de época, bem como explanações a respeito do funcionamento da sociedade na qual os autores viveram. Indaga-se qual o significado dos textos para os leitores que lhes eram contemporâneos, não só numa perspectiva cognitiva, mas do ponto de vista das implicações políticas neles contidas.

Este não se trata, portanto, de um trabalho de história da filosofia, mas de uma tentativa de convocar a filosofia, a história, a sociologia e a economia política a contribuírem para o entendimento do período da "acumulação primitiva", permitindo, assim, um vislumbre dos fundamentos da socialização capitalista. Se, por um lado, o texto assume certa familiaridade com os problemas gerais da tradição filosófica moderna, bem como do pensamento materialista, por outro lado recapitula constantemente esses pressupostos dentro de contextos específicos. Ao mesmo tempo, esta obra procura explanar aspectos fundamentais da realidade histórica da acumulação primitiva, de modo que, em vez de conhecimento prévio, o que se exige é interesse no período histórico aqui enfocado, e curiosidade a respeito dos liames que o conecta à nossa época.

Introdução
A simpatia historiográfica pela modernidade

A historiografia sobre a origem do capitalismo esteve desde sempre marcada, a um só turno, pelo ímpeto crítico e por uma profunda simpatia pelo progresso. Chamam a isso de dialética, e, em geral, a expectativa é de que esse termo técnico caçoe das tentativas de responder se, afinal, essa civilização vale ou não vale a pena e substitua tal pergunta por alguma avaliação sutil que, no fim das contas, afirme que vale a pena, sim — e muito. Evocam-se as instituições modernas, o ideal republicano, o Estado laico, sem esquecer o progresso técnico, e relacionam-se todas essas coisas realmente existentes a um futuro mais ou menos longínquo no qual, aí sim, existirão em seu estado pleno. É a ideologia progressista que, nos dias de sol, pede que a destrutividade moderna — a origem colonial genocida, a criação monstruosa do monopólio de poder pelo Estado, a generalização da mercadoria e do trabalho assalariado como formas de administrar uma escassez socialmente produzida — seja mui dialeticamente deixada de lado. Com isso, a historiografia vira, na prática, a fala daqueles que advertem sobre a necessidade dos sacrifícios porque não tiveram de perecer em nenhum deles. A crítica ao capitalismo — que foi, afinal, a motivação para sua historicização — torna-se, em vez disso, a celebração de seus supostos potenciais ainda por realizar. E tudo isso se dá numa época, ademais, em que os progressistas precisam ser fundamentalmente conservadores: no combate à indiferença generalizada diante das verdades mais básicas da ciência, evoca-se a reverência à autoridade científica, e, na esfera política, tudo que se pode fazer é tentar evitar a decadência do Estado de direito e daquilo que se reconhece como conquistas da burguesia do século XIX, as quais desde sempre só tiveram aplicabilidade metafórica numa sociedade de massas. É um quadro de esgotamento civilizatório, em que o apego aos resquícios de civilidade moderna se deve apenas ao desespero e ao hábito, os quais a historiografia usual a respeito da modernidade acaba substituindo pela convicção. O presente texto dirige-se contra essa substituição, estimulando a imaginação a libertar-se do ideário moderno através da rememoração de algumas boas razões para odiá-lo.

Como dizíamos, a historiografia sobre a origem do capitalismo esteve desde sempre marcada, ao mesmo tempo, pelo ímpeto crítico e por uma profunda simpatia pelo progresso. Karl Marx, tanto no *Manifesto comunista* quanto em *O capital*, situou os problemas dessa historiografia num lugar privilegiado. É do primeiro texto que data a ideia de que a revolução burguesa, por um lado, e o desenvolvimento técnico capitalista, por outro, abriram uma temporalidade especial que possuía o atributo único na história da humanidade de poder sepultar para sempre a luta de classes, a exploração do homem pelo homem e a necessidade material. Marx era, afinal, tributário do entusiasmo típico da modernidade pela própria modernidade (Berman, 1988 [1986]). Uma expressão particularmente bizarra desse entusiasmo é o elogio de Marx à colonização britânica da Índia como "a maior e, para dizer a verdade, a única revolução social de que se tem notícia na Ásia" (Marx, 1853 [1992]), num artigo para o *New York Daily Tribune* que não é insensível às violências imperialistas, mas termina com uma citação de Goethe sobre o bem que o sofrimento faz à alma humana...

Já no famoso capítulo 24 do livro I de sua ópera magna, Marx é menos dúbio em sua denúncia dos horrores da "assim chamada acumulação primitiva", o processo brutal através do qual a agricultura de subsistência começou a ser substituída pelo capitalismo agrário-mercantil na Inglaterra (Marx, 2013, cap. 24). O autor nos legou ali um relato contundente de como a civilização moderna foi inaugurada pela violência da expropriação; de como os trabalhadores da Era Moderna, "livres como pássaros" (Marx, 2013, p. 805),[1] se originaram de populações relutantes em abandonar seu modo de vida pré-moderno, e que foram coagidas através dos subterfúgios jurídicos do Estado moderno nascente, das torturas de políticas penais desumanas e do brutal projeto pedagógico das *workhouses*. A acumulação primitiva é retratada por Marx como um período de violência econômica e extraeconômica explícita. Ali, a ação dos setores sociais interessados no desenvolvimento do capitalismo nascente tem muito pouco do potencial civilizatório da sociedade burguesa plena, cuja atmosfera de permeabilidade política é evocada no *Manifesto* ou nas "Exigências do Partido Comunista na Alemanha", que fala de planos para o grande dia em que os socialistas, finalmente eleitos pelo proletariado organizado, obteriam a maioria parlamentar (Marx & Engels, 1848).

Ao longo do século XX, contudo (e mesmo nos tempos que correm), grande parte da historiografia sobre a origem do capitalismo ou sobre a alvorada da sociedade moderna aceitou o conceito de acumulação primitiva e, ao mesmo tempo, manobrou ao seu redor, optando, direta ou indiretamente, pela compreensão da ascensão da burguesia e das instituições modernas como marcas de um progresso civilizatório positivo, um ganho perante

1 *Vogelfrei* no texto original em alemão, traduzido no Brasil como o "proletariado inteiramente livre" produzido pela acumulação primitiva.

as trevas do passado. Exemplo paradigmático dessa abordagem foi a "ortodoxia" da Segunda Internacional, que apresentava a sociedade burguesa como etapa necessária entre os tempos sombrios do "feudalismo" e a emancipação socialista futura. E, se a crítica a essa ortodoxia cuidou de combater o mecanicismo de tal compreensão, não se desviou da avaliação essencialmente positiva a respeito da sociabilidade moderna. É o que se vê, por exemplo, no trabalho de Robert Brenner, que foi o pivô dessa crítica no que tange à historiografia sobre o berço do capitalismo, a Inglaterra dos séculos XVI-XVII.

Robert Brenner: "Capitalismo ou desenvolvimento econômico bem-sucedido"

Num trabalho publicado em 1976, intitulado "Agrarian Class Structure and Economic Development in Pre-Industrial Europe" [A estrutura de classes agrária e o desenvolvimento industrial na Europa pré-industrial],[2] Brenner procurava chamar atenção sobre a dimensão política da ascensão do capitalismo. Opondo-se a uma leitura vulgar da "contradição entre forças produtivas e relações de produção" e a um retrato da derrocada da sociedade feudal resultante sobretudo de fenômenos puramente econômicos, o autor argumentava ser fundamental compreender a atuação política específica dos setores interessados na emergência do capitalismo agrário-mercantil, em especial dos terratenentes não nobres e dos mercadores. Sem o protagonismo desses grupos e a imposição de seus interesses econômicos — ou

2 Uma detalhada reconstituição dos "debates Brenner" é fornecida por Dimmock (2014, cap. 1).

seja, sem a luta de classes —, o "desenvolvimento econômico de longo prazo" seria impensável, assim como a "transição do feudalismo para o capitalismo" (Brenner, 1976, p. 32).

Brenner, portanto, não abandonava a perspectiva do "desenvolvimento". O emprego dessa terminologia traía algo em comum com a ortodoxia marxista que o autor vinha criticar: a apreciação positiva do processo histórico que dá origem à modernidade. Assim, Brenner (1976, p. 62) fala de "capitalismo ou desenvolvimento econômico bem-sucedido". Analisa a "parceria" entre os novos terratenentes capitalistas ingleses do século XVI e os camponeses que, depois de espoliados, precisavam se engajar em processos mercantis de lida com a terra, de modo a "liberar [os terratenentes], deixando-os livres para implementar as inovações técnicas [...] e para fazer os investimentos de grande porte [...] que eram em geral impraticáveis nas fazendas pequenas, não cercadas (*unenclosed*), geridas pelos camponeses" (Brenner, 1976, p. 64). Fala, ainda, de "aprimoramentos" (*improvements*) nas terras, repetindo um termo evidentemente valorativo popularizado pelos apologistas do cercamento dos campos do século XVI — ou seja, pela gente que havia perpetrado os horrores da acumulação primitiva discutidos por Marx.[3]

Num estudo posterior (Brenner, 2003),[4] o autor mudou seu foco para a atuação político-econômica dos mercadores londrinos nos séculos XVI-XVII, período que, aliás, recebeu comparativamente menos atenção de Marx no capítulo sobre acumulação primitiva, concentrado nos eventos cronologicamente mais próximos à eclosão da Revolução Industrial. Nessa obra, Brenner antepõe as classes mercantis, parlamentaristas e puritanas à aristocracia tradicional, antiparlamentarista e católica. Relaciona as transformações políticas tipicamente modernas — o

3 Ver a observação de Comninel (2000) sobre o emprego do termo pela literatura entusiasmada com o progresso capitalista.

4 A obra data originalmente de 1993.

enfraquecimento dos bispos, o controle parlamentar sobre os recursos públicos, a formação de um exército nacional regular e o declínio da autoridade monárquica — à atuação das classes mercantis, ou das alianças em que elas estavam presentes. Chama a atenção para o caráter "relativamente democrático" (Brenner, 2003, p. 710) da instituição parlamentar e dos mecanismos de campanha e petição empregados pelas "classes parlamentares". O "antiabsolutismo", segundo ele, teria sido fortalecido pelos "desenvolvimentos socieconômicos" do século XVII, à medida que "o capitalismo agrário se consolidou crescentemente e o aprimoramento da agricultura acelerou" (Brenner, 2003, p. 711).

Assim, de costas para os horrores da acumulação primitiva, Brenner é tributário de uma concepção de progresso econômico que, devido às relações de classe nele implicadas, envolveria um progresso político que apontaria para uma suposta abertura das possibilidades históricas contidas nas instituições burguesas. No entanto, é digno de nota que essa possibilidade é avaliada *conforme* a brutalidade do processo de acumulação primitiva desaparece por trás de um discurso sobre os "aprimoramentos" econômicos da alvorada do capitalismo. Como fica o "caráter relativamente democrático" das instituições modernas diante dos "momentos em que grandes massas humanas são despojadas súbita e violentamente de seus meios de subsistência" (Marx, 2013, p. 787) — as crianças perdendo os membros no avançado maquinário fabril, os trabalhadores dormindo em pé, os vagabundos famintos sendo marcados a ferro — dos quais nos fala Marx no capítulo sobre a acumulação primitiva? Há uma espécie de afã moral em enaltecer as possibilidades civilizatórias da modernização burguesa, que cinde a consciência histórica, reprime a conexão necessária entre a brutalização das pessoas comuns e aquilo que supostamente deve ser elogiado no passado. O notável — na verdade, o intolerável, de um ponto de vista historiográfico responsável — é que Brenner não tenha sequer levado em conta *a questão sobre tal conexão* para formular seus juízos promissores a respeito da sociedade moderna.

Em grande parte, a historiografia posterior sobre a alvorada da modernidade inglesa teve a obra de Brenner como baliza, mas, mesmo quando isso não aconteceu, em geral não conseguiu (na verdade, nem tentou) escapar da referência progressivista, da apreciação positiva do processo de modernização e do bizarro (porém usual) silêncio diante da relação entre essa apreciação e a violência originária do capitalismo. Com isso, a consciência dos terríveis custos humanos envolvidos na ascensão da modernidade, despertada pelo capítulo de Marx sobre a acumulação primitiva, foi historiograficamente recalcada.

Andy Wood: as "pessoas comuns" como "sujeitos" da modernidade

Em certo sentido, a obra de Andy Wood constitui uma tentativa de andar por um caminho diferente do trilhado por Brenner. Sua abordagem aparentemente criativa coloca em foco não as elites econômicas, mas as "pessoas comuns". Como veremos, todavia, o resultado não é muito diferente, porque a fixação valorativa na modernidade continua operante.

O autor propõe uma reinterpretação das revoltas populares da Era Tudor, período dinástico que coincide com as primeiras etapas do processo de modernização econômica, social e política na Inglaterra (Wood, 2007). Metodologicamente, seu ponto de partida é o que chama de "nova história social da micropolítica" na alvorada da modernidade. Trata-se de uma historiografia que se debruça sobre a política no nível das aldeias e das paróquias e se opõe à abordagem mais tradicional, centrada na vida e nos afazeres da aristocracia, dos conselhos monárquicos e das oligarquias londrinas. As principais referências de Andy Wood são os trabalhos de Steve Hindle (2002) e Michael Braddick (2004), que focaram os impactos institucionais, judiciais, econômicos e sociológicos da centralização estatal da Era Tudor sobre a forma de vida das pessoas comuns. O autor, no entanto, analisa tais impactos mediante uma ênfase nuançada: sua atenção se volta para a maneira como as pessoas comuns teriam sido não o *objeto* da política de centralização projetada pela Coroa Tudor, mas *sujeitos* da implementação dessas políticas, enquanto participantes ativos dela.

Nesse sentido, Andy Wood (2007, p. XVII) procura ressaltar o protagonismo das pessoas comuns na construção da sociedade moderna, enquanto caracteriza os "conflitos de classe" da Era Tudor também como modernos num sentido específico. Parte de um discurso sobre o "papel neutro" ou "de mediação" da Coroa, e sugere que essa dimensão do Estado moderno teria sido explorada pela atividade política das pessoas comuns. Nessa medida, sublinha as "atitudes perante a lei, a ordem e a formação estatal" e conclui que, "longe de verem o Estado como o braço coercitivo da classe dominante, os rebeldes do final da Idade Média estavam mais inclinados a percebê-lo como uma agência que precisava ser fortalecida contra a violência e a corrupção" das elites (Wood, 2007, p. 7).

O autor afirma que dois tipos fundamentais de evidência sugerem, de início, essa leitura. Em primeiro lugar, estão os relatos da época e documentos produzidos pelos revoltosos, nos quais aparece uma linguagem política que peticiona à Coroa que intervenha contra os males socioeconômicos: o senhorio corrupto, os clérigos gananciosos, os mercantes inescrupulosos, o preço do pão etc. Na interpretação de Andy Wood, através das petições, produzidas no calor dos levantes, os rebeldes — ou, pelo menos, os seus porta-vozes — escolheriam o monarca como interlocutor, e verbalmente depositariam nele a esperança da resolução de seus problemas.[5] Nesse sentido, para o autor, os

5 Existe, evidentemente, documentação que suporta a argumentação de Andy Wood — a questão é se tal documentação é realmente representativa. Ver, por

revoltosos, enquanto atores políticos, reconheceriam o papel de neutralidade institucional da Coroa, bem como suas atribuições de regulação política e econômica; ou seja, os revoltosos relacionar-se-iam com uma instância fundamentalmente administrativa: o Estado moderno.

O segundo tipo de evidência arrolada por Andy Wood para caracterizar modernamente o protagonismo "popular" da Era Tudor é o aumento do litígio. Há evidência volumosa de que o período foi marcado por uma intensificação significativa da atividade das cortes de justiça controladas direta ou indiretamente pela Coroa, cada vez mais buscadas pelas chamadas pessoas comuns. Tal intensificação aconteceria, por um lado, em detrimento das cortes locais que se encontravam sob o domínio da aristocracia e, por esse motivo, tinham sua funcionalidade comprometida no caso de disputas que dissessem respeito direta ou indiretamente aos direitos senhoriais. Por outro lado, também se verifica que disputas entre pessoas comuns, antes solucionadas extrajudicialmente mediante acordos formais testemunhados pelos próprios aldeões, foram sendo transformadas em ações legais nas cortes da Coroa.[6] Nesse sentido, a atividade judicial cotidiana estaria se conformando à reconfiguração institucional imposta pela centralização estatal da Era Tudor — o que, na interpretação de Andy Wood, significaria uma *legitimação* desse processo de centralização por parte das pessoas comuns.

Por um lado, as escolhas teóricas feitas por Andy Wood baseiam-se na evidência disponível e ajudam-no a construir seu argumento a respeito do caráter moderno da ação política popu-

...

exemplo, a seleção de material primário apresentada em Fletcher e MacCulloch (2008, p. 146 ss., 156 ss.).

6 Hindle (2002, p. 69, 99, 117) identifica esse incremento na atividade das cortes como um dos sinais particularmente significativos de que o Estado inglês estava sofrendo modificações na alvorada da modernidade; uma das principais consequências disso era a capacidade de a Coroa agir diretamente na vida das pessoas comuns, exercendo poder unilateralmente *sobre* elas.

lar. Por outro lado, os argumentos fundamentais apoiam-se numa leitura parcial da evidência e numa interpretação tendenciosa dela. Se é possível, sem dúvida, identificar um código de expressão e de comportamento, por parte dos rebeldes da Era Tudor, que passa por um respeito à estrutura monárquica de poder e pelo reconhecimento desta como aparato administrativo, nos questionamos se é *essa* característica da revolta popular que deve ser empregada como chave de leitura do complexo fenômeno em pauta. Quando voltamos nossa atenção, por exemplo, à chamada "Revolta do Livro de Oração", deflagrada em 1549 no extremo oeste inglês, o quadro que se delineia vai no sentido oposto ao do reconhecimento político da atividade modernizante da Coroa. Ali, encontramos multidões que lutaram pela manutenção do costume religioso e do idioma locais, rebatendo a padronização religiosa imposta pela monarquia (Fletcher & MacCulloch, 2008, p. 56 ss., 62 ss.). Como parte da Reforma Inglesa, tal padronização era expressão da conformação moderna do Estado inglês, projetando a unidade nacional no campo dos costumes e da religião e, pela primeira vez na história inglesa, afirmando a monarquia como poder inconteste e incomparável em toda a Inglaterra,[7] às expensas do papado romano. Nesse sentido, revoltar-se contra a Reforma Inglesa parece ser revoltar-se *contra* a modernização estatal, de modo que a Revolta do Livro de Oração escapa do esquema pretendido por Andy Wood. Na medida em que a temática religiosa esteve presente não apenas nessa conflagração ocidental, mas em grande parte das rebeliões da Era Tudor, o argumento do autor se vê bastante prejudicado.

Da mesma forma, não encontramos uma configuração típica da modernidade política quando atentamos para o fenômeno rebelde dos "Homens Acampados" de Yorkshire, também em 1549. Aí, dificilmente conseguiremos montar a imagem de um

7 Conforme formula explicitamente a Act in Restraint of Appeals [Lei de restrição aos apelos], de 1533.

reclame popular por um Estado mediador de conflitos: tudo indica que o discurso que inflamava os acampamentos era alimentado por uma profecia milenarista de que "nenhum rei haveria mais de governar a Inglaterra; e os nobres e gentis-homens haveriam de ser destruídos; e o reino haveria de ser governado por quatro governadores que seriam eleitos e designados pela Gente Comum, presidindo um Parlamento amotinado" (Wood, 2007, p. 54). Nesse quadro, o empoderamento popular subentendido parece evocar um esquema incompatível com a verticalização envolvida na modernidade política, na qual a instituição estatal, enquanto mediadora, concentra as competências políticas, administrativas e militares. Com os olhos voltados na direção oposta à da modernidade política, o imaginário dos revoltosos, nesse caso, associa-se aos esquemas de poder que regiam a democracia aldeã medieval, que tinha suas origens mais remotas na Europa pagã, e que vinha sendo filtrado através dos séculos pelo milenarismo cristão radical.

Ademais, é importante observar que nenhuma documentação disponível nos permite averiguar de forma direta o que de fato pensava a "gente comum" amotinada. A cultura oral que orientava seu imaginário não foi capaz de sobreviver à violência da modernização capitalista. Diante desse fato, a escolha metodológica de Andy Wood é empregar a expressão "pessoas comuns" num sentido semelhante ao de "Terceiro Estado", consagrado pela historiografia da Revolução Francesa: é "comum" qualquer um que não seja nobre nem clérigo. Mas, nesse caso, tornam-se *commons* uma parte da *gentry* (a pequena nobreza), as oligarquias citadinas e os terratenentes não nobres — setores sociais componentes da elite estendida, gente letrada, capaz de redigir documentos e, em grande parte, diretamente interessada na ascensão do capitalismo. Uma vez que representavam uma parcela muito pequena e pouco representativa da sociedade inglesa, esses setores não podem ser chamados de "comuns" num sentido compatível com o que hoje se evoca quando se pensa nos setores "populares".

Ocorre que a falta de representatividade demográfica desses "comuns" de elite é escondida por trás de um abundante legado documental: entre diários, cartas, tratados políticos, testamentos, relações de bens etc., esse setor social foi o que, sem dúvida, deixou documentação mais abundante. Ora, também é verdade que essa gente de bem muitas vezes associava-se às rebeliões populares e redigia demandas políticas de ocasião, partindo do ponto de encontro entre seus interesses objetivos e aqueles do baixo campesinato e dos jornaleiros urbanos: em especial, o anticlericalismo e a revolta contra a aristocracia. Ao mesmo tempo, encontravam uma forma de inserir, entre aquelas demandas políticas, exigências compatíveis com o cercamento dos campos, tais como a redução do imposto sobre os rebanhos de ovelhas, as quais tinham evidente impacto negativo sobre a vida da maioria da população, dependente da agricultura de subsistência. A estranha mistura de demandas de elite e de demandas populares nas petições dos revoltosos na alvorada da modernidade foi notada pela literatura, e sua interpretação em geral leva em conta a composição complexa daquilo que se entende por "gente comum" (Fletcher & MacCulloch, 2008, p. 48).

Por outro lado, do ponto de vista dos rebeldes, há evidências de que essa terminologia sociopolítica não causava confusão. Um exemplo eloquente disso pode ser extraído da evidência documental sobre a revolta de Lincolnshire, de 1536. Nela, de início, massas de pequenos camponeses e pequenos artesãos uniram-se aos médios proprietários locais e obrigaram a *gentry* a negociar suas demandas com os emissários reais. Durante essas negociações, contudo, foi extraído um acordo desfavorável para os setores populares, mais tarde derrotados por tropas a serviço da aristocracia e da Coroa, diante das quais a *gentry* unanimemente resolveu recuar. No inquérito de traição subsequentemente instaurado, um membro do levante popular lamentava-se: "Que filhos de umas putas fomos por não termos matado os gentis-homens; sempre achei que nos trairiam" (Fletcher & MacCulloch, 2008,

p. 30). Essa fala, em contexto, expressa tanto a consciência da gente realmente comum sobre os limites da união política pontual com a pequena nobreza e com os proprietários de terra quanto a incompatibilidade política fundamental entre esses setores sociais.

Quanto aos outros baluartes da interpretação de Andy Wood, os dados sobre o aumento do litígio e a ideia de uma judicialização da vida voluntariamente empreendida pelas pessoas comuns, uma crítica semelhante pode ser feita. O próprio Hindle (2002, p. 84, 104, 110), uma das fontes para o empreendimento da "historiografia micropolítica" de Andy Wood, fornece elementos para argumentarmos que a maioria esmagadora da população urbana e rural ficou de fora do processo de judicialização da vida que tem lugar na alvorada da modernidade inglesa pelo simples fato de que o litígio envolvia o pagamento de custas altas demais. Nesse sentido, apenas as elites urbanas e aldeãs — os *yeomen,* fazendeiros detentores de extensas posses de terra, mas muito pouco representativos da população rural (e, portanto, muito pouco "comuns") — teriam se engajado com as instituições judiciais modernas no período.

Dito isso, podemos nos debruçar sobre o aspecto mais característico da abordagem de Andy Wood: sua atenção metodológica à "virada linguística" para a leitura da atividade política popular na alvorada da modernidade. O autor nos diz que "historiadores materialistas tenderam a rejeitar o foco histórico sobre a linguagem, considerando-a incompatível com a análise do conflito de classe" (Wood, 2007, p. 17), e anuncia sua intenção de remediar essa omissão. Tal intenção, contudo, é a rigor irrealizável: *como* fazer análise da linguagem de setores sociais que eram em grande parte analfabetos[8] e, portanto, não deixaram testemunho

8 Nem mesmo parece haver estimativas confiáveis para a porcentagem de pessoas comuns capazes de ler e escrever no século XVI; no século XVII, a sugestão é de que apenas 25% da população masculina inglesa sabia escrever o próprio nome (Bucholz & Key, 2004, p. 163-4).

escrito direto a respeito de si mesmos? Essa pergunta só pode ser respondida ressaltando-se a maneira tendenciosa com que o autor explora o significado turvo da expressão "pessoas comuns". Ele foca uma parcela da elite que não é nobre nem eclesiástica, mas ainda assim é privilegiada do ponto de vista das relações fundiárias. É um setor social bastante específico que, no fim das contas, não é muito mais amplo do que a oligarquia progressista da qual Brenner se ocupa.

As falhas básicas do trabalho de Andy Wood ficam, assim, transparentes. Sua obra não teria interesse específico se seu objetivo fosse simplesmente demonstrar o engajamento das elites não nobres e não eclesiásticas no processo de modernização: esse trabalho já fora feito por Robert Brenner, Christopher Hill e outros. Não haveria novidade alguma em pinçar os setores proprietários de dentro do universo da "gente comum" e mostrar sua relação umbilical com a ascensão do Estado e do capitalismo. Assim, o argumento de Andy Wood depende da acepção de "gente comum" num sentido amplo, englobando os setores populares. Mas então a evidência passa a ser não representativa, a interpretação, parcial, e a metodologia, inadequada.

Basta, pois, que alarguemos nossa percepção da evidência disponível, ou que aprofundemos nossa compreensão dessa evidência, para que as teses centrais de Andy Wood mostrem uma faceta altamente objetável. Mais do que a fragilidade do argumento desse autor em particular, contudo, o que nos interessa é mostrar a ideologia em que está metodologicamente fundamentado. Ao transformar a luta popular na alvorada da modernidade numa luta moderna por reconhecimento perante o Estado, ele atribui às massas acossadas pelo processo de modernização um olhar positivo para esse mesmo processo. É como se, atraídas pela eficiente neutralidade do Estado moderno, tais massas estivessem historicamente inclinadas a, de bom grado, abandonar o paradigma pré-moderno de subsistência econômica e organização local. Para demonstrar essa atração, contudo, o autor só dispõe de evidência referente à parte da "gente comum" que tinha interesses próximos aos das elites proprietárias. Desse modo, o historiador, imbuído da ideologia do progresso histórico e da necessidade ideológica de positivar o Estado moderno, só consegue tornar os setores populares historiograficamente relevantes na medida em que falaciosamente os identifica com seu adversário: a elite que privatizou a terra e extinguiu sua antiquíssima forma de vida centrada na subsistência.

Christopher Hill: as "origens intelectuais" contra a "multidão calhorda"

A despeito da intenção anunciada de oferecer uma alternativa à abordagem marxista tradicional, os incontornáveis problemas interpretativos na obra de Andy Wood são, na verdade, herdados dessa tradição. A atenção "à linguagem" é, na realidade, uma atenção a processos sociais de produção de documentos nos padrões modernos ou com eles compatíveis, e é apenas através de enormes malabarismos teóricos que se consegue dar sentido histórico progressista à crueza violenta dos motins de apropriação de alimentos, da derrubada de cercas, da pilhagem, da confusão ordinária entre festa e rebelião ou da religiosidade arcaica dos setores populares, de que se tem notícia apenas indiretamente. No fim das contas, recalca-se o conteúdo antimoderno da documentação, e as expressões populares precisam ser ou bem descaracterizadas, ou relegadas ao esquecimento. É o que se vê no trabalho de Christopher Hill (1980) sobre as "origens intelectuais da Revolução Inglesa".

Em alguns sentidos importantes, a obra de Hill se insere na mesma linhagem historiográfica de Brenner: enfatiza o aspecto político da transição para a sociedade moderna, focando a formação intelectual da classe média inglesa. O ponto de partida de seu argumento é a consideração do caráter de momentosa novidade histórica da execução pública do rei Carlos I, em 1649, consequência da Guerra Civil Inglesa. A decapitação do monarca, conforme apresenta o autor, colocou enormes exigências sobre a imaginação política dos ingleses. "Os homens de 1789 tiveram a experiência inglesa em que se apoiar"; lá, a revolução social culminara num protetorado, depois substituído pela monarquia. O movimento como um todo apontava para o "avesso da anarquia subversiva. Mas a Inglaterra do século XVII tinha muito pouco que, desde o passado, a pudesse orientar" (Hill, 1980, p. 4). E continua: "A existência de reis, lordes e bispos na Inglaterra era tão antiga quanto os mais antigos registros históricos. O pensamento de todos os ingleses era dominado pela Igreja estabelecida" — até que subitamente, na década de 1640, as classes respeitadas deixariam de sê-lo, as instituições veneráveis cairiam por terra e o rei "seria executado em nome de seu povo. Como é que as pessoas criaram coragem para realizar coisas tão inauditas?" (Hill, 1980, p. 5).

A maneira como Hill começa a responder a essa pergunta já nos diz muito. Procurando inspiração para o regicídio e o turbilhonamento social, o autor descarta rapidamente a cultura popular de revolta que havia animado o medievo, pondo fim aos direitos dos senhores feudais no Grande Levante de 1381, e passado para a alvorada da modernidade sob a forma dos levantes que uniam discursos religiosos a reivindicações econômicas nos séculos XV e XVI. É verdade, nos diz Hill, que, "ao longo da Idade Média, os tecelões se haviam associado à heresia, e os pobres das cidades às revoltas milenaristas". Interessante notar que um outro autor poderia usar essa frase para colocar as classes populares no rol da luta contra a "Igreja estabelecida" que dominava o pensamento dos ingleses. Mas Hill é um progressista, seus heróis são membros da primeva burguesia inglesa, e não das hordas arcaicas. Não podemos buscar no medievo a origem do imaginário de revolta da

Guerra Civil, porque tais "heresias e revoltas foram suprimidas antes que as ideias a elas associadas chegassem a atingir a dignidade de um sistema" (Hill, 1980, p. 6). A ideologia do progresso incide aqui com eloquência para condicionar o trabalho do historiador e torná-lo indiferente aos processos políticos e culturais que não conspiraram para a produção do tipo de ideia política que caracteriza a modernidade. Os valores intelectuais modernos — no caso, a sistematicidade do pensamento, tão cara à filosofia burguesa clássica — servem de filtro para a historiografia das ideias pré-modernas: só interessa olhar para aquelas formas de pensar e de agir que se comunicam diretamente com as festejadas instituições da modernidade política.

A primeira consequência de tal escolha metodológica na obra de Hill é, obviamente, uma determinada seleção de material: para entender como os ingleses puderam imaginar a luta contra a monarquia, os lordes e os bispos, o autor volta sua atenção para a ideologia da classe média, o *middling sort* que se relacionava de perto com o empreendimento capitalista marítimo e agrário-mercantil. O trabalho historiográfico precisa ter um ponto de partida, e, portanto, essa seleção de material não é fundamentalmente objetável. Além disso, o que convida oposição é a maneira parcial e comprometida com que esse material selecionado será interpretado. Com base em abundante documentação, Hill procura definir uma ideologia de classe média em termos de um pensamento científico a respeito da natureza, da política e da economia, ao mesmo tempo que atribui aos elaboradores e portadores desse pensamento a responsabilidade sobre o conteúdo republicano da Guerra Civil Inglesa. Tal conteúdo republicano, por sua vez, é elogiado em termos de um pré-Iluminismo e de um prenúncio do ideário democrático moderno. Mas o argumento permanece indiferente ao fato de que as classes empreendedoras da alvorada da modernidade estavam obviamente comprometidas com a violência da acumulação primitiva de capital, o que transparecia em importantes aspectos de sua cultura política e científica. E a relação entre tal comprometimento e as sublimes inspirações democráticas não é discutida em momento algum.

Um dos baluartes da argumentação de Hill é a maneira como as "ciências práticas" ou "artes mecânicas" (os *crafts*) necessariamente envolviam uma cooperação entre seus praticantes e fomentavam valores intelectualmente libertadores devido à ênfase na observação e na experimentação. O autor começa estabelecendo que tais artes mecânicas estavam muito difundidas entre as classes médias: "A ciência do reinado de Elizabeth era obra de mercadores e de artesãos, e não de dignatários; era realizada em Londres, e não em Oxford ou em Cambridge; era feita no vernáculo, e não em latim" (Hill, 1980, p. 15). Ao mesmo tempo, afirma que "em sua literatura científica escrita em vernáculo, e no nível de seu *entendimento científico popular*, a Inglaterra era única" na Europa (Hill, 1980, p. 16; grifo nosso). Nessa última afirmativa encontramos, com respeito à expressão "popular", o mesmo emprego dúbio que Andy Wood faz da expressão "pessoas comuns". Afinal, nas primeiras páginas do livro, o próprio Hill se encarrega de jogar para escanteio uma ideologia popular, herege, que não alcançou o estatuto de sistema; mais adiante, ao chamar a ideologia de classe média de "popular", está cuidando de apagar a tensão histórica contida naquele processo de eliminação — apagar a erradicação de um pensamento pré-moderno inadequado à modernidade e sua substituição por um pensamento moderno de origem social muito mais estrita e ligada a interesses econômicos muito mais específicos do que o milenarismo camponês, este de amplo alcance social, herdado do medievo.

De todo modo, Hill nos mostra que os valores cognitivos do Iluminismo futuro parecem bem entranhados nos tratados da ciência "popular" do século XVI inglês. Num então famoso manual de matemática, "os leitores não aprendiam apenas matemática [...]: também aprendiam que 'homem nenhum deve acreditar em coisa alguma sem a demonstração da razão'. Todas as afirmativas [...] deveriam ser testadas pelo raciocínio matemático e pela observação pessoal" (Hill, 1980, p. 17). A forma didática e dedutiva como eram escritos os manuais de artes mecânicas apostava na autonomia intelectual dos leitores: "Sua intenção deliberada era ajudar os 'mecânicos' a educar a si mesmos" (Hill, 1980, p. 20). Ele ainda arrola evidências da conexão entre esse pendor pela observação e pela autonomia e os princípios individualistas da teologia protestante (Hill, 1980, p. 7) e, para completar o apanágio esclarecido, ressalta como tal movimento intelectual estava ligado a um projeto de construção nacional. Citando textos do período, nos diz que os tradutores dos tratados clássicos de geometria e os produtores dos manuais de artes mecânicas

> tinham por alvo um "tipo mediano de homem", entre "a multidão calhorda e os sábios eruditos", e viam a criação de um público laico esclarecido como um bastião da verdadeira religião e da independência nacional, em um período em que tanto o protestantismo quanto a existência da Inglaterra como estado independente pareciam ameaçados pela Espanha. (Hill, 1980, p. 28)

A "multidão calhorda" (*rascal multitude*) é, evidentemente, uma ralé desprovida de pensamento sistemático, imbuída de imaginário milenarista — o qual às vezes era radicalmente democrático, como vimos acima, mas isso pouco importa. A expressão é evocativa da "multidão vulgar" que, nos documentos oficiais e na opinião dos parlamentares do início do século XVII, tinha de ser metida nos porões dos navios e enviada para a "prisão sem muros" do Novo Mundo (Linebaugh & Rediker, 2000, p. 20), depois de ter sido expulsa de suas terras pelo "desenvolvimento econômico" moderno. Aqueles que assim a descreviam produziam os documentos, votavam nos parlamentos e cercavam a terra, e não eram outros senão os sujeitos da modernidade de Brenner, empregando a "relativa democracia" que é obra sua, e os autores do Iluminismo *avant la lettre* de Hill.

Este último autor também estuda em pormenores a conexão entre a prática econômica da classe média e o desenvolvimento de sua cultura científica. Discute, por exemplo, a difusão da descoberta dos logaritmos por John Napier em 1614. A primeira tabela de logaritmos publicada na Inglaterra foi dedicada à Companhia das Índias Orientais, e obras subsequentes sobre o tema foram dedicadas aos governadores da Companhia (Hill, 1980, p. 41-2). A utilidade dos logaritmos é incontestável: eles possibilitaram a invenção da régua de cálculo, além de permitirem o desenvolvimento de novas técnicas de agrimensura, estimativa da capacidade de carga de navios etc. Trata-se, portanto, da aliança de um avanço técnico de enorme importância — o "desenvolvimento das forças produtivas" — com a cultura de autonomia intelectual e o vanguardismo econômico inglês. Que esse vanguardismo tivesse consequências muito pouco promissoras para as populações indígenas dos territórios americanos explorados pela Companhia das Índias é fato ofuscado pela celebração da modernidade inglesa de Hill.[9] A conexão entre brilhantismo científico e econômico, por um lado, e violência colonial, por outro, não concerne ao argumento, embora devesse ser de bastante interesse para uma historiografia que tentasse compreender, desde a perspectiva da totalidade, o processo de socialização capitalista e a história do pensamento moderno.

Os paradoxos oriundos das questões que orbitam o processo de colonização terminam, de todo modo, maculando irremediavelmente o argumento de Hill: são momentos em que sua simpatia pelos valores modernos volta-se contra si mesma. Aí, o materialismo da classe média, o bom senso prático que a levava a desconfiar do inútil pensamento especulativo dos teólogos, abrindo caminho para o uso pragmático e esclarecido das

9 De sua análise de relatos dos executores do empreendimento colonial da Companhia das Índias, Cave (2011, p. 52) extrai a ideia de que a política indígena era pautada pela "coerção calculada" — expressão certeira.

faculdades cognitivas, aparece em suas implicações hediondas. O problema fica muito claro quando atentamos, por exemplo, à mudança de perspectiva inserida pelos esclarecidos de Hill no debate sobre o problema da população na Era Tudor.

Sabe-se que uma das marcas da ascensão do capitalismo agrário-mercantil na Inglaterra foi a acelerada substituição da terra arável por pastos de ovelha: primeiro, para atender à demanda por lã da manufatura dos Países Baixos e, depois, da manufatura doméstica. É a isso que diz respeito o fenômeno dos *enclosures*, ou cercamento dos campos, que desempenha papel tão importante no texto marxiano sobre a acumulação primitiva. Sua consequência foi a criação de um enorme contingente populacional despossuído e desterrado, que vagava ora em busca de trabalho sazonal, ora praticando a mendicância e o banditismo — e, ocasionalmente, a rebelião. Entre os burocratas e as classes letradas, a percepção comum era de que não passavam de populações excedentes: os textos da época, por falta de acuidade ou por malícia, falam de um crescimento demográfico vertiginoso, e não de transformações econômicas. Não demorou para que as autoridades regionais e a Coroa inglesa mobilizassem contra essa população vagante todo o aparato repressivo disponível, especialmente sob a forma de uma política penal baseada nos castigos físicos: chicotadas, amputações, enforcamento.

Todavia, várias figuras da classe média empreendedora admirada por Hill começaram a questionar essa visão. Uma delas foi Richard Hakluyt, que Hill nos apresenta como eminente químico, botânico e integrante de vários dos círculos de letrados que intercambiavam influências com a classe de "mecânicos", empreendedores, tradutores, divulgadores etc. (Hill, 1980, p. 39). Ocorre que Hakluyt era, também, um dos pioneiros da colonização inglesa. Entendeu muito rápido que a suposta superpopulação era apenas uma questão de perspectiva: as colônias resolveriam esse problema doméstico, ao passo que as plantations na Irlanda e no além-mar funcionariam como "prisões sem muros": a deportação, portanto, era a solução para os "enxames de gente à toa" que, na Inglaterra, não tinham utilidade econômica alguma (Linebaugh & Rediker, 2000, p. 15-6), mas que, sob as ordens de empreendedores coloniais, desempenhariam o trabalho que mais ninguém teria inclinação de realizar.

Há também William Gilbert, para Hill uma importante figura da estirpe de Hakluyt. Astrônomo e físico, "observava os trabalhos nas metalurgias e conversava com os navegantes enquanto se preparava para escrever". Dizia que "os verdadeiros filósofos não procuram por conhecimento nos livros, mas nas próprias coisas". Esse inconteste luminar, ao mesmo tempo, refletia sobre a conexão entre a expropriação da terra arável na Inglaterra e a demanda de trabalho nas colônias, e é possível demonstrar como suas reflexões, tal qual as de Hakluyt, têm relação direta com a draconiana política penal de deportação que se estabelece no final do século XVI (Linebaugh & Rediker, 2000, p. 56).

Por fim, temos Francis Bacon, um dos principais personagens do argumento de Hill, investidor, advogado, homem de Estado e — muito mais tarde — eminente filósofo da ciência. Hill dedica a Bacon um capítulo inteiro, no qual celebra a aliança entre a experimentação científica, a atenção às coisas práticas e a sã preocupação com os aspectos materiais da administração estatal. E salienta sua arguta percepção: "Compartilhava a visão de Hakluyt de que a superpopulação da Inglaterra era apenas relativa: uma resoluta política de drenagem dos pântanos, cultivação das terras selvagens e comuns, colonização da Irlanda" teria como consequência, em breve, nas palavras do próprio Bacon, "antes uma escassez que um amontoado de pessoas" (Hill, 1980, p. 98). É óbvio que, nessa passagem, Hill simplesmente ignora que todos os aspectos daquela "resoluta política" envolviam não apenas a prática direta de cercamento dos campos, com toda a agressividade econômica e extraeconômica nela implicada, mas também a superexploração das populações despossuídas nos insalubres trabalhos de drenagem, bem como a violência genocida do empreendimento colonial na Irlanda.

Observações semelhantes poderiam ser feitas a respeito de William Petty, figura de destaque na medicina e na economia (Hill, 1980, p. 74, nota 2), mas também veterano da conquista da Irlanda sob Cromwell e formulador de uma teoria científica sobre as diferenças raciais. Defendia os trabalhos forçados e a escravidão com base em um argumento puramente econômico:

> Por que é que os ladrões insolventes não deveriam ser punidos com a escravidão, ao invés de o serem com a morte? Enquanto escravos, poderão ser forçados a realizar tantos trabalhos, e com um custo tão baixo, quanto a natureza tolerar, com isso tornando-se equivalentes a dois homens integrantes da sociedade, ao invés de um homem dela retirado. (Petty *apud* Linebaugh & Rediker, 2000, p. 147)

Sua obra publicada postumamente, em 1690, atende a todos os requisitos do Iluminismo inglês de Hill: trata das coisas sociais pela perspectiva puramente contábil da eficiência econômica, sem dar muita atenção às questões morais que tanto interessavam ao pensamento medieval. O título, que nos diz muito, era *Aritmética política* (Linebaugh & Rediker, 2000, p. 147).

Até mesmo homens como Francis Drake, responsáveis diretos por capítulos memoráveis do genocídio ameríndio, aparecem na obra de Hill apenas como personagens de uma vivaz e progressista troca de ideias sobre navegação, cartografia, fabricação e operação de instrumentos os mais variados, geografia, geologia e outros avanços científicos relevantes para problemas tecnicamente difíceis. O republicanismo da Guerra Civil Inglesa teria nascido dessa cooperação de espíritos livres, ambições mundanas e conexões com o desenvolvimento científico e econômico, e não se indaga o que, então, teria sido provocado pelo lado desumano dessas atividades: as deportações em massa, a destruição paulatina e calculada da agricultura de subsistência, a política de desocupação na Irlanda e a guerra colonial na América. Assim, em resumo, é notável o quanto as contribuições dessas figuras para a alvorada da modernidade precisam ser apresentadas de forma parcial, seletiva, tendenciosa, para que o argumento de Hill resulte na imagem de uma ideologia do progresso à qual vale a pena prestar atenção como quem antevê, nela, as promessas dialéticas da modernidade burguesa.

As interpretações tendenciosas de Hill e a parcialidade de sua análise documental dão evidências de que seu trabalho está a serviço de uma ideologia que limita e condiciona sua apreciação da história. Encarar a modernidade primeva como prenhe das possibilidades históricas de uma prática democrática e de uma cultura intelectual louváveis exige ignorar as implicações entre o capitalismo tecnológico nascente e a brutalidade nua da acumulação primitiva.

Neal Wood: "reformadores esclarecidos"

Outro herdeiro imediato dos "debates Brenner" é Neal Wood. Seu trabalho sobre os "fundamentos da economia política" (Wood, 1994) tenta traçar uma correlação entre o materialismo cognitivo da classe média letrada dos anos 1500, as origens da ideia de justiça social e o republicanismo burguês. O autor se debruça sobre uma série de intelectuais da Era Tudor, os quais "parecem haver estado entre os primeiros europeus a se engajarem extensivamente na observação empírica realista das condições sociais e econômicas" (Wood, 1994, p. 2). É a mentalidade científica moderna que Neal Wood está buscando, fiel à realidade e aos fatos mas também comprometida com a transformação da realidade, atenta à "informação factual, muitas vezes sob a forma de estatísticas", e também aberta a uma "crescente apreciação do processo social e da mudança" (Wood, 1994, p. 2). Ou seja, está em jogo, para o autor, a ascensão de uma consciência histórico-social. Sua "expressão persistente e consistente de compaixão pelo sofrimento dos pobres" combinava-se a "um chamado por reforma" que colocava o grupo de intelectuais estudado por Neal Wood "entre os primeiros autores modernos a conceber a legislação como um instrumento poderoso e positivo de transformação social esclarecida" (Wood, 1994, p. 3).

É importante notar que o termo coletivo pelo qual o autor Wood designa seus intelectuais progressistas ("reformadores") implica que a consciência social destes tinha expressão na atuação em meio ao Estado. Essa implicação vai ao encontro de uma leitura acurada de que a Era Tudor foi um período de modernização institucional — ideia que, como vimos, é relevante também para Andy Wood. Entretanto, além de lançar mão do argumento de modernização institucional, Neal Wood precisa fazer uma avaliação a respeito do caráter dessa modernização: na medida em que seus reformadores progressistas atuaram no Estado, o Estado cristaliza ele mesmo elementos daquela consciência social esclarecida. Nesse sentido, o autor aprecia como o posicionamento teórico dos reformadores reverteu em práticas políticas concretas. "As dificuldades dos 'pobres impotentes' — os idosos, enfermos e órfãos que, tradicionalmente, deviam prover por si mesmos — foram, sob o reinado de Eduardo, aliviadas em certa medida pela Lei dos Pobres de 1531 e pela caridade privada" (Wood, 1994, p. 18). O argumento é de que a consciência social desenvolvida pelos "reformadores" teve consequências institucionais e sociais que refletiram positivamente na vida das "pessoas comuns", entendidas propriamente como os setores desfavorecidos. Neal Wood está ciente do caráter de classe dos formuladores: assume de bom grado que são membros da elite letrada. Ao mesmo tempo, sugere que a sensibilidade política extrapolava sua classe social.

Mas a menção à Lei dos Pobres, nesse contexto, é curiosa. Por um lado, é sabido que, com a legislação a respeito da pobreza, os governos Tudor e Stuart inauguraram e mantiveram ações de assistência aos pobres, inclusive através da coleta de impostos especiais (Bucholz & Key, 2004, p. 153 ss.). Por outro lado, é notável que as Leis dos Pobres também sejam conhecidas por introduzir uma série de instrumentos de criminalização da pobreza, entre eles a distinção entre "mendigos aptos" e "mendigos inaptos". Os "idosos, enfermos e órfãos" de que Neal Wood nos fala acima compreendiam os então chamados "mendigos inaptos", ou seja, os incapazes de trabalhar, e a eles o Estado reconheceria o direito de mendigar, em determinadas áreas, em determinados horários e sob determinadas condições. Os "mendigos aptos", contudo, seriam caracterizados como vagabundos voluntários, gente preguiçosa e daninha sobre as quais o aparato punitivo inglês descarregaria seu volumoso e criativo inventário de torturas (Bucholz & Key, 2004, p. 85; Linebaugh & Rediker, 2000, p. 18). Se Neal Wood supõe que essa dimensão repressiva das Leis dos Pobres tenha talvez escapado ao crivo humanitário de seus reformadores, é algo que não sabemos: o autor simplesmente *não se debruça sobre essa evidência*.

Ora, as Leis dos Pobres não foram formuladas porque o acaso, Deus ou a razão na história achou por bem unir na Inglaterra uns sujeitos sabidos e de bom coração: seu objetivo era responder institucionalmente a uma onda de empobrecimento que vinha afetando a população inglesa. É ponto pacífico que esse fenômeno tem relação estreita com a intensificação do cercamento dos campos — que Brenner coloca sob a rubrica de "desenvolvimento econômico" e cujas consequências destrutivas são mapeadas por Marx. A resposta estatal à pobreza tinha um fundamento classificatório: a separação entre dois tipos de pobres, com a intenção de ajudar os de tipo tradicional (os mendigos inaptos) e ao mesmo tempo punir e controlar os de novo tipo, os sem-terra modernos, os miseráveis expropriados que, por serem capazes de trabalhar, deviam ser absorvidos como mão de obra barata. É estranho que a Neal Wood (1994, p. 30) não pareça digno de nota que os autores de que se ocupa, e chega a chamar de "materialistas", sejam ou indiferentes ou profundamente dúbios quando o assunto é a conexão entre as transformações sociais das quais são defensores e o caráter destrutivo dos processos econômicos subjacentes para o grosso da população inglesa.

O primeiro dos "reformadores" tratados no livro de Neal Wood é *sir* John Fortescue. Os papéis para os quais o autor convoca esse personagem na cena do pensamento moderno nascente são a defesa da limitação do poder monárquico e a denúncia da tirania. "Uma lei", nos diz o arguto cavaleiro Fortescue, "também é considerada cruel se aumenta a servilidade e diminui a liberdade" (*apud* Wood, 1994, p. 57). Assim, naturalmente, elogia a instituição republicana por excelência, o Parlamento, no qual está fundamentada a liberdade dos "ingleses". Mas qual é essa liberdade, concretamente? O terratenente Fortescue responde: é a capacidade de perseguir a abundância material no trabalho da terra. E caracteriza essa terra como especialmente fértil, já que nela "os pastos estão cercados com fossos e sebes", de modo que "as ovelhas dormem de noite nos campos sem guardas". De fato, é justamente a preponderância da pecuária sobre a agricultura que faz do homem inglês alguém que "não [é] tão sobrecarregado pelo suor da labuta, de tal modo que vive com mais espírito, como viviam os patriarcas da Antiguidade" (Fortescue *apud* Wood, 1994, p. 62). A referência explícita ao cercamento dos campos não torna o texto de Neal Wood mais sensível à implicação de que os "ingleses" a que *sir* Fortescue se refere são os fazendeiros empreendedores que, através de sutilezas jurídicas e vantagem econômica, acobertados pelo Parlamento e às vezes pela Coroa, expulsam da terra os camponeses, substituindo a terra arável por pasto, desencadeando a alta de preços dos alimentos e reduzindo à mendicância extensas massas populacionais — as mesmas que, depois, serão agraciadas pelas Leis dos Pobres.

Também é digno de nota que Neal Wood demonstre simpatia pelas pontuais previdências assistencialistas do Estado Tudor, sublinhando seu vanguardismo. Tal demonstração é especiosa. É verdade que o período foi marcado por consistentes medidas, por parte do Estado, de atenção à "questão social". Por outro lado, tais medidas precisam ser compreendidas como uma resposta às transformações socioeconômicas da acumulação primitiva: não apenas a *criação* de uma população de miseráveis, em virtude da ascensão da pecuária mercantil, mas também o desmonte da rede eclesiástica de assistência que funcionava desde o medievo. Em especial, existe abundante evidência de que os monastérios e as casas religiosas — parte da visão religiosa do mundo que Christopher Hill se compraz em ver destroçada — desempenhavam uma série de funções assistenciais junto às comunidades aldeãs (Fletcher & MacCulloch, 2008, p. 42; Bucholz & Key, 2004, p. 86), inclusive administrando cuidados regulares e permanentes a "idosos, enfermos e órfãos". Ora, com a Reforma Inglesa, especificamente a partir de 1536, começa o desmonte das casas religiosas e, assim, a destruição das formas medievais de assistência. Com isso, o Estado Tudor inviabiliza as formas pré-modernas de lidar com os pobres e os necessitados num nível local — formas que existiam muito antes dos "reformadores" de Neal Wood e funcionavam a despeito de qualquer materialismo moderno. Assim, o que a modernização social dá com uma mão, sob a forma de uma religião nacional e de leis nacionais de controle populacional e assistência, é, na verdade, o que já tirou com a outra. Mais uma vez, assistimos a um juízo positivo sobre o processo de modernização sendo emitido por meio do sacrifício de uma parte fundamental da evidência disponível.

Peter Linebaugh e Marcus Rediker: os inimigos da acumulação primitiva

Através dos exemplos de Brenner, Andy Wood, Hill e Neal Wood, torna-se possível caracterizar a abordagem típica da historiografia sobre a alvorada da modernidade. Evidentemente, existem autores indiferentes à valoração da modernidade, ou cuja preocupação central é caracterizá-la e descrevê-la, em vez de avaliar seu sentido civilizatório. Mesmo nesses casos, contudo, não é incomum uma falta de rigor quando o assunto são as pessoas comuns — é o caso do já citado Hindle, que, apesar de conceitualmente muito cuidadoso, em certos momentos parece exagerar a representatividade dos processos de transformação envolvendo as elites aldeãs centrais para os fenômenos que descreve.[10]

Há, entretanto, vozes que destoam de tal caracterização. Um exemplo é a obra de Peter Linebaugh e Marcus Rediker, *A hidra de muitas cabeças* (2000 [2008]). A alusão à criatura mitológica no título é inspirada nos relatos das elites políticas e intelectuais da alvorada da modernidade, nos documentos em que procuravam caracterizar as massas que ou bem ficavam às margens do processo de modernização, ou bem resistiam ativamente a ele: os "comuneiros despossuídos, condenados transportados, servos por contrato, radicais religiosos, piratas, trabalhadores urbanos, soldados, marinheiros e escravos africanos [eram] as numerosas e sempre mutáveis cabeças do monstro" (Linebaugh & Rediker, 2000, p. 4). Nesse sentido, a atenção dos autores recai justamente sobre a mais representativa parcela das pessoas comuns desconsiderada pelo emprego tendencioso do conceito exem-

10 É o que se passa, por exemplo, quando fala dos interesses políticos e econômicos da elite como "necessidade social" que pressiona pelo crescimento do Estado (Hindle, 2002, p. 16).

plificado anteriormente — sobre aqueles que foram as vítimas e os inimigos da acumulação primitiva.

Trata-se de uma mudança significativa de perspectiva diante da literatura sobre o período, empreendida de caso pensado. Os sujeitos históricos de Linebaugh e Rediker não se tornam historicamente significativos por supostamente interagirem de forma construtiva com os processos econômicos do capitalismo nascente, mas por serem alvo da violência modernizadora, perecerem sob ela e se rebelarem contra ela. A documentação mobilizada é, em grande parte, indireta: aprofundando as implicações da escolha do título, os relatos raivosos e temerosos das elites são postos para funcionar contra si mesmos, e os autores extraem daí, negativamente, o sentido emancipatório das ações que, longe da atenção de Hill e Neal Wood, os grandes homens condenavam como rebeldia injustificada, selvageria arcaica, irreligiosidade etc. Ao mesmo tempo, evidências da brutalidade da acumulação primitiva de capital entram constantemente na análise documental, de modo a tornar visível o teor de classe dos agentes históricos que, apenas devido à sua posição de capitães da modernização, foram capazes de legar testemunho ao historiador.

Assim, nas páginas de *A hidra de muitas cabeças*, os pioneiros americanos são uma tripulação de expropriados maltrapilhos e insurrectos, que não demoraram a reconhecer nos povos do Novo Mundo um análogo da sociedade comunal europeia desmontada pela acumulação primitiva (Linebaugh & Rediker, 2000, p. 24), de tal modo que fugiam aos montes para viver com os indígenas, algo que a Companhia da Virgínia tratava como "sequestros" perpetrados pelos "selvagens". A Guerra Civil Inglesa é descrita como um processo no qual os setores populares, armados pela classe média, pressionavam por oportunidades de fazer valer suas demandas e influenciavam o rumo dos acontecimentos através da escolha democrática dos comandos militares (Linebaugh & Rediker, 2000, p. 105). Francis Bacon é lembrado como autor de uma "teoria da monstruosidade" (Linebaugh & Rediker, 2000, p. 40) através da qual pretendia demonstrar que "as pessoas selvagens são como bestas e pássaros, feras naturais cuja propriedade passa com a posse e vai para o ocupante" (Bacon *apud* Linebaugh & Rediker, 2000, p. 61). De forma semelhante, John Locke e David Hume são colocados ao lado de figuras como William Petty e Morgan Godwyn: praticantes e/ou propagandistas das ciências modernas, por um lado, e teorizadores da colonização e da supremacia racial branca, por outro (Linebaugh & Rediker, 2000, p. 139). A presença do elemento feminino nas revoltas populares é resgatada através da simples opção por atentar a documentos usualmente desprezados por tratarem do populacho caótico que brigava por comida e pregava o milenarismo, em geral indiferente à construção das instituições modernas ou em luta ativa contra elas (Linebaugh & Rediker, 2000, p. 64).

A crítica à ideologia progressivista

Em virtude dessa mudança de perspectiva, a obra de Linebaugh e Rediker oferece uma visão alternativa à tradição de interpretação da alvorada da modernidade, enquanto fornece subsídios historiográficos para uma avaliação do sentido do nascimento do pensamento moderno. Seu trabalho tece uma crítica contumaz à historiografia do progresso, e com isso deixa a sugestão de que é possível colocar a ideologia entusiasmada com as origens do Iluminismo em contato com o conteúdo repressivo do projeto intelectual das elites que a formularam — não tanto com o objetivo de desmentir ou denunciar a *falsidade* do republicanismo, da consciência social, dos valores científicos, mas de tentar mostrar a *funcionalidade* dessas ideias para o processo da acumulação primitiva de capital.

Essa última abordagem é sugerida pelo tratamento dispensado por Linebaugh e Rediker a autores como Francis Bacon, cujo discurso político de apologia e propaganda da colonização foi construído ao lado de sua afamada e progressista teoria do conhecimento. A questão é se tal paralelismo seria apenas uma coincidência cronológica — ou seja, "calhou" de Bacon se interessar pelas ciências experimentais, ao mesmo tempo que era acionista da Companhia da Virgínia e oficial da justiça monárquica — ou se envolveria uma conexão filosófica profunda. Christopher Hill, como vimos, insiste na segunda possibilidade: figuras como Bacon foram na verdade sistematizadoras de um ideário coletivamente construído pelos setores sociais envolvidos nas transformações econômicas do período (Hill, 1980, p. 96). Contudo, Hill e também Neal Wood insistem nessa conexão entre teoria e prática apenas na medida em que isso contribui para o argumento sobre a gênese inglesa do Iluminismo *avant la lettre*, sobre o potencial transformador e progressista da cultura burguesa. Mas, se é possível demonstrar que o contato com as "artes mecânicas", com os problemas do governo, com a representação parlamentar etc. estava na raiz do pensamento moderno, também deve ser possível explorar a hipótese de que tal pensamento não permaneceu cego, indiferente e desconectado da acumulação primitiva de capital, uma vez que o avesso da ação de classe para "desenvolver" a economia foi o desencadeamento da violência econômica e extraeconômica contra as pessoas comuns (no caso, sem aspas).

Assim, a cultura burguesa da alvorada da modernidade teria de ser lida, por um lado, mantendo-se a atenção em suas contribuições para o ideário esclarecido e, por outro, para a acumulação primitiva de capital, não de modo a contrastar as duas dimensões, mas de modo a descobrir os liames conceituais entre elas. O interesse de tal abordagem consistiria simplesmente em não isolar o suposto progressismo dos pensadores em pauta de seu papel histórico enquanto representantes do capitalismo emergente. Tratar-se-ia de buscar a conexão entre o republicanismo, o materialismo e a suposta consciência social dos primeiros elaboradores de um pensamento propriamente moderno com os horrores da acumulação primitiva.

A *Dialética do esclarecimento* como perspectiva historiográfica

A sugestão de que haveria uma conexão íntima entre a violência civilizatória capitalista e o desenvolvimento do ideário moderno evidentemente não é nova: foi explicitada e trabalhada, de um ponto de vista filosófico, pela *Dialética do esclarecimento* de Theodor Adorno e Max Horkheimer. Escrevendo sob o impacto da constituição do regime nacional-socialista e da Segunda Guerra Mundial, esses autores intencionavam, afinal, realizar uma crítica do esclarecimento — da cultura e da civilização burguesa —, tendo em vista o fato consumado da realização do projeto civilizacional esclarecido simultaneamente ao desencadeamento de processos sociais de dominação e destruição sistêmicos. Do ponto de vista do projeto intelectual, diziam, o Iluminismo havia chegado à sua completude: a perspectiva e a prática tecnocientífica haviam penetrado em todas as esferas da vida, da medicina à guerra, da propaganda ao sistema punitivo. O resultado civilizacional disso, no entanto, foi catastrófico: "A terra totalmente esclarecida resplandece sob o signo de uma catástrofe triunfal" (Adorno & Horkheimer, 1985, p. 19). Analisando as configurações da divisão do trabalho e da separação entre a produção técnica e o consumo de massa, bem como as formas industrializadas de entretenimento, diagnosticavam uma "recaída do esclarecimento na mitologia"; ao mesmo tempo, estavam cientes de que "o esclarecimento exprime o movimento real da sociedade burguesa como um todo" (Adorno & Horkheimer, 1985, p. 14), de tal modo que seria necessário procurar a causa da derrocada espiritual contemporânea não em algum desvio de percurso, mas "no próprio esclarecimento" (Adorno & Horkheimer, 1985, p. 13).

Esse mote geral da *Dialética do esclarecimento* parece estar metodologicamente próximo à abordagem historiográfica utilizada por Linebaugh e Rediker para ler a alvorada da modernidade. A atenção destes últimos autores à violência do processo civilizatório capitalista e à circunscrição, no seio dessa violência, da elite letrada e de sua produção científica e filosófica, comunica-se com a intenção frankfurtiana de descobrir no próprio esclarecimento uma chave de leitura para os horrores da modernização capitalista. Tal afinidade sugere que seria proveitoso submeter algumas das teses frankfurtianas ao escrutínio historiográfico no contexto da acumulação primitiva de capital, sobretudo se considerarmos que um dos principais representantes do pensamento esclarecido na *Dialética do esclarecimento* é Francis Bacon, autor também privilegiado por Christopher Hill e por Linebaugh e Rediker.

Debrucemo-nos brevemente sobre o tratamento dispensado a Francis Bacon no ensaio inicial da *Dialética do esclarecimento*. Introduzido logo no primeiro parágrafo, Bacon aparece designado por Voltaire (*apud* Adorno & Horkheimer, 1985, p. 19) como "o pai da filosofia experimental", e pelos autores frankfurtianos como alguém que reuniu os "diferentes temas" do esclarecimento ao "dissolver os mitos e substituir a imaginação pelo saber" (Adorno & Horkheimer, 1985, p. 19). Como mencionado, é justamente por esse motivo que Bacon é alvo da admiração de Hill. Segundo os autores frankfurtianos, o sentido daquela dissolução, e daquela substituição, seria resumível em uma ciência *eficaz*, uma forma de saber cuja capacidade metodologicamente garantida de produzir efeitos na realidade se deve à observação, à catalogação e à reprodução dos comportamentos naturais — a saber, a conhecida equiparação baconiana entre saber e poder (Bacon, 2000e, p. 33; 1979). É da repressão à imaginação que dependem a observação acurada, o apego ao mero fato, e é do desencantamento da natureza que depende o ponto de vista distanciado que a torna um ambiente próprio para o exercício irrestrito do poder tecnológico de produzir efeitos.

Ao mesmo tempo, a ciência eficaz baconiana recebe de Adorno e Horkheimer uma interpretação sociológica: "Do mesmo modo que está a serviço de todos os fins da economia burguesa na fábrica e no campo de batalha, assim também está à disposição dos empresários" (Adorno & Horkheimer, 1985, p. 20). O ponto de encontro entre essa interpretação sociológica e a caracterização filosófica exposta no parágrafo anterior é uma tese sobre a natureza da abstração nas ciências.

Os autores frankfurtianos argumentam que a abstração é a ferramenta fundamental que viabiliza a repetibilidade dos procedimentos técnicos da ciência eficaz. Partem da ideia de que a elaboração de leis naturais com validade universal depende da "explicação de todo acontecimento como repetição" (Adorno & Horkheimer, 1985, p. 26) — ou seja, como uma lei que versa sobre casos gerais —, o que só é possível através de um procedimento que abstrai, que "elimina o incomensurável" (Adorno & Horkheimer, 1985, p. 27) das coisas, de tal modo que "o que [é] diferente é igualado" (Adorno & Horkheimer, 1985, p. 26). Parecem então desenvolver um raciocínio por analogia quando afirmam que o procedimento intelectual de encontrar o semelhante no que é diferente implica uma operação idêntica à "mediação universal" envolvida na troca de mercadorias (Adorno & Horkheimer, 1985, p. 27). Trata-se da evocação de uma caracterização feita por Karl Marx no livro I de *O capital*: a troca de mercadorias compreende a equiparação entre duas coisas distintas do ponto de vista qualitativo, mas comensuráveis do ponto de vista *quantitativo* do tempo de trabalho necessário para produzi-las. Devido à primazia da operação de troca na organização social burguesa, ocorreria que "não apenas são as qualidades dissolvidas no pensamento, mas os homens são forçados à real conformidade" (Adorno & Horkheimer, 1985, p. 27).

Quer dizer: a submissão da natureza à abstração das qualidades e à igualdade formal no discurso científico teria um paralelo sociológico sob a forma da centralidade da mercadoria na reprodução social e na compra e venda de força de trabalho. Afinal, "o preço [da] vantagem que é a indiferença do mercado pela origem das pessoas que nele vêm trocar suas mercadorias" — entre as quais conta-se a própria força de trabalho, importante frisar — "é pago por elas mesmas ao deixarem que suas possibilidades inatas sejam modeladas pela produção das mercadorias que se podem comprar no mercado" (Adorno & Horkheimer, 1985, p. 27). Embora seja interessante e ilustrativo, esse argumento tem a fragilidade de estar baseado num fundamento analógico. Os autores realizam a escolha deliberada de descrever o comportamento epistemológico prescrito por Francis Bacon em termos evocativos da crítica marxiana à forma mercadoria, e então prosseguem sugerindo exatamente essa similitude formal. Mas os processos envolvidos na introdução da forma mercadoria enquanto princípio de organização social são absolutamente incomensuráveis com os processos envolvidos no estabelecimento de uma abordagem cognitiva determinada. De um lado, temos fenômenos históricos e políticos complexos — justamente, os objetos do conceito marxiano de "acumulação primitiva de capital"; de outro lado, temos meras "regras para a direção do espírito", nos termos de Descartes. Para que aceitássemos a analogia frankfurtiana como mais do que mera similitude de forma estética, teríamos de supor um ponto de encontro material entre essas duas dimensões: entre a conformação concreta do capitalismo e o pensamento científico. Esse ponto de encontro não aparece na argumentação da *Dialética do esclarecimento*, que oscila ao longo de uma temporalidade demasiado ampla — desde a Grécia Antiga até a Alemanha nazista — para permitir qualquer análise sociológica rigorosa. Dessa forma, é como se Adorno e Horkheimer trabalhassem com a ideia de uma racionalidade que se impusesse sobre a realidade social, sendo que o problema do estatuto dessa racionalidade, seja do ponto de vista metafísico, seja do ponto de vista sociológico, é ignorado.

Essa deficiência do argumento frankfurtiano parece-nos séria, mas não incontornável. A constatação da analogia formal entre os raciocínios de Bacon e a lógica da mercadoria não se sustenta por si mesma como juízo a respeito do sentido nem de uns, nem de outra; contudo, tampouco pode ser simplesmente desprezada como uma espécie de artefato da imaginação teórica. Deve, ao contrário, ser investigada, em especial porque se dirige contra o grave problema historiográfico que assinalamos há pouco. A intuição de Adorno e Horkheimer sobre a implicação mútua entre a sofisticação racional moderna e a violência da socialização capitalista sugere a possibilidade de dotar de *sentido filosófico* as constatações de Linebaugh e Rediker a respeito do envolvimento pessoal dos grandes luminares modernos no processo de acumulação primitiva de capital. Se, superando as parcialidades da historiografia da alvorada da modernidade, nos propuséssemos a ler Francis Bacon e os demais formuladores do período não apenas pelo viés de sua filiação aos problemas da deflagração do espírito científico e da suposta liberdade de pensamento, mas também como membros de uma elite de empreendedores e burocratas, talvez encontrássemos justamente o enraizamento do pensamento esclarecido na prática social moderna. Poderíamos, então, trazer à tona mecanismos históricos concretos — as ações do Estado moderno, as providências das classes proprietárias — que fundamentariam as analogias entre o discurso filosófico e as lógicas de funcionamento da sociedade burguesa.

Empreendimento capitalista, ciência e dominação da natureza na filosofia de Francis Bacon

Introdução

Francis Bacon(1561-1626) foi um homem da classe média que ascendeu socialmente e se desenvolveu intelectualmente na Inglaterra do período entre a consolidação institucional do Estado Moderno e as antevésperas da Guerra Civil. Foi acionista de várias corporações, e investidor e propagandista do esforço de colonização inglês. Ocupou cargos públicos importantes no Poder Judiciário, foi feito conselheiro da Coroa, barão e visconde. Envolveu-se em conspirações; safou-se de incriminações; foi condenado por corrupção no exercício de suas funções judiciais. Escreveu abundantemente sobre os temas mais variados e tornou-se parte do cânone filosófico, sobretudo graças ao seu *Novo Órganon*, obra de 1620 que integraria um projeto que o autor chamava de "Grande Instauração": uma reformulação completa da concepção de conhecimento baseada na experimentação e no progresso técnico. O escopo ambicioso de tal projeto é ponto pacífico não só para uma longa linhagem de estudiosos mas também para o próprio Bacon, que não economizava palavras quando o assunto era dar graças a si mesmo pelo pioneirismo e pela dedicação.[11]

Em comparação com a teoria do conhecimento, a tradição de comentadores deu atenção reduzida ao resto da obra de Bacon. Essa seletividade tem algo a ver com a maneira como o autor organizava seu projeto intelectual. Bacon parece ter visto a construção do saber como um plano sistemático de longo prazo, no qual reflexões realmente rigorosas sobre moral e política seriam adia-

11 Ver, por exemplo, "Plan of the Work" (Bacon, 2000e, p. 18-9).

das para um momento da história humana em que o conhecimento das ciências naturais fosse mais completo (Bacon, 2000e, p. 98). Todavia, por suas funções públicas e seus empreendimentos privados, Bacon não ficou esperando a história humana e produziu grande quantidade de textos de conteúdo moral, político e econômico. Em certos momentos, o autor inclusive pondera que algumas "questões civis" não carecem exatamente de uma abordagem científica,[12] mas podem ser satisfatoriamente discutidas com os meios disponíveis antes de a "Grande Instauração" ficar pronta. Um dos vários exemplos disso seriam, quiçá, os *Ensaios ou conselhos civis e morais*: publicados pela primeira vez em 1597, são uma coleção de textos curtos sobre temas ecléticos, entre os quais o ateísmo, o casamento, o destino, a riqueza, a morte, a jardinagem e o governo.

Bacon e seus comentadores

Acontece que a diferença de tratamento das "questões civis" e dos problemas do conhecimento se reflete não apenas numa diferença no estilo e no método de trabalho de Bacon, mas também no espírito da obra. Enquanto os trabalhos de teoria do conhecimento são dominados por uma defesa entusiasmada do progresso e da liberdade de pensamento, os escritos morais, políticos e religiosos estão impregnados de lições a respeito da eficácia da repressão e do controle social pelo Estado, da justeza da colonização e do extermínio dos povos aborígenes, da inferioridade das mulheres e da inutilidade dos pobres.

12 Nas palavras do autor: "A lógica que hoje se usa" — leia-se, a da escolástica, objeto principal da crítica baconiana — é, não obstante, "muito propriamente aplicada aos assuntos civis e às artes que consistem da discussão e da opinião", embora "fique muito aquém da sutileza da natureza" (Bacon, 2000e, p. 10). O mesmo se afirma no prefácio da obra (Bacon, 2000e, p. 29).

Essa diferença de espírito, lida como contraste, não passa desapercebida pela tradição de especialistas na obra de Bacon. Guardadas as devidas proporções, tal tradição sofre de mal análogo ao que acomete (ou, pelo menos, deveria acometer) os especialistas em Heidegger depois da divulgação dos "cadernos negros": ela é atazanada pelo choque entre o Bacon canônico, autor de contribuições pioneiras para a filosofia da ciência e a teoria do conhecimento, e o Bacon de carne e osso, burocrata ambicioso, fugazmente poderoso, cuja prosa adota tons rastejantes ao se dirigir à nobreza, e cujas ideias "civis" conformam-se perfeitamente às expectativas dos homens poderosos de seu tempo, subscrevendo-se à máquina de opressão do Estado Tudor e Stuart. De um lado, temos o arauto do saber, arguto visionário, defensor da objetividade e da imparcialidade, propagador de um modelo de conhecimento respeitável e ainda atual (pelo menos para a tradição anglo-saxã), precursor do Iluminismo, ferrenho combatente da superstição. Do outro, uma voz eloquente a expressar os temas básicos do bom-mocismo na aurora da modernidade: o autoritarismo político, a centralidade da supremacia militar, o conservadorismo moral e religioso.

Considerando que existe, então, um contraste entre duas dimensões da obra de Bacon, o que os comentadores costumam fazer é partir do Bacon canônico, teórico do conhecimento, usando os textos da "Grande Instauração" para dar sentido aos demais escritos. Assim, ora defendem um sentido filosófico total para a obra, ora identificam que tal totalidade não existe e que a obra é filosoficamente fragmentada.

Um caso paradigmático da primeira abordagem é Ian Box (1996). Sua interpretação é um exemplo do esforço de enxergar na aurora da modernidade um movimento intelectual (e, por isso, social) emancipador positivo. De olhos fitos na figura consagrada de Bacon enquanto arauto da objetividade científica, Box defende que as incursões do autor em temas de ética e política devem ser lidas na mesma chave: como uma busca da cientificidade nas indagações sobre a vida humana. Box argumenta que a objetividade e a imparcialidade que Bacon importantemente inscreveu na tradição da teoria do conhecimento são valores que o autor também aplicou para pensar as "questões civis", no âmbito das quais a objetividade tem a forma do "bem comum". Segundo Box, Bacon teria exatamente isso em mente ao abordar, repetidas vezes, temas como a estabilidade política e a prosperidade econômica.[13]

Em outras palavras, o argumento de Box é que a conexão temática entre os escritos "civis" e a teoria do conhecimento estaria amparada nas evocações que Bacon faz do "bem comum", essa expressão cognitivamente descompromissada e politicamente neutra. Não obstante a razoabilidade do argumento de um ponto de vista puramente conceitual, parece-nos que tal leitura da expressão "bem comum" é de todo inadequada de um ponto de vista histórico rigoroso. Escrevendo num tempo socialmente turbulento em que as rebeliões populares e a repressão militar eram coisa cotidiana, Bacon defendia uma determinada posição dentro de um quadro em que o significado teórico e prático de expressões tais como "bem comum", "comunidade", "prosperidade econômica" e "estabilidade política" envolvia

13 Especificamente, o argumento de Box identifica a "ação pública" com o "bem comum" (Box, 1996, p. 275-6). Como veremos adiante, no contexto social e intelectual de Bacon, o âmbito público tem muito pouco a ver com o comum, a não ser no caso de uma comunidade de homens de negócios que, sob um forte e estável governo monárquico, procuravam enriquecer a todo custo. Ver também a interpretação idílica da cooperação científica e a afável imagem de Bacon resultante dela, promovida em Sargent (1996, p. 147-51). Outra abordagem que vai numa linha parecida é a contida em Hutchins (2010). Preocupado, em última instância, em demonstrar a influência das ideias de Bacon na fundação de Harvard, Hutchins (2010, p. 582) chega ao ponto de entender o esforço colonizador inglês em função do "aperfeiçoamento intelectual" advogado por Bacon na Grande Instauração. Para ele, os membros da Massachusetts Bay Company estariam "comprometidos com a busca de sabedoria Salomônica" (Hutchins, 2010, p. 589). Hutchins não deixa claro qual seria a relação entre essa nobre busca e o total extermínio da população indígena da Nova Inglaterra até o último quartel do século XVII, mas é bem verdade que o autor não é o único a ser negligente com tal questão.

acirrada disputa política e teórica (Fletcher & MacCulloch, 2008, p. 14). Como defensor do desenvolvimento mercantil e da centralização jurídica, Bacon estava engajado num projeto sociopolítico entre muitos, e tal multiplicidade, em um par de décadas, explodiria num dos conflitos sociais mais significativos da modernidade europeia, a Guerra Civil Inglesa. Numa guerra civil, o bem comum de uns não é o bem comum de outros, e, à luz da iminência de uma conflagração dessa natureza, dar tratamento puramente conceitual a tal ideia tira dela seu significado específico. Mesmo antes da conflagração generalizada, os conflitos em torno do cercamento dos campos davam-se pela defesa e pelo ataque às prerrogativas tradicionais de acesso à chamada "terra comum". Assim, a tentativa de Box de emprestar unidade à obra de Bacon só funciona se a sua posição política específica for ignorada e, com ela, o constrangedor caráter conservador de suas opiniões sobre o povo, a religião, a monarquia, os "selvagens", as mulheres, os rebeldes (muitas vezes, os defensores mais ferrenhos das "coisas comuns") (Linebaugh & Rediker, 2000, p. 21-2) etc. Aliás, é notável que Box não se confronte a sério com tais opiniões para estabelecer sua interpretação, confiando no ponto de partida supostamente progressista e emancipador derivado do teor científico da teoria do conhecimento. Com isso, o que Box de fato nos mostra, a despeito de si mesmo, é que tudo se passa como se as opiniões políticas e morais de Bacon precisassem ser ofuscadas pelo brilhante objetivismo da sua teoria do conhecimento, e destruídas em seu sentido histórico preciso, a fim de que a obra baconiana preserve uma unidade que lhe permita ser retratada nas cores da emancipação intelectual.

Abordagem diferente se esperaria do historiador da alvorada da modernidade Perez Zagorin.[14] Sensível a algo que poderíamos chamar de amoralidade baconiana, sua posição é a de

14 Ver Zagorin (1998, p. 3), especialmente o capítulo "Human Philosophy: Morals and Politics" [Filosofia humana: morais e políticas]. Zagorin (1998, p. 140) documenta aquela leitura canônica dos *Ensaios* de Bacon da qual nos desviaremos aqui.

que Bacon teria vivido "duas vidas" e padeceria da "desarmonia que [essas duas vidas] impunham à sua existência" (Zagorin, 1998, p. 3): de um lado, o filósofo progressista, brilhante e inovador da objetividade científica; do outro, o escritor carreirista e mais ou menos inescrupuloso que, a despeito de suas verdadeiras convicções (as quais, sem dúvida, eram expressas nos textos de teoria do conhecimento), precisava escrever em tons conservadores para agradar seus contemporâneos.

Uma vez que não tenta varrer para baixo do tapete aqueles aspectos da obra de Bacon que trazem vexame aos seus admiradores, Zagorin adota uma postura aparentemente diferente da de Box. Há, entretanto, uma concordância profunda na abordagem dos dois autores, na medida em que seu ponto de partida comum é a oposição entre os dois Bacons: o da teoria do conhecimento e o dos escritos morais. Para abordagens como a de Zagorin, é como se fôssemos convidados a admitir que *um autor* pode ser, ao mesmo tempo, um filósofo do conhecimento brilhante e transformador, e um homem de opiniões repulsivas quando o assunto é o governo, os pobres e os vagabundos[15] (o mesmo tipo de postura que facilita o sono dos especialistas em Heidegger, por exemplo). Evidentemente, isso pode ser dito de qualquer pessoa. No entanto, essa saída biográfica presta desserviço à história da filosofia, pois não aventa a hipótese (profundamente instigante) de que, afinal, possa haver uma conexão lógica profunda entre a concepção baconiana de ciência, de um lado, e o seu aviltante conservadorismo político, de outro. Decerto não é evitando questões como essa — a um só tempo moralmente desconfortáveis, para quem quer se identificar com

15 Na sua conclusão, Zagorin (1998, p. 225 ss.) simplesmente subscreve o contraste entre os dois Bacons como "paradoxos" no seu pensamento, os quais o comentador deixa inexplicados e impossibilitados de macular o "gênio" revolucionário da epistemologia.

"seu autor", e metodologicamente espinhosas — que os textos filosóficos são escritos.

Ora, uma tentativa de unificar os diferentes aspectos da vida e da obra de Bacon, exatamente sobre o pano de fundo das transformações sociais na Inglaterra de seu tempo, é feita por Julian Martin (1992). O procedimento de Martin é tentar demonstrar que um dos aspectos da obra baconiana, a atuação teórica e profissional do autor no campo jurídico, deve ser encarado como chave para todo o resto. O ponto de partida para sustentar essa posição é a trajetória de vida de Bacon (Martin, 1992, p. 23 ss.), de sua família, de seus professores e de figuras importantes da corte inglesa com as quais se relacionou. A vida pessoal desses personagens e suas influências teóricas são levantadas de modo a determinar suas intenções e relacionar tais interesses com alterações na política estatal, reconfiguração institucional, reforma política etc.

Assim, em certo sentido, Martin evita o erro de interpretações como a de Box, já que procura enxergar em paralelo a produção teórico-conceitual de Bacon e as especificidades de sua posição política. Por outro lado, essa abordagem tem um problema fundamental: faz a história aparecer unicamente como função da personalidade e das crenças de Bacon e seus pares:[16] ou seja, se, em Zagorin, o problema filosófico desaparece na resposta biográfica, em Martin é a história que se reduz às biografias (intelectuais). Os processos econômicos, sociais e políticos perdem sua especificidade enquanto tais, figurando apenas como uma espécie de pano de fundo incognoscível em relação ao qual a vida psicológica e as expressões teóricas das personalidades do

16 A fonte principal de Martin é G. R. Elton, inconteste especialista no período Tudor, mas também arquiliberal. A monumental obra de Elton é metodologicamente orientada em termos de uma espécie de história dos grandes homens, em explícito detrimento da compreensão das forças sociais em nível popular e local (Fletcher & MacCulloch, 2008, p. 44).

mundo da política ganham interesse.[17] Assim, Martin trabalha candidamente com relações causais diretas entre transformações históricas de proporções gigantescas, a coerência dos argumentos presentes na consciência de determinados sujeitos notáveis, e o amor às ideias sentido por eles em seus corações: não há movimentos sociais, há sobretudo indivíduos inspirados, e as pressões cegas da vida econômica viram um conjunto de decisões de gabinete. Assim, no fim das contas, uma obra como essa talvez seja útil para trazer à tona a relação entre determinados personagens — *sir* isso, lorde aquilo, duque de não sei onde — e determinados eventos históricos, mas não para entender tais eventos históricos em si mesmos, na medida em que seu sentido extrapola os desígnios individuais e se mostra apenas no resultado global da operação de massas anônimas e de complexos setores sociais. Por fim, uma vez que o problema fundamental de Martin acaba sendo um problema biográfico, permanece inexplorada a hipótese de uma conexão conceitual profunda entre as duas dimensões da obra de Bacon: a teoria do conhecimento supostamente progressista e o pensamento ético-político gritantemente autoritário e conservador.

Nossa proposta

Explorar a hipótese de tal conexão conceitual é exatamente o que o presente estudo propõe, numa abordagem que conta fundamentalmente com a análise dos textos de Bacon e o enraizamento destes em seu contexto histórico. Contudo, o objetivo dessa abordagem não é tanto produzir uma leitura original sobre a obra baconiana: não se trata, aqui, de mobilizar a tra-

17 Ver o tratamento dado aos levantes de famintos nas últimas décadas do século XVI em Martin (1992, p. 51 ss). É quase como se a única coisa importante nesses movimentos fosse o que passava na cabeça de seus (supostos) líderes.

dição filosófica e a história econômico-social de modo a compreender o que disse Bacon, mas colocar a obra dele, a tradição filosófica e a história numa relação de iluminação mútua. Não se trata de fazer paralelos — digamos — entre as crenças de Bacon a respeito da subjetividade e as crenças de outras figuras, ou com o senso comum da primeira modernidade inglesa. A atenção a tal senso comum até figura neste trabalho, mas seu objetivo principal é encontrar uma consonância entre a lógica da organização social, do procedimento econômico, da problemática política e as formulações de Bacon sobre a riqueza, a família, a justiça, o Estado, a guerra, a ciência etc.

Nesse sentido, como uma provocação, inverteremos a ordem das leituras usuais: em vez de começarmos em algum ponto da "Grande Instauração", atentaremos, primeiro, aos supramencionados *Ensaios ou conselhos civis e morais* — textos que, para citar a dedicatória ao duque de Buckingham, "falam ao peito e aos negócios dos homens" (Bacon, 1995, p. 6) — para então nos debruçarmos sobre a mais festejada teoria do conhecimento, conforme exposta no *Novo Órganon*. Assim, começaremos com o Bacon carreirista, formulador da mentalidade empresarial na alvorada do capitalismo, propagandista do absolutismo inglês e da colonização das Américas, que não titubeava em pensar a moralidade, a política e a religião como funções do enriquecimento privado e da estabilidade administrativa; isso nos ajudará a ver, no fim das contas, que aquela funcionalização também se estendia ao conhecimento científico, algo que não costuma receber a devida atenção dos especialistas. Essa escolha de leitura não visa exatamente combater o caráter mítico de Bacon, difamá-lo, desmascará-lo ou algo que o valha. Nossa preocupação é mostrar o enraizamento histórico da filosofia de Bacon, mas explorando seu sentido completo, contextualizando-a social e politicamente, e, com isso, trazer à tona o conteúdo intestinal da ideologia moderna, que subjaz às práticas sociais até hoje operantes. Por trás do contraste discursivo usualmente reconhecido entre a consistência sistemática dos escritos epistemológicos e o pragmatismo das reflexões políticas e morais, buscaremos um propósito e um ideário únicos[18] e veremos o que isso nos diz a respeito da sociedade que gestou o capitalismo, o Estado e a ciência modernos.

18 É preciso observar que o presente trabalho tem inspiração fundamental no papel que Bacon desempenha na *Dialética do esclarecimento* de Adorno e Horkheimer, obra da qual extraímos várias das ideias interpretativas que desenvolvemos. Entretanto, dada a qualidade cifrada e elíptica do texto frankfurtiano, realizar uma discussão e/ou apresentação sistemática dessa influência exigiria um argumento tão vasto que tornaria impossível o estudo de Bacon. Assim, nos resignamos a deixar aquela influência registrada, ajuntando, ademais, que, se o presente trabalho tem alguma pretensão de virtude, esta não é a originalidade do conteúdo, mas a clareza comparativamente maior da forma analítica de exposição.

1

A eficiência nos negócios públicos e privados: os *Ensaios* de Bacon

A obra de Francis Bacon está marcada por uma preocupação reiterada com questões mundanas, prosaicas, tangíveis. Essa preocupação determina o conteúdo explícito dos *Ensaios*. Eles são nada menos que recomendações práticas sobre os assuntos mais diversos: da beleza à usura, da honra aos jardins, da verdade à colonização. Constituem uma coleção de máximas e instruções para a operação do "homem do mundo" na alvorada da modernidade.[19] Contudo, à diferença dos manuais análogos para a formação virtuosa de cidadãos, que povoavam a cultura republicana das cidades italianas desde o século XIV, o destinatário dos *Ensaios* de Bacon (e dos seus escritos em geral) não é exatamente um ator político. O perfil de leitor que o texto projeta, é, antes, o de um pequeno ou médio proprietário que tem ambições como empreendedor e, eventualmente, burocrata: alguém que, enquanto cuida de seus negócios privados, também se preparara para algum dia, quem sabe, prestar serviços

19 Markku Peltonen resume, em "Bacon's Political Philosophy", a dívida da posição de Bacon para com o debate humanista a respeito da recepção da filosofia política e da moral clássica, sobretudo a romana (Peltonen, 1996, p. 296 ss.). Nossas preocupações passarão ao largo dessa herança, enfatizando o aspecto especificamente moderno do pensamento baconiano e confiando que, num futuro próximo, teremos a oportunidade de discutir os interessantes caminhos que tornam o pensamento clássico da república e do Império Romano apropriável ao período da formação do Estado moderno.

a algum monarca ou duque na administração de seus negócios. Trata-se, em suma, de um membro da *gentry*, a pequena nobreza inglesa: um médio terratenente de posses muitas vezes comparáveis às de um não nobre, mas que gozava de algumas prerrogativas políticas da aristocracia, o que lhe permitia lutar por alguma ascendência cortesã.

Pela sua natureza ensaística, o livro de Bacon sobre o qual ora nos debruçamos não contém uma "moral da história" explícita e conclusiva para o conjunto de textos. O charme de sua leitura está no fato de que o leitor atento vai sendo levado a experimentar o sentido de totalidade do livro com sutileza, sem que o autor tenha de propagandeá-lo. À medida que passa levemente de um assunto a outro, esse leitor vai percebendo que, por trás de todos eles, existe uma lógica única, que jamais é explicitada, mas vai emergindo de forma agradavelmente turva em sua consciência.

Moral/política — privado/público

Mesmo assim, há alguns temas gerais que aparecem com frequência ao longo dos *Ensaios*, e um bom ponto de partida para a perseguição desses temas é oferecido no título da edição inglesa do livro, datada de 1625 — *Ensaios ou conselhos civis e morais* —, ou da popular tradução francesa do século XVIII — *Ensaios de moral e de política*.[20] "Moral e política": aí está uma boa porta de entrada para o universo ideológico dos *Ensaios*. Afinal, esse par conceitual expressa algo essencial a respeito da experiência social tipicamente moderna: a separação e a relação entre a vida privada e a vida pública. Reflexões a respeito disso são fundamentais em sociedades em que as classes proprietárias — seto-

20 Em francês, *Essais du chevalier Bacon, chancelier d'Anglaterre, sur divers sujets de politique et de morale*; ver Bacon (1704).

res sociais ocupados com o enriquecimento privado — ascendem politicamente, ou seja, ocupam-se de assuntos públicos.

É preciso enfatizar que se trata aqui de uma marca distintiva da modernidade ou da sociedade capitalista: na forma social medieval, esquematicamente falando, era o privilégio político do aristocrata laico ou eclesiástico que lhe permitia ficar rico; já na forma social moderna, é a riqueza da elite que determina seu privilégio político, coisa que teremos oportunidade de discutir mais adiante. De todo modo, as primeiras elites modernas, em especial seus teóricos, foram ciosas de sua diferença. Os processos de ascensão social através da riqueza se insinuam e se fazem sentir no ambiente urbano europeu já a partir dos séculos XIII ou XIV, e os autores humanistas dedicaram muita tinta à análise das diferenças e das coincidências entre as habilidades, as virtudes e os vícios do homem público — o cidadão ou o governante — e do homem privado — o empreendedor, o mercante, quiçá também o artesão, dotados de interesses próprios, muitas vezes em conflito com os interesses gerais e com os dos outros homens privados, entendidos como agentes econômicos (Skinner, 1998).

A questão da *separação* entre o público e o privado é tematizada por Bacon aqui e ali. Por exemplo, no ensaio sobre o "Alto cargo", o autor nos diz: "Quando em conversação ou em atendimentos privados aos que te vierem fazer pedidos, não tenhas demasiado presente tua posição, nem dês demasiada atenção a ela, mas deixes que se diga, 'Quando no exercício de seu cargo [ou seja, enquanto cidadão ou homem público], ele é outra pessoa'" (E11, 32).[21] Mas, além dessas menções explícitas, a separação entre as duas esferas aparece consistentemente na circunscrição dos assuntos tratados: quer dizer, há ensaios que dizem

21 As citações dos *Ensaios* são traduções nossas a partir da supracitada edição de língua inglesa (Bacon, 1995), e as referências no corpo do texto são indicadas pela letra "E" seguida do número do ensaio e, conforme o caso, da numeração da página na edição de língua inglesa. Assim, "(E18, 76)" faz referência ao "Ensaio XVIII — Das despesas", p. 76.

respeito a comportamentos privados, individuais — a amizade, o casamento, a juventude, as viagens —, e outros que discutem problemas públicos, cívicos ou sociais — as plantações coloniais, os juízes, a natureza humana. No entanto, em assuntos complexos tais como a política de Estado, a guerra e a religião, observamos uma curiosa mistura dos assuntos privados e públicos. Em especial quando Bacon discute a riqueza, a implicação entre as duas esferas se insinua no texto, trazendo à tona o modo peculiar com que o empreendedor capitalista, pelo movimento mesmo de ficar rico, participa da formação social.

Nesse sentido, no que se segue, esta análise partirá de considerações baconianas a respeito de certos valores e comportamentos virtuosos ou viciosos. Seguiremos tais considerações, explicitando sua lógica interna, até o questionamento a respeito da riqueza — quando, então, estaremos em posição de apresentar os fundamentos do pensamento político de Bacon. Ao longo desse caminho, teremos a oportunidade de trazer à tona elementos de uma espécie de sistema cujas balizas também orientarão a concepção baconiana de ciência, a qual discutiremos na segunda parte do presente estudo.

1.1 Os ensaios de moral

Amoralidade e eficácia: a autonomia moderna da utilidade

Bacon abre seus ensaios com uma discussão a respeito da verdade (E1), talvez algo pouco surpreendente para alguém que viria a ser conhecido como o pai da filosofia da ciência moderna. Ao mesmo tempo, o ensaio sobre a verdade é um "ensaio de moral": não se trata de teoria do conhecimento, mas de uma apreciação da verdade enquanto valor.

À primeira vista, a nota fundamental do ensaio é dada pela evocação de uma famosa citação de Lucrécio, vedete dos humanistas:

> É um prazer assistir, da praia, aos barcos sendo jogados pelo mar; é um prazer olhar da janela de um castelo para a batalha e as aventuras que se desenrolam lá embaixo: mas não há prazer comparável a ocupar a vantajosa posição da verdade [...] e assistir aos erros, tresvarios, névoas e tempestades no vale aos nossos pés. (E1, 8)

A verdade é assim exaltada enquanto experiência grandiosa, e, em consonância, os ardis são aviltados: seus "caminhos sinuosos são como o andar da serpente, que vai apoiada baixamente no ventre, e não sobre os pés" (E1, 9). Ao mesmo tempo, depois de dizer as coisas que se espera, Bacon envereda pelo universo estiloso da graciosidade cortesã, ressaltando certos paradoxos da maneira como lidamos com a verdade — algo que, a essa altura da Renascença, também é platitude. Assim, chama a atenção para o importante lugar que o contrário da verdade ocupa na experiência humana: "A mistura com a mentira sempre traz algum prazer" (E1, 7), como no caso das fantasias artísticas, que não são rigorosamente verdadeiras; para Bacon, porém, homens que só se ocupassem com a verdade teriam "mentes [...] combalidas" (E1, 8).

O que aí se insinua é que a verdade, embora grandiosa, tem serventia limitada, e a mentira, seu contrário, embora vil, tem certa utilidade. Na sequência do ensaio, Bacon mostra que sua postura ambivalente diante da verdade e da falsidade não é apenas uma questão de "*esprit*". Aludindo a uma prática comum e fundamental para a economia monetária desde a Antiguidade — a multiplicação do dinheiro circulante através da adulteração do conteúdo metálico —, o autor observa: a "falsidade é como a liga da moeda de ouro e prata, que faz o metal funcionar melhor, mas o deprecia" (E1, 8). Novamente, a perspectiva da eficácia e a perspectiva da imoralidade são colocadas lado a lado, e parece que o peso maior recai sobre a segunda. Contudo, tendo em vista a importância da depreciação metálica para a política monetária inglesa desde o final da Idade Média, é relevante atentar para uma passagem em que Bacon discute essa prática mais detidamente.

Trata-se de um trecho de sua *História do Reinado de Henrique VIII*, na qual o autor celebra o sucesso da recunhagem do ouro realizada por ordem desse monarca: "Foi coisa maravilhosa de ver, as chuvas douradas que se derramaram sobre os cofres do rei" (Bacon, 1857c, p. 536). A eficácia da prática antes caracterizada como ardilosa aparece então imaculada por qualquer censura. E Bacon vai ainda mais longe: numa seção não publicada da Grande Instauração, em meio a uma discussão técnica sobre a mistura de metais, faz uma análise ainda mais detalhada das vantagens da liga da prata com o ouro:

> As imersões de metais dentro de outros metais, de tal forma que nunca possam emergir novamente, são coisa de grande valia. Pois se uma quantidade de prata puder ser assim encerrada em ouro, de modo a jamais ser dele extraída, nem pelo fogo, nem por águas solventes, nem de qualquer outro modo, assim servindo, portanto, para tudo aquilo que serve o ouro, é como se, em efeito, aquela quantidade de prata se tivesse transformado em ouro, e apenas o peso a traria a descoberto, mas mesmo o peso tiraria apenas metade do benefício, pois o ouro não chega a pesar o dobro da prata, mas é doze vezes o preço dela. (Bacon, 1857b, p. 390)

Quer dizer: contabilmente falando, o falseamento da moeda através da mistura de ouro e prata é não só funcional mas também vantajoso.

Mais do que a sem-vergonhice do posicionamento baconiano, o que nos interessa aí é o notável caminho argumentativo: a apreciação dos valores e das virtudes é atrelada a questionamentos sobre a eficácia e o bom desempenho contábil. Essa lógica, presente nas considerações sobre a verdade e a recunhagem, não é excepcional: domina a argumentação dos *Ensaios*, estando presente nitidamente, por exemplo, no texto sobre a esperteza[22] (E22). Nele, nosso autor nos diz: "Esperteza, para nós, é uma sabedoria sinistra ou que não é direita. E, decerto, há uma grande diferença entre um homem esperto e um homem sábio: não apenas no que diz respeito à honestidade, mas à habilidade" (E22, 60). O leitor logo percebe a dubiedade dessa menção à questão da habilidade. Bacon tece muitos louvores à sabedoria; os espertos não são sábios e, portanto, não são homens da mais alta qualidade. Contudo, os "homens espertos são como vendedores de miudezas", e as miudezas são obviamente úteis, de modo que "não é mau deixá-los abrir suas lojas" (E22, 60). O autor então caracteriza a destreza desses vendilhões: são capazes de manipular verbalmente as pessoas. Empregam mudanças táticas de assunto, perguntas enganosas, interrupções, fingimentos, repertório variado de histórias para ocasiões especiais.[23] Bacon analisa brevemente essas múltiplas capacidades e conclui que, se os homens espertos podem ser alvo de muitas condenações, inábeis com certeza eles não são. Finalmente, depois de uma lição detalhada sobre o uso da lábia, o autor sentencia: "O sábio presta atenção em seu caminho; o tolo se desvia com ardis" (E22, 63). Essa ressalva tem um tom moralista, mas o que o ensaio realmente torna óbvio é que, embora a sabedoria seja louvável, há certos procedimentos importantíssimos através dos quais se pode obter sucesso e que independem da sabedoria e da tolice, da moralidade ou da imoralidade: são os proce-

22 O termo inglês é *cunning*, palavra de uso corrente, porém sem correspondente direto em português: cobre toda uma gama de inteligências, desde a simples perspicácia até a ardilosidade, passando pelo que poderíamos chamar de malandragem. Nas fábulas, é o atributo espiritual da raposa.

23 É interessante o paralelo entre a habilidade verbal do esperto baconiano e o comportamento astuto e falastrão dos heróis que caracterizarão a ascensão do que Peter Szondi (2004) chama de "drama burguês". O argumento de Szondi é resumido em Oliveira (2013a).

dimentos que caracterizam o homem esperto, que permanece alheio a tais questões.

Para além da mentira e da esperteza, o louvor amoral pela utilidade se expande para outras características vis ou pouco glamorosas. Quem disse, por exemplo, que um tolo também não pode se dar bem? "É certamente melhor convidar para os negócios um homem algo obtuso do que um que seja formal demais" (E26, 69). Da mesma forma, "não há duas propriedades mais afortunadas do que um pouco de tolice, e não muito de honestidade" (E40, 105). Algo semelhante está posto no ensaio sobre a presunção, que abre com a fábula da mosca de Esopo: pousado no eixo de uma carroça, o inseto maravilha-se com a poeira levantada pela roda e congratula-se pelo poder de suas asinhas. No entanto, depois de assim ridicularizar os presunçosos, o autor admite que "há utilidade para essa qualidade nos assuntos civis. Onde é preciso criar opinião e fama de virtude ou grandeza, esses homens são bons corneteiros" (E54, 134). É que, no fim das contas, "verdadeiramente, em tempos vis, os homens ativos são mais úteis que os virtuosos" (E48, 125).

A moralidade também é submetida à utilidade no ensaio sobre o egoísta. Aí, Bacon tece longas recomendações ao leitor para que não ame apenas a si mesmo, mas também aos outros — em especial o rei e a nação —, e discute com algum detalhe a vergonha que é ser egoísta. Mas suas colocações finais vão em outra direção: "O que deve ser especialmente observado é que aqueles que [...] amam a si mesmos sem rival são, muitas vezes, desafortunados. E, embora tenham feito sacrifícios em seu próprio nome durante toda a vida, tornam-se, por fim, eles mesmos sacrifícios da inconstância da fortuna" (E23, 64). Assim, a objeção fundamental de Bacon ao egoísmo não é de ordem moral: é que não adianta ser egoísta; o egoísmo não funciona.

O raciocínio que urbanamente sobrepõe a vantagem à imoralidade também aparece na discussão sobre a boataria no ensaio a respeito da fama (E59). Por um lado, o boato é coisa hedionda; por outro, "se um homem puder domesticar esse monstro, e fazê-lo comer em sua mão, e governá-lo, empregando-o para a destruição de outras aves de rapina, ele adquire valor" (E59, 148). E ainda: "Como observou Tito Lívio [...], 'Às vezes mentiras baixas resultam em efeitos grandiosos'", pois "as mentiras são suficientes para produzir opinião, e a opinião traz a solidez" (E54, 134).

A lógica dessas passagens é consistente com o espírito geral dos ensaios. O que é fundamental entender aqui é que nosso autor não pretende estabelecer uma nova moral: não está tentando convencer o leitor de que a tolice, a presunção e a mentira são, na verdade, virtudes. Não há uma tentativa de refutar a imoralidade da esperteza ou desmentir a falta de virtude da tolice, para então reconstruir o valor moral delas. É simplesmente a eficácia de determinados procedimentos às vezes imorais que está em questão, e tampouco existe valoração moral da própria utilidade.[24] Ao contrário, o procedimento de Bacon, como vimos, é admitir a falta de virtude ou até a imoralidade dos traços de caráter e comportamentos em questão, para só então contribuir com observações sobre sua utilidade, às vezes recomendando-os sem pudores. Em outras palavras, o texto de Bacon realiza um movimento insistente de fazer o leitor passar pela consciência da falta de valor moral de determinados procedimentos para, em seguida, afirmar sua utilidade. Assim, é preciso enfatizar que o resultado argumentativo das discussões de moral nos *Ensaios* de Bacon é o estabelecimento de uma *autonomia relativa ou indiferença da utilidade frente à moralidade*.

24 Ao contrário dos puritanos, para quem o trabalho eficiente é um dever e, portanto, um valor. Bacon foi criado em um ambiente calvinista, e muito em sua obra está em consonância com os ideais do puritanismo. Entretanto, ele discordava dos puritanos em diversos pontos fundamentais, conforme veremos. Uma boa análise resumida da relação de Bacon com o puritanismo é apresentada por Gascoigne (2009).

A centralidade dos meios e a finalidade privada implícita

Olhemos mais de perto para o sentido da consistente preocupação com a utilidade dos vícios e das virtudes. A princípio, poderíamos ser levados a pensar no dito famoso de Maquiavel, segundo o qual os fins justificam os meios. Isso, no entanto, nos levaria a indagar o texto de Bacon: mas quais são os fins? E o problema é que, nos *Ensaios*, esses fins não são explicitados. É como se, em Bacon, sendo os meios eficientes, eles também se tornassem justificativa suficiente para si próprios e para todo o resto. Em toda parte, Bacon recomenda procedimentos, comportamentos, pontos de vista; entretanto, *quase nunca deixa claro quais são as consequências de obedecer às suas recomendações*.

Esse problema aparece bem nitidamente se compararmos os *Ensaios* de Bacon com a literatura análoga que lhes é contemporânea. Nos escritos de moral renascentistas, um caminho argumentativo comum era discutir a virtude, *porque* a virtude levaria à felicidade ou à grandeza que, conforme o caso, consistiriam na finalidade última da ação: é a dívida do humanismo para com os clássicos. Mas é justo aquele "porque" que não está presente na obra baconiana. E é certo que nenhuma das finalidades aventadas pela filosofia clássica funciona em Bacon: o autor não quer apontar o caminho para alcançar a sabedoria, a glória, a riqueza ou a felicidade. A felicidade é um personagem absolutamente menor do livro, mencionada apenas de forma indireta num par de passagens, e o prazer sensual é um capítulo da discussão sobre residências (E45) e jardins (E46) cientificamente planejados. Já a sabedoria, a glória, a amizade e a riqueza, embora figurem com certa constância, aparecem sempre como *meios para a ação*, e não como *finalidade da ação*: Bacon sugere reiteradamente formas de *aproveitar* ou *fazer uso* da sabedoria, da glória e da riqueza. E, no entanto, mantém seu peculiar silêncio quanto ao sentido, objetivo, ou finalidade de tal uso.

É verdade que, em certos casos extremamente mundanos, que não se comparam às indagações da teleologia moral renascentista, o resultado pretendido é explicitado: na construção de uma casa, deve-se evitar conectar os aposentos principais e o dos criados ao mesmo vão de escada, de modo a evitar que os vapores do jantar dos serviçais inundem a sala de estar (E45). Em outros casos, o resultado não é explicitado, mas uma espécie de senso comum moral — ou o "feijão com arroz" do pensamento de Aristóteles — sugere o sentido da recomendação baconiana: se devemos evitar os excessos de coragem (E12), por exemplo, isso se deve à alta mortalidade dos temerários. Mas há ainda outros casos nos quais o resultado pretendido, além de não ser explicitado, tampouco está amparado numa cultura moral inequívoca. O grande homem, diz Bacon, deve evitar o casamento (E8); os Estados não devem ser submetidos a experimentos políticos (E65); os reis não podem ter amigos (E27): Bacon não discute qual seria o resultado dessas recomendações. Insinua, contudo, que decisões nesse sentido seriam vantajosas.

Ora, uma vez que Bacon concentra sua atenção na vantagem, na utilidade, na eficácia, e não apresenta um valor último em função do qual empregá-la, talvez seja legítimo assumir que o objetivo implícito da ação eficaz seja apenas o sucesso pessoal: aquele que está atento à utilidade e à eficácia dos vícios e das virtudes "se dá bem". Em outras palavras, uma das preocupações subjacentes aos ensaios de moral seria, portanto, ajudar o leitor a conduzir seus negócios privados de forma eficiente e próspera, e a suposição de um leitor preocupado apenas e principalmente em se dar bem é que tornaria a explicitação de tal finalidade desnecessária.

Mais uma vez, o contraste com a literatura moral anterior é digno de nota: lá, era preciso enunciar a finalidade da vida — a retidão, a felicidade —, porque o esforço moralizador era justamente o de fazer impor essas coisas sobre os interesses privados, com os quais estão em conflito, ou de encontrar uma coincidência razoável entre os dois âmbitos. Bacon não tem preocupações moralizantes e, por isso, pode simplesmente argumentar em função do reconhecimento óbvio e implícito da importância da vantagem pessoal. E assim constrói, nos *Ensaios*, uma cultura moral de indiferença à moralidade, direcionada aos procedimentos, comportamentos e valores eficazes desde o ponto de vista do sucesso privado.

A segregação das emoções

O cultivo desse razoável despudor diante da imoralidade vantajosa, entretanto, não se confina ao mero âmbito da ação. Bacon ousadamente o estende e o aprofunda até os confins da subjetividade humana: discute as emoções nos mesmos termos, submetendo-as a análises a respeito de seus impactos sobre o desempenho nos negócios privados.

A necessidade de depurar o esforço cognitivo de toda interferência emocional é, como veremos, assunto privilegiado da teoria do conhecimento de Bacon; no âmbito dos *Ensaios*, a preocupação do autor será sobretudo demonstrar que a performance privada — e também a administração pública, como veremos — pode ser comprometida por inclinações, gostos, preferências pessoais, "afecções" ou "afetos" de todos os tipos. É assim que o amor é caracterizado como uma "fraca afecção" (E10, 28) à qual as "grandes personalidades" permanecem indiferentes; é, também, um impedimento aos "grandes negócios", da mesma forma que casamento e filhos (E7; E8).

É digno de nota que a raiz dessas recomendações não seja um ascetismo moral, ou a valorização dos sentimentos moderados como moralmente superiores: mais uma vez, Bacon não está propondo outra moral, mas simplesmente tirando as questões morais — junto com os sentidos — do caminho do sucesso pessoal. O problema da família não é que ela deteriora o homem: ao contrário, ela o aperfeiçoa, tornando-o menos cruel e mais terno (E8, 23), sendo, portanto, moralmente elevada. Essa elevação, entretanto, é imprestavel para os negócios, e isso é o que é o fundamental. O homem "que tem mulher e filhos entrega reféns ao Destino"; estes são "entraves aos grandes empreendimentos, seja por sua virtude, seja por seus vícios" (E8, 22). É por isso, também, que o amor é a mais perigosa das paixões, porque "faz com que os homens percam não apenas outras coisas, mas a si próprios" (E10, 29):

> Faz melhor aquele que, não tendo escolha senão admitir o amor, ao menos o mantém em xeque, isolando-o inteiramente dos assuntos sérios e das ações da vida. Pois, quando o amor interfere com os negócios, perturba as fortunas dos homens e faz com que não consigam de forma alguma se manter fiéis aos seus próprios objetivos. (E10, 29)

Evidentemente, o amor não é um objetivo legítimo para o sujeito que quer se dar bem.

Em resumo, o sujeito moderno pode ter emoções e família, se quiser — assim como pode ter uma moral, também —, mas pode, e deve, olhar para cada uma dessas coisas conforme sua utilidade para os negócios — e deve fazê-lo não porque isso é *o certo*, mas simplesmente porque... é bom para os negócios. É assim também que, depois de tecer elogios à amizade (E27, 69), nosso autor passa diretamente ao que importa: seus "múltiplos usos" (E27, 74). "O principal fruto da amizade é o alívio e a descarga do volume e do inchaço do coração, que paixões de todos os tipos causam e induzem" (E27, 70). Essas paixões são como doenças, e "nenhuma receita [médica] abre o coração, exceto um verdadeiro amigo" (E27, 70).

Curioso observar que Bacon não agracia o sexo com semelhante interpretação dinâmico-fisiológica; o mais perto que chega desse tema é em suas considerações sobre casamento e procriação. Essas atividades, entretanto, têm para ele funcionalidade inferior à da amizade (E27, 71), afinal, um amigo, além de sua serventia medicinal, também é capaz de aconselhar nos negócios, pois pode acompanhar o progresso de nossos empreendimentos, lançando sobre eles uma visão de conjunto com um distanciamento impossível para nós e nossos familiares, diretamente implicados em nossa fortuna (E27, 74). A amizade, de fato, não é apenas útil, mas tem um fundamento material: "Há pouca amizade no mundo, e menos ainda entre iguais [...]. Aquela que existe acontece entre o superior e o inferior, onde a fortuna [ou o destino] de um abarca a fortuna do outro" (E48, 126). Ou seja: existe amizade quando existe interesse, e não qualquer interesse. Não se trata de desenvolver laços através do compartilhamento de um destino comum, mas de fazer amigos de modo a poder explorar melhor a hierarquia social.

O tratamento dado ao amor — sua redução a modalidades e elementos úteis ou inúteis aos negócios — será repetido para "paixões e ocupações da mente" e afetos em geral (E30, 85). Assim, a desconfiança tem que ser "moderada" (E31, 87), porque "interrompe os negócios, impedindo-os de prosseguir de forma corrente e constante" (E31, 86); a ambição pode se tornar "maligna e venenosa", mas, não obstante, pode ser útil para o príncipe que souber manipular seus oficiais ambiciosos (E36, 98); os trabalhos (E29, 81) e as artes (E37, 100) não são valiosos em si mesmos, mas devem ser "varonis" de modo a produzir homens mais fortes — leia-se mais capazes, mais aptos a se darem bem. O prazer com a dança é irremediavelmente "coisa vil e vulgar". E por aí vai.

Da centralidade da eficiência dos meios à eficiência como finalidade da ação

Os valores e comportamentos morais e emocionais são úteis ou inúteis; úteis ou inúteis são, também, os relacionamentos afetivos do sujeito consigo mesmo e com as outras pessoas. É hora de analisarmos as consequências filosóficas dessa centralidade da utilidade e da eficiência na vida do sujeito privado.

Para começar, no mesmo gesto através do qual sugere que a vida humana pode ser ao menos parcialmente esquadrinhada em valores, comportamentos e afecções eficazes ou ineficazes, Bacon também está mostrando ao sujeito moderno que, para se dar bem, ele deve ser uma ferramenta para si mesmo.[25] Ao mesmo tempo, à medida que essa instrumentalização chega a todos os recônditos da vida, e nada parece ficar de fora dela, não parece sobrar nada para desempenhar o papel de finalidade da vida; em outros termos, Bacon acaba esvaziando a questão do objetivo final da instrumentalização. O silêncio a respeito da finalidade da ação eficiente e amoral deixa de ser apenas uma idiossincrasia do texto dos *Ensaios*, conforme sugerimos acima, e torna-se uma importante tese subterrânea da filosofia baconiana. Segundo essa tese, o sucesso subjetivo está impossibilitado de ter consequência moral ou emocional para o sujeito que, afinal, para alcançar o sucesso, precisa drenar a importância intrínseca de sua vida moral e emocional. Não se pode dizer do sujeito baconiano que ele alcança o sucesso para sentir-se bem, porque os sentimentos foram transformados em ferramentas para o sucesso; tampouco alcança o sucesso para compartilhá-lo com sua família e amigos, que sofreram a mesma transformação. A situação lógica do sujeito baconiano é tal que, se ele converteu em meios eficazes os principais aspectos de sua vida, acaba dotando a centralidade dos meios de importância teleológica: se a finalidade da vida é se dar bem, a eficiência se torna um fim em si mesma. Os valores, comportamentos e afecções são úteis de modo a serem úteis, funcionam de modo a funcionarem, o sujeito se instrumentaliza de modo a instrumentalizar-se.

Em outras palavras, o movimento geral dos ensaios só é totalmente entendido quando *a funcionalização das atividades humanas é entendida não apenas como o modo de ação, mas como finalidade da ação*. Se a amizade bem temperada e bem escolhida ou a viagem bem planejada (E28) podem trazer benefícios para os negócios

25 Veremos como a metáfora da ferramenta desempenha um papel absolutamente central no discurso baconiano sobre a ciência.

privados, seu sentido específico de viagem ou de amizade desaparece diante da mentalidade que emprega a ferramenta do cálculo de eficiência: a viagem e a amizade reduzem-se a meios para alcançar o sucesso. E o sucesso, por sua vez, parece só poder ser medido por uma eficiência geral — de fato, Bacon diz isso com todas as letras no ensaio sobre o "Alto cargo" (E11). Alcançar o sucesso (o alto cargo) serve para dar poder; e o poder é a capacidade de realizar ações que, sem ele, ficam no plano das intenções, "pouco mais do que bons sonhos" (E11, 30). Desse modo, as ações eficazes que, ao longo do livro, aparecem como meios para o sucesso constituem, também, resultado do sucesso. O sucesso resulta de um cálculo total que se espraia por todas as dimensões da vida e é, em última análise, idêntico à própria eficiência que produziu o sucesso, sinônimo dela. O sujeito desempenha atividades de maneira eficiente para ter sucesso; obtém sucesso quando desempenha atividades de maneira eficiente; usa o seu sucesso de maneira eficiente para obter mais sucesso, desempenhando atividades. O sucesso e a eficiência não são mais do que dois nomes para a mesma coisa colocada em relação consigo mesma: trata-se da submissão da vida ao critério da calculabilidade, ao emprego das ferramentas geradoras de eficiência e da transformação do emprego das ferramentas em finalidade da vida.

É importante fazer notar que a circularidade que precisamos empregar em nossas formulações para expressar o verdadeiro espírito da filosofia prática baconiana não visa denunciar algum defeito argumentativo por parte de nosso autor. Sugerimos, no início de nossa análise, que o texto de Bacon se dirigia a um setor social específico, a classe média empreendedora, e acreditamos que a centralidade da eficiência, com todas as suas consequências filosoficamente estranhas, deve ser predicada *à acuidade* com que Bacon leu a forma de vida própria àquele setor social. Para a classe média empreendedora, a circularidade da relação entre fins e meios é uma realidade concreta: o empreendedor *pode* empregar o critério da eficiência para organizar todo o seu comportamento, orientando a vida na direção do sucesso nos negócios privados; aliás, *precisa* fazê-lo. Qualquer capitalista sabe que, para não falir, a finalidade fundamental do empreendimento deve ser o reinvestimento — em essência, a finalidade do empreendimento é o empreendimento. E, quando Bacon mostra que as pessoas que não têm mulher e filhos podem se concentrar melhor nos seus negócios, e por isso tendem a alcançar maior sucesso, ele está, por um lado, apenas explicitando a maneira como a sociedade moderna *realmente funciona* para o empreendedor individual; que o digam a literatura de autoajuda contemporânea e seu discurso sobre "como encontrar tempo para a família"...

Por outro lado, é importante perceber a especificidade do caráter de classe do discurso de Bacon. A centralidade dos meios não faria qualquer sentido para os setores contra os quais a modernização capitalista se dirige: os camponeses e os sem-terra amotinados que atacavam os mercadores de alimentos e os campos cercados. Para esse setor social, a vida — as dificuldades e os prazeres da subsistência — não é um meio, mas uma finalidade em torno da qual se articulam todas as relações entre as pessoas e das pessoas para com o espaço, os recursos naturais etc. Na economia de subsistência, tão malfalada pela historiografia entusiasmada com a modernização capitalista, trabalha-se para viver; na economia capitalista, vive-se para trabalhar.

O teor sociológico da amoralidade

Outro aspecto do caráter de classe do discurso baconiano se depreende da relação especial entre moralidade e imoralidade que ele sugere. Sem suprimir a importância das virtudes, como vimos, Bacon tampouco pretende questionar muito profundamente seu significado: ao contrário, seguindo a moda humanista, empregando passagens bíblicas, fábulas e citações gregas e latinas clássicas, o autor apela para uma compreensão tradicional de moralidade. Esse movimento conservador é uma constante da argumentação baconiana — inclusive, como veremos, na sua teoria do conhecimento, onde são inúmeras as passagens em que elogia "os antigos" e insiste que o lugar canônico destes é inviolável.[26] Tal reconhecimento e respeito às virtudes tradicionais torna necessário que insistamos em algo que já havíamos indicado acima: os *Ensaios* amorais de Bacon não são imorais. Não pretendem dissolver a moralidade, corroer os fundamentos da sociabilidade, destruir a possibilidade de convivência e valoração: ao contrário, subentendem a permanência desses fundamentos, ao mesmo tempo que chamam atenção para a possibilidade, a vantagem ou, eventualmente, a necessidade de contorná-los, ignorá-los ou torcê-los segundo a conveniência. De fato — como veremos na discussão sobre a religião, em que a preocupação central é também a tal eficiência —, a moralidade deve por fim ser ignorada, mas não pode ser dispensada, porque ela, também, é muito útil.

Assim, a argumentação de Bacon soma a evocação conservadora da moralidade tradicional ao rompimento tático e pontual com os valores morais, e o reconhecimento da utilidade da moralidade em geral para a coesão social. O movimento geral é tão patentemente paradoxal que torna acusações de cinismo supérfluas. Acreditamos, de todo modo, que o fundamento desse paradoxo é uma espécie de coerência sociológica. O paradoxo da moralidade em Bacon expressa, enquanto tal, algo fundamental a respeito da socialização capitalista: o fato de que, ao mesmo tempo que está baseada na concorrência econômica, ela também precisa contar com a estabilidade sociopolítica fundamental.

A conservação dos valores tradicionais é do interesse do cidadão de bem — o "homem do mundo" moderno entendido no sentido público — que confia na contribuição da moralidade para a estabilidade social. Contudo, o empreendedor individual —

26 "Os autores antigos e todos os demais são deixados na posse indisputada de suas honras", nos diz o autor do *Novo Órganon* (Bacon, 2000e, p. 39).

o mesmo indivíduo, considerado privadamente — precisa, vez por outra, lançar mão da imoralidade para se dar bem. Tal posição sem-vergonha do sujeito moderno não é uma aberração do discurso baconiano, mas uma expressão da experiência objetiva do homem de negócios na sociedade da mercadoria. Seus interesses exclusivamente privados o colocam frequentemente em oposição aos interesses dos demais indivíduos e da sociedade como um todo: ele precisa explorar o trabalho e competir por fatias do mercado; lhe é interessante evadir impostos quando puder, apropriar-se de recursos naturais finitos e consumi-los agora, sem pensar no depois; em sua operação econômica usual, contribui para a falência alheia enquanto cuida da sua prosperidade. Ao mesmo tempo, ele depende de uma estrutura institucional estável que preserve e proteja a propriedade privada, garanta a circulação global de mercadorias, prepare a população para o trabalho e mantenha os meios de produção inacessíveis a ela, tornando-a sujeita ao consumo de mercadorias. Ele também depende da atividade econômica de outros sujeitos privados como ele, tanto para satisfazer suas próprias necessidades imediatas quanto para conseguir as matérias-primas e outros recursos fundamentais à sua produção: precisa pedir dinheiro emprestado, ou adquirir peças de reposição para seu maquinário, ou lã para alimentar as manufaturas, ou alguém que fabrique roupas baratas para que seus empregados mal pagos não cheguem nus ao trabalho etc. Essas coisas, que os demais empreendedores procuram proporcionar-lhe pelo maior preço possível, ele tenta conseguir pelo menor preço possível. Em resumo: a prática de cada um dos empreendedores privados se dá como se ele tivesse que esperar o comportamento mais equânime de todos os demais, exceto dele mesmo. Se tal comportamento não pode ser realmente esperado, o melhor que se pode fazer continua sendo assumir a postura menos equânime possível, em comparação à dos demais. Os *Ensaios* de Bacon estão em harmonia com esses objetivos e com os supracitados "tempos vis" (E48, 125) nos quais eles são a regra.

Através de nossa análise, portanto, o sujeito baconiano aparece enquanto alguém constitutivamente inserido numa determinada forma de operação econômica. No que se segue, sustentaremos essa leitura atentando para a maneira como a discussão de Bacon sobre a riqueza articula a passagem lógica dos temas "de moral" para os temas "de política" nos *Ensaios*.

1.2 A riqueza e a passagem do privado ao público

Na discussão das afecções e paixões, Bacon vai até o limite do pensamento moral e das coisas privadas, chegando à interioridade mesma do sujeito moderno. Como sugerimos acima, entretanto, as considerações sobre a experiência privada mais cedo ou mais tarde deslizam para uma discussão sobre suas condições de possibilidades na esfera pública. Isso ocorre mais explicitamente nos momentos em que a acumulação de riqueza é tematizada.

Nessa tematização, o que pode chamar atenção logo de início é que, ao lado de toda a sua amoralidade e de seu silêncio a respeito dos fins, Bacon insista que o objetivo final das posses (E13, 35) e da posição social (E11, 30) é fazer o bem. Por certo, o autor fala com frequência da importância das boas ações, ou das "obras" (E11, 30),[27] embora quase não dê exemplos do que seriam,

27 Nesse sentido, Bacon posiciona-se em oposição aos puritanos e à teologia protestante em geral, para os quais — em contraste com os católicos — a "justificação" ou o recebimento da graça de Deus dava-se simplesmente pela fé, e não pelas boas ações; ver Gascoigne (2009, p. 212).

para ele, boas ações. A caridade é discutida brevemente: em meio ao turbilhão de transformações econômicas do período, proliferavam os fundos paroquianos para auxílio aos pobres, as mais das vezes por ordem da Coroa. Contudo, como ressalta nosso autor, o proprietário só deve realizar doações em dinheiro no momento de sua morte, porque, afinal, precisa sempre ter suas posses à mão para eventuais oportunidades de investimento (E34, 95). No geral, a natureza do bem que se faz e o conteúdo das boas ações são assuntos que ficam explicitamente ausentes da maior parte da discussão moral e política dos *Ensaios* e acabam tendo que ser buscados em locais constrangedoramente prosaicos, tais como o ensaio sobre as despesas (E28).

Esse ensaio, por um lado, parece curiosamente pouco moderno ao afirmar que "as riquezas servem para serem gastas, e isso honradamente, e em boas ações" (E27, 75): está ausente, a princípio, o adágio capitalista do reinvestimento dos lucros, e Bacon parece escapar, assim, da circularidade tipicamente moderna. Por outro lado, é digno de nota que o gesto moderno de *investir* — gastar dinheiro para fazer mais dinheiro — não seja abordado nesse ensaio e, portanto, simplesmente não caia na categoria das *despesas*. Assim, Bacon também adverte sobre a importância de poupar dinheiro (E27, 75) e defende que ninguém está acima do trabalho da contabilidade e do esforço de economizar, pois "é menos desonroso reduzir pequenos gastos do que curvar-se a pequenos ganhos" (E27, 76). Trata-se de uma dica dirigida à peculiar classe dos empreendedores ingleses, que se desenvolve em um ambiente aristocrático onde as questões financeiras ainda não se entranharam na mentalidade dos sujeitos econômicos e onde ainda é muito forte a tentação de simplesmente curtir a vida sem preocupações à custa do suor alheio, o que obstaculiza a administração eficiente da propriedade privada. De fato, em várias passagens, Bacon condena essa marca da nobreza europeia, o luxo perdulário. Assim, por exemplo, na discussão sobre os tecidos usados em figurinos de espetáculos, ele recomenda aqueles que, "não sendo muito custosos, são, portanto, os de maior glória" (E37, 100). E, no ensaio sobre as residências, o conselho é "deixar os materiais suntuosos, que servem apenas à beleza, para os poetas, que constroem com pouco custo" (E45, 114).

No fim das contas, entretanto, o problema dos gastos desenfreados é que "a ruína voluntária de um homem se dá tanto em seu país quanto no reino dos céus" (E27, 75). Bacon, assim, associa o bem espiritual ao material, logo depois de ter colocado a riqueza a serviço da moralidade; no mesmo golpe, relaciona o sucesso econômico do indivíduo ao desempenho econômico da sociedade como um todo. Fica claro que o empreendedor privado tem uma responsabilidade não apenas para com seus negócios, mas também para com os negócios dos demais empreendedores privados. Com isso, na moral baconiana, transparece uma compreensão da totalidade social enquanto formada por atores econômicos autointeressados, porém mutuamente dependentes.

Eis um vislumbre daquilo que um predecessor de Bacon chamara de "sociedade civil" pela primeira vez.[28] Tal vislumbre precisa ser analisado para que possamos esclarecer o mistério do bem que deve ser procurado através da riqueza — essa finalidade que, por sua enunciação obscura, porém explícita, contrasta com os apelos implícitos ao sucesso através da valoração da utilidade e do recalque dos fins.

Em primeiro lugar, a riqueza não escapa da lógica de subsunção das coisas humanas ao imperativo da eficiência, conforme deixa claro o ensaio especialmente dedicado ao tema (E34): "A fruição pessoal de nenhum homem consegue alcance suficiente para abarcar grandes riquezas". Isso quer dizer que, a partir de um certo volume de acumulação, as riquezas passam a "não ser substancialmente úteis para o proprietário" (E34, 92). Por mais que Bacon seja contra as despesas perdulárias, a acumu-

28 Conforme veremos no nosso capítulo 3. Ver também Wood (2005, p. 162).

lação não é para ele o xis da questão, porque a riqueza simplesmente acumulada é inútil. Ela deve ser funcionalmente gasta — investida, podemos presumir. Ao mesmo tempo, "as formas de enriquecer são muitas, e a maioria delas, imunda" (E34, 93). As recomendações de Bacon, nesse campo, são antenadas com o capitalismo agrário-comercial florescente: as atividades econômicas que enriquecem são o cultivo do solo, a prática mercantil de comprar barato e vender caro, a formação de companhias, o investimento em tecnologia e a prática do monopólio. A parcimônia, ou a recusa a gastar dinheiro, que pode parecer "inocente", é, ao contrário, daninha, pois "impede que os homens pratiquem obras de liberalidade e caridade" (E34, 93). Com isso, voltamos ao mistério das boas ações, o qual, entretanto, começa a ser desvendado quando atentamos para a afirmativa de que "para as grandes riquezas não há utilidade real, exceto sua distribuição" (E34, 92). O leitor dos *Ensaios* descobre rapidamente em que consiste essa distribuição, porque apenas um sentido possível dessa palavra, no contexto econômico, é tematizado de forma explícita nos ensaios: a ideia absolutamente moderna, e fundamental para o pensamento liberal dos séculos posteriores, de que os atores econômicos, ao empreenderem atividade econômica através do investimento, não apenas enriquecem a si mesmos, mas contribuem para a possibilidade de enriquecimento de um número indefinido de outros atores econômicos — a alusão supracitada ao mercado e à sociedade civil.

Isso quer dizer que Bacon está antenado com a concepção fundamental da consciência teórica capitalista: a atividade econômica privada fomenta a atividade econômica em geral, e a totalidade social deve ser entendida nesses termos. Diversos ensaios "de moral" fazem referência a essa ideia, e Bacon a desenvolve como corolário de textos dedicados aos assuntos públicos. Como veremos, isso é sinal da acurada percepção do autor sobre a maneira como a sociedade moderna precisa ser pensada com base na articulação econômica entre as esferas pública e privada.

1.3 Os ensaios de política

A economia no centro das questões políticas

O ensaio sobre a nobreza (E14) (entenda-se: o objeto aqui é a aristocracia, e não a nobreza enquanto virtude) contém uma discussão sobre classes sociais, interesse privado e formas de governo. Nessa discussão, as questões políticas são atreladas, e ao fim explicitamente submetidas, a considerações sobre eficiência econômica. A nobreza, de início, é considerada pelo ponto de vista da divisão do poder político, em consonância com a problemática da consolidação do absolutismo inglês no final do século XVI e o debate europeu a respeito das formas de governo que havia séculos vinham remetendo à *Política* de Aristóteles. Assim, "uma monarquia onde não há qualquer nobreza é sempre uma tirania pura e simples, como se dá entre os turcos" (E14, 36). Daí depreende-se que a nobreza é importante para servir como contraponto do poder monárquico, obstaculizando sua capacidade tirânica.

Bacon, todavia, sinaliza que o problema do equilíbrio de forças não é necessariamente um problema central. De fato, o autor nos diz que ele é específico das monarquias: nas democracias, os nobres não são necessários, e não há perigo de tirania — e isso não tanto porque o poder está dividido, mas porque "os olhos dos homens estão voltados para os negócios, e não para as pessoas; ou, se estão voltados para as pessoas, é tão somente por conta dos negócios, como convém, e não por suas bandeiras ou ascendência de sangue". É a isso que se deve o sucesso da Holanda e da Suíça, sociedades plutocráticas em que "o vínculo é a utilidade, e não o respeito" (E14, 37). Em outras palavras, a democracia é superior porque, nessa forma de governo, o problema de quem manda em quem e a deferência hierárquica são deslocados pelas preocupações com o enriquecimento privado.

Ora, como vimos na discussão sobre a riqueza, existe uma relação entre o enriquecimento privado do indivíduo e o enriquecimento privado na sociedade como um todo. Bacon retoma esse tema no âmbito político: "Mais do que tudo, é preciso usar de boa política para que o tesouro e as riquezas em um Estado não estejam todos reunidos em umas poucas mãos. [...] o dinheiro é como o adubo: só é bom se for espalhado" (E15, 42). Assim, a questão pública fundamental para os negócios é a multiplicação dos atores econômicos.

A compreensão de que o enriquecimento precisa ser socialmente difundido, e é mais importante que a hierarquia, condiciona fundamentalmente a apreciação baconiana do governo e da constituição social. A questão sobre a existência dos nobres e também do clero é reduzida à questão a respeito do impacto, sobre a prosperidade econômica geral e a estabilidade política, do número de atores econômicos e do grau de concentração de sua riqueza e influência (E19, 53-4). Em última instância, o raciocínio econômico não orientará apenas a análise da composição de classe da sociedade, mas também questões demográficas mais complexas. Assim, num estudo sobre as instituições de ensino, Bacon (1859, p. 241) argumenta que é importante limitar o acesso às escolas, manifestando preocupação com o excesso de letrados que, sem emprego econômico, podem acabar redundando numa população de revoltosos: eis um aspecto da relação do autor com a difusão do saber que não costuma ser levado em conta pelos entusiastas de sua teoria do conhecimento.

Bacon, de fato, está consistentemente atento à relação íntima entre as questões econômicas e a política de Estado. É à luz dessa relação que o supostamente temível tema político da igualdade pode ser analisado de modo prosaico: a igualdade é boa, nos diz Bacon, porque "torna mais indiferentes os debates, e mais prazerosos os pagamentos e tributos" (E14, 37). Isso contrasta com as tendências oligárquicas da nobreza, cuja existência em geral implica uma concentração de riqueza. Mas Bacon não é nem a favor da nobreza, nem contra ela; ele é contra a depressão econômica e, por isso, aceita a existência da nobreza sempre que seu perfil — o tamanho numérico e a riqueza mediana — contribua para o desenvolvimento econômico geral.

De resto, seu discurso sobre a nobreza não é rigorosamente coerente, e nos parece irresistível a sugestão de que a fonte dessa incoerência seja o interesse pessoal do autor em preservar suas amizades importantes. Afinal, por que a análise política também não poderia ser devidamente apreciada em sua utilidade na aquisição de aliados para o autor? Por um lado, Bacon elogia a nobreza antiga em detrimento da nova — a *gentry* que vinha imiscuindo-se com o capitalismo nascente. Com isso, no que tange ao problema sociopolítico da hierarquia entre as famílias tradicionais e a nobreza togada cujos títulos são produzidos por um "ato de poder" (E14, 37), Bacon posiciona-se contra si mesmo, uma vez que recebeu seus títulos na vida adulta, por interferência monárquica, e a favor de seu patrono, Lorde Buckingham, a quem os *Ensaios* são dedicados. Ao mesmo tempo, também esse problema é submetido ao crivo econômico: "O título de nobreza de nascença comumente diminui a indústria", ou seja, a disposição para o trabalho economicamente frutífero, e também a ambição, outra virtude necessária ao desenvolvimento econômico: "Os nobres não podem ascender mais" (E14, 37) e, por isso, não têm por que se esforçar: já se deram bem de nascença. Na base da constituição social, contudo, devem estar os mercantes: se estes "não prosperam", nos diz Bacon, "o reino pode ter bons membros, porém terá veias vazias e pouca nutrição" (E19, 54).

Se a ambição pessoal está atrelada à discussão sobre o funcionamento social eficiente conforme o ponto de vista econômico, o mesmo se passa com outro tema muito caro ao pensamento moderno: a competição. A despeito das desvantagens frente à nobreza de sangue, a pequena nobreza e a nobreza togada são socialmente importantes porque disputam com a alta nobreza, impedindo-a de concentrar demasiado poder, ao mesmo tempo que não ameaçam o poder real, já que consistem em "um corpo disperso" (E19, 54) de indivíduos. Trata-se do argumento renascentista de que uma sociedade dividida em "facções" tende ao equilíbrio (Skinner, 2002, p. 57).[29] A multiplicação das classes sociais, ou a dispersão da capacidade de empreendimento econômico e da influência política em uma multiplicidade de atores, contribui para a estabilidade política na medida em que a competição constante mantém todas as forças sociais em inferioridade em relação à Coroa, cuja posição é inexpugnável. A conservação da monarquia num lugar de superioridade inconteste também orienta a discussão sobre a organização do Exército, em especial em decisões a respeito do número de generais e do tamanho das tropas sob seu comando, que devem respeitar o princípio da distribuição do poder e da rivalidade mútua (E19, 54).

Em resumo, Bacon nos dirá que a distribuição eficiente da riqueza não é incompatível com a existência de uma nobreza reduzida e uma massa ampla de "comuns".[30] Esse setor social amplo e amorfo não é de causar problemas, segundo Bacon, exceto quando unido com a nobreza e dirigido por um representante dela (E15, 42-3). O autor está provavelmente de olho nas tradicionais guerras civis europeias, as quais — pelo menos antes da

29 Havia também, nas cidades italianas que preferiram a instauração de príncipes, o argumento contrário, de que as facções eram a "destruição da República" (Skinner, 2002, p. 57).

30 Markku Peltonen (1996, p. 299 ss.) constrói um argumento através do qual procura mostrar que Bacon tem inclinações republicanas. A nosso ver, esse argumento não está de fato embasado no texto de Bacon: pelas razões que expusemos, as incontestes simpatias baconianas para com os Países Baixos, a Suíça e Veneza baseiam-se em critérios político-econômicos compatíveis com o formato da monarquia parlamentar inglesa, estruturalmente oligárquica, equipada como estava com sua Câmara Baixa composta de empreendedores de diversas estirpes, dotados de representação política e voz legislativa. Nesse sentido, Peltonen faz a má leitura do termo *commons* que criticamos em nossa introdução. Quem lê o texto de Bacon e deixa de lado o apego à sua imagem heroica inevitavelmente descobre ser inútil tentar atribuir ao autor qualquer convicção política que não seja seu comprometimento com a eficiência econômica nos negócios privados e públicos.

Guerra Civil Inglesa — tinham feição de conflitos de sucessão ao trono — daí o envolvimento necessário da nobreza —, e não de abolição da monarquia.

Estabilidade política e prosperidade econômica

O tema da conservação do poder pelo monarca que, assim, vemos vir à tona intermediado pela discussão da composição social é assunto privilegiado do ensaio sobre "A sedição e os tumultos" (E15). Aí, Bacon leva às últimas consequências a centralidade das questões econômicas para a vida pública ao discutir a motivação econômica da instabilidade política. Para começar, as rebeliões só acontecem quando "a guerra [civil] é útil para muitos" (E15, 40). É verdade que, assim, suas causas podem ser muitas: "tudo aquilo que, ofendendo as pessoas, faz com que se unam em causa comum". O autor elenca algumas dessas "ofensas": "inovações na religião; impostos; alterações das leis e costumes; cessação de privilégios; opressão generalizada; influência crescente de pessoas indignas; estrangeiros; privações; soldados dispensados; facções desesperadas" (E15, 41). No entanto, entre todas, "as rebeliões da barriga são as piores" (E15, 40).

É importante observar que Bacon escreveu esse ensaio, presente na primeira edição da obra, logo depois da derrota da Rebelião de Enslow Hill, de 1596 (Linebaugh & Rediker, 2000, p. 19), que foi justamente uma dessas "rebeliões da barriga".[31] Alterações da economia agrária, em especial a substituição da terra arável por pasto para a produção de lã, causaram o encarecimento dos alimentos, num contexto de crescente privatização da terra. O resultado foi uma onda de rebeliões, muitas das quais começavam como "motins por comida" (*food riots*), como

31 Sobre as diversas revoltas populares e motins de apropriação de alimentos do período, ver Oliveira (2018, cap. 4).

ficaram conhecidos: gente empobrecida e faminta atacava os mercadores de alimentos ou seus armazéns, apropriando-se de seus bens ou forçando-os a vender seus produtos a preços acessíveis. Várias vezes, esses motins alcançavam proporções regionais, quando então podiam envolver destruição de cercas e reapropriação de terras. No caso de Enslow Hill, um dos líderes dos revoltosos, Bartholomew Steere — o qual previa: "Teremos um mundo mais alegre em breve [...], vou trabalhar num dia, e brincar no outro" —, teve suas revolucionárias ambições frustradas: preso, passou dois meses sob tortura e "exame" (Linebaugh & Rediker, 2000, p. 37) sob a supervisão de *sir* Edward Coke, então procurador-geral do reino, cargo para o qual foi indicado no lugar de Bacon, que só ascendeu à posição em 1613. O fundamento econômico desses "tumultos" não ficou indiferente aos pensadores e ao poder público da época, e nosso autor, de sua parte, embora reconhecesse uma multiplicidade de causas para a instabilidade política, defendia a prosperidade econômica como principal antídoto contra ela: deve-se "remover, por todos os meios possíveis, a causa material da sedição [...], que é a privação e a pobreza no país" (E15, 41).

O banimento do ócio e a administração populacional

Evidentemente, a receita baconiana para a prosperidade será muito diferente daquela dos revoltosos, que lutavam pela desprivatização da terra e o retorno às práticas comunais — em suma, a interrupção do desenvolvimento capitalista, ou do processo de submissão da vida ao princípio da eficiência econômica. Nos *Ensaios*, como em outros escritos, a recomendação de Bacon é uma mistura de administração estatal com intensificação das relações mercantis: "A abertura e o bom equilíbrio do comércio; o apreço às manufaturas; o banimento do ócio; a repressão ao desperdício e ao excesso através de leis contra a extravagância; a melhora (*improvement*) e o cultivo do solo; a regulação dos preços das coisas vendíveis; a moderação das taxas e tributos", e daí por diante (E15, 41).

Um dos itens dessa panaceia chama atenção especial: o "banimento do ócio" (*the banishment of idleness*). A expressão tem duplo sentido. Por um lado, não era incomum, no inglês do século XVII, empregar *banishing* num sentido amplo e figurado: alguém que tomasse uma cerveja para espantar as mágoas poderia dizer que as estava "banindo". Ao mesmo tempo, era possível falar do "banimento do ócio" da mesma forma que hoje falamos do "combate à pobreza". Assim como, no nosso caso, o "combate à pobreza" pode significar uma política de distribuição de renda, mas também uma resposta literalmente combativa (criminalizante e militar) ao problema social do empobrecimento sistemático, seria impossível ao leitor do texto de Bacon não pensar na prática da deportação — banimento em sentido literal — dos então chamados "vagabundos": os sem-terra e sem-trabalho que "vagavam a esmo" desde que suas terras haviam sido expropriadas, com o cercamento dos campos, para fins de produção de mercadorias. Tratava-se, afinal, de uma das novidades da política penal da Coroa na época: muitos dos condenados por crimes contra a propriedade (roubos, furtos, invasões de terra) e por mendicância — delitos típicos da nova população de pobres criada pela modernização econômica — podiam ser "transportados" para as colônias do Novo Mundo.

Havia todo um debate em torno de tal política. Richard Hakluyt, químico e botânico (Hill, 1980, p. 39), amigo de Bacon e um dos principais propagandistas da colonização inglesa, era um dos defensores da deportação das "hordas de gente desocupada" da Inglaterra para o Novo Mundo. Entre as razões para seu apoio não terá sido desprezível o fato de que tal deportação significava, convenientemente, a conversão dos "vagabundos" em trabalhadores forçados nas terras da Companhia da Virgínia, detentora do monopólio da exploração colonial, da qual Hakluyt e Bacon eram acionistas. Além da exploração da mão de obra no território colonial, entretanto, Hakluyt defendia uma vantagem doméstica para a deportação dos miseráveis: tratava-se de resolver um problema demográfico e penal, pois as plantações funcionariam, em suas palavras, como "prisões sem muros" (*apud* Linebaugh & Rediker, 2000, p. 15-6).

Bacon não ficou alheio a esse debate. Para gerir essas prisões, era necessário um regulamento rígido prescrevendo punições violentas e exemplares, e entre os conselhos de nosso autor para a boa administração colonial (E33) está a "lei marcial", ou a administração militar das plantations. Essa posição assumida nos *Ensaios* não tinha sentido apenas teórico: Bacon foi pessoalmente consultado, em 1609, para a elaboração da legislação da Colônia administrada pela Companhia da Virgínia. Dos 37 artigos da compilação legal publicada em 1612, resultado de sua consultoria, 25 determinavam pena capital e os demais, açoites e serviço nas galés.[32] De uma população de despossuídos degredados, pouco se poderia tirar, além da vida.

Uma vez que as condições de vida na colônia eram péssimas e a mortalidade altíssima, o que antes aparecia como um problema demográfico na Inglaterra — o crescimento da população de sobrantes, os "vagabundos" criados pela mercadorização da terra — acaba trocando de sinal. O crescimento constante do número dos sem-terra significava um fluxo constante de colonos e se transformava em uma vantagem para as ambições coloniais inglesas. Hakluyt rapidamente se deu conta disso (Linebaugh & Rediker, 2000, p. 56; Hill, 1980, p. 98), e também Bacon, que faz algumas considerações importantes sobre a população, de uma perspectiva administrativa, no mesmo ensaio sobre "sedições e tumultos" (E15). Para nosso autor, o

32 Trata-se das chamadas "Dale's Laws", vigentes em Jamestown, Virgínia, entre 1612 e 1618. Disponíveis em: http://moglen.law.columbia.edu/ALH/lawesdivine.pdf.

problema não é, jamais, o número absoluto da população, mas a relação entre a população, as atividades econômicas desenvolvidas e os recursos disponíveis. Vagabundos imprestáveis de um lado do Atlântico podem se converter em trabalhadores úteis do outro lado.

Da centralidade da eficiência econômica à administração social científica

Como vimos, tanto os miseráveis quanto os setores sociais mais abastados são incluídos num raciocínio de ordem econômica: é preciso preocupar-se com o crescimento da nobreza, do clero e dos intelectuais, grupos sociais que consomem muito mais do que produzem; ao mesmo tempo, é preciso dar emprego econômico para os sem-terra reduzidos à vagabundagem. Assim, em resumo, a hierarquia e o corte social, o volume populacional e a divisão do trabalho, a desigualdade e a pobreza aparecem, para nosso autor, como funções da eficiência e da prosperidade econômica, e o mesmo se passa com a estabilidade política, uma vez que rebeliões e coisas do gênero têm causa sobretudo material. Finalmente, todos esses fenômenos, do ponto de vista dos *Ensaios*, só adquirem sentido enquanto fatores da administração da vida social. A vida das pessoas, suas ocupações, seu enraizamento e desenraizamento territorial só figuram como variáveis do problema da prosperidade econômica e da estabilidade política, a serem alcançadas mediante ponderação cuidadosa e eficiente.

Essa submissão das coisas públicas aos problemas econômicos precisa ser colocada ao lado da separação ou autonomização recíproca entre as questões morais e as questões de eficiência, que estudamos anteriormente. Nos "ensaios de moral", como vimos, Bacon constrói seus argumentos de modo a fazer ver que considerações a respeito da aprovação ou desaprovação moral são independentes de avaliações da eficiência ou utilidade de ações, estratégias, procedimentos etc. Vimos também como esses argumentos costumam deslizar para uma hierarquização na qual as questões de eficiência ganham precedência sobre a moralidade, de tal modo que a autonomização mútua entre eficiência e moralidade, por vezes, acaba resvalando na submissão da moralidade à eficiência.

Nesses termos, podemos começar a enxergar algo em comum nos movimentos conceituais empreendidos nos ensaios de moral e nos ensaios de política. Ambos envolvem uma segregação mútua de esferas das atividades humanas e sua posterior submissão a uma delas: a esfera econômica. O processo material de submissão da vida à economia exige do sujeito moderno um comportamento materialmente calculista, e a filosofia baconiana se encarrega de dotar esse comportamento de consciência, tornando-o transparente para o sujeito moderno. Assim, no caso, a relação da filosofia com a ideologia moderna é uma relação de iluminação, de esclarecimento. Por outro lado, tal esclarecimento não trabalha a favor da crítica aos pressupostos econômicos da reflexão filosófica: pelo contrário, pretende quase sempre contribuir para o exercício eficaz do cálculo. Tal função, a um só turno iluminadora e conservadora da filosofia na modernidade, não é de modo algum prerrogativa exclusiva do pensamento de Bacon, cuja filosofia tem caráter pioneiro, rudimentar — se comparado à capacidade sistemática de um pensador como Immanuel Kant, por exemplo — e abertamente implicado no processo histórico-social. E, embora o esforço sistemático, por isso, não seja nem possível nem necessário para nosso autor, a clareza de propósito de seu projeto intelectual o leva na direção da sofisticação dos supracitados movimentos conceituais. Sinal claro dessa sofisticação é o modo como Bacon, no discurso político, terminará apontando a necessidade da construção de uma espécie de *ciência da administração social*, como veremos.

Eficiência e administração social

A agrimensão existe para determinar o tamanho de propriedades, a contabilidade para lidar com as finanças, a cartografia para contar as cidades, os censos para contar a população, e ainda assim — lamenta Bacon — não parece haver aquela ciência ou técnica para "a exata avaliação e correto julgamento a respeito do poder e das forças" de um Estado ou propriedade (E29, 77), cuja administração costuma ser lamentavelmente "deixada à sorte" (E29, 84). O ensaio 29 se debruça especificamente sobre esse problema. Seu título, que poderia ser traduzido como "Sobre a verdadeira grandeza dos reinos e estados" ("Of the True Greatness of Kingdoms and Estates"), contém uma palavra que reflete uma experiência muito inglesa: *estate*. Sem correspondente único preciso no português, o termo pode designar, ao mesmo tempo, uma propriedade imobiliária, um conjunto qualquer de propriedades de um mesmo dono, família etc., os domínios de um monarca ou uma sociedade entendida como o conjunto formado pela população, sua atividade econômica e as instituições que regem essa totalidade e a fazem funcionar (Wood, 1994, p. 48 ss.). No contexto dos *Ensaios*, chama atenção que Bacon passe indelevelmente da dimensão da administração pública para a privada, considerando ora empreendimentos de escala pequena, ora questões de Estado com maiúscula. Isso que, para nós, pode cheirar a imprecisão, na verdade deveria servir como lembrete do fato de que a operação empresarial e a própria mentalidade administrativa tiveram sua origem nas instituições monárquicas e na sociedade agrária.

Ao mesmo tempo, para expandir o discurso da eficiência para o contexto dos assuntos públicos, o primeiro passo do autor nesse sentido é inserir uma nuance na dimensão privada do governo, em especial, do favor político — figura fundamental do governo monárquico (Oliveira, 2018, p. 121 ss.) — em relação à habilidade técnica de "tornar grandes" os domínios e as propriedades (E29, 77). Devido à maneira como a monarquia funciona, é possível a um homem, por exemplo, através de sua lábia (ou "esperteza"), conseguir do monarca um lugar de destaque na administração pública; entretanto, a administração pública deve proteger-se do aperfeiçoamento das maliciosas habilidades privadas: obviamente, a lábia não faz de ninguém, necessariamente, bom administrador. Dizer o óbvio é importante, nesse caso, porque é preciso chamar atenção, na alvorada da modernidade, para o fato de que administrar compreende um conjunto especial de habilidades — e, desejosamente, uma ciência, como vimos. E a ideia de que a boa administração depende de uma espécie de técnica está em contradição com procedimentos normais da sociedade pré-moderna. O próprio fato fundamental de que, na nobreza tradicional, as posses passam exclusivamente de pai para filho faz com que, muitas vezes, a terra caia nas mãos de gente sem talento para administrá-la. A arbitrariedade com que o monarca podia escolher e nomear seus conselheiros ou prepostos também trabalha contra a eficiência econômica. Daí a conclamação: "Sejam quem forem os obreiros, falemos da obra; ou seja, da verdadeira grandeza dos reinos e dos estados, e dos meios de alcançá-la" (E29, 77).

Essa conclamação casa-se com as instruções que, nos ensaios de moral, procuravam direcionar as atenções do sujeito para questões de eficiência econômica. O convite de Bacon ao leitor é: tratemos a administração da sociedade tradicional nos prosaicos termos da sociedade moderna. No plano da subjetividade do monarca, administrador-mor, isso se relaciona com o esforço de segregação de emoções, inclinações e gostos pessoais: o governante, ao escolher seus funcionários, deve deixar de lado suas preferências e amizades e ter em mente sobretudo a eficiência; os cidadãos, enquanto membros de uma totalidade funcional, e os administradores, ao desempenharem as funções do seu cargo, idem, idem.

A centralidade da guerra

A primeira consideração de administração pública do ensaio 29 é o exército, e não tanto seu tamanho e custo, mas sua qualidade — afinal, a "grandeza" do título de tal texto significa primordialmente a expansão do domínio político e econômico: *empire*.[33] O conselho de Bacon é que o Estado tenha à sua disposição "uma raça de homens militares" (E29, 78). A princípio, essa formulação parece evocar mais a nobreza armada do feudalismo do que os exércitos profissionais que marcarão a modernidade. No entanto, o que nosso autor quer mesmo dizer é que, em vez do emprego de mercenários estrangeiros (E29, 78), muito comum na época, a Coroa deveria cuidar para que a população inteira estivesse preparada para constituir um exército nativo. É daí que vem a escolha da palavra "raça": da ideia de uma nação de gente comum e trabalhadora, forte de braços e que não lute apenas vez ou outra em troca de pagamento, mas esteja sempre fisicamente pronta e emocionalmente disponível para a luta.[34]

Curiosamente, contudo, ao pensar a capacidade da raça de lutadores de fazer guerra, nosso autor, que há pouco vimos preocupado em depurar de sentimento as questões administrativas, concentra-se numa paixão humana, a coragem: uma questão "do coração, e não do bolso" (E29, 79). Essa consideração reafirma que o já trabalhado esforço de segregação das emoções não consiste — pelo menos nos *Ensaios* — na extirpação das emoções, mas na consideração delas segundo sua utilidade. O amor e a coragem são ambos relacionados ao coração, mas recebem tratamento diferente, porque o amor é inútil, enquanto a coragem

33 No vocabulário da época, o termo designa, ao mesmo tempo, o território *dos domínios* imperiais e *o exercício do domínio* imperial, ou seja, a capacidade de controlar efetivamente os domínios. Nesse sentido, é uma evocação literal do tema da "estabilidade política".

34 Veremos essa prefiguração dos exércitos nacionais modernos realizar-se na *Utopia* de Thomas More, em nosso segundo estudo.

faz bons guerreiros. Nessa via, Bacon lamenta a degeneração das festividades militares que, na Antiguidade, inflamavam os exércitos. Em especial, o cerimonial dos Triunfos, da Roma Antiga, era "das mais sábias e nobres instituições que jamais existiram", porque, além de honrar os generais e os soldados, beneficiava "as finanças com os espólios de guerra" e atribuía "donativos para o Exército" (E29, 84). Assim, o coração que figura na discussão, e que importa para questões de eficiência administrativa, é economicamente determinado. O raciocínio que começa com "coração, e não bolso", termina com "coração, donde bolso".

De fato, em Bacon, as considerações prosaicas e pecuniárias serão centrais à questão da guerra. Uma população sujeita a impostos pesados — sobretudo aqueles aplicados sem seu consentimento — ou que precisa sustentar uma nobreza muito vasta tende a não funcionar bem na guerra (E29, 79): no fim das contas, não há coragem de raça guerreira que sobreviva a bolsos vazios. Bacon usa uma comparação entre os exércitos da França e da Inglaterra para lançar luz sobre o que está em jogo aí. A população francesa, diz ele, é mais numerosa que a inglesa, mas consiste, sobretudo, em camponeses que vivem no esquema feudal e sustentam uma nobreza enorme. Os soldados ingleses, em contraste, não são aristocratas, são *middle men*: em especial, pertencem ao setor de médios e grandes empreendedores rurais, a chamada *yeomanry* (E29, 80), que constitui a marca específica do capitalismo agrário-mercantil inglês, e com a qual nos encontraremos em diversos momentos no presente livro. Bacon associa seu status de proprietários privados à sua eficiência econômica e militar, fatores que resultam em "uma terra rica em armas e em produtividade do solo" (E29, 79).[35]

35 É digno de nota que a *yeomanry* representava apenas um setor reduzido da população inglesa. A mobilização militar para defesa da Inglaterra envolvia, no período, sobretudo o esquema das milícias que, em tese, compreendia toda a população masculina. Os *yeomen*, evocados aqui no espírito classicista dos cidadãos armados, desempenhavam funções locais de chefia dessas milícias.

O interessante, aí, é justamente a tentativa de dar *fundamento econômico à eficiência militar*. As razões pré-modernas típicas — o amor pelo rei ou a defesa da verdadeira religião — são secundárias: os bons soldados são os que, sendo proprietários, na guerra defendem a propriedade privada (com coragem, lembremos). Mas Bacon estende o argumento: a defesa da propriedade privada é motivo militarmente funcional, mesmo quando se trata, para os soldados, de defender não a *sua* propriedade, mas a de uma nobreza modernizada que, em vez de depender de relações de servidão, usa "empregados livres", ou seja, trabalhadores assalariados quase tão bons para a guerra quanto os *yeomen* (E29, 80). Embora o fundamental para a formação de um exército seja o coração, o coração que bate de tal forma a fazer uma guerra eficiente é economicamente determinado.

Tal leitura econômica da aptidão para a guerra enquanto atributo dos proprietários e subalternos envolvidos na produção capitalista se estende em diversas direções, afetando, inclusive, a discussão da administração populacional sob o domínio colonial. Por um lado, Bacon recomenda que o império permita a naturalização dos povos conquistados, referenciando-se juridicamente no modelo da expansão romana (E29, 80). Mas está antenado também com exemplos mais atualizados de atividade colonial: no que diz respeito às consequências dessa igualdade jurídica, nosso autor remete o leitor à integração econômica das populações conquistadas pelo império ultramarino espanhol (E29, 81). Este, ao mesmo tempo que submeteu com extrema violência aqueles povos americanos que não cuidou de exterminar totalmente, também estendeu a eles uma mistura de trabalho assalariado com releituras dos sistemas nativos de divisão social e da terra, criando muito cedo, no espaço colonial, uma economia mercantil e convertendo as populações dos reinos ameríndios destruídos em súditos da Coroa espanhola (Wachtel, 1984 [2021]). Por outro lado, a administração populacional no espaço colonial tem de ser pensada, também, à luz da tarefa de formar a raça de guerreiros — aqueles que, afinal, manterão o império realmente coeso. Tendo esse problema em vista, Bacon recomenda uma diferenciação econômica entre os povos nativos e os conquistados.

O xis da questão para nosso autor é a relação entre o tipo de trabalho e de trabalhador e sua aptidão para a guerra. Gente empregada "nas manufaturas delicadas (aquelas que exigem o trabalho dos dedos em lugar do trabalho dos braços)" não é apta para a guerra (E29, 81). Assim, o melhor é que os estrangeiros exerçam essas atividades "molengas", enquanto a população da metrópole seja empregada em trabalhos fisicamente exigentes que impeçam esses homens de se tornarem "inferiores e afeminados" (E29, 78): devem ser, portanto, "lavradores da terra, empregados livres e artesãos de ofícios fortes e varonis, tais como ferreiros, construtores, carpinteiros etc., sem contar os soldados profissionais" (E29, 81). Além dos *yeomen* e dos assalariados do campo, a população descrita aqui é a dos trabalhadores urbanos formados pelas relações econômicas modernas: gente familiarizada com o trabalho braçal que estava, ademais, em contato com as importantes inovações técnicas dos séculos XVI e XVII.[36] Por fim, Bacon observa que "todos os povos de disposição guerreira são um pouco indolentes, preferindo o perigo ao trabalho" (E29, 81). O que está em jogo aqui é que, no fim das contas, o povo não pode ser exaurido pelo trabalho, mas pre-

36 Hill (1980) salienta repetidamente a importância desses segmentos na caracterização do exército puritano durante a Guerra Civil Inglesa, que estouraria pouco mais de uma década depois da morte de Bacon. Entretanto, o próprio Hill, e também Linebaugh e Rediker (2000), mostra a importante participação de trabalhadores do que Bacon chamaria de "manufaturas delicadas" naquele exército: sapateiros, fiandeiros etc. De fato, Linebaugh e Rediker ainda salientam o papel fundamental das mulheres na Guerra Civil, coisa de que Hill, com sua imaginação repleta de homens inteligentes e de posses, passa ao largo. Mas é óbvio que Bacon, além de preocupado com a coerência de seu princípio de determinação econômica, tem em mente os exércitos de conquista colonial, e não fenômenos de revolta popular, nos quais o protagonismo feminino era notável.

cisa ter momentos de tempo livre e de desenvolvimento de aptidões exclusivamente militares. Sua referência é uma imagem da Antiguidade clássica em que o trabalho extenuante era reservado aos escravos, de modo que os cidadãos podiam dedicar-se inteiramente à guerra. Na falta da escravidão, diz Bacon, o melhor é obrigar os povos conquistados a trabalhar o máximo possível, sobretudo nas manufaturas, conforme registrado anteriormente.

Ora, nesse ponto, evidentemente, a conclusão de Bacon é inconsistente com o que foi a prática da administração colonial do século XVII até o XX, a qual em geral tendeu a restringir ativamente o desenvolvimento manufatureiro nas colônias. De todo modo, o que importa registrar é a centralidade da questão econômica no pensamento baconiano e sua influência sobre diversos outros âmbitos da nascente ciência da administração social. A dimensão demográfica dessa administração também é notável: é como se nosso autor estivesse sugerindo que a Coroa deveria exercer um poder de controle vasto e detalhado, capaz de reorganizar a população, impondo certa divisão do trabalho que beneficiasse não apenas o desenvolvimento econômico — como vimos em seções anteriores —, mas também a conquista militar.

Se Bacon concebe esforços administrativos dessa magnitude para organizar o esforço militar, é porque ele também está convencido de que, "para o império e a grandeza, o que mais importa é que uma nação proclame as armas como sua principal honra, ocupação e objeto de estudo" (E29, 81).[37] Com isso, todavia, reencontramos o problema da identidade entre meios e fins: se, de um lado, a guerra garante a grandeza da nação, de outro, a maior ocupação da nação deve ser a guerra. Vejamos mais de perto essa nova expressão da circularidade teleológica.

37 Há uma passagem virtualmente idêntica na abertura do capítulo XIV de *O príncipe* de Maquiavel (2005, p. 50 [2010, p. 71]). O nome de Maquiavel de fato aparece em algumas obras de Bacon, e afinidades entre nosso autor e o florentino são amplamente reconhecidas pelos comentadores.

Por um lado, a utilidade da guerra é inegável como ferramenta para a grandeza do império (E29, 82) e como "verdadeiro exercício" para manter o "corpo político [...] saudável" (E29, 83). A guerra constante — a internacional, e não a civil, note-se bem — evita que as "coragens se afeminem e que os costumes se corrompam", "independentemente de seu efeito sobre a felicidade" (E29, 83): como sempre, é preciso manter separadas as questões de eficiência das questões de sentimento e inclinação, sempre que estas possam comprometer aquelas. Por outro lado, não é possível empregar a ferramenta da guerra indiscriminadamente: "Na natureza dos homens está impressa uma justiça tal que não lhes permite entrar em guerras (das quais tantas calamidades resultam) senão com base em alguma provocação ou justificativa minimamente plausível" (E29, 82). Sendo assim, de modo a poder fazer a guerra que traz grandeza, um Estado precisa de justificativas, as quais podem ser oferecidas através do estabelecimento de leis a respeito da "guerra justa" (E29, 82). Uma vez que essas leis existam e sejam aplicadas, um Estado jamais perderá a oportunidade de revidar provocações ou de socorrer aliados provocados (E29, 82).

Colonização

Tendo em vista a centralidade da guerra e a relação entre guerra e império, o tema da administração colonial não pode ser negligenciado — afinal, o momento histórico em que Bacon escreve é justamente o do desencadeamento da primeira onda de colonização europeia e de guerras coloniais entre as potências ultramarinas. Ademais, os setores sociais com os quais nosso autor pretendia dialogar tinham muito a ver com as "grandes navegações". Tanto as classes aptas para os negócios domésticos e internacionais quanto os homens de ciência, cujos esforços Bacon pretendia valorizar e sistematizar com seu método científico, eram muito próximos dos exploradores e empreendedores que, privadamente, mas com permissão e eventual auxílio da Coroa, funcionaram como agentes do esforço inglês de colonização. Em especial, havia conexões pessoais entre a classe média ilustrada — membros dos extratos profissionais com os quais os *Ensaios* e a teoria do conhecimento de Bacon dialogam — e homens da estirpe do corsário Francis Drake, que circulavam nos meios científicos trazendo informações sobre o Novo Mundo, e também trocavam ideias com os cientistas sobre navegação, cartografia, fabricação e operação dos instrumentos mais variados, geografia e geologia, em torno de questões tecnicamente difíceis, tais como aquelas envolvidas na circum-navegação (Hill, 1980, p. 39; Jardine & Silverthorn, 2000, p. IX ss.).

Bacon encontra oportunidades numerosas para demonstrar entusiasmo pelas grandes navegações, citando-as numerosas vezes no *Novo Órganon* como fonte privilegiada de conhecimentos científicos. Diz que "devemos levar em consideração que muitas coisas na natureza vieram à luz e foram descobertas como resultado de longas viagens, as quais têm sido mais frequentes em nosso tempo" (Bacon, 2000e, p. 69), e salienta o quanto o domínio militar do mar seria fundamental para o desenvolvimento econômico (E29, 83-4). Seu interesse estava longe de ser meramente teórico: nosso autor foi investidor direto no esforço de colonização inglês, tendo contribuído como acionista para a formação da Companhia da Virgínia. Seu ensaio sobre "As plantações" (E33) consiste em uma coleção de dicas práticas de administração colonial, extraídas de sua experiência com os setores sociais envolvidos nesse empreendimento e direcionadas a eles. Como organizar a criação de animais, as vantagens de plantar o feijão antes do trigo, o uso das florestas, o equilíbrio entre suprimentos e população, os impostos: todos são assuntos a que o filósofo dedica um pouco de atenção. Assim, se o ensaio sobre o império (E29) abordava a colônia predominantemente em seu aspecto de empreendimento nacional, o ensaio sobre as plantações concentra-se na dimensão privada da colonização.

De fato, não demora muito para que a dimensão privada entre em contradição com a pública, repetindo uma lógica do pensamento moderno que já tivemos oportunidade de observar nos ensaios de moral. No ensaio sobre a revolta (E15), Bacon recomenda à administração pública o exílio de criminosos, porém, quando o assunto é administração privada, sua sugestão é diferente: recomenda ao administrador da plantation que não povoe suas terras com degredados, diz que "é coisa ímpia e escandalosa tomar a escória do povo, homens corrompidos e condenados, e empregá-los na plantação" (E33, 89-90). O que importa é que, depois dessa condenação moral, siga-se rapidamente a denúncia da ineficácia econômica: "A plantação é arruinada, pois tais homens vivem sempre como embusteiros e não se entregam ao trabalho, mas procedem com preguiça, causam prejuízos, gastam as provisões e logo se cansam, enviando notícia disso tudo a seu país, causando o descrédito da plantação" (E33, 90). No lugar dos degredados, Bacon recomenda o emprego de gente com experiência de trabalho no campo, bem como profissionais urbanos independentes: desde lavradores e pescadores até carpinteiros, cozinheiros e cirurgiões. Essa dica de Bacon, no entanto, não deve ser lida como uma condenação geral da prática do degredo, mas como um método de escolha entre os degredados. Afinal, devido ao cercamento dos campos e às revoltas populares, grande parte dos deportados tinha exatamente o perfil profissional e de experiência recomendado. Muitos dos aprisionados eram camponeses sem-terra, e o primeiro homem oficialmente deportado para trabalhos forçados na Virgínia foi um trabalhador técnico: um aprendiz de tintureiro (Linebaugh & Rediker, 2000, p. 20).

Já no que diz respeito à população nativa do espaço colonial, a qual devia ser convenientemente administrada no âmbito público, o fundamental para o empreendedor privado é desenvolver com ela uma relação amistosa: os "selvagens" devem ser tratados "com justiça e benevolência". Deve também ser-lhes permitido visitar as terras cultivadas, "para que vejam uma condição melhor do que a deles mesmos" e, impressionados, falem sobre ela a seus semelhantes (E33, 91).

A religião nos *Ensaios*

Até aqui, vimos como o pensamento moral e político de Bacon trabalha em função de uma independência mútua entre a administração pública, o empreendimento privado e os sentimentos e inclinações pessoais. Vimos também como essa independência mútua, no fim das contas, tem por finalidade a submissão de toda atividade humana ao primado circular da eficiência, a qual está relacionada com uma determinação econômica das relações humanas. No que se segue, mostraremos que o tratamento dispensado por Bacon à religião também se encaixa nesse quadro, e com perfeição. Ele repete o procedimento empregado anteriormente para a moral, para os sentimentos e para a política, e estabelece a autonomia das questões de administração pública e privada perante a religião, seguindo então para a avaliação de sua utilidade. Podemos ver, como ponto de partida, a discussão que faz da usura — o dinheiro emprestado a juros.

Como esperado, a abordagem baconiana procura tratar o assunto independentemente do vexame pecaminoso que se costuma associar a ele — afinal, o dinheiro a crédito é central para a economia moderna. Mas Bacon não ignora a dimensão religiosa do problema da usura; apenas deseja passar por cima dela deliberadamente. Assim, a princípio, cita "a primeira lei feita para a humanidade depois da Queda, qual seja, 'comerás o pão com o suor do teu rosto', e não com o suor do rosto alheio" (E41, 106). Trata-se de uma alusão ao livro bíblico do Gênesis (3:19): depois de provar do fruto proibido, a humanidade é expulsa do

Paraíso ("cai") e precisará, doravante, se entregar às agruras do trabalho de modo a se manter viva. Ora, o usurário empresta dinheiro para que os outros trabalhem e colhe os frutos do trabalho de outrem, desrespeitando, portanto, aquela primeira lei. Assim, Bacon começa citando a Bíblia, como manda o figurino, e dá o braço a torcer para a moralidade tradicional. Contudo, não hesita em seguir daí para uma ponderação das vantagens e das desvantagens da usura em termos puramente econômicos.

Assumindo que as principais formas de enriquecimento individual e social são a atividade mercantil e a valorização da terra — o que é uma avaliação acurada para o momento em que os *Ensaios* são escritos —, as desvantagens da usura dizem respeito unicamente ao fato de que os interesses do usurário e aqueles dos mercadores e proprietários de terras são, muitas vezes, contrários. Os mercadores, que dependem de empréstimos para financiar sua atividade econômica, podem ser prejudicados por juros altos demais. Do ponto de vista dos proprietários de terras, juros altos também são desvantajosos: quanto maior for o atrativo para se emprestar dinheiro, em vez de se investir na terra, menor será o preço da terra, o que tem impacto negativo na riqueza dos proprietários. Ademais, os empreendedores agrário-mercantis muitas vezes também precisam de dinheiro emprestado para investir na produção. A diminuição do lucro dos mercadores e terratenentes tem, por sua vez, o efeito combinado de reduzir a circulação de mercadorias e, com isso, reduzir a riqueza disponível para ser arrecadada sob a forma de tributos monárquicos, prejudicando o enriquecimento da Coroa e sua capacidade de atuar econômica e politicamente. Desse modo, além da razão moral e religiosa, existem razões econômico-práticas para se condenar a usura.

Mesmo assim, não é o caso de pintar o caixão dos usurários. Afinal, o empréstimo financeiro é constitutivo da operação econômica capitalista, e "seria vão conceber que pode haver empréstimo comum sem lucro" (E41, 108). Com isso, a discussão logo se modifica. Como a atividade econômica simplesmente ficaria paralisada sem os empréstimos, a questão não é se a usura pode existir ou não, mas sim qual o valor da taxa de juros. A sugestão de Bacon é absolutamente pragmática: para não prejudicar a agricultura comercial e o suprimento de mercadorias fundamentais à sociedade, os juros não podem ser superiores à taxa de retorno de investimentos na terra. Como, na estimativa de nosso autor, a terra rendia em média 6%, os juros deveriam ser fixados, por lei, em 5% (E41, 109).[38] Dessa forma, estava assegurada uma coexistência pacífica entre a atividade agrária e o mercado de empréstimos. Ao mesmo tempo, dado que certos investimentos comerciais podem render retornos superiores a essas taxas, e também envolvem risco maior, Bacon pondera que a Coroa deveria criar, regular e controlar um tipo especial de empréstimo sob licença para financiar operações comerciais mais ambiciosas, o que envolveria juros mais altos (E41, 108).[39] Assim, o problema da usura torna-se simplesmente quantitativo, a ser resolvido pela administração estatal e independentemente das questões morais e religiosas, visando a maior eficiência econômica possível.

Mas não se trata apenas de retirar a usura da alçada das questões religiosas, de modo a reconhecê-la como socialmente útil.

38 Para quem carece totalmente de mentalidade econômica, uma explicação. Dizer que a terra rende 6% ao ano significa que, ao gastar 100 dinheiros em investimentos na terra — comprando terreno, sementes, fertilizantes, contratando trabalhadores etc. —, depois de transcorrido o período, obtêm-se produtos da terra — digamos, centeio e lã — que podem ser vendidos por 6% de 100 dinheiros, isto é, 6 dinheiros. O que Bacon está sugerindo é que os juros sejam mantidos a um valor menor que o rendimento da terra no mesmo período. Juros de 5% em um ano rendem, sobre 100 dinheiros, 5 dinheiros. Isso quer dizer que a taxa de juros recomendada por Bacon torna mais vantajoso investir na terra do que emprestar dinheiro a juros. É óbvio que nem todo mundo pode investir na terra, porque a terra arável é uma mercadoria finita. A taxa sugerida por Bacon significa apenas que aqueles que podem investir na terra não deixarão de gastar seus 100 dinheiros produzindo centeio e lã para, em vez disso, emprestar os 100 dinheiros.

39 Por exemplo, ao investir 200 dinheiros num empreendimento arriscado, como a produção de açúcar nas Antilhas Inglesas, esses 200 dinheiros possivelmente renderiam muito mais do que 6%, visto o alto risco da empreitada, o consequente alto preço do açúcar etc.

O fundamental, para Bacon, é que a própria crença religiosa está submetida ao interesse material.

Por um lado, Bacon parece inclinado a admitir uma espécie de religião natural: em várias passagens, ele trata o fenômeno religioso como inerente ao ser humano, embora, ao mesmo tempo, insista que o cristianismo é a única religião verdadeira. Assim, por exemplo, ao tratar da "heresia" politeísta dos "índios do Ocidente", seu diagnóstico é de que "até aqueles povos bárbaros possuem a noção [de Deus], embora não a dominem plenamente" (E16, 45). De fato, diz o autor, Deus exerce um poder irresistível sobre os homens, de tal modo que não é rigorosamente possível ser ateu: "O ateísmo está mais nos lábios do que no coração do homem". O prosseguimento desse raciocínio é o seguinte: "Ninguém nega a existência de um Deus, exceto aqueles para quem é vantajoso que não haja Deus" (E16, 45). A alegação de falta de crença, portanto, é uma mera função do interesse. Por outro lado, a crença também está ligada ao interesse e pode ser funcionalizada: a religião tem utilidade, e essa utilidade, na medida em que está ligada a questões de eficiência administrativa, não tem a ver com os valores cristãos e o conteúdo da palavra de Deus. A religião permite ao homem ascender para além da sua "fragilidade" (E16, 46), por exemplo. Ademais, ela tem enorme utilidade política, como atesta o juízo de Cícero sobre Roma: "É tão somente pela devoção, e pela religião, e pela sabedoria de olhar para a providência dos deuses imortais como aquilo que guia e governa a todos nós, que superamos todas as nações e povos" (E16, 47).

A dimensão política é, de fato, onde jaz a maior utilidade da religião, para Bacon. Ela é a "liga principal da sociedade humana" (E3, 11), escreve o autor no seu ensaio sobre a "Unidade da religião" — claramente uma contribuição para o debate elizabetano a respeito da independência da Igreja Anglicana em relação a Roma, mas também de sua unidade interna e manutenção hierárquica diante das demandas do protestantismo radical.[40] Nesse ensaio, em consonância com sua incessante preocupação com a estabilidade política, nosso autor lê o problema da religião sobretudo como um problema da Igreja, identificando as questões de fé com as questões institucionais, colocando-as abertamente acima das questões de ordem moral ou doutrinária. "É certo que as heresias e os cismas são, de todos, os maiores escândalos: sim!, maiores mesmo que os costumes corrompidos. Pois, assim como, no corpo natural, uma ferida [...] é pior do que um humor corrompido, assim também se passa no corpo espiritual" (E3, 11). As heresias, ao publicizar versões diferentes da fé cristã, trazem descrédito à Igreja, enfraquecendo-a como instituição, com evidentes consequências para a estabilidade política. Ou seja: a questão doutrinária é subsidiária à questão institucional que nela assenta. Por isso, em consonância com a reforma religiosa de Elizabeth I, o que Bacon recomenda não é tanto a destruição dos hereges, mas sua acomodação, na medida do possível: o que se faz necessário é que "os pontos fundamentais e de substância da religião" sejam "verdadeiramente discernidos e distinguidos de pontos não apenas de fé, mas de opinião, de ordem, ou de boa intenção" (E3, 13). Não vale a pena "dividir a Igreja de Deus" por causa de controvérsias inspiradas meramente pelo hábito escolástico do debate e da contradição — sendo que muitas dessas controvérsias são, na verdade, apenas aparentes, e frutos da ignorância (E3, 13). Nosso autor, aqui, argumenta bem na linha da conso-

40 Do ponto de vista dos puritanos, por exemplo, o mundo estava entregue a Satanás, de modo que a Igreja deveria ser purgada de tudo que não estivesse contido nas Escrituras, como, por exemplo, a hierarquia eclesiástica. "Em seus *Conselhos a respeito das controvérsias na Igreja Anglicana* [1589], Bacon defende a ordem episcopal contra as críticas dos puritanos, embora enxergasse tal ordem pragmaticamente como mais viável e eficiente, em vez de ordenada por Deus. A principal preocupação desse aprendiz de político, entretanto, era restaurar a ordem, a qual também podia ser ameaçada pela inflexibilidade da hierarquia" (Gascoigne, 2009, p. 213).

lidação teológica anglicana, comumente percebida como uma combinação de elementos católicos e protestantes.

Da mesma forma, visto que a utilidade da unidade da Igreja é sobretudo institucional, Bacon adverte que não vale a pena fazer guerra em nome da religião — "exceto em casos de manifesto escândalo, blasfêmia ou mescla de práticas contra o Estado", ou seja, para combater a "superstição", causadora da "confusão de muitos estados" (E17, 47). A verdadeira religião não deve ser empregada "para nutrir a sedição, autorizar conspirações e rebeliões, colocar a espada nas mãos do povo, e coisas tais, que tendem à subversão de todo o governo, o qual é uma ordenação de Deus" (E3, 14). Levando em conta a expressão frequentemente religiosa que as revoltas populares assumiam na época, Bacon tinha mais de um exemplo palpável para amparar essa precaução. Se tivesse vivido para assistir à Guerra Civil, teria, sem dúvida, redobrado sua verve.

A guerra santa como assunto laico

Bacon não podia ficar alheio a um aspecto da discussão religiosa que estava na ordem do dia em virtude da Reforma Protestante, do conflito continuado com os turcos no Mediterrâneo e das grandes navegações: a questão da guerra santa, ou da justificativa religiosa para empreender a guerra.

Ao afirmar que "existem duas espadas entre os cristãos, a espiritual e a temporal" (E3, 14), nosso autor assume a autonomia recíproca da religião e da política, ao mesmo tempo que coloca a primeira submissa à segunda, bem na linha do que é feito com a moralidade e as emoções. Sabe-se que Bacon teria recomendado uma guerra religiosa contra a Espanha como uma saída econômica eficaz para a crise fiscal do reinado de Jaime I (Spedding, 1878, p. 565-6) — a mesma crise que, herdada por Carlos I, acabaria precipitando o conflito com o Parlamento e a Guerra Civil. E, no seu diálogo incompleto *Conselhos a respeito de uma guerra santa* (1622) (Bacon, 1824, p. 472-91), ele sugere que a guerra santa não é um empreendimento unicamente religioso, mas obedece a limites políticos — questões de justiça que condicionam a realização do conflito, como vimos na discussão dos *Ensaios* — e logístico-militares, além de ter implicações econômicas.[41]

No plano desse diálogo, um protestante, um católico, um general, um "clérigo moderado", um cortesão e um "político" discutem as razões, a justificação e a viabilidade da guerra. A multiplicidade e o perfil dos personagens mostram a preocupação do autor em sopesar as posições de grupos socioeconômicos reais: como teólogos e sacerdotes não têm a palavra final, é bem o caso de modular o discurso religioso, ou de responder ao problema aparentemente religioso de maneira política. Isso aponta o reconhecimento baconiano da necessidade de que a questão da guerra religiosa seja conscienciosamente submetida ao crivo temporal dos interesses políticos — e, portanto, econômicos. Como todo o resto, a guerra santa terá também sua utilidade. Que pensador atual!

41 Markku Peltonen (1996, p. 304 ss.) recolhe citações de modo a provar que Bacon desconsidera a importância da riqueza nos assuntos militares, especialmente em comparação com a disposição guerreira da população. No entanto, nas páginas seguintes, Peltonen mostra, a despeito de si mesmo, que essa disposição depende fundamentalmente de fatores econômicos, conforme defendemos há pouco. Com isso, entra no rol dos comentadores de "dois Bacons".

2

O sentido social da ciência eficaz no *Novo Órganon*

O *Novo Órganon* (1620) é tido como a principal expressão da teoria do conhecimento e da filosofia da ciência de Francis Bacon, e ocupa lugar de destaque na tradição filosófica ocidental. O título da obra dá testemunho do tamanho de sua pretensão: nada mais, nada menos, renovar o *Órganon* de Aristóteles, o conjunto de textos de lógica e gnosiologia que dominava a discussão europeia sobre tais temas havia muito tempo, e ainda tinha papel determinante no ambiente universitário na Inglaterra do século XVI.[42] O mote dessa renovação, como o próprio autor deixa claro em sua eloquente autopropaganda, seria colocar a discussão sobre o conhecimento à altura dos enormes progressos técnico-experimentais da alvorada da modernidade, os quais estariam muito além das ferramentas e da abordagem do pensamento aristotélico e da escolástica.[43] Como veremos, o *Novo Órganon* persegue obstinadamente temas como a objetividade no conhecimento, alcançada mediante a observação e a realização de experimentos, e a capacidade de transformar a natureza que decorre dela. Repetindo e elaborando argumentos

42 Sobre o uso de Aristóteles no ambiente universitário inglês, ver Wallace (1998, p. 207). Ver também Hill (1980, p. 17 ss., 86).

43 Bacon defende essa leitura de sua própria obra e da de seus rivais em inúmeros momentos, como veremos. Em contraste, Wallace (1998, p. 222 ss.) mostra várias dimensões de sensibilidade à experimentação científica no pensamento de Aristóteles e na escolástica.

que também aparecem em outras obras, Bacon montará uma imagem do exercício intelectual desejável em torno do trinômio observar/experimentar/interferir, associando a ele a ideia do progresso constante e seguro. Ou seja: trata-se da mobilização e da expressão do imaginário moderno sobre a ciência.

Contexto histórico-social da epistemologia científica

À medida que atenta ao conhecimento técnico-experimental, a obra de Bacon constitui um diálogo com a atividade de um setor social que vinha se formando desde a Baixa Idade Média e que, no século XVI, já se havia tornado suficientemente numeroso e economicamente importante para formar um ideário próprio. Eram os trabalhadores urbanos especializados, os praticantes daquilo que, então, recebia o nome de "artes": de especialistas em navegação a médicos, de químicos a construtores de navios, de exploradores a mineradores. Na Inglaterra do início da Era Moderna, esse setor social estava, ainda, em contato estreito com representantes da baixa nobreza empreendedora, funcionários da Coroa e proprietários de médio porte com aspirações capitalistas:[44] eram os agrimensores, astrônomos, químicos, metalúrgicos etc. Nesse sentido, a teoria do conhecimento de Bacon fala para ou de um setor social de corte idêntico àquele do leitor projetado pelos *Ensaios*. Há uma afinidade entre o contexto social, econômico e histórico e aqueles aspectos que geralmente são considerados a novidade formal do conhecimento científico na alvorada da modernidade: há uma relação entre a prática comercial e pré-industrial, de um lado, e a experimentação científica, de outro.

44 Hill (1980) faz uma caracterização detalhada e rigorosa da atuação intelectual, política e econômica desse setor social; ver especialmente os capítulos 2 e 3.

É comum, na apreensão de Bacon pela tradição de comentadores, apresentar a ênfase na experimentação como aspecto fundamental de uma transformação na cultura científica europeia que, nesse sentido, é representada como, até então, dominada pela especulação metafísica. Nesses termos, o discurso da história do pensamento fala de uma revolução científica em termos sobretudo epistemológicos. Inevitavelmente, a imagem que emerge dessa abordagem é a de sujeitos geniais, que de modo exemplar convencem a sociedade a seu redor a proceder intelectualmente de uma certa maneira: como se diz nos documentários, "... e assim fulano mudou, para sempre, nossa forma de pensar". De fato, o discurso filosófico moderno com simpatias empiristas se representava exatamente assim: de Bacon a Kant, e daí a Popper, são autores que procedem de modo a convencer o leitor de que a razão humana, quando não é limitada pela experiência, acaba sonhando quimeras, ou pior; assim, o mais direito é colar na objetividade, o que pode ser realizado atentando-se às regras tais e tais. Mas é preciso considerar o fato de que, a despeito da genialidade da argumentação dessas figuras canônicas, a expressão filosófica da importância do experimento científico foi uma resposta, formulada num momento determinado, a um fenômeno social que antecedia a filosofia moderna e era muito mais amplo do que ela.

Para início de conversa, a tecnologia tem uma história longuíssima, e a experimentação — bem como sua sistematização, na forma da troca de informação entre experimentadores — é tão antiga — segundo o próprio Bacon, aliás (NO1, 35)[45] — quanto as primeiras tentativas do homem de construir habi-

45 As referências aos aforismos do *Novo Órganon* serão fornecidas entre parênteses, no corpo do texto, indicadas pelas iniciais "NO" seguidas do número do livro (1 ou 2) e do número do aforismo. Assim, "(NO1, 35)" indica o aforismo 35 do livro 1 do *Novo Órganon*. As citações de aforismos são traduções nossas a partir das edições inglesa (Bacon, 2000e) e brasileira (Bacon, 1979), da edição latina (Bacon, 1858) e da tradução francesa clássica (Bacon, 1857a).

tações, praticar agricultura, fazer pão, cerveja etc. Estudiosos da tecnologia já demonstraram a importância social do experimento científico e do acúmulo e troca de saberes práticos correndo em paralelo às preocupações mais livrescas dos monges viajantes na Idade Média. A atenção ao que ocorria nas universidades medievais no continente europeu, para não falar do mundo árabe, também deveria ser suficiente para esclarecer que a grande inovação moderna não está no pioneirismo de uma forma de conhecer, a qual já era bastante antiga (Shank, 2013, p. 210-4; Wallace, 1998, p. 207 ss.). Se a modernidade foi palco, sim, de uma mudança significativa no que diz respeito à ciência, isso não se deve a sacadas epistemológicas, mas à central importância política e econômica que a tecnologia e o setor social que a praticava assumem com a alvorada do capitalismo: o desenvolvimento da manufatura e da mineração, a busca de rotas marítimas e o fato de que havia setores sociais acumulando riquezas através dessas operações e reinvestindo a riqueza nessas atividades.

No caso específico da Inglaterra, a crescente importância político-econômica da tecnologia, ou das "artes mecânicas" (Bacon, 2000d, p. 7), chocava-se com o fato de que as principais instituições de ensino, devido à sua peculiar história e organização, mantinham-se tenazmente alheias à pesquisa tecnológica e concentradas na teologia, na filosofia especulativa e na exegese bíblica. A certa altura, contudo, os praticantes dessas artes se viram capazes de sustentar um discurso de combate à persistente escolástica medieval inglesa, discurso esse do qual Bacon foi um dos muitos expoentes. Tratava-se de lutar por espaço dentro das universidades, defendendo-se dos ataques acadêmicos e clericais e, eventualmente, criando novas instituições independentes e autônomas de ensino e pesquisa: os *colleges*, dedicados a preservar e expandir o tipo de conhecimento prático que importava aos setores empreendedores e seus empregados. Entre esses *colleges*, foi pioneiro, por sua dimensão, o estabelecido em 1597 pelo testamento de Thomas Gresham — que, caracteristicamente, também foi o fundador da bolsa de valores de Londres.[46]

Posicionamento de Bacon no contexto histórico-social

A filosofia da ciência de Bacon é construída como posicionamento nesse contexto histórico-social. Sua atenção às "artes mecânicas" é manifesta nos primeiros aforismos do *Novo Órganon*, nos quais o autor expressa a bem documentada conexão entre a ciência e a prática que norteará seu pensamento. "O conhecimento humano e a potência (*potentia*) humana são a mesma coisa" (NO1, 3), nos diz Bacon. A ideia é repetida no início do livro II da mesma obra: "A estrada para o conhecimento humano e a estrada para o poder humano são muito próximas e quase a mesma" (NO2, 4). Com isso, ele deixa claro que seu objeto de estudo consistirá na atividade teórico-prática das classes proprietárias, a um só turno íntimas das coisas técnicas, próximas da política oligárquica e agentes do poder econômico.

É verdade que importantes correntes do pensamento medieval inglês (o scotismo e o occamismo) continham elementos antiespeculativos. Entretanto, o legado que triunfou dentro das universidades foi mesmo o do tomismo.[47] Trata-se de um

46 A relação do pensamento baconiano com o Gresham College foi abundantemente documentada por Hill (1980, p. 95-6). No que diz respeito ao ataque às instituições de ensino pelos praticantes das artes mecânicas, também é verdade que as corporações de ofício haviam desempenhado eficientemente uma finalidade educacional e de pesquisa técnica. A questão é que o ataque à escolástica universitária acontece num momento em que as guildas estão sendo dissolvidas, devido às pressões das corporações de mercadores que tentam desenvolver atividades manufatureiras por fora dos esquemas tradicionais de monopólio.

47 É relevante observar que, ao longo do século XVI, devido a acontecimentos derivados da cisão com o papado romano, a Coroa inglesa oscilou em suas simpatias com relação às doutrinas católica e protestante. Contudo, embora tal oscilação tivesse impacto no perfil dos professores e administradores das universidades, movimento intelectual complexo, com séculos de história, mas sua expressão que nos interessa aqui é aquela que, esquematicamente, pode ser entendida em função de sua inclinação a procurar, de um só golpe, a consistência interna na obra de Aristóteles, a coerência entre Aristóteles e a verdade revelada da Bíblia, bem como solucionar os problemas de interpretação da natureza. Para realizar tudo isso, o procedimento cognitivo era a teoria produzida "*secundum imaginacionem*", ou seja, especulativamente, empregando as formas silogísticas como ferramentas (Wallace, 1998, p. 220) para organizar e reorganizar definições conceituais — as "abstrações" do vocabulário baconiano. A racionalidade dos esquemas conceituais logicamente coerentes que resultavam disso era o paradigma tomista do conhecimento desejável, e, segundo a interpretação mais antipática ao tomismo, a tarefa da observação da natureza era encontrar os fenômenos que confirmassem tais esquemas (Lohr, 2008, p. 94).

A primazia metodológica das formas silogísticas historicamente também derivou numa centralidade do exercício da retórica para a exposição do conhecimento em todos os ramos do saber universitário. Isso condicionava a progressão do estudante dentro da instituição acadêmica — mesmo em ramos como a medicina e o direito — não tanto ao seu desempenho em situações práticas ligadas ao exercício profissional, mas à sua performance em constantes duelos verbais, as *disputationes* (Shank, 2013, p. 219-21) frequentemente enxovalhadas por Bacon.[48] Por fim, segundo aquela mesma corrente interpretativa, os objetos

...

o tomismo universitário sobreviveu a esse período de turbulências, porquanto tivesse expressões católicas, protestantes e anglicanas.

48 Por exemplo, em NO1, 71, onde a prática de *disputationes* é remetida à filosofia grega e empregada para formular a acusação de que, no final das contas, apesar das vãs tentativas de diferenciação mútua, mesmo gente como Platão, Crisipo, Aristóteles e Teofrasto não merecia outra designação que a de sofistas. Ver também o *Progresso do conhecimento*, livro II, que aponta o estudo da retórica pelos jovens universitários como uma política que data de "tempos mais obscuros", a qual traz inúmeros males, entre eles "a sofística pueril e a afetação ridícula" (Bacon, 1952a, p. 31).

de estudo no ambiente universitário, invariavelmente, eram os livros (Shank, 2013, p. 222) — textos consagrados da tradição cujas sutilezas interpretativas eram ciosamente guardadas —, e não os fenômenos naturais, as técnicas industriais, os problemas de governo etc. Bacon (2000d, p. 7) olhava para esse quadro e se lamentava: o que "a tradição nos mostra é uma série de mestres e de pupilos, e não uma sucessão de descobridores e discípulos que tenham realizado melhoras notáveis sobre as descobertas" de seus precedentes.

Em contraste com tudo isso, nosso autor dirá que o ser humano "só pode fazer e entender o quanto tenha observado da ordem da natureza factualmente ou por inferência" (NO1, 1). A insistência no aspecto prático do conhecimento desejável — a conexão entre saber e poder, ou saber e fazer, e a observação — será a baliza fundamental do discurso epistemológico de Bacon, que, por isso, terá a *utilidade e a eficiência* como valores norteadores. Discorreremos, dando prosseguimento à nossa análise dos *Ensaios*, sobre a centralidade filosófica desses conceitos no *Novo Órganon*.

2.1 A utilidade da ciência

Vantagem prática do verdadeiro conhecimento

O argumento através do qual Bacon empreende seu ataque à instituição de ensino de seu tempo, e à concepção de conhecimento em que ela estava amparada, envolve os raciocínios que se tornaram canônicos ao credo empirista e foram apaixonadamente repetidos mais tarde por Kant: a especulação conceitual, dissociada da observação, envereda por fantasias inúteis. Contudo, para entendermos a especificidade dessa tese no pensamento de Bacon, é fundamental observar que a motivação empirista de nosso autor é de ordem prática. O bom conhecimento advogado por nosso autor não é melhor *enquanto conhecimento*: é melhor na medida em que serve para algo.[49] Assim, "a finalidade que propomos para nossa ciência é a descoberta de artes [leia-se, de procedimentos práticos; de aplicações], não de argumentos; de princípios, e não de inferências a partir de princípios; de sinais e indicações para a realização de obras (*opera*), e não raciocínios prováveis" (Bacon, 2000a, p. 16). De todos os sinais de um conhecimento válido, "nenhum é mais certo ou digno do que aquele dos resultados (*fructibus*). A descoberta de resultados (*fructus*) e de efeitos (*opera*) é a garantia fiadora da verdade de uma filosofia" (NO1, 73). Desse modo, no fim das contas, a própria epistemologia não almeja convencer pelos argumentos, mas pelos efeitos que ela proporciona. Antes de ser verdadeira, a epistemologia é útil para produzir uma ciência útil, e por isso é verdadeira.

Ciência útil para quê?

É notável que, em conexão com esses argumentos a respeito da utilidade da ciência, a tradição de comentadores construiu a imagem de um Bacon preocupado com o desenvolvimento da capacidade humana de satisfazer suas necessidades materiais através do desenvolvimento técnico: fundamentalmente, um altruísta.[50] Essa leitura está em consonância com a aprecia-

49 Embora, em determinados contextos, Bacon surpreendentemente pareça condenar a aplicação prática do saber, como veremos.

50 Exemplo disso é apresentado por Pesic (1999). O curioso — porém não solitário — objetivo desse autor é "limpar a barra" de Bacon no que diz respeito a seu reincidente emprego de metáforas militares e judiciais na lida com a natureza, insistindo na suposta primazia de numa espécie de imagem lúdica, de inspiração mitológica, para uma relação produtiva com a natureza. Mostraremos como esse argumento absolutamente não se sustenta. Uma profunda simpatia por Bacon também aparece na obra de autores marxistas ortodoxos, atentos ao

ção da tecnologia pela ótica de um benigno bom senso, o tipo de discurso que hoje povoa as revistas de divulgação científica, os documentários sobre as maravilhas da ciência etc. Mas há respaldo para essa leitura no texto de Bacon?

Por um lado, a resposta parece ser positiva. Em uma passagem, vemos Bacon (2000a, p. 19) "guarnecendo e adornando a câmara nupcial para o casamento entre a mente e o universo", e orando para que Deus abençoe o casal, de tal modo que "nasça, dessa união [...] uma linhagem de descobertas que possam, em parte, vencer e subjugar a necessidade e a penúria (*necessitates ac miserias*) do homem". Quando discute "o verdadeiro e legítimo objetivo das ciências", o autor fala de "dotar a vida humana de novas descobertas e recursos" (NO1, 81) e insiste que "a ciência não deve ser buscada para o divertimento ou a controvérsia, ou para o menosprezo dos outros, ou para o lucro, ou a fama, ou o poder (*potentiam*), ou outras finalidades inferiores, mas para os

. . .

suposto papel progressista da burguesia humanista no "desenvolvimento das forças produtivas". Parece haver uma constrangedora afinidade entre *um certo* conceito marxista de desenvolvimento e a autocentrada eficiência baconiana; ver, por exemplo, Hill (1980, cap. 3) e Anderson (2013, p. 130). Esse marxismo, por causa da ideologia progressista discutida na Introdução deste volume, frequentemente mete os pés pelas mãos: é assim que Anderson quase parece demonstrar admiração pelo projeto inglês de colonização da Irlanda, terra na qual, segundo ele, vigia a "mais arcaica formação social no Ocidente até o fim do século XVI", que é, coincidentemente, quando recomeçam os esforços mais sistemáticos de ocupação por parte da Coroa inglesa. Anderson fala, assim, quase nos mesmos termos de Bacon (1711, p. 280), para quem a Irlanda deveria ser "reclamada da desolação e do deserto [...] para a população e a plantação; dos costumes bárbaros para a humanidade e a civilidade". Nosso autor fala de maneira semelhante para recomendar a ocupação colonial no Novo Mundo. Também sabemos que a função civilizatória, que Bacon esperava ver cumprida pelas plantações, não ia além da implantação da produção agrário-capitalista. Como, no fim das contas, gente como Anderson ou Hill está obviamente longe de ser insensível aos horrores da ocupação inglesa da Irlanda ou da colonização do Novo Mundo, o amor do marxismo ortodoxo pela ideia burguesa de progresso acaba assumindo o aspecto de uma bizarra patologia epistemológica.

usos e benefícios da vida, e para melhorá-la e conduzi-la em caridade" (Bacon, 2000a, p. 13).

A primeira coisa que salta aos olhos talvez seja a estranha contradição entre essa passagem, que dissocia conhecimento de poder, e a passagem de abertura do *Novo Órganon* (NO1, 3), citada anteriormente, na qual o conhecimento e o poder são identificados — sendo que, nos dois casos, os termos latinos são exatamente os mesmos: *scientia* e *potentia*. Contudo, mais do que essa contradição terminológica superficial, o verdadeiro problema filosófico aí é que a obra de Bacon está marcada por um total silêncio a respeito do verdadeiro conteúdo da caridade.[51] De fato, o autor dialoga a todo momento com uma mentalidade encantada pelo progresso científico, mas não dedica nem uma palavra, em todos os seus abundantes escritos, a realmente discutir o uso da tecnologia para, por exemplo, abolir a pobreza — as "inumeráveis privações" aludidas acima, as quais, na época de Bacon, diga-se de passagem, tinham origem específica na sistemática expropriação das pessoas comuns das condições materiais para se manterem vivas, traço da alvorada do capitalismo. Em Bacon não há, explicitamente, nada parecido com o raciocínio que se tornará evidente a certas correntes de interpretação da história da técnica séculos mais tarde (entre elas, o marxismo), de que a abundância material proporcionada pelo desenvolvimento científico está em contradição com a manutenção da privação material. Ao contrário, o que realmente aparece no texto de Bacon é uma marcante indiferença ao problema. Por exemplo: em sua *Nova Atlântida*, espécie de obra de ficção em que descreve um reino onde a ciência (e a fé cristã) avançou

51 Quem sabe, num momento de inspiração, talvez pudéssemos arriscar que o sentido do emprego dessa palavra nos séculos XVI-XVII estivesse ligado ao fato de que, entre os mercadores portugueses de escravos, *Caridade* era um nome de embarcações razoavelmente popular. Ver Slave-Voyages, "Comércio transatlântico de escravos — base de dados" [s.d.], disponível em: http://www.slavevoyages.org/tast/database/search.faces.

surpreendentemente, nosso autor enumera exaustivamente os diversos ramos em que as artes mecânicas conseguem "produzir efeitos" fantásticos e maravilhosos — torres de uma milha de altura, laboratórios extensos cavados centenas de metros abaixo da superfície, abundância de tecidos finos e metais preciosos, poços artificiais de onde brotam todos os minerais conhecidos e desconhecidos —, mas não dedica nem uma linha a nos mostrar se ou como esses desenvolvimentos atuam no sentido da satisfação de necessidades materiais e combate às "privações" (Bacon, 1952b, p. 199-214). Longe disso, em sua exposição da comunidade idealizada tecnicamente avançada, o que ele parece indicar é que todos os progressos científicos foram, em parte, não a causa, mas o *resultado* de uma abundância material que não deve nada ao engenho humano, mas a "quão suficiente e substanciosa é a terra", e à "rara fertilidade do solo" (Bacon, 1952b, p. 205).

No fim das contas, Bacon simplesmente desperdiça várias excelentes oportunidades de esclarecer o leitor a respeito do funcionamento da caridade cientificamente produzida. Esse desperdício não se dá por simples descuido. Se prestarmos atenção à concretude da argumentação de Bacon, deixando de lado as passagens em que faz uma mesura protocolar ao bom-mocismo, o que fica evidente é que o autor não está de fato preocupado com a relação entre o progresso científico e a satisfação de necessidades. O que se passa concretamente é que, *para tratar o assunto da ciência eficaz, Bacon considera suficiente mostrar como empreendê-la*, e não como aplicá-la, e para isso sistematiza o método exposto no *Novo Órganon*, adornando-o, não obstante, com o batido jargão renascentista sobre as benesses do saber. *Como* empreender a ciência eficaz é o problema tratado com cuidado, precisão e originalidade; *para que* empreender a ciência eficaz é uma pergunta que não recebe atenção filosófica e cuja resposta é deixada a cargo de uma espécie de preconceito progressista: a ideia vaga de que a ciência é uma coisa boa. Em uma das orações que preambulam o *Novo Órganon*, nosso autor dirige-se humildemente a

Deus nos seguintes termos: "Se suarmos em Vossos trabalhos, nos fareis gozar em vossa visão e em vosso sabá" (Bacon, 2000a, p. 24). Concentrando-se ao longo do texto nos suores, Bacon não diz nem uma palavra sobre o sabá.

A ciência eficaz indiferente a fins

Obviamente, essa postura intelectual em parte negligente aponta para uma ideia muito familiar ao imaginário do século XXI: a da ciência eficaz indiferente a fins. A ciência aparece como um conjunto específico de práticas e de conhecimentos que permitem interferir na natureza de forma sistemática, comprovada, testada etc. Gente de jaleco trabalhando em laboratórios, experimentando, quantificando, descobrindo, testando: uma ciência realizada de determinada maneira. Segundo tal imagem, no entanto, as especificidades dessa ideia de ciência ficam por aí: os resultados do fazer científico são de tipos os mais diversos, desde a penicilina até a bomba atômica. Numa frase frequente nos documentários televisivos, a tecnologia nuclear pode ser usada para a paz ou para a guerra: vejam Hiroshima ao lado desta máquina caríssima de tomografia etc.

Contudo, a própria ideia de uma ciência indiferente a fins, por mais filosoficamente simples que seja e por mais familiar que nos soe, não ocorre espontaneamente à mentalidade da alvorada da modernidade. A dissociação entre a eficácia e a satisfação de necessidades foi uma colossal revolução ideológica, paralela à expropriação dos meios de subsistência ou à dissociação material entre o uso da terra e a produção de víveres. Na teoria do conhecimento baconiana, a indiferença a fins acaba aparecendo numa deselegante circularidade argumentativa, similar àquela que encontramos nos *Ensaios* e através da qual a eficácia científica é definida em termos... da eficácia científica. O conhecimento útil deve ser internamente determinado pela sua capacidade de "realizar obras", e isso acontece quando ele assume a forma de "instruções", "preceitos", "leis" ou "axiomas" (NO2, 4), vocábulos que Bacon emprega para descrever a mesma coisa em diferentes contextos. A definição baconiana dessas instruções é um curioso jogo de palavras: "um preceito verdadeiro e perfeito para a prática (*operandi*) deve, de forma segura e livre, tender ou ser favorável à ação (*actionem*)" (NO2, 4). Ou seja: um preceito prático é aquele que tem... consequências práticas. O autor pretende ir adiante, qualificando a operacionalidade científica e especificando que um "axioma perfeito do conhecimento" deve instruir sobre como "encontrar, para uma dada natureza, uma outra natureza na qual ela pode ser convertida" (NO2, 4). No fundo, entretanto, está nos dizendo o mesmo: que a eficácia científica diz respeito à capacidade de causar alterações nas coisas, o que nos leva de volta à definição de potência humana — "a tarefa e o propósito da potência (*potentiae*) humana são gerar e induzir, em um dado corpo, uma nova natureza, ou novas naturezas" (NO2, 1). Leia-se: a tarefa e o propósito da potência humana são simplesmente exercer poder sobre as coisas.

O que se passa, portanto, é que a justificativa da teoria do conhecimento baconiana envolve um raciocínio análogo àquele que, no discurso ético-político-econômico dos *Ensaios*, estabelece a eficiência como razão de ser de si mesma. A indiferença a fins da ciência resvala na imagem de uma ciência cuja eficácia é justificativa suficiente para seu exercício.

2.2 A potência humana e a dominação da natureza

A ciência e a potência humana compõem uma espécie de binômio conceitual. Por isso, a potência estará envolvida num raciocínio circular de autojustificação similar àquele que sustenta a eficiência da ciência. O exercício da potência humana será, em Bacon, uma espécie de bem em si mesmo.

Ora, no âmbito do *Novo Órganon*, a potência significa o "domínio (*imperium*) sobre a natureza" (NO1, 129). O próprio método é visto como um auxílio no esforço de "derrotar a natureza através das obras (*opere*)" (Bacon, 2000c, p. 30), ou seja, através dos "engenhos e ferramentas" (NO2, 31). Derrotar, mas para quê? Como no caso da utilidade científica, o leitor não obtém resposta para essa pergunta. Bacon associa aquelas ferramentas, resultados do exercício eficaz da técnica, ao "cetro" (*fascium*) e ao "poder" do governante (*potestas*) (NO2, 31). Resultados funcionais das artes mecânicas são sinais de "províncias já ocupadas e subjugadas" (NO2, 31) na guerra contra a natureza. O próprio trabalho da pesquisa científica é insistentemente descrito como um procedimento violento, sendo o nexo dessa violência o experimento: a natureza que interessa ao praticante do método baconiano não é "a natureza liberta e solta (*liberae ac solutae*) [...], mas [a] natureza presa e supliciada (*constrictae et vexatae*), expulsa de seu lugar próprio por arte e ministério humanos, e então pressionada e moldada" (Bacon, 2000a, p. 22).

O tema da relação de dominação com a natureza, embora não seja muito popular entre os especialistas em Bacon, quase sempre ocupados em pintar sua imagem de profeta da excelência técnica redentora, está suficientemente documentado pelo discurso acadêmico de crítica da técnica.[52] O pináculo das metáforas baconianas da dominação da natureza é a evocação explícita da tortura judicial como método cognitivo. É a alusão a uma prática que coube à centralização estatal da dinastia Tudor inscrever oficialmente no inventário formal das atribuições da Coroa (Tanner, 1922, p. 228) e que tinha relação direta com o exercício profissional de Bacon enquanto procurador-geral e lorde chanceler. Tal evocação acontece em mais de um momento do texto baconiano:

52 Ver, por exemplo, Dubois (1994) e Merchant (2008).

> Assim como, na política, o caráter de um homem, suas paixões e sentimentos ocultos são melhor eliciados quando ele é posto em perturbação (*pertubatione ponitur*),[53] da mesma forma os segredos da natureza se revelam melhor através do tormento (*vexationes*) das artes do que quando ela é deixada em seu próprio curso. (NO1, 98)

Também é notável como o ato de dominação está ligado imediatamente à eficácia da ciência. É a imposição da vontade humana — o sucesso do simples ato de controlar — que está em jogo: a "livre operação", resultado do "pensamento verdadeiro", consiste tão somente na capacidade de "produzir e descobrir coisas que até então não existiam" (NO2, 3), independentemente da finalidade, ou seja, dominar a natureza de fato, não importa para quê. O ser humano tem um "direito sobre a natureza que pertence a ele por dádiva de Deus" (NO1, 129);[54] trata-se simplesmente de exercer tal direito, como quem usufrui de propriedade privada: para fazer não importa o quê.

A extirpação dos fins e a moralidade do conhecimento

É importante observar o esforço argumentativo que Bacon precisa empreender para estabelecer essa indiferença a fins da

53 A tradução inglesa emprega, para essa sentença, "*when he is in a troubled state*", propositalmente deixando de lado o sentido implicado pelo *ponitur* na frase original: o verbo no presente passivo indica que há alguém colocando ou sujeitando o homem ao "estado perturbado". A tradução brasileira é ainda mais obscurecedora, e fala vagamente de "ocasiões de perturbação". Quanta elegância — e quantos pudores! (Agradeço a James Thorne pela ajuda com o latim nessa passagem.)
54 Alusão a Gênesis, 1:28, que, na versão do rei James, diz: "E Deus os abençoou e Deus lhes disse: 'Frutificai, e multiplicai-vos, e enchei a terra, e sujeitai-a; e dominai sobre os peixes do mar, e sobre as aves dos céus, e sobre todo animal que se move sobre a terra'"; ver Bible Gateway, "Genesis, 1:28" (King James Version) [s.d.], disponível em: https://www.biblegateway.com/passage/?search=Genesis+1%3A28&version=KJV.

ciência. De fato, se estamos corretos em afirmar que a indiferença a fins é, junto com a dominação da natureza, uma das faces da concepção funcional, útil ou eficaz da ciência, podemos dizer que se trata do tema fundamental do *Novo Órganon*. É assim que, no texto de nosso autor, a definição da ciência indiferente a fins, em grande medida, tem a forma de polêmica: os ataques à concepção escolástica de conhecimento, apresentada como inútil, são uma das faces dessa polêmica. Mas não para por aí. O ataque baconiano à escolástica deriva numa ampla caracterização de outros procedimentos intelectuais ilegítimos, e ocupa grande parte do livro I do *Novo Órganon*: a teoria dos "ídolos da mente" (Bacon, 2000a, p. 18-9).

Um discurso desse tipo, que separa o pensamento imprestável do cognitivamente proveitoso, obviamente é central a qualquer obra metodológica. Entretanto, o método de Bacon apresenta algo de curioso, pois passa de uma discussão dos *procedimentos intelectuais* — ou seja, de instruções concretas para a operação intelectual eficiente — para uma discussão *valorativa* da atividade intelectual, em grande medida centrada na avaliação de suas motivações psicológicas e afetivas. Desse modo, parte significativa da teoria do conhecimento baconiana consistirá na enumeração e na análise de *vícios e virtudes intelectuais*: a construção de uma moralidade do conhecimento científico. Como veremos, o nexo fundamental dessa moralidade é uma lógica idêntica àquela que, em nossa análise dos *Ensaios*, aparece como um recalque da finalidade, ou uma instrumentalização pura e autocentrada da subjetividade. Demonstraremos que, como ocorre no âmbito dos costumes privados e públicos, a moralidade cognitiva baconiana está intimamente relacionada à construção de uma mentalidade compatível com o exercício empresarial na alvorada do capitalismo.

2.3 Ciência e transformação do caráter

A observação da natureza e a observação do intelecto

O procedimento que tornou famoso o *Novo Órganon* pode ser resumidamente caracterizado nos seguintes termos: o experimentador espicaça a natureza e observa sua reação, que consiste num "efeito"; como esse efeito é produzido segundo determinadas condições, conhecidas pelo experimentador, o espicaçamento é um experimento sistemático e repetível; fazendo variações nas condições do experimento e da observação, o experimentador pode construir um catálogo de efeitos, ao qual Bacon chama, às vezes, de "história natural" (NO1, 101); refinando a relação entre espicaçamentos e efeitos, e analisando essas relações, chega-se ao que Bacon chama de "axiomas", que são precisamente "preceitos de ação" ao mesmo tempo simples e abrangentes.

Para ilustrar o que está em jogo aqui, voltemo-nos ao exemplo mais sistematicamente trabalhado por Bacon no *Novo Órganon*: a investigação da natureza do calor. São analisados diversos exemplos da produção de calor, tanto espontâneos quanto através de experimentos. Dessas observações resulta uma associação entre o calor e o movimento, e tal associação é expressa em um "axioma": "o calor causa tumulto, agitação e movimentação violenta nas partes internas de um corpo, o que gradualmente causa sua dissolução" (NO2, 20). Mas como o axioma baconiano, no fim das contas, deve poder ser sempre formulado em termos de uma instrução, é necessário prosseguir para a seguinte formulação:

> Se, em um corpo natural qualquer, puderes iniciar um movimento de dilação e expansão, e se puderes reprimir e inverter o sentido desse movimento, de tal modo que a dilatação não ocorra uniformemente, mas seja parcialmente mantida, e parcialmente empurrada de volta para o corpo, poderás, sem dúvida, gerar calor. (NO2, 20)

Ou seja: os axiomas, objetivos últimos do trabalho do cientista, são comportamentos que estamos obrigados a repetir, caso queiramos produzir os efeitos a eles associados. É nesse sentido que o autor nos diz que "não se alcança o domínio (*imperatur*) sobre a natureza, exceto obedecendo-lhe" (NO1, 129).[55] Nesse jogo de palavras está sintetizada a necessidade de descobrir como a natureza se comporta, e construir uma ciência que se adéque a esse comportamento, para então adaptar a natureza aos desígnios humanos. A metáfora da obediência, contudo, evoca um comportamento psicológico, uma disposição moral específica, que é a de curvar-se aos fatos. Tal disposição moral não é espontânea: se o fosse, não existiriam a escolástica e a sofística, esses exercícios pueris de produção especulativa de respostas que não se curvam a fatos nenhuns e na verdade não lhes dão a mínima. É preciso aprender a observar a natureza e saber distinguir os procedimentos cognitivos que dizem respeito à observação. Nesse sentido, *o primado da experimentação envolve, ao mesmo tempo, uma observação da natureza e uma observação do intelecto que experimenta* (NO2, 36), visando ao aperfeiçoamento dos procedimentos de interferência na natureza através da separação entre os procedimentos intelectuais válidos e os inválidos. O método cognitivo e o primado da experimentação são, assim, partes indissociáveis de uma abordagem cognitiva única: monitorar a natureza para dominá-la e monitorar o intelecto para dominá-lo também.

A observação do intelecto e a moralidade do conhecimento

Vimos como a distinção inicial entre os procedimentos intelectuais válidos e os inválidos se dá em termos da eficiência/ineficiência: a capacidade de "produzir efeitos" da experimentação, em contraste com a inutilidade da especulação. No entanto,

55 Formulação semelhante encontra-se em NO1, 3.

a eficiência não consistirá apenas na concretude de procedimentos de encadeamento entre observações, testagem de hipóteses e outros componentes da teoria do conhecimento; será entendida também como uma espécie de virtude moral, correlata e oposta à imoralidade ou ao vício da ineficiência.

É interessante que, com todo o vanguardismo epistemológico de Bacon, laureado pelo pessoal da filosofia da ciência, o estabelecimento dessa moralidade cognitiva seja realizado por meio do apelo a um sistema de valores banal, reconhecível por qualquer pároco de aldeia. Em seus ataques à especulação escolástica, por exemplo, Bacon insistentemente evoca a importância de uma espécie de castidade intelectual. Os "homens admiram e celebram as potências (*vires*) falsas da mente, negligenciando e perdendo os auxílios reais que poderiam possuir" (Bacon, 2000d, p. 2);[56] é preciso rejeitar essa falsa ostentação e seu efeito cativante, sedutor, a impudica excitação a que ela induz. Assim, o método baconiano, amparado numa "verdadeira e legítima humildade do espírito humano" (Bacon, 2000b, p. 11), visa "extrair do conhecimento o veneno injetado pela serpente, cujo efeito é a tumescência da mente humana" (Bacon, 2000b, p. 12).

Ademais, o material da especulação, as "abstrações", também exerce uma nefasta tentação: "a mente gosta de saltar até as generalidades, para nelas repousar; e se cansa rapidamente da experiência" (NO1, 20). A escolástica, assim, tem algo do procedimento apressado dos preguiçosos, dos que não estão dispostos a insistir no trabalho árduo exigido pela forma de conhecimento baseada na experimentação, a qual, aliás, nesse momento, *é recomendada justamente com base em seu caráter árduo*. Aqui há algo análogo à centralidade dos meios e da eficiência, e o consequente recalque da finalidade, que apontamos anteriormente. A analogia com o processo histórico de transformação da sociedade agrária pré-moderna é inevitável, sobretudo tendo em vista que

56 Frase quase idêntica encontra-se em NO1, 9.

o próprio Bacon produziu formulações idênticas para discutir esse processo, como vimos acima na análise dos *Ensaios*. O texto baconiano, assumindo ora o papel de um pai austero de antigamente, ora do Estado moderno que opera na lógica da acumulação primitiva de capital, apenas subentende o valor (moral) do trabalho enquanto tal: essa atividade extenuante e desagradável é recomendada *porque* é incompatível com uma disposição natural ou espontânea da mente, disposição essa que precisa ser transformada.[57] Vemos aqui, com clareza, o paralelo entre a transformação da mente e a transformação da natureza: ambas devem ter lugar como puro exercício de poder, e muitos dos impedimentos ao uso eficaz da mente são justamente "inerentes à própria natureza do intelecto" (Bacon, 2000a, p. 18).

Ou seja: trata-se de submeter a vida mental à lógica da dominação. Isso aparece também quando a ostentação especulativa é equiparada à vaidade pueril que caracteriza outro componente da escolástica, a retórica. Trata-se da "sabedoria que aprendemos particularmente dos gregos" e que, a Bacon, parece estar em uma espécie de estágio infantil da ciência, possuindo características próprias às crianças: "uma disponibilidade excessiva para falar, combinada à fraqueza e à imaturidade que as tornam incapazes de produzir qualquer coisa" (Bacon, 2000b, p. 6).[58] O método é apresentado como uma ascese moral e cognitiva que deixa para trás essa infância da mente, esse comportamento mental espontâneo que não leva à ciência. Afinal, "a mente, quando é deixada a si mesma, e se move à vontade, é incompetente e inábil para a

57 Aparentemente, trata-se de um movimento análogo ao da ética puritana, segundo a qual o trabalho e a disciplina são bons em si mesmos e por si mesmos; entretanto, como também já indicamos, a posição de Bacon difere da dos puritanos: em última análise, como ficará claro, a disciplina mental serve ao conhecimento eficaz, o qual, por sua vez, também será defendido não por si mesmo, mas por sua serventia, dentro do quadro baconiano de total funcionalização da atividade humana à eficiência econômica.

58 Formulação quase idêntica encontra-se em NO1, 71.

formação de axiomas"; o remédio para isso é que ela seja "governada (*regatur*) e ocupada com guarnições (*muniatur*)" (NO2, 10), como numa guerra colonial. Sem o método, a mente é tão incapaz de proceder cientificamente quanto a mão é incapaz de desenhar uma reta sem o auxílio da régua: o pensamento espontâneo é como um moleque alegre, "incessantemente ativo", "incapaz de parar quieto", "indisciplinado", nervoso, vão, ineficiente, inútil (NO1, 48). Assim, em seu "trabalho", a mente não pode ser deixada sozinha, mas deve ser "regida", "como que por um auxílio mecânico" (Bacon, 2000c, p. 28). Eventualmente, essa submissão da mente ao método acarreta uma transformação da vida intelectual: é possível "acostumar-se" aos ditames do método, "corrigir [...] os hábitos" da mente — por exemplo, o hábito daninho da abstração (NO2, 4) — e, assim, "tornar-se mestre de si mesmo (*potestate sua*)" (Bacon, 2000c, p. 30-1).

O que essa evocação do hábito nos diz é que a autodominação, culminância simultânea da moralidade cognitiva, da dominação da natureza e do rigor metodológico, efetua a imposição, sobre a mente, de uma nova natureza. O "entendimento é muito lento e mal-adaptado para realizar a longa viagem até as instâncias remotas e heterogêneas nas quais os axiomas são como testados pelo fogo, a não ser que seja obrigado a empreender tal viagem através da imposição de regras severas e da autoridade violenta (*violentum imperium*)" (NO1, 47).[59] Às metáforas da tortura judicial somam-se as metáforas da guerra e da dominação política, e é isso que torna claro o sentido total da afirmativa de que, para dominar a natureza, é necessária uma obediência. Bacon está ciente de que a disciplina do método exige uma transformação da disposição espontânea da mente, e está ciente, ademais, de que tal transformação é violenta.

59 Em passagens como essa, a tendência geral e inequívoca das traduções é tentar mitigar o peso das palavras de Bacon. A violência desaparece do trecho na supracitada tradução de língua inglesa. Esforço curioso, de estranha motivação.

De fato, ao contrário do que farão seus comentadores dos séculos XX e XXI, nosso autor não procura esconder do leitor essa violência, mas faz propaganda reiterada dela, como quem procura valorizar os aspectos de virilidade e autossacrifício contidos no seu método, e sua afinidade formal com o procedimento centralizador da autoridade governamental na alvorada da modernidade. Bacon volta-se sistematicamente contra as fontes de prazer contidas no esforço cognitivo: não só o orgulho, mas as inclinações pessoais (NO1, 54), a empolgação intelectual (NO1, 56), o próprio encantamento cognitivo, pois "aquele que estuda a natureza deve desconfiar de tudo que mais captura e cativa o entendimento" (NO1, 58). O intelecto que se deixa impressionar é fraco, deformado, distorcido (NO2, 32). Mesmo as disposições pessoais que favorecem a ciência — o entendimento afiado capaz de perceber ou bem as diferenças, ou bem as similitudes entre as coisas (NO1, 56) — precisam ser tolhidas: enquanto meras disposições subjetivas, elas facilmente degringolam em exageros, tornando-se incompatíveis com a temperada abordagem científica. Até quem "persegue o conhecimento com genuíno amor, e por si mesmo" acaba "perseguindo uma ampla variedade de pensamentos e doutrinas, ao invés de uma investigação estrita e constante da verdade" (NO1, 81): afinal, trata-se, aí, de mero "encantamento infantil", às vezes "reforçado pela astúcia e pelo artifício" (NO1, 86).

As emoções são intrinsecamente daninhas: elas "marcam e mancham o entendimento de maneiras numerosas e muitas vezes impossíveis de perceber" (NO1, 49). A própria aptidão para a "contemplação da natureza e dos corpos em sua forma individual" é ocasião para que o entendimento "se distraia e enfraqueça", enquanto a aptidão para a "contemplação da natureza e dos corpos em sua composição e formação gerais" o "estupefaz e relaxa". Ora, o entendimento deve ser, ao mesmo tempo, "penetrante e abrangente". Para tanto, o que ele faz espontaneamente deve ser transformado em algo realizado segundo a conveniência da ciência: "cada espécie de contemplação deve ser [...] empregada em sua vez" (NO1, 57).

Em suma, "nosso método de descoberta científica é desenhado de modo a não deixar muito para a agudez ou a força do talento individual" (NO1, 61). E, também aqui, ocorrerá um paralelo entre a dominação da natureza e a dominação sobre o homem que domina: a contraparte desse intelecto desprovido de encantamento é uma natureza também desencantada.

> A investigação deve avançar até que as propriedades e qualidades encontradas nas coisas que podem ser vistas como maravilhas (*miraculum*) da natureza sejam reduzidas e compreendidas sob alguma forma ou lei específica. Assim, qualquer irregularidade ou peculiaridade será apreendida como dependente de alguma forma comum. (NO2, 28)

As coisas individuais precisam ser igualadas. A natureza deve ser expurgada de sua especificidade, retratada com um distanciamento que favoreça a manipulação eficaz e fundamente a dissociação frente à finalidade. Tudo que é natural precisa ser reduzido ao mero exemplar. Não é suficiente *deixar de lado* o curioso, o maravilhoso, o atraente, o encantador — os traços da experiência com a natureza que porventura possam disparar o comportamento mental pueril —, mas é preciso esforçar-se ativamente para eliminá-los.

Em vários sentidos, como marca distintiva da especulação e do encantamento com o mundo, o prazer representa uma ameaça ao conhecimento. A motivação, aí, é o mote básico do que, depois, tornou-se o realismo científico: a natureza não se comporta como gostaríamos que se comportasse, mas de acordo com suas próprias leis, de modo que, se nos deixamos orientar pelo prazer e pelo desprazer que a natureza nos proporciona, corremos o risco de ignorar aquelas leis, que são o objeto principal do conhecimento. Como dizem as mamães e os papais, o mundo não é como você gostaria que fosse.

A variante científica desse arqueprincípio da pedagogia ocidental está expressa sucintamente logo no início do *Novo Órganon*:

"A natureza só pode ser subjugada através da submissão" (NO1, 3). Contudo, em certo sentido, uma ciência capaz de influenciar a natureza não é, por si mesma, inimiga dos desígnios humanos — dos nossos gostos, vontades, ambições etc. Muito pelo contrário: não seria justamente para promover esses desígnios que os conhecimentos sobre a natureza deveriam ser empregados? Não para Bacon. Concentrado no problema da eficácia, nosso autor acaba promovendo com mórbida clareza a adversidade entre a objetividade científica e qualquer forma de satisfação subjetiva. Tal adversidade soma-se ao recalque da finalidade e à dominação da natureza para a construção de um vislumbre da dissociação entre desenvolvimento técnico e satisfação das necessidades do ser humano. E é em virtude dessa constelação de questões que a discussão sobre os vícios intelectuais, originada no âmbito da polêmica com a escolástica, resvala para um embate com as próprias artes mecânicas, as quais, não obstante seu papel inspirador no *Novo Órganon*, também precisam ser polidas e dominadas para o exercício da ciência eficaz.

2.4 O estranho argumento contra os usos das artes mecânicas

É significativo e surpreendente que, ao lado de sua atenção ao exemplo das artes mecânicas na defesa da eficiência científica pautada na produção de resultados, Bacon desenvolva um curioso argumento *contra* as aplicações práticas das artes mecânicas. Nesse argumento, a preocupação em extrair frutos do trabalho experimental, produzindo imediatamente aplicações práticas, aparece atrelada ao vício da ambição, prejudicial ao esforço cognitivo. Quem procede com tal ambição, como no mito de Atalanta, "sai de seu caminho para colher a maçã dourada, interrompendo a corrida e deixando escapar a vitória". Bacon se explica: devemos "buscar experimentos esclarecedores, e não experimentos produtivos (*fructifera*)". Apenas quando o processo cognitivo chegar a resultados seguros sob a forma de "axiomas devidamente descobertos e devidamente formados" teremos à nossa disposição "não um auxílio superficial, mas substancial, à prática" (NO1, 70).[60]

Nesse contexto, deixando de lado a ideia de produção de resultados que é tão absolutamente central à sua definição de ciência verdadeira e desejável, o que Bacon afirma é que "o verdadeiro e legítimo objetivo das ciências é dotar a vida humana de novas descobertas e recursos (*inventis et copiis*)"; entretanto, "a grande maioria das pessoas comuns não tem noção disso, e se preocupa apenas com salários e questões profissionais" (NO1, 81). De fato, nosso autor parece se voltar explicitamente contra o interesse e a vantagem pessoal, conceitos tão centrais ao discurso dos *Ensaios*. O "lucro (*lucrum*), reputação ou vantagens similares" não contribuem para "aumentar a soma das ciências e habilidades" (NO1, 81). As grandes descobertas das "artes liberais" ou "mecânicas" — Bacon fala da música, da astronomia e da fabricação de vinho, cerveja, pão —, embora antiquíssimas, legaram poucos desenvolvimentos significativos ao longo dos séculos (NO1, 85), justamente porque os praticantes de tais artes estariam mais interessados na fabricação de coisas para o uso, a venda etc., do que no desenvolvimento do verdadeiro saber.

Essas afirmações são desconcertantes, e não apenas porque se dirigem diretamente contra os fundamentos da argumentação dos *Ensaios*, mas também porque estão em contradição com os princípios que orientam o próprio *Novo Órganon*: a ciência pautada pela eficácia e inspirada nas artes mecânicas é colocada em

60 Bacon usa a imagem do mito de Atalanta em vários outros lugares, como em "The Advancement of Learning" [Progresso do conhecimento] (Bacon, 1952a, p. 16).

oposição aos resultados do exercício dessas artes. É como se o desenvolvimento científico fosse contrário ao emprego efetivo dos frutos desse desenvolvimento.

Não podemos, no entanto, permitir que os ataques ao uso da ciência útil nos rendam à solução fácil dos comentadores dos "dois Bacons": o Bacon da ciência útil e da moralidade instrumentalizada e o Bacon altruísta do conhecimento desinteressado. O que tais ataques realmente provocam é uma oposição entre o exercício interessado das artes mecânicas — o emprego profissional da tecnologia pelos artesãos para ganhar a vida — e a pesquisa científica interessada *exclusivamente* no bem da ciência. Trata-se de uma consequência do recalque da finalidade na eficácia científica: vimos como a ciência eficaz se define pela indiferença à satisfação material e ao prazer, pela dominação e centralidade das questões da obediência *versus* espontaneidade mental. O que se passa, agora, é que essa lógica é estendida sobre o interesse material do artista mecânico ou mestre de ofício individual.

Segundo nosso autor, uma inclinação pessoal pode nos cegar para um traço objetivo da natureza, assim como o exercício interessado das artes técnicas pode nos tornar parciais a determinados experimentos — a saber, os lucrativos. A ciência progride tanto com o erro quanto com o acerto, enquanto, em contraste, uma mentalidade diretamente comercial evitaria realizar certos experimentos, precavendo-se de um fracasso custoso: "Os experimentos que iluminam são distintos dos experimentos que dão lucro. Aqueles têm em si um poder maravilhoso, a saber, o de jamais desapontar ou iludir" (NO1, 99).

Mas por que negar terminantemente o papel do lucro no desenvolvimento científico? Da mesma forma que a negação do prazer, o caminho argumentativo de Bacon parece flertar com o procedimento de decepar o braço para salvar o dedo, o qual não casa com o perfil do cortesão escaldado, intimamente implicado no desenvolvimento industrial e comercial da Inglaterra. A motivação de tais argumentos, porém, não se esgota na prudência exagerada do metodólogo. O sentido mais completo da rejeição baconiana ao aspecto lucrativo das artes mecânicas aparece apenas quando consideramos tal rejeição sob o ponto de vista de um problema sociológico: a questão de quem é o sujeito social legítimo, capaz e eficaz da ciência. As questões epistemológicas, em Bacon, aparecem como subsidiárias de um arranjo social, histórico e político. O ataque aos praticantes das artes mecânicas é apenas aparentemente de ordem cognitiva: é, muito mais, um argumento de natureza política, que culmina na insistência no papel do Estado no fazer científico.

Ciência e administração estatal

Como em muitos dos temas baconianos, a porta de entrada para essa discussão é uma série de metáforas que logo se revelam pouco metafóricas e muito literais. "Imagine um reino ou Estado que baseia suas decisões e negócios não em cartas e relatórios de embaixadores e mensageiros confiáveis, mas nos rumores que se ouvem nas cidades e semelhantes trivialidades": pois é isso que acontece, diz Bacon, quando a ciência depende da experimentação conduzida espontaneamente pelos mestres das artes mecânicas (NO1, 98). Mas o que exatamente fica de fora das preocupações mundanas e imediatas dos praticantes das artes? Certamente não é o problema central da produção de efeitos ou da eficácia; ao contrário, nesse tópico, eles são os grandes inspiradores, como vimos acima. O que Bacon parece sugerir aqui e ali é que, no fim das contas, há problemas genuinamente científicos que estão acima da capacidade dos rústicos e interesseiros mestres de ofícios, sobretudo porque exigem um distanciamento da aplicação prática imediata, por mais que tal aplicação seja o objetivo final.

Para ilustrar o que está em jogo aqui, atentemos à maneira como Bacon trata o uso militar da pólvora. Sua utilidade, nos diz o autor, está nos canhões, que servem para destruir muralhas. No entanto, a pólvora é o resultado de experimentos químicos que nada tinham a ver com os métodos usuais de destruição de muralhas: "ninguém que refletisse sobre as máquinas e os aríetes dos antigos, por mais persistente que fosse, chegaria à descoberta do canhão que funciona através da pólvora" (NO2, 31). Seu primeiro emprego foi exclusivamente recreativo: os fogos de artifício. Para que a pólvora chegue a substituir os aríetes e as catapultas, é preciso um ponto de vista distanciado que a considere não segundo sua utilidade imediatamente reconhecível e comercializável, mas de acordo com suas propriedades objetivas: a combustão rápida e explosiva. Conforme argumenta Bacon, ao fabricante de aríetes e ao fabricante de fogos de artifício, engajados em seus nichos específicos, estaria vedada a preocupação com o isolamento científico dessas propriedades.

Mas há aqui um problema adicional. A atividade competitiva e anônima dos mestres de ofício produz um material amplo e variado, uma numerosíssima abundância de procedimentos eficazes para resolver um sem-número de problemas que aparecem como práticos, imediatos e independentes. O carpinteiro utiliza o calor para endurecer a madeira; o fabricante de bebidas, para a destilação; o ferreiro, para amolecer o metal; mas nem o carpinteiro, nem o fabricante de bebidas, nem o ferreiro estão preocupados em entender o que torna o calor eficaz para alcançar efeitos tão distintos. O que interessa a Bacon é fazer notar que a manutenção constante desse ponto de vista, que abarca os efeitos alcançados por diferentes artes e é capaz de uni-los pela análise e pela experimentação, promoveria um incremento inaudito nas descobertas científicas. Trata-se de fazer uma ciência que, por cima das artes mecânicas e independentemente de suas necessidades imediatas, organize e estude a capacidade humana de produzir efeitos.

Nesse sentido, o problema não é exatamente o lucro, mas a perspectiva gnosiológica privada, e o que Bacon advoga não é que a ciência se torne inútil, mas que sua utilidade seja potencializada através de um disciplinamento da experimentação que, ademais, deve ser socialmente organizado. Assim, as imprecações baconianas contra o lucro e os usos privados das artes são, na verdade, uma retórica barata que visa impressionar os mesmos leitores que caem no conto da "caridade". Não se trata, afinal, de não usar a pólvora (Deus nos livre; basta lembrar qual deve ser a principal preocupação dos Estados), mas de acelerar descobertas de utilidade semelhante à da pólvora. Deve-se visar à organização da produção de efeitos pelas artes mecânicas em "leis seguras", registrando os experimentos por escrito e incluindo-os numa "história natural" (NO1, 101). Esta consistiria, a rigor, num "estoque (*copiam*) de particulares" (NO1, 103), ou num inventário de operações e efeitos correspondentes. Com essa história natural, a totalidade dos experimentos ficaria "à mão" (NO1, 100) e poderia ser posta "diante da atenção e do juízo de um único homem" (NO1, 103). Essa organização eficiente do saber científico tem as feições de um armazém do qual o cientista-administrador poderia, a qualquer momento, fazer o balanço. O acesso às informações assim armazenadas seria, ainda, facilitado pela confecção de "tabelas de descoberta" (NO1, 102) que ordenariam e inter-relacionariam a multiplicidade de experimentos e resultados.

Por outro lado, uma vez que o material a ser abarcado por tais tabelas é vastíssimo, o esforço organizacional proposto por Bacon está acima das capacidades de qualquer ser humano isolado, mas subentende uma espécie de organização social da produção do conhecimento, do tipo que só poderia ser imaginado por alguém antenado com o desenvolvimento da capacidade administrativa do Estado na alvorada do capitalismo. A "coleção de história natural e experimental que concebemos, e que deveria ser realizada, é obra vasta e quase régia: uma obra de muito custo e esforço" (NO1, 111). A discreta reticência com que a iniciativa da Coroa é evocada através do "quase", nessa passagem, é abandonada em outros contextos. Na supracitada *Nova Atlântida*, a atividade científica é apresentada como operação coordenada, supervisionada, tutelada, administrada e financiada pelo Estado monárquico. Em outro ponto no *Novo Órganon*, Bacon lamenta: "O crescimento das ciências vem inevitavelmente das grandes inteligências; mas os prêmios e recompensas das ciências estão nas mãos do vulgo e de príncipes que, com raras exceções, não são nem moderadamente sábios" (NO1, 91). O alvo preciso dessa lamentação não é a ignorância, pelo menos não a dos príncipes, visto ter nosso autor tecido um volume constrangedor de oblações à sabedoria de monarcas e de membros da nobreza britânica.[61] Para Bacon, problemático é o fato de que a forma como a ciência é socialmente produzida não atende às necessidades específicas da ciência.[62] Em outras palavras, a ciência não consegue se alimentar de si mesma porque não há organização social suficiente para fazer com que os homens realmente sábios aproveitem o trabalho dos homens realmente sábios.

Ciência e corporações de ofício

O argumento que Bacon está montando aqui estabelece uma relação entre uma condenável motivação profissional dos arte-

61 Ver, por exemplo, a dedicatória de "Progresso do conhecimento" a Jaime I, na qual nosso comovido autor relata que o monarca padece de uma "contenda entre a excelência dos dotes naturais [...] e a perfeição de sua erudição" (Bacon, 1952a, p. 2).

62 É por escolher não atentar ao sentido histórico do aspecto administrativo do fazer científico eficiente defendido por Bacon que Peltonen (1996, p. 291) é levado a afirmar: "Não há nada em seus escritos [nos de Bacon] sugerindo que algum sistema político particular seria mais favorável ao progresso da ciência do que qualquer outro". Apenas um sistema político dotado de uma autoridade central forte seria capaz de realizar o projeto científico baconiano. (Ora, pode ser que Peltonen desconheça a possibilidade de sistemas políticos desprovidos de autoridade central forte.)

sãos mecânicos no exercício da experimentação, de um lado, e a necessidade de tutela estatal da experimentação, de outro. Tal relação extrapola a teoria do conhecimento e espelha um problema político fundamental da Era Tudor: o embate entre o Estado moderno em formação e as corporações de ofício ou guildas, essas instituições manufatureiras monopolísticas, de antiga origem, e cuja autonomia resistia à centralização estatal.

Enquanto associações profissionais, as guildas haviam controlado e supervisionado as "artes" desde as origens do medievo. A filiação a tais organizações era requisito para seu exercício profissional nos ramos por elas geridos,[63] de modo que os mestres de ofício de que fala Bacon seriam, inevitavelmente, membros delas. A história da origem das guildas é a história da origem e do fortalecimento político das cidades na Alta Idade Média. Entretanto, o desenvolvimento econômico específico ao início da Era Moderna ocorre, em grande medida, ao largo do espaço de influência das guildas de ofício. Os novos sujeitos econômicos do período Tudor são as corporações mercantis, que começam a fomentar atividades econômicas nas regiões rurais despovoadas pelo cercamento dos campos, onde a autoridade das guildas não chega. Financeiramente dependente das corporações mercantis e politicamente aliado aos novos setores econômicos, o Estado Tudor empreende um ataque paulatino à autonomia política e ao poder econômico das corporações de ofício.[64]

O discurso de Bacon se insere nesse contexto. Por um lado, existiam conflitos específicos entre interesses de Estado e corporações de ofício: por exemplo, em mais de uma ocasião, a Coroa Tudor importou mestres de ofício estrangeiros com intuito de colaborarem no desenvolvimento da indústria bélica inglesa

63 No tempo de Bacon, a mais recente regulamentação geral das guildas ainda vigente era um estatuto (lei parlamentar) de 1363; ver Marshall (1929).

64 Por exemplo, através do chamado "Statute of Artificers", de 1563, o qual "efetivamente transferiu para o Estado as funções das velhas guildas profissionais" (Hunt & Lautzenheiser, 2011, p. 22).

(Clay, 2005, p. 214-5), num gesto que desafiava o monopólio das guildas. Interferências desse tipo se tornavam necessárias conforme a natureza mesma das guildas conspirava contra uma apropriação e/ou direcionamento estatal na produção material e na construção de conhecimento, uma vez que tais processos estavam submetidos à lógica do segredo profissional. O juramento feito pelos aprendizes que ingressavam nas guildas londrinas no início do século XVI incluía a sentença: "Do dito mestre guardar fielmente os segredos" (Epstein, 1998, p. 694). A organização do desenvolvimento técnico no âmbito das guildas era tal que garantia acesso restrito aos procedimentos inovadores, e o compartilhamento seletivo e gradual deles entre os membros da corporação (Epstein, 1998, p. 699). Evidentemente, uma das motivações para tanto consistia na vantagem comercial garantida pelas inovações técnicas, o que as tornava inacessíveis ao projeto de administração científica da descoberta ambicionado por Bacon.

Diante de tudo isso, é digno de nota que, embora traduza o problema político dos mestres de ofício nos termos *morais* da ambição e da motivação econômica, Bacon não sugere uma solução de mesmo cunho, ou seja, moralizante, como era praxe no pensamento renascentista. Nosso autor não recomenda a reforma do caráter defeituoso dos mestres de ofício: em vez disso, sugere uma solução *administrativa*, a interferência estatal no fazer científico. É uma solução absolutamente alinhada à abordagem governamental e cujo conteúdo, portanto, não é apenas filosófico, mas político. Não se trata somente de mostrar parcialidade pela ideia coerente de um saber administrado por autoridades iluminadas no sentido do progresso e do bem comum, mas de ajudar a lançar pás de cal sobre as organizações profissionais medievais.[65]

65 É interessante notar o paralelo político entre o argumento de Bacon contra o uso comercial da verdade e em prol de uma verdade científica desejável, e o

Administração e progresso

A perspectiva administradora sobre a consolidação do conhecimento científico não escapa à concepção fundamental da centralidade da eficácia: o objetivo da intervenção estatal sobre o fazer científico é tornar o fazer científico mais eficaz. Mas o que significará, aí, a eficácia? Vimos como, enquanto resultado da aplicação do método no comportamento cognitivo individual, a eficácia tem a forma daquilo que Bacon chama de "axiomas", instruções repetíveis capazes de produzir com segurança efeitos previsíveis. Posto que o método se relaciona não apenas com o comportamento cognitivo individual, mas com a ciência enquanto processo social, a eficácia significará uma ciência que avança e progride. O que a crítica à ambição dos mestres de ofícios realiza é justamente essa mudança de foco: da produção de efeitos episódica para um processo histórico contínuo, o progresso científico.

A partir daí, podemos avançar na tematização da relação entre ciência e sociedade. A obra de Bacon nos oferece vários pontos de partida promissores para a elucidação de tal relação,

. . .

argumento filosófico clássico contra o envolvimento do sábio nos negócios mundanos e a favor de um conhecimento contemplativo. As raízes deste segundo argumento, como se sabe, estão na concepção platônica da busca pela verdade, mas também na afirmativa de Aristóteles, feita na *Política*, de que o exercício de funções públicas depende de tempo livre e, portanto, de riquezas materiais — por conseguinte, de uma origem aristocrática, ou seja, um não envolvimento com os problemas da produção material. A concepção de sábios governantes que davam as costas para os assuntos mundanos foi retomada na Renascença: os defensores de perspectivas aristocráticas ou monárquicas argumentavam que os assuntos de governo deveriam ficar nas mãos de uns poucos desinteressados dos afazeres mundanos e, portanto, praticantes do ócio (*otium*), enquanto os defensores de inclinações oligárquicas e republicanas sustentavam que o governo deveria ser exercido pelos profissionais, cuja vida era caracterizada pela atividade privada — pela negação do ócio —, ou seja, pelos negócios (*negotium*) (Skinner, 1998, p. 422-8). Vê-se, assim, que as questões que preocupam Bacon estão inseridas num debate amplo a respeito do poder e da importância sociopolítica dos pequenos proprietários e artesãos; a passagem sobre a ciência preocupada com a verdade pura e desinteressada é apenas uma isca para pegar as mentes povoadas de ídolos.

os quais orbitam, todos, uma dissociação entre o progresso científico e a mudança social, em íntima consonância com o recalque da finalidade e o silêncio quanto aos usos da ciência.

No próprio *Novo Órganon*, nosso autor compara a natureza cambiante do progresso científico com as transformações sociopolíticas. "A melhora nas condições políticas", diz ele, "usualmente envolve violência e distúrbios, enquanto as descobertas trazem bênçãos (*beant*) e benefícios sem causar injúria ou tristeza" (NO1, 129). De fato,

> nas coisas civis (*rebus civilibus*), a mudança, mesmo que para melhor, é verdadeiramente suspeita, devido às perturbações que causa. Pois a política (*civilia*) está baseada na autoridade, no consentimento, na reputação e na opinião, e não na demonstração. Porém, nas artes e ciências, tal qual em uma mina, deve haver sempre o ruído das novas obras e do progresso crescente. (NO1, 90)[66]

Lamentavelmente, não há ciência da transformação social, assim como tampouco existe uma ciência do governo. Mais tarde, a ortodoxia da Internacional Comunista resolveria o primeiro problema, e o chamado "neoliberalismo" solucionaria o segundo. Para Bacon, no entanto, a novidade ainda tem sentido dúbio, e seu valor precisa ser modulado. Afinal, no período Tudor, as enormes transformações econômicas e tecnológicas por que passava a Inglaterra eram acompanhadas por um incremento da centralização política em torno da Coroa e das novas

66 Passagem de sentido idêntico se encontra nos *Ensaios*: "Seria bom que os homens em suas inovações seguissem o exemplo do próprio tempo, que de fato inova grandemente, mas tranquilamente, em graus quase imperceptíveis [...]. Também é bom não tentar experimentos nos Estados, exceto se a necessidade for urgente, ou a utilidade evidente. E é bom ter em conta que seja a reformação a puxar a mudança, e não o desejo de mudança que intencione a reformação. E, por último, que a inovação, embora não seja rejeitada, seja ao menos vista como suspeita" (E24, 65).

elites econômicas. Essa situação foi expressa eloquentemente numa formulação de John Whitgift, arcebispo de Canterbury e tutor de Bacon em Cambridge, num diagnóstico da sucessão de rebeliões populares da época: "O povo é inclinado às novidades e às facções, e está sempre pronto a receber a doutrina que parece contrária ao estado presente, e favorável à liberdade" (*apud* Fletcher & MacCulloch, 2008, p. 6).

O contraste entre o conservadorismo político e o progressismo cognitivo — posição embaraçosamente usual entre os pináculos do Iluminismo[67] — nos diz algo sobre o problema das finalidades da ciência. A figura improvável sugerida pela filosofia baconiana seria a da produção científica de uma abundância material indefinida que erradicaria o estado de "miséria e pobreza" em que se encontra a humanidade, mas deixando incólumes todas as "coisas civis". Algum comentador malicioso poderia sugerir que, no fim das contas, o silêncio de Bacon quanto aos efeitos da ciência se deve, quiçá, à dificuldade de imaginar concretamente essa figura.

67 Exemplo particularmente eloquente (mas não isolado) da tentativa de defender Bacon de seu próprio conservadorismo explícito encontra-se em Deleule (2003, p. 82-3). Mais adiante, Deleule (2003, p. 87-8) oferece sua resposta — aliás, com o apoio do supracitado Julian Martin: a reforma do conhecimento de Bacon deve ser lida no sentido (da versão "polianística") do Iluminismo. Bacon intencionaria uma mudança de mentalidades que, no fim das contas, haveria de se espalhar pela sociedade e produzir um mundo melhor para todos. O problema dessa interpretação é seu caráter conjectural: explicitamente, Bacon está longe de demonstrar qualquer intenção política outra que a de promover a estabilidade econômico-política através do enriquecimento, do controle estatal, da política colonial e da guerra. Dar as costas a isso, na tentativa de mostrar a filosofia com simpatias científicas sob uma luz promissora, é ignorar a contribuição que seu texto pode oferecer para decifrar o aspecto inegavelmente brutal do complexo fenômeno histórico que é a alvorada da modernidade capitalista. No mais, quanto ao papel iluminista da difusão do saber na reforma social, nos limitaremos a citar outro admirador de Bacon, o velho Kant, em um de seus panegíricos a Guilherme I: "Somente aquele que, embora seja ele próprio esclarecido, não tem medo de sombras, e ao mesmo tempo tem à mão um numeroso e bem disciplinado exército para garantir a tranquilidade pública, pode dizer aquilo que não é lícito a um Estado livre ousar: raciocinai tanto quanto quiserdes e sobre qualquer coisa que quiserdes; apenas obedecei!" (Kant, 2012, p. 71).

2.5 A incompatibilidade entre ciência e vida comum

Até aqui, todos os grandes esforços conceituais e argumentativos específicos da filosofia de Bacon com que nos deparamos visavam, direta ou indiretamente, fixar a eficiência no centro da vida moral e cognitiva. Esses esforços precisam voltar-se contra pilares fundamentais da experiência subjetiva e social: os interesses afetivos e materiais imediatos que o discurso baconiano ora ataca, ora recalca. Em outros termos: em lugar da experiência usual ou espontânea, é preciso inaugurar uma experiência especial, tecnicamente orientada. A quintessência desse esforço é destilada no *Novo Órganon* através de uma coleção de argumentos que se dirigem explicitamente contra a experiência humana comum: é a chamada teoria dos Ídolos.

Na definição de Bacon (2000a, p. 18-9), os Ídolos (*Idola*) são obstáculos à ciência que residem no próprio entendimento. Sendo obstáculos inerentes à mente humana (Bacon, 2000d, p. 1), a discussão sobre eles mostra, no fim das contas, que os seres humanos são, por sua natureza, incompatíveis com a ciência, mas que essa natureza pode (e deve) ser modificada, sempre em nome da eficácia e da utilidade.

A expressão que Bacon escolheu para designar os obstáculos mentais tem evidente conotação religiosa: o segundo dos Dez Mandamentos instrui especificamente contra a construção e adoração de imagens (Êxodo, 20:4). Esse mandamento é particularmente popular entre os protestantes, que, nos tempos de nosso autor, falavam muito da "idolatria" católica com suas representações de Cristo etc. No *Novo Órganon*, os Ídolos nos distraem do verdadeiro conhecimento e merecem ser destruídos. Entretanto, eles não são exatamente representações de algo: antes, assinalam a maneira de ser de nossos sentidos e de nosso pensamento.

Os Ídolos são divididos por Bacon em grandes grupos ou tipos. Os "Ídolos da Tribo" são os impedimentos que advêm de nossa constituição física comum: nossos cinco sentidos, embora sejam nossa porta de entrada para o conhecimento rigoroso, não são 100% confiáveis quando o assunto é fazer ciência (NO1, 41). Os "Ídolos da Caverna" dizem respeito a impedimentos que derivam de nossa interioridade enquanto indivíduos: nossas inclinações pessoais e sentimentos, que influenciam de forma danosa, como vimos, nossa maneira de perceber as coisas (NO1, 42). Doravante, contudo, atentaremos especialmente aos "Ídolos do Mercado (*Forum*)". São os condicionamentos sociais, derivados do fato de que somos membros de determinada sociedade e entramos "em comércio e associação" (NO1, 43) com outros seres humanos.

Nesse âmbito, o problema fundamental identificado por Bacon é a relação entre linguagem e cotidiano social, de um lado, e linguagem e ciência, de outro. Cada sociedade possui uma linguagem "formada pelo entendimento do vulgo", ou seja, uma linguagem que atende às necessidades do dia a dia, e não às da ciência. "As palavras violentam o entendimento" (NO1, 43), forçando-o a hábitos de pensamento, relações costumeiras entre palavras, significados fixos. A questão é que tais hábitos dizem respeito às formas de associação entre os seres humanos, e não necessariamente à maneira como as coisas de fato são. Pode haver algo na maneira como os seres humanos se comportam socialmente que os torne inclinados a relevar ou ignorar aspectos da natureza que são fundamentais para a construção de uma ciência eficaz. Assim, o que estará implicado será a necessidade de combinar duas injunções: curvar-se perante a natureza, para então dominá-la; e estabelecer uma disciplina de indiferença frente às nossas inclinações, de modo a livrar nossa linguagem dos interesses mundanos e torná-la útil para a ciência útil.

Ao lado do que Bacon caracteriza como uma incompatibilidade entre uma linguagem construída para expressar coisas humanas e a linguagem necessária para expressar as coisas naturais, há ainda o problema específico da maneira confortável e espontânea como lidamos com a linguagem, independentemente da apreensão eficaz das coisas da natureza. O emprego de uma palavra num determinado sentido é um hábito que "resiste" a qualquer tentativa de "variar" os termos de definição fixados pela usança vulgar (NO1, 49). Isso significa que eventuais descobertas realizadas através da observação e da experimentação poderiam ter sua expressão prejudicada pelo fato de que a linguagem comum resiste ao rigor necessário à apreensão da natureza.

Como solução para esses obstáculos à ciência eficaz, Bacon sugere uma operação de sentido um pouco obscuro, a princípio: o autor nos diz que é preciso disciplinar nossa fala, de modo a formar raciocínios e sedimentar saberes unicamente através da concatenação de resultados de experimentos. O estranho nessa formulação é que Bacon sugere que o façamos *em vez de* concatenar palavras em definições. Nos termos técnicos baconianos, ao fazer ciência, a linguagem precisa se limitar a um vocabulário que envolva apenas as "instâncias em suas sequências e ordens" (NO1, 49). O discurso do conhecimento científico diria respeito apenas a "ordenar e compilar a experiência", a partir dela "inferir axiomas" e, daí, criar "novos experimentos" (NO1, 82). Tal projeto faria com que o conhecimento tivesse o aspecto de coisa, uma série de fatos ligados uns aos outros; a coleção de aforismos que compõem o *Novo Órganon* — quase um monte de "frases desconectadas" (NO1, 86), nas palavras do próprio autor — parece ser uma rude antecipação disso.

O sentido da sugestão baconiana é complexo. Como já vimos, a reverência pela natureza e o prazer na relação com ela precisam ser eliminados. O que está em jogo agora é a necessidade de, ao lado disso, *renunciar também a qualquer representação da natureza*. Desse modo, a uma natureza-coisa deve corresponder um conhecimento-coisa que resultaria do processo de submissão da linguagem aos experimentos. Referir-se verbalmente à natureza seria uma espécie de hábito pré-científico — afinal, as palavras são ou bem "nomes de coisas que não existem" ou bem "nomes de coisas que existem, porém confusos e mal definidos, tendo sido abstraídos das coisas de modo apressado e desordenado" (NO1, 60). Em lugar de referências à natureza, ao conhecimento eficaz bastará uma colagem de procedimentos, acompanhados de seus resultados esperados. Quem procura partir da experiência comum e da linguagem comum, seguindo a injunção aristotélica, são os escolásticos, que desembocam em questões insolúveis, em falações infindáveis. Em contraste, enquanto concatenação de experimentos, a ciência assumiria, toda ela, o aspecto de uma mecânica, concentrada na produção de efeitos. Assim, por exemplo, a medicina deveria se limitar a compreender o corpo em termos meramente mecânicos: "operações tais como atração, repulsão, rarefação, condensação, dilatação, contração, dissipação, maturação, e assim por diante" (NO1, 66). Trata-se de um vislumbre de algo semelhante à física contemporânea, matematizada, cujas expressões são absolutamente intraduzíveis em linguagem comum.

Embora bizarra, a imagem de um conhecimento-coisa indiferente à linguagem comum, expressa nos termos de Bacon, é um desenvolvimento lógico adequado da imagem de conhecimento que ele constrói. A ciência se dissocia do prazer, da satisfação de necessidades, das inclinações e aptidões subjetivas, do exercício profissional das pessoas comuns e, no final, queima a última das pontes que a conectam à vida ordinária, rejeitando a própria linguagem, ferramenta básica de organização da experiência cotidiana. É exatamente isso que Bacon procura fazer aqui: isolar o fazer científico da experiência comum.

2.6 Arte mecânica e empreendimento capitalista

Até aqui, encontramos numerosas ocasiões para salientar a afinidade entre a concepção de conhecimento baconiana e a operação econômica capitalista. Chegou o momento de investigar essa afinidade mais de perto. Para tanto, começaremos atentando especificamente à imagem da mina, citada anteriormente, evocada pelo autor como epítome da ciência eficaz aplicada: "nas artes e ciências, tal qual em uma mina, deve haver sempre o ruído das novas obras e do progresso crescente" (NO1, 90).

Cabe notar que Bacon fala da mineração com conhecimento de causa. Como seu pai, nosso autor era acionista da Company of Mineral and Battery Works [Companhia de obras de mineração e metalurgia], um dos dois monopólios de mineração estabelecidos pela rainha Elizabeth I (Pastorino, 2009). A mineração cresceu sobremaneira na Inglaterra do século XVII (Hobsbawm, 1954, p. 35), estimulando desenvolvimentos tecnológicos de ponta e beneficiando-se deles. De fato, um dos tratados de arte mecânica mais famosos do período é um texto sobre mineração do autor alemão Georg Bauer Agricola, *De re metallica* [Sobre a natureza dos metais], de 1556 (Agricola, 1950), o qual, aliás, teve uma tradução dedicada à própria Elizabeth I (Hoover, 1950, p. XVII). No que se segue, empreenderemos uma análise dessa obra, objetivando encontrar os fundamentos da argumentação baconiana a respeito da produção de efeitos nas artes mecânicas — tanto no que tange ao seu caráter exemplar quanto no que tange à limitação gnosiológica imposta pelo seu aspecto privado.

O abrangente manual de Agricola pretende instruir sobre todos os aspectos da mineração, dos mais mundanos aos mais sofisticados, dos livros-caixa às bombas-d'água, da administração de pessoal à arquitetura: como investir nas minas, como contratar os trabalhadores e supervisioná-los, como realizar a prospecção de terrenos, como cavar o poço e escorar os túneis, como construir as ferramentas e máquinas, quando e onde utilizá-las melhor, como drenar a água, ventilar os corredores, construir fornalhas, empregar reagentes etc. Aspectos de química, física e contabilidade são mobilizados em suas consequências práticas para todas as dimensões da atividade da mineração. É importante notar que a obra de Agricola está amparada em princípios gnosiológicos afins aos de Bacon: o autor alemão afirma que "as coisas que vemos com os olhos e entendemos por intermédio dos sentidos são mais claramente demonstráveis do que as que aprendemos por meio do raciocínio" (Agricola *apud* Hoover, 1950, p. XIII). A resultante utilidade da sua obra é atestada por sua popularidade de quase duzentos anos. Da perspectiva baconiana, porém, a contribuição do *De re metallica* para o conhecimento rigoroso da natureza dependeria de um esforço adicional ao que Agricola já realizara e deixara registrado em suas páginas. Seria preciso extrair as "produções de efeitos" relatadas por Agricola de seu contexto empresarial específico, reescrevendo suas instruções em termos de fenômenos químicos, mecânicos etc., comparáveis com outros fenômenos apreendidos em outras áreas da atividade industrial, comercial, experimental etc.

Atentemos à maneira como os procedimentos técnicos de que trata Agricola podem ser entendidos como "produções de efeitos". A descrição feita pelo autor alemão da obtenção de substâncias químicas importantes para a mineração tem a forma de um passo a passo: o vitríolo tem tal sabor, é solúvel em urina, deve ser misturado com isso e aquilo e posto para decantar em barris feitos de tal madeira; o nitro ocorre em terras com tal aspecto e se deposita em fios de cobre (Agricola, 1950, p. 561 ss.). A finalidade dessas descrições é minerar; elas precisam ser transformadas de modo que sua finalidade seja o progresso científico. Para tanto, na concepção baconiana seria necessário, por exemplo, que se perguntasse o que mais reage com a urina ou com o cobre, de que forma e em que condições — até se chegar a perguntas mais específicas sobre a composição do vitríolo (hoje tido como designação antiga para uma série de sulfatos), do nitro (hoje chamado nitrato de potássio) ou da urina, para, a partir daí, não mais se preocupar em prescrever o comportamento *do minerador* ao controlar o vitríolo, mas descobrir o comportamento *dos sais* e, portanto, do vitríolo e do nitro, ampliando consideravelmente o controle sobre todo um conjunto de substâncias.

Tais considerações esclarecem como o fazer científico propriamente dito ao mesmo tempo se beneficia do relato técnico de um praticante das artes mecânicas e o ultrapassa. No entanto, é importante observar que os procedimentos cognitivos envolvidos em tal ultrapassagem não têm, em si mesmos, nada que os torne especialmente incompatíveis com a iniciativa privada e o interesse próprio. Afinal, como qualquer habitante do século XXI está farto de saber, objetivos tais como a generalização de categorias experimentais, a descoberta de propriedades químicas, a reunião transdisciplinar de resultados e o próprio progresso científico estão longe de ser incompatíveis com a pesquisa científica orientada para a obtenção de lucro. Isso sustenta nosso argumento de que o fundamento da oposição entre o desenvolvimento científico e o exercício profissional precisa realmente ser buscado no ataque às corporações de ofício.

O caráter de classe da eficiência empresarial

O manual de Agricola tem afinidades consideráveis com o espírito que anima a obra de Bacon. Trata-se de sistematizar e mobilizar um conhecimento construído e acumulado através da experimentação consolidada na produção de efeitos úteis para aumentar a eficácia da lida com a natureza. A eficiência econômica é a finalidade implícita do exercício desse conhecimento tacitamente aplicável de que Agricola dá conta.

Também existe afinidade na perspectiva social específica lançada pelos dois autores sobre a mineração: o olhar deles é o olhar do empreendedor, do investidor, do empregador. Assim como Bacon, Agricola vê a mineração como paradigma do trabalho tecnologicamente induzido, e exalta seu caráter ciclópico, fervilhante — e ruidoso (por exemplo, Agricola, 1950, p. 574). Mas é difícil crer que os trabalhadores braçais do ramo da mineração, que passavam a vida nas condições insalubres do subterrâneo, expondo-se ao risco constante de acidentes e emergindo para uma morte prematura, sentissem a empolgação de nossos autores ao ouvir os rumores das explosões dos bolsões ocultos de gases, ou mesmo a martelação cotidiana das picaretas. De fato, o papel bastante significativo que o ruído desempenha na cultura popular da Baixa Idade Média e do Renascimento liga-se predominantemente ao ócio, e não ao trabalho, progresso ou algo que o valha: vide a flatulência e a eructação na literatura de Chaucer.[68] Em contextos de trabalho, o ruído repetitivo é enfadonho, exaustivo e, por fim, massacrante, conforme representado em "The Thresher's Labour" [O trabalho do debulhador], do poeta popular Stephen Duck (*apud* Thompson, 2010, p. 272-3), do início do século XVIII.[69] Para Duck, ele mesmo um trabalhador braçal, coisa "crescente" não é o "progresso" de Bacon (NO1, 90), mas a labuta diária interminável.[70]

Por tudo isso, são notáveis os contextos em que os trabalhadores braçais efetivamente aparecem em *De re metallica*. Eles figuram sobretudo na mesquinha contabilização dos feriados, na enumeração das penas por não trabalhar duro o suficiente, na

68 Ver, por exemplo, Geoffrey Chaucer, "The Miller's Tale" (1380-1390), disponível em: https://chaucer.fas.harvard.edu/pages/millers-prologue-and-tale; ver especialmente linhas 3.805-3.810.

69 O poema completo encontra-se em Stephen Duck, "The Thresher's Labour", Eighteenth Century Collections Online [s.d.], disponível em: https://tinyurl.com/yc33j4e5.

70 "Toils, which always grow anew" (Duck, 1738, p. 10).

discussão da técnica de controle do trabalhador pelo capataz e coisas do gênero (Agricola, 1950, p. 98 ss.). Trata-se de um limite notável da pretensão enciclopédica da obra: a completude desse manual de artes mecânicas só chega até os fatores do empreendimento de mineração, tomando a vida das pessoas envolvidas apenas enquanto funções da viabilidade comercial. De fato, essa funcionalização, em Agricola, é ela mesma teorizada: o autor concebe os trabalhadores como seres fundamentalmente transformados, pelo seu trabalho, em homens melhores. São pessoas que "não descansam nem fazem nada se a necessidade exige que trabalhem; pois, às vezes, a irrupção de uma torrente de água os compele a trabalhar, às vezes um desabamento iminente, às vezes alguma outra coisa e, em tais situações, não é considerado pecado trabalhar nos dias santos". E isso graças ao trabalho infantil: os negócios podem sempre seguir a pleno vapor, porque "trabalhadores dessa classe são fortes e acostumados à labuta desde que nascem" (Agricola, 1950, p. 100). Analogamente, em meio à sua defesa das virtudes das minas, contra aqueles que as enxergam como "poços infernais", o autor exclama:

> Não! Nem mesmo o trabalhador comum das minas é vil e abjeto. Pois, treinado para a vigilância e o trabalho de noite e de dia, ele tem grandes poderes de resistência quando a situação o exige, e facilmente sustenta as fadigas e deveres de um soldado, pois está acostumado a manter longas vigílias durante a noite, lidar com ferramentas metálicas, cavar trincheiras, dirigir túneis, fazer máquinas e carregar fardos. Por isso, especialistas em assuntos militares acham preferível o mineiro, não apenas ao comuneiro das cidades, mas até mesmo ao camponês rústico. (Agricola, 1950, p. 24)

Ou seja: o homem melhor de Agricola é um homem que serve para algo, e o homem economicamente eficaz — excelente coincidência! — é também militarmente eficaz.

De todo modo, aqui e ali, nas frestas do texto de Agricola, emerge o horror da vida dos mineiros — sobretudo, que fique claro, na medida em que esse horror tem consequências para o "progresso incessante": os desabamentos que os "submergem na destruição" (Agricola, 1950, p. 99); seus filhos que caem nos poços (Agricola, 1950, p. 102); os produtos químicos que corroem suas mãos e pés (Agricola, 1950, p. 114); os odores fétidos das profundezas da terra (Agricola, 1950, p. 120); as poeiras que, quando inaladas, chegam a expor os ossos em feridas abertas (Agricola, 1950, p. 214); a "labuta que é do tipo mais severo, e cheia dos perigos mais extremos" (Agricola, 1950, p. 156). O conhecimento rigoroso não se espanta diante dessas atrocidades cotidianas, embora a arte mecânica nele baseada se mantenha convenientemente indiferente a elas, a tal ponto que a própria necessidade do padecimento do mineiro é apagada por um gesto leviano: segundo Agricola (1950, p. 6), os acidentes só acontecem quando os trabalhadores são descuidados. Ademais, embora "alguns desses males, bem como outros ainda, sejam ocasionalmente motivo para fecharem-se os poços", a causa "primeira e principal" para tal fechamento não pode ser senão o esgotamento dos veios (Agricola, 1950, p. 217), e jamais os sacrifícios humanos que o trabalho nas minas impõe.

Assim, o manual centrado na funcionalidade econômica concebe a vida humana fundamentalmente como um instrumento. Em Bacon, isso engendra o recalque da finalidade e a autocentralidade da eficiência. Filtrada pela perspectiva de classe do texto baconiano, o resultado é um sujeito que instrumentaliza a si mesmo. Em Agricola, essa mesma perspectiva de classe aparece em seu avesso, e com consequências substancialmente diferentes. O empreendedor que, do ponto de vista técnico, concebe uma vida humana inteiramente submetida à funcionalidade econômica, também raciocina de costas para a manutenção da vida — dos outros. A mineração, coisa que, segundo Agricola, é utilíssima para a vida humana, oferece-se como motivo suficiente para a destruição da vida dos seres humanos nela envolvidos. A despeito de passagens ocasionais em que aparece a protocolar retórica acerca da prevalência da saúde sobre os lucros (Agricola, 1950, p. 214), o que fica claro é que a funcionalidade empresarial, o conhecimento e os instrumentos técnicos voltados para a eficiência econômica são indiferentes às agruras da vida do mineiro e independentes delas. Ao mesmo tempo, essas agruras são tão terríveis que, mal mencionadas, já evidenciam que tal trabalho seria aceito apenas por indivíduos que estivessem passando pela privação material mais profunda: os sem-terra da alvorada do capitalismo.

É notável o quanto essa indiferença à vida das pessoas comuns se combina com a mesma grandiloquência a respeito das maravilhas da ciência que tanto encantam os comentadores de Bacon. A defesa da mineração com a qual Agricola inicia sua obra apela para os avanços da ciência e sua relação com as benesses da civilização, exatamente na mesma linha do argumento do autor inglês. Se não fossem as minas e os sofisticados empreendimentos semelhantes, nos diz Agricola (1950, p. 14), "os homens passariam uma vida horrível e miserável no meio das feras". A vida horrível e miserável respirando veneno, congelando os membros, perdendo a visão e deformando os ossos *não entra diretamente em questão*. E, a bem da verdade, a vida entre as feras parecia ser opção bastante atraente para a população expropriada, como atestam os atos governamentais contra a vagabundagem, abundantes à época, e as lutas frequentes pelos antigos direitos populares de penetrar em florestas comuns e cultivá-las (Oliveira, 2018, p. 24 ss.). Mas, afora a eventual interrupção dos trabalhos por um desabamento ou explosão, a vida e a morte dos mineiros simplesmente não concernem à arte da mineração: no fim das contas, o empreendedor sempre pode achar novos trabalhadores, mais ou menos como as mulheres das regiões de terra tóxica, que, devido à altíssima mortandade dos mineiros, casam-se até sete vezes durante a vida (Agricola, 1950, p. 214).

A satisfação material era um ponto cego no discurso baconiano, a despeito de ser evocada como finalidade do exercício de uma ciência eficiente, baseada nas artes mecânicas. O que a análise do texto de Agricola nos fornece é um exemplo do exercício de uma arte mecânica que, a despeito de sua evocação da satisfação de necessidades, permanece, em última instância, indiferente à vida humana, concentrando-se unicamente no desempenho econômico. A utilidade é combinada ao recalque da finalidade, e a funcionalidade econômica, ao virar fim em si mesma, naturaliza o sacrifício e a destruição. O que aqui aparece como a indiferença da tecnologia às suas aplicações, no manual técnico de Agricola figura com aspecto afirmativo: ser indiferente à vida é mesmo, na prática, destruí-la.

3

Conclusão

A indiferença a fins e a relativização da vida

Ao longo de nossas análises do texto de Bacon, procuramos sublinhar afinidades fundamentais entre o conteúdo implícito ou explícito dos argumentos do autor e a lógica da ascensão do capitalismo agrário-mercantil, da qual aqueles argumentos foram contemporâneos. Em especial, insistimos em como a submissão de todas as dimensões da vida ao cálculo de eficiência e utilidade, cerne do discurso baconiano, expressa algo essencial a respeito da socialização capitalista. Agora, procuraremos desenvolver o sentido e o conteúdo dessa afinidade lógica, ao mesmo tempo que empreendemos uma caracterização histórico-filosófica das transformações sociais da alvorada da modernidade.

A generalização da propriedade privada sobre a terra e sua funcionalização para a produção mercantil, na Inglaterra do século XVI, tiveram o papel de separar o ser humano dos meios mais imediatos de manutenção da sua vida, interrompendo uma forma de lidar com a natureza que havia sido estabelecida com o início do desenvolvimento da agricultura, sabe-se lá quantos milhares de anos antes. Custodiada pela violência jurídico-política do Estado moderno nascente, tal separação introduziu na vida social, através da intensificação da exploração comercial da terra, o fato inelutável da conversão dos alimentos em mercadoria. Essa conversão beneficiou-se de séculos de acúmulo de conhecimentos a respeito da lida com a terra — conhecimentos estes que, doravante, seriam transformados em apêndices da propriedade privada sobre a terra, mobilizados e transformados pelos setores sociais interessados no aumento da produtividade com a finalidade de acumular riquezas. O desenvolvimento técnico da manufatura, que acompanhou o processo agrário de perto, foi determinado pela mesma lógica.

A combinação continuada (e até hoje não interrompida) de propriedade privada e desenvolvimento técnico obriga a humanidade, cientificamente capaz de garantir sua subsistência com certa segurança, a conviver com o impedimento sistemático de fazê-lo. Evidentemente, esse convívio tem sentidos diferentes para setores sociais diferentes. A concentração de riquezas e as brutais diferenças socioeconômicas são expressão disso: embora a ideia da vida relativizada esteja entranhada no *modus operandi* da civilização capitalista como um todo, é especialmente determinada parte dos seres humanos que é diariamente obrigada a contemplar sua própria sobrevivência com uma incerteza socialmente determinada. Ao mesmo tempo, à medida que a catástrofe ambiental permeia a consciência global, tal contemplação — sempre com gradações de sentido e alcance — tende a se generalizar. Ao abordar simultaneamente a indiferença a fins do desenvolvimento técnico e a violência contra a natureza, Bacon traz à tona uma lógica social de fazer científico que ecoa na realidade concreta desse tempo histórico longo (o dele, que nesse sentido é ainda o nosso), no qual o progresso tecnológico contínuo convive com a privação material mais abjeta e com a sistemática deterioração das condições da vida humana em geral.

Lancemos mão de algumas ilustrações eloquentes para deixar claro do que estamos falando. Em 1990, o Relatório de Alimentos e Agricultura da Organização das Nações Unidas (ONU) estimava que, com a devida aplicação da capacidade produtiva já existente, a humanidade poderia alimentar de 30 bilhões a 35 bilhões de indivíduos, ou seja, por volta de cinco vezes a população do planeta Terra em 2014 (Jan, 2003; Ravallion, 2004).[71] E, no entanto, segundo dados da mesma ONU (Shah, 2013), ainda hoje, metade da humanidade ou está faminta ou não tem renda suficiente para se alimentar como deveria, tampouco para usufruir das benesses da civilização tecnicamente avançada. Enquanto a evidência da construção de esgotamento sanitário data de milhares de anos, um terço da população terrestre atual nunca defecou num vaso sanitário,[72] e dezenas de milhares de crianças morrem a cada dia vitimadas por doenças facilmente curáveis (Shah, 2013), enquanto as corporações brigam pelos lucros das patentes privadas dos *gadgets*. Ao mesmo tempo, acumulam-se evidências de interferências ambientais danosas e irreversíveis da atividade industrial, paralelas ao crescimento contínuo e cientificamente gerido da produtividade. Um estudo recente mostra que a poluição — os detritos produzidos pelo desempenho econômico eficaz do capitalismo — é hoje a principal causa de morte entre os seres humanos, superando a maioria das demais causas combinadas.[73]

Esse quadro catastrófico, bem como o papel ingrato que o desenvolvimento técnico representa nele, não apenas é absolutamente compatível com a ideia baconiana de uma tecnologia cuja eficácia é definida com indiferença à satisfação de necessidades e unicamente em termos de seu puro poder de transformação, mas também está contido em gérmen nas metáforas da guerra contra a natureza. Nesse sentido, a filosofia da ciência de Bacon, através do recalque à finalidade e da relativização da vida, contém um nítido vislumbre, conceitualmente cifrado, da

71 Ver também "Fome é 'alarmante' em 29 países do mundo", *Folha de S. Paulo*, 11 out. 2010.

72 De acordo com dados do Fundo das Nações Unidas para a Infância (Unicef); ver "1 in 3 People Worldwide Don't Have Proper Toilets, Report Says", *Time*, 30 jun. 2015.

73 O texto completo do estudo tem acesso limitado por um *paywall*, mas numerosos veículos da mídia o propagaram; ver, por exemplo, Conca (2017).

intimidade entre a catástrofe social e a catástrofe ambiental contemporânea — vislumbre que, ademais, não é temido ou evitado pelo próprio Bacon, mas assumido e sublinhado, embora chamado por outros nomes e com valoração moral celebratória.

Esse sentido destrutivo, embutido na concepção baconiana de ciência, não é, contudo, um atributo "da ciência", entendida de modo genérico como mero processo cognitivo. Trata-se, evidentemente, de um conjunto de práticas e de valores histórica e socialmente determinados. Conforme argumentamos, esses valores e práticas assumiram um caráter intrinsecamente destrutivo, mas é importante ter em mente que é uma atitude político-econômica específica que está na sua base e tornou a ciência aquilo que ela é. De forma análoga, o sujeito baconiano — tanto o sujeito de sua moral empreendedora quanto de sua ciência eficaz indiferente a fins — não é "o ser humano" em geral, mas, como sublinhamos ao longo de toda a nossa análise, determinado setor social. Os exemplos tangíveis da utilidade e da eficiência, os valores fundamentais do discurso baconiano, podem todos ser reduzidos a *vantagens auferidas pelo empreendedor* e para o seu empreendimento através do exercício do experimentado rigor técnico-científico. Ao mesmo tempo, o recalque da finalidade da eficiência, entranhado pelo empreendedor, carrega, em seu avesso, uma negligência sistemática da satisfação material, o que quer dizer: *da manutenção da vida das pessoas comuns*, num paralelo com a lógica da produção sistemática de mercadorias que servem para satisfazer necessidades, mas não podem ser adquiridas por todos os que têm necessidades. Ademais, como vimos, isso não é característica secundária de uns frívolos escritos ético-políticos, mas é traço determinante do conteúdo do canônico método científico baconiano, em conexão com as necessidades e ambições da classe social engajada nas atividades econômicas que a definem.

Para a maior parte dos seres humanos envolvidos no turbilhão da ascensão do capitalismo agrário-mercantil, as consequências da atividade econômica do empreendedor capitalista foram o deslocamento populacional, o genocídio e o disciplinamento violento para o trabalho. Entre os próprios empreendedores, por outro lado, também ocorre um disciplinamento, mas com sentido diferente. A vida em geral, relativizada pela produção de mercadorias, não pode ser o que ela teria condições materiais de ser de forma espontânea — a vida mais ou menos garantida, materialmente, para todos. A diferença socioeconômica radical, criada pela privatização da terra, exige que um olhar de classe seja lançado também sobre a própria vida, que tem de ser conscientemente transformada em alguma coisa, dependendo de onde se está dentro da organização social para a produção de riqueza acumulável. O esforço conceitual dos *Ensaios* de Bacon dirige-se a essa necessidade, colaborando com a transformação da vida dos novos empreendedores, preenchendo de conteúdo moderno as experiências desenraizadas do processo material que a humanidade vinha construindo, de modo a reenraizá-las nas posições de comando da produção de mercadorias. Pois a generalização da produção de mercadorias penetra em todas as relações sociais e as transforma. E o que fazer com os amigos? Com a fama? Com os elogios? Com os jardins? A pretensão mesma de tratar todos esses assuntos de forma absolutamente prosaica, radicalmente materialista, de submeter tudo isso ao cálculo utilitário, é característica de um momento em que o sentido tradicional daquelas coisas está se afastando da experiência cotidiana de certos setores comerciais e produtores, que então se aprontam para consumir uma boa discussão filosófica a respeito.

Ao mesmo tempo, o que Bacon realiza com sua filosofia não é a propaganda de uma forma de ver o mundo, mas a construção da imagem de um conjunto de práticas sociais. E são duas coisas bastante diferentes. É verdade que as práticas sociais *incluem* uma perspectiva cognitiva determinada; entretanto, como o autor demonstra bem, tais perspectivas cognitivas não são conjuntos de ideias ou crenças, mas *injunções práticas para a transformação da mente* — ou seja, a *transformação da produção de ideias* — e da vida social. Essas injunções práticas não interpelam a inteligência. Chama a atenção como, na discussão dos ídolos, por exemplo, Bacon não se interessa pela adesão subjetiva às ideias enganosas ou às ideias certas; o problema não é se o sujeito crê, aprecia, concorda com os ídolos: Bacon até declara abertamente que não vale a pena perder tempo debatendo sua verdade ou falsidade (NO1, 40). Importa mais incutir no sujeito um *comportamento* mecânico e repetível que, a despeito dos ídolos — a despeito de suas inclinações espontâneas —, torne a ciência possível. Interessa aderir a esse comportamento; a crença nele tampouco importa.

Com esse gesto, Bacon dá conta da reinserção do sujeito dissociado de sua vida espontânea numa vida nova: a vida na sociedade produtora de mercadorias, uma vida recriada, moldada à centralidade da eficiência, e *administrada*. É a vida da qual o Estado moderno se ocupa. O movimento geral é de disciplinamento repressivo, o que transparece na discussão que o autor empreende sobre hábitos e costumes. Para Bacon, "só o costume consegue alterar e vencer a natureza" (E38, 101), e claramente o projeto dos *Ensaios*, bem como o do *Novo Órganon*, é incutir costumes. A descrição do que fazer com o método no último parágrafo do prefácio ao *Novo Órganon* fala exatamente de uma disciplina através do costume: é preciso "acostumar-se", "corrigir [...] os hábitos" e, só depois disso, "empregar o juízo quando se houver começado a exercer maestria sobre si mesmo" (Bacon, 2000c, p. 30-1). Chama a atenção que o fundamental não é entender e crer, mas assimilar e repetir. Assim, discutir é para os escolásticos (NO1, 55); para a modernidade, o fundamental é viver de uma determinada maneira, a saber: viver a vida indiferente à vida. Sem a indiferença à vida, não é possível produzir mercadorias, que são produzidas para ser vendidas, e não para satisfazer necessidades; tampouco é possível instrumentalizar a própria subjetividade, e a dos outros, ou exorcizar a relação afetiva com as inclinações pessoais e a natureza externa.

Enquanto esforço específico das elites econômicas contra o resto da sociedade, a criação da forma de vida capitalista deve ser descrita como resultado da dominação social. Enquanto autodisciplina — seja a das elites econômicas, seja a das pessoas comuns, reduzidas à sujeição aos ditames da economia —, o que está em jogo é uma bizarra maestria, resultado da dominação plena e introjetada e, portanto, o contrário da liberdade espontânea que consistia em pensar, sentir, agir, em conexão com as inclinações e necessidades. A moralidade empresarialmente eficiente, a cognição cientificamente útil e os procedimentos científicos, por sua repetibilidade, são todos hábitos que vencem a natureza — seja a natureza interna, seja a natureza externa.

A identidade que o texto de Bacon promove entre a ciência eficaz e a relação violenta com a natureza não é fortuita. A superposição dessas duas faces da ciência não é nada estranha a leitores de hoje, educados por séculos de imaginário científico, décadas de exibição espetaculosa das proezas da técnica e, ao mesmo tempo, inevitavelmente familiarizados com o discurso da "sustentabilidade" ecológica e com as catastróficas consequências da espoliação sistemática dos chamados "recursos naturais". O que o texto de Bacon sugere, precisamente, é a necessidade de tal superposição: entre os homens de jaleco fazendo remédios *ou* bombas, de um lado, e as extinções em massa, a poluição irreversível e o aquecimento global, de outro, há uma íntima conexão. Afinal, em Bacon, *a dominação da natureza é simplesmente o outro lado da indiferença a fins* que uma mentalidade de disposição benigna gostaria de ler como uma espécie de liberdade de escolha dos usos possíveis da ciência. A indiferença a fins é uma capacidade de destruir, e a capacidade de destruir se atualiza através do primado da utilidade. A confiar no raciocínio de Bacon, a indiferença a fins não representa uma abertura quanto aos empregos da ciência, mas contém, nela mesma, a destrutiva violência contra a natureza nos termos em que é definida.

A neutralidade científica, a objetividade, a indiferença a fins; a centralidade da eficiência econômica, a utilidade como fim em si mesma; a dominação da natureza, a relativização da vida — a perversa genialidade de Francis Bacon foi mostrar que essas estruturas lógicas estão todas coimplicadas. Sua filosofia, produzida no calor dos acontecimentos que gestaram a sociedade moderna, revela que não há paradoxo entre a sofisticação e a destrutividade cega de nosso processo civilizatório, e que a persistência do desamparo econômico e a produção de um ambiente avesso à vida têm origem comum. O pensamento de Bacon nos permite enxergar como *a racionalidade de nossa forma social foi fundada sobre o primado da utilidade e, ao mesmo tempo, pela repressão à satisfação de necessidades*; suas práticas econômicas, longe de serem irracionais, ao mesmo tempo são expressão dessa racionalidade, e a constituem. Enquanto resultado eficaz do inculcamento não de um conjunto de crenças, mas de práticas e hábitos resultantes da mais terrível das violências — aquela que priva a vida de centralidade —, essa racionalidade não é vulnerável nem às ideias corretas, nem às incorretas. Enquanto forma de vida autocentrada, a socialização capitalista é, afinal, indiferente a nós mesmos.

Lugares e não lugares: o país dos homens velhos de Thomas More

Introdução
Entre Kautsky e Pio XI

Thomas More (1478-1535) é uma unanimidade da alvorada da modernidade. Esse amigo íntimo do eminente Erasmo de Roterdã — o qual escreveu *Elogio da loucura* durante uma temporada em sua residência — foi neto de padeiro, porém filho de um advogado que se tornou juiz do Tribunal do Rei, a mais alta corte de apelações da Inglaterra. Pertencia, portanto, à nova classe urbana, gente que ascendia socialmente através das lojinhas e dos miolos — e também das boas amizades com a elite dita "tradicional": quando jovem, More foi pajem do arcebispo de Canterbury, então o mais alto escalão da hierarquia eclesiástica inglesa. Fez-se advogado, foi eleito membro do Parlamento e designado subxerife de Londres. Foi escolhido para o Conselho Real em 1517; em 1521, foi ordenado cavaleiro e feito subtesoureiro do reino.

Era um humanista católico: produziu reflexões sobre história e política, numerosas controvérsias com o luteranismo e exercícios de grego e latim. Foi canonizado pelo papa Pio XI em 1935, menos de cinquenta anos depois de Karl Kautsky ter escrito que, "como humanista e homem político, More estava na linha de frente de seus contemporâneos; enquanto socialista, estava muito à frente deles" (Kautsky, 1979, p. 170). No esquema de Kautsky, More pertenceria ao setor social mais "progressista", ideologicamente alinhado à burguesia mercantil nascente; tanto em sua prática política quanto em sua teoria, seria um opositor da tirania — outra vez, a causa mais avançada possível naquele contexto. Já para João Paulo II, que em 2000 fez de More o santo padroeiro dos políticos e homens de Estado, nosso autor "se distinguiu pela sua constante fidelidade à autoridade e às instituições legítimas, porque pretendia servir nelas não o poder, mas o ideal supremo da justiça" (papa João Paulo II, 2000).

Tendo fama de levar uma vida modesta, More tinha propriedades de vulto e escolheu, para viver com a família, uma casa imponente num subúrbio quase bucólico. Segundo a carta papal, "a sua sensibilidade religiosa levou-o a procurar a virtude através duma assídua prática ascética" (papa João Paulo II, 2000). Ao mesmo tempo, Karl Marx elenca More como um dos exemplos primevos de sensibilidade social: alguém atento às desgraças que se abateram sobre os pequenos camponeses durante o processo de acumulação primitiva de capital que os obrigou a se tornarem vagabundos, mendigos e ladrões (Marx, 2013, p. 807, n. 221a). Mas esse homem pio, de prazeres simples e boa consciência, também mandou erguer junto ao pórtico de sua residência um magnífico pelourinho (Wood, 1994, p. 92): ninguém pode dizer que negligenciou suas obrigações como subxerife, e estamos seguros de que existe, em algum lugar, um documento deixado por alguma pena célebre exaltando-o como um justiceiro cumpridor. Ainda mais que Francis Bacon, More foi um homem do mundo, que assumiu responsabilidades na administração de Londres e do reino e, por fim, imiscuiu-se nas principais questões de Estado, manobrando nos altos círculos do poder, onde pouquíssimos penetravam e só os mais safos sobreviviam por muito tempo; de fato, nosso autor acabou executado por Henrique VIII, como consequência da intrincada situação política criada pelo duplo divórcio entre o rei inglês e Catarina de Aragão, e entre a Igreja anglicana e o papado romano.

More foi, afinal, um tenaz opositor da Reforma e do luteranismo e um zeloso defensor da fé católica. Neal Wood (1994, p. 90, 92), em sua breve história das raízes inglesas da economia política, designa-o "conservador esclarecido", "*philosophe* antes do tempo dos *philosophes*", membro da "vanguarda da Idade da

Razão"; ao mesmo tempo, no breve período em que serviu como lorde chanceler, nosso autor empreendeu contra as heresias uma vigorosa campanha na qual não faltaram execuções na fogueira. Foi por essa época que, numa carta ao humanista alemão Johann Cochlaeus, More vociferou: "A Alemanha diariamente produz mais monstros do que jamais produziu a África. O que pode ser mais monstruoso que os anabatistas? E assim mesmo, espalhou-se tanto essa praga, e em tão poucos anos!" (More *apud* Kautsky, 1979, p. 198). Em 1532, num escrito em que condenava William Tyndale, tradutor do Novo Testamento para o inglês, More definia os anabatistas como

> aqueles que dizem ser nulo o batismo das crianças e que afirmam, ademais, que não deveria haver governantes na Cristandade, nem espirituais nem temporais, e que nenhum homem deveria ter nada que lhe fosse privado, e que todas as terras e bens deveriam, pela lei de Deus, pertencer a todos os homens em comum. (More *apud* Kautsky, 1979, p. 199-200)

Que estranha "inconsistência", reflete Kautsky, que alguém que figura como precursor do comunismo condenasse veementemente o socialismo dos anabatistas. Inconsistência, sim; a questão é de quem. Mas Kautsky (1979, p. 199) continua, explicando que a posição teórica contraditória se deve ao estágio ainda não plenamente desenvolvido de elaboração científica do comunismo: o "utopismo" de More. Ora, a tradição ocidental deve a Thomas More nada mais, nada menos, que a invenção do termo "utopia", de modo que, nesse ponto, nos vemos totalmente desarmados diante da argumentação de Kautsky.

1

A crítica da modernidade realmente existente

1.1 A utópica presunção do caráter utópico da obra de More

Breve resumo de *Utopia*

A palavra "utopia" veio ao mundo por ocasião da escritura da obra mais famosa de More, o "Discurso sobre a melhor forma de república, pelo extraordinário Raphael Hythlodaeus, registrado por Thomas More, cidadão e subxerife da famosa cidade britânica de Londres", trabalho publicado pela primeira vez em 1516 que ficou conhecido simplesmente por *Utopia*, nome do país insular fictício onde se encontra a dita melhor forma de república.[74] O mote da obra é um encontro entre amigos da elite econômica, política e intelectual europeia: o próprio More, que aparece circulando entre diplomatas, comerciantes e administradores; Peter Giles, outro amigo de Erasmo e oficial da cidade de Antuérpia; e Raphael Hythlodaeus, um fictício intelectual e navegante português, companheiro de aventuras de Américo Vespúcio — alguém que também Francis Bacon e Christopher Hill teriam em alta conta.

74 As citações de *Utopia* são traduções nossas da edição de George M. Logan e Robert M. Adams (More, 2003) e foram cotejadas com o texto original em latim, de 1516, presente na edição bilíngue de Joseph Lupton (More, 1895).

Essa longa conversa que perfaz a obra, praticamente monopolizada por Hythlodaeus, ocorre no jardim da residência estrangeira deste último e está dividida em dois livros, antes e depois do almoço. O livro I consiste numa apreciação bastante desfavorável a respeito da situação socioeconômica da Inglaterra, na qual comparecem, como personagens da fala de Hythlodaeus, John Morton, arcebispo de Canterbury, velho conhecido de More, e um advogado ou magistrado anônimo, que atua como um debatedor inepto. O discurso aí orbita problemas da acumulação primitiva: a conversão de terra arável em pasto — as "ovelhas que devoram homens", formulação tão elogiada pelos socialistas do século XIX —, tendo como consequência o empobrecimento da população desterrada, reduzida ao crime e à vadiagem, e o aumento do preço dos alimentos, que resulta numa inflação generalizada.

Já o livro II descreve a ilha de Utopia. Lá, os males da acumulação primitiva não estão presentes, as elites economicamente inúteis não existem, os cidadãos médios habitam casas comunais onde são imbuídos de educação moral e cívica, os velhos são reverenciados, as mulheres vão junto com os homens para a guerra, as cidades têm todas o mesmo número de habitantes, os governantes são eleitos e ninguém passa necessidade. Esses são, ao menos, os pontos-chave elencados pela tradição de comentadores benignos, intelectuais "progressistas" e entusiastas do Iluminismo *avant la lettre*, que, desde o século XIX, encontram nas páginas de More um ataque veemente ao dinheiro e à propriedade privada, um "igualitarismo [...] radical" (Wood, 1994, p. 92), uma concepção racional de instituições de mediação econômica e administração social etc.

Supostos paradoxos de *Utopia*

Ao mesmo tempo, essa tradição não deixou de observar que todo aquele progressismo se encontra, aqui e ali, complicado por "paradoxos". Quentin Skinner (2002, p. 256 ss.), em sua obra de referência sobre as origens do pensamento moderno, caracteriza *Utopia* como "um trabalho excepcionalmente enigmático", no qual o vislumbre da "doçura" de uma moralidade social elevada convive com imagens de uma conformidade brutal a costumes absurdamente rígidos: todos os utopianos acordam cedo, às quatro da manhã; o Estado supervisiona a sexualidade; as pessoas não trancam as portas porque a vida privada não existe. São objeções de caráter liberal; para além delas, encontramos outras. Não escapa nem a Kautsky nem a Neal Wood a oportunidade de registrar que *Utopia* foi escrito enquanto More estava numa missão diplomático-comercial em Flandres, negociando os interesses dos produtores de lã ingleses, então responsáveis pelo cercamento dos campos — e, portanto, pelas catástrofes sociais a cuja denúncia More dedicou a primeira parte de sua maior obra. Que ironia! Será mesmo? Estamos diante de um problema análogo àquele das "duas vidas" que encontramos quando analisamos a relação de Francis Bacon com seus comentadores. Por um lado, More é um farol precoce do Iluminismo e do socialismo; por outro, é um representante da classe proprietária inglesa, articulador da intriga de Estado, defensor da fé católica, santo, mártir e proprietário de um instrumento de tortura. Kautsky enfrenta essa dicotomia e pretende superá-la, colocando More, o "homem de ideias", contra More, o "homem de classe": o resultado é um luminar contente em sonhar o socialismo, mas descomprometido com a transformação real das coisas. Em outras palavras, o conceito de utopia pretensamente resolve a dicotomia (na verdade, apenas a descreve). Assim, quem se transforma em utópicos são aqueles que, pelo malabarismo intelectual, procuram preservar para si a possibilidade de basear sua concepção de uma humanidade futuramente emancipada nas ideias de um pensador e homem de Estado profundamente conservador.

É interessante que, para seus contemporâneos, não parecia haver nenhuma oposição entre os "dois Mores". Eloquente exemplo disso nos é fornecido por Guillaume Budé (1467-1540), homem de posses, autor de tratados sobre pesos e medidas e sobre direito romano — enfim, um personagem no qual Kautsky encontraria outro intelectual alinhado com o progressismo mercantil. Budé recebeu de presente a obra de More, e escreveu a seu respeito uma carta para ser publicada junto com o texto, algo análogo às orelhas de livro de hoje em dia. Eis suas palavras:

> Carreguei [o livro de More] comigo para o campo, e o conservei em mãos enquanto apressava-me de um lado para o outro, em constante atividade, supervisionando meus diversos trabalhadores (pois, como indubitavelmente já sabes, ou ao menos ouviste falar, faz dois anos que estou absorto nos negócios relativos à minha propriedade rural); mas, quando finalmente o li, fiquei de tal maneira fascinado pelos costumes dos utopianos, e pelas reflexões em torno deles, que quase me esqueci de meus afazeres, e por pouco não os pus de lado. Que tolice, pensei eu, é este constante alvoroço em torno da manutenção de uma casa, todos esses negócios voltados à acumulação incessante! (Budé, 2003, p. 112)

Essa obra, que para gente como Kautsky e Wood é tão revolucionária — e, para uma extensa hoste de comentadores e admiradores, é herdeira legítima da *República* de Platão —, "quase" foi capaz de convencer esse homem prático do século XVI a deixar seus negócios de lado por um dia, *para ler*, e não para, inspirado pelos "costumes dos utopianos", distribuir suas terras entre seus "diversos trabalhadores". Sem prejuízo de suas funções enquanto proprietário rural, sem interromper seu engajamento na acumulação primitiva de capital, Budé leu *Utopia* e refletiu sobre a vacuidade da forma de vida de sua classe, mais ou menos da mesma maneira como um operador de dinheiro alheio pode hoje passar uns quinze minutos em contato com o nada, em sua meditação diária, antes de voltar a vigiar os gráficos.

As outras "orelhas" da obra, escritas por luminares do mesmo calibre de Budé — um conselheiro imperial, um eclesiástico, além do próprio Erasmo de Roterdã e gente de seu círculo —, sugerem lida idêntica com o texto. São indivíduos contentes com seu lugar de vanguarda econômica na nova sociedade moderna, e para quem é possível ler More sem perceber qualquer ruptura com o processo histórico que estão capitaneando: a formação do Estado moderno e a consolidação do capitalismo agrário-mercantil. Essa percepção, por si mesma, não serve para desqualificar a abordagem dialética da tradição progressista; por outro lado, até onde nos levaria a insistência na inerência sociológica do texto de *Utopia* à classe e ao tempo que o produziu?

A utopia do desenvolvimento civilizacional moderno

Essa pergunta nos direciona à mesma abordagem estabelecida no estudo precedente, segundo a qual a vida ativa dos homens de ideias e os contextos históricos em que essas ideias apareceram não podem ser relegados a conteúdo anedótico. A convivência entre as ideias pré-ilustradas e a experiência social de violência econômica e dominação social precisa ser encarada de frente, sem subterfúgios, de modo a evidenciar em sua totalidade o sentido do ideário moderno nascente. No caso de More, tal leitura é particularmente necessária e frutífera, uma vez que estamos lidando com o próprio conceito de utopia, o qual chegou a constituir uma peça tão central na raciocinação moderna a respeito da modernidade. Afinal, funcionando por trás dos panos, é esse conceito que anima a leitura das "duas vidas" e alimenta ideologicamente os autores das abordagens entusiasmadas com a modernidade e os modernos. Tais autores, quando deparam com iluministas conservadores como Voltaire, Kant, More ou Bacon, deixam o coração ser tomado de um agridoce entusiasmo, e parabenizam a si mesmos, dizendo: foi através da realização do potencial das ideias modernas que a evolução social, moral e intelectual nos trouxe a um ponto tal que nos permite olhar para trás e lamentar que aqueles luminares fossem tão misóginos, tão antipáticos ao povo e tão simpáticos à autoridade absolutista. É um ponto de vista alimentado pela ideia de uma civilização moderna em desenvolvimento, um esclarecimento *in progress*, um projeto inacabado ditado pelo conteúdo ideacional enfaticamente verdadeiro, embora produzido em meios sociais detestáveis.

A interpretação de Neal Wood (1994, p. 92) é um exemplo dessa postura intelectual. Por um lado, o autor nos diz que, "exceto pelos sentimentos expressos em *Utopia*, More fez muito pouco [ou menos que isso, diríamos] em seus 57 anos para justificar que o caracterizássemos como um eloquente defensor dos pobres ou advogado de princípios democráticos, mas tampouco podemos esperar dele que o fizesse". Afirmativa curiosa: acaso é tão impensável que tenha havido quem defendesse os pobres na alvorada da modernidade? Embora não escrevessem discursos, os pobres defendiam-se bastante abertamente — inclusive os assim chamados anabatistas, que More tanto odiava, e sobre os quais Wood não tem nada a dizer: o que interessa a ele são os ideais modernos, afinal de contas. Por outro lado, este último autor também nos diz, sempre tratando More como um *pensador* de vanguarda: "Enquanto é verdade que o modelo de *Utopia* não poderia ser replicado na Europa para substituir o existente, poderia servir, não obstante, como um valioso guia ou um padrão para políticas construtivas visando a correção e a reforma da condição contemporânea" (Wood, 1994, p. 96).

Wood ama as ideias de More, porque separa as ideias deste de sua vida como defensor dos interesses das classes proprietárias e do Estado Tudor. Feita essa separação, eleva as ideias acima da realidade em que More vivia, valorizando-as, enquanto detesta as condições desumanas produzidas pelo processo político e econômico em que More estava engajado; então, utiliza as ideias como regra para medir o mundo, posicionando-se, ademais, num lugar moralmente superior: nós, que somos mais modernos que More, que não obstante também era moderno, "não podemos esperar" que um homem daquele período primitivo da modernidade fosse um defensor dos pobres e da democracia; ao mesmo tempo, visto que as ideias são melhores que o mundo, podemos reconhecer nelas um projeto de aperfeiçoamento do mundo. E não só isso: nós — no caso de Wood, socialistas pós-utópicos, acadêmicos marxistas refinados — somos beneficiários daquele poder reformador, pois é do progresso da sociedade moderna que depende nossa capacidade de nos posicionarmos moral, política e intelectualmente acima da modernidade primitiva de More. Com isso, fecha-se o círculo da utopia moderna e queda obscurecida a inerência do pensamento de More ao seu tempo e à sua classe. Desaparecem os elementos de seu pensamento que tornavam *Utopia* um texto que Budé podia ler com prazer e proveito nos intervalos de uma tarde passada dando ordens aos empregados e promovendo a acumulação primitiva de capital.

A imanência sociológica da utopia

A abordagem que mais uma vez queremos sugerir não rejeita o caráter utópico de *Utopia*, mas parte da hipótese de que existe uma continuidade, e não um contraste, entre tal caráter e a realidade nua e crua da violência econômica e extraeconômica da alvorada da modernidade. A utopia de More, mediante o exame que empreenderemos, revela-se um produto das estruturas de pensamento e de ação da elite econômica moderna promotora da acumulação primitiva.

Evidentemente, uma objeção por princípio a essa abordagem poderia ser a de que aquelas estruturas — o amor à hierarquia, o elitismo moralista e intelectualista, a monumentalização do sistema punitivo racional, a misoginia, a imposição das razões de Estado sobre a vida dos indivíduos, o colonialismo, a ferocidade das relações internacionais, o racismo — constituem justamente os tais resquícios da modernidade primitiva, os quais a modernidade avançada é capaz de perceber e criticar racionalmente. Nessa perspectiva, o núcleo realmente utópico e realmente moderno da obra (sua afinidade com o socialismo, diria Kautsky; seu verdadeiro amor à ideia de justiça, diria João Paulo II; seu racionalismo rigoroso, diria Neal Wood) deveria ser defendido desses elementos. Todavia, conforme demonstraremos, basta que experimentemos nos despojar dos preconceitos da tradição utópica (a mania de progresso) para vermos que esse caminho interpretativo não nos leva mais longe que as escolhas meio sem-vergonha dos tradutores ingleses de *Utopia*, os quais confessam que, "na verdade, provavelmente utilizamos uma linguagem neutra, do ponto de vista de gênero, para traduzir algumas passagens em que More tinha em mente apenas o sexo masculino" (More, 1895, p. x). A simpatia da tradição celebrativa da modernidade alimenta-se dessas singelas fraudes — e não só no que diz respeito às questões de gênero, mas aos problemas ditos "de classe", raça, e por aí vai. O moralismo arbitrário que, por trás de uma conservação da autonomia das ideias, pretende separar, do ponto de vista do bom gosto, aquilo que queremos para nós daquilo que queremos rejeitar, está de costas para os problemas filosóficos e historiográficos mais contundentes. O que nos importa fazer, contra a manutenção perversa dos limites do pensamento moderno, é mostrar como a misoginia, a hierarquia, o elitismo, o moralismo e os demais elementos da dominação social permeiam *Utopia* como um todo, sobretudo seu núcleo especificamente moderno, racional, avançado.

1.2 O não lugar da intelectualidade humanista

Utopia = não lugar

A busca pela imanência sociológica do discurso de More não é uma simples projeção metodológica de algum insaciável apetite crítico pela radicalidade: é uma exigência que se depreende do próprio texto. A primeira e mais óbvia é a escolha do nome "Utopia". Como se sabe, a palavra grega manufaturada através do latim moderno significa literalmente "não lugar". "A melhor forma de república", portanto, está em lugar nenhum. A implicação é de que existe um abismo entre a ficção de que o texto fala e o mundo em que o texto foi escrito: ou seja, a própria ideia de utopia procura minar a consciência da inerência sociológica do texto. Entender criticamente o texto de More, levando a sério a sua proposta outromundista, significa indagar a todo momento a distância entre o mundo no qual More escreveu o texto e o não mundo do qual o texto fala. E o próprio texto tematiza essa distância constante e estruturalmente: na crítica aos costumes europeus — sobretudo o amor pelo dinheiro e a política penal ineficiente — e na apresentação dos costumes utopianos, cuja razoabilidade e estranheza — em comparação com os europeus — são infatigavelmente ressaltadas.

Para entrar no texto de More, contudo, gostaríamos de sublinhar um aspecto da distância utópica que é menos explícito, porém igualmente importante: o problema da posição do intelectual. A constante proposição de uma rejeição total da Europa existente, através de um texto literário-filosófico, diz algo importante a respeito da posição da intelectualidade que produz e recebe esse texto. As percepções argutas do escritor — que se tornam também as do leitor — organizam a obra, tornando a questão sociológica da posição do intelectual uma questão formal. Isso é tanto mais verdade porque, como veremos mais à frente, o mundo imaginado de Utopia é organizado em torno de uma classe de homens sábios.

Olhando bem, a questão do lugar do intelectual aparece já na escolha do título de *Utopia*. Trata-se de uma piada douta, cujo formato reaparece em vários dos nomes próprios presentes na obra. O personagem que possui conhecimento em primeira mão da ilha de Utopia, e cuja sóbria admiração por aquela terra faz com que se torne seu residente, chama-se Hythlodaeus, sobrenome usualmente traduzido por "vendedor de contrassensos". Está em jogo aí o tipo de ironia que levou Erasmo de Roterdã a intitular *Elogio da loucura* sua obra semissatírica de denúncia contra o que percebia como a degradação moral e espiritual de seu tempo. Essa ironia constitui uma marca da autoconsciência da intelectualidade da alvorada da modernidade. Estariam rindo do mundo? Convidando o mundo a rir junto consigo — ou de si?

Ideias bem localizadas

Quentin Skinner demonstrou que o processo de formação da classe moderna dos letrados é indissociável da consolidação estatal europeia. Foram intelectuais que se desenvolveram enquanto tais através da interação com os espaços citadinos e/ou nacionais de negociação política e administração social. Logo, constituíram uma tradição que se percebia imbuída da missão de educar tanto o crescente público semieducado de negociantes, clérigos, cortesãos, ocupados da burocracia dos Estados modernos nascentes, quanto os próprios governantes, com quem essas classes médias dialogavam (Skinner, 2002, p. 213 ss.). Nos seus escritos, esses intelectuais abarcavam problemas tais como a virilidade, a justiça, a ganância e o egoísmo, pela perspectiva do que chamaríamos de questões administrativas: como as virtudes influenciam o governo? Como o povo as percebe? Como jogar com o poder das facções do reino ou da cidade? O que é a justiça e como administrá-la? Inspirando-se nas doutrinas gregas e romanas clássicas a respeito das virtudes pessoais, da arte da retórica enquanto técnica de representar discursivamente interesses em público (leia-se, a capacitação da elite para empreender negociatas), conceberam — muitas vezes sob a forma de manuais para cortesãos ou príncipes, como a famosa obra de Maquiavel — toda uma cultura voltada para a formação das novas elites europeias.

Mas esses intelectuais não ficavam apenas em casa, escrevendo. Vários dos mais importantes humanistas italianos, franceses e espanhóis foram também homens de Estado, sobretudo conselheiros. Como a paga de tais serviços era geralmente feita através de títulos de terra, esses personagens foram também homens de posses. No caso daqueles que vieram a ser os "grandes nomes" do pensamento inglês do período aqui analisado, isso tem validade quase geral. Como já mencionamos, More chegou a ocupar um cargo no Alto Conselho; Francis Bacon, idem. Dos intelectuais aos quais Neal Wood atribui a inauguração do pensamento moderno na Inglaterra, só dois ou três não desempenharam algum tipo de atividade junto à Corte, e apenas um deles não chegou a ser membro do Parlamento: John Fortescue foi juiz da Corte do rei; Edmund Dudley presidiu o Conselho Real (órgão mais amplo que o Alto Conselho); Thomas More virou santo padroeiro dos estadistas, o que dispensa comentários; Thomas Starkey foi conselheiro de Thomas Cromwell, o principal conselheiro de Henrique VIII; durante o reinado de Eduardo VI, Thomas Beccon foi capelão do lorde protetor, e Hugh Latimer, capelão do monarca; John Ponet envolveu-se pessoalmente nas intrigas de sucessão dos protetorados; e Thomas Smith foi diplomata. Um dos fatos mais marcantes a respeito da história das ideias na modernidade inglesa é, sem dúvida, a extrema intimidade entre os ideólogos ingleses e o governo inglês (mesmo que às vezes acabassem na oposição e viessem a perder a cabeça — aliás, só a perdiam devido àquela mesma intimidade).

Os intelectuais de outro mundo

Simultaneamente, contudo, uma outra marca, tanto do humanismo continental quanto do pensamento inglês da alvorada da modernidade, foi que o mesmo desenvolvimento espiritual que capacitava os intelectuais para seus altos cargos imbuía-os também de uma autoconsciência elitista que os deslocava do mundo das coisas. A missão autoproclamada de refletir sobre as transformações da modernidade com as ferramentas filosóficas da Antiguidade colocou essa intelectualidade num lugar que não era apenas o de sábios conhecedores dos clássicos, mas de instrutores que falavam de uma posição de superioridade virtuosa. Os "humanistas atingiram um sentimento indiscutivelmente jubiloso a respeito do valor de seus próprios estudos" (Skinner, 2002, p. 88).

Esse sentimento foi mobilizado, por exemplo, nas querelas modernas a respeito da verdadeira nobreza. Tipicamente, a aristocracia tradicional foi criticada por sua falta de leitura, sua rudeza no trato, sua inépcia econômica, seu comportamento perdulário. Em comparação, a burguesia citadina, ou os aristocratas de baixo escalão, com sua disciplina econômica, ambição viril e próspera ascensão material, estariam mais próximos de um ideal racional de nobreza (Skinner, 2002, p. 236 ss.), o qual a intelectualidade era capaz de reconhecer e propagandear e com o qual podia se identificar. Como veremos, More não compartilha dessa opinião — e, no entanto, os termos como discute o tema serão exatamente os mesmos: questões de superioridade e inferioridade moral etc.

Há, assim, na posição da intelectualidade humanista, um duplo deslocamento temporal. Mobilizando os conhecimentos especializados a respeito da poesia, da retórica, da história e da filosofia dos antigos, os intelectuais modernos distanciavam-se de seu tempo em direção ao passado. Por outro lado, mas no mesmo gesto, distanciavam-se de seu tempo em direção ao futuro, engajando-se nas transformações político-econômicas que viriam transmutar as elites políticas tradicionais — ricas porque poderosas — em elites propriamente modernas — poderosas porque endinheiradas.

Ao mesmo tempo, os intelectuais da alvorada da modernidade estavam, também, espacialmente deslocados. Embora, do ponto de vista material, estivessem confortavelmente situados em relação ao Estado moderno nascente, essa gente que pensava em grego e em latim estava, espiritualmente, em um lugar outro que o das pessoas comuns. O desprezo pelo senso comum é tema recorrente da cultura humanista (e depois do Iluminismo, como se sabe); a implicação irônica de Erasmo de que sua crítica perfeitamente razoável seria lida pelas pessoas comuns como coisa de louco carrega uma sugestão pedante: o mundo não nos entende, mas, no fundo, os loucos são eles; a incompreensão e o preconceito dos ignorantes transformam-se na superioridade refletida dos sábios, mais legítima porque produzida de caso pensado. Nesse contexto, se a "melhor forma de república" é um não lugar, é porque a recíproca também é verdadeira: o "lugar", o mundo realmente existente, é um horror. E, de fato, o discurso humanista de More percebeu a realidade europeia contemporânea como lugar inviável, desprezível, do qual é preciso distanciar-se espiritualmente: é algo tematizado de forma explícita em *Utopia* em diversos momentos. Isso ocorre pela primeira vez no livro I, na discussão a respeito do *problema do aconselhamento*, ou seja, o problema da relação entre o intelectual e o governo.

O problema do aconselhamento

A questão aparece logo no início do texto. Depois de uma breve falação introdutória, o fictício Hythlodaeus deixa os seus dois interlocutores — Peter Giles e o próprio More — encantados não apenas com a vastidão de seu conhecimento a respeito de outros povos e terras, mas com sua capacidade de, através de comparações, discutir o que há de melhor e de pior em cada uma daquelas sociedades estrangeiras e também na sociedade europeia. Trata-se da "história universal" comparada que, no final do século seguinte, tanto encantará os iluministas franceses. Embasbacado pela demonstração de sapiência, Giles sugere, no verdadeiro espírito humanista, que Hythlodaeus desempenharia papel utilíssimo na corte de qualquer governante europeu. O navegador responde, entretanto, que jamais consideraria nenhuma proposta nesse sentido. Justifica-o com uma típica posição outromundista: afirma que "os príncipes" em geral são vaidosos e gananciosos, inclinados às conquistas militares, "mais determinados a adquirir novos reinos a qualquer custo do que a governar aqueles que já possuem" (U, 14).[75] São, em suma, indiferentes à sabedoria. Quanto aos cortesãos, idem: são puxa-sacos interesseiros, mais preocupados em dizer o que os monarcas querem ouvir do que em discutir racionalmente os rumos do reino. Os afazeres mundanos da corte são mundanos demais; aquele não é ambiente para um intelectual.

Hythlodaeus dá exemplos para ilustrar sua avaliação desfavorável. Faz, em especial, alusões à intrincada situação internacional envolvendo os interesses franceses sobre Nápoles no final do século XV — entretanto, evitando com cuidado qualquer menção às terríveis artimanhas papais no período. Através de duas frases contínuas compostas por 464 e 926 palavras — proezas

75 As referências das citações à obra de More (2003) serão feitas no corpo do texto, entre parênteses, indicando o número da página precedido por um "U" de *Utopia*.

literárias do sofisticado latim de More —, o personagem caracteriza satiricamente a política europeia como uma sucessão de jogos de poder mesquinhos, alianças espúrias, traições calculadas, estratégias desastradas. Pagamentos em dinheiro são usados inescrupulosamente para criar aliados, contratar mercenários, comprar a neutralidade das nações; aliados são arrastados para dentro dos conflitos por promessas que ninguém pretende cumprir, e nações inteiras são atiradas umas contra as outras com o único objetivo de atender às motivações gananciosas dos príncipes. As finanças dos reis também são regidas por métodos notadamente imorais: os conselheiros recomendam "aumentar o valor da moeda quando o rei paga suas dívidas, e desvalorizá-la novamente na hora de receber suas rendas"; criar uma "guerra fictícia, como pretexto para coletar dinheiro"; encontrar "leis roídas de traça [...] das quais ninguém se lembra, e que portanto todos transgrediram, e sugerir ao rei que recolha multas por seu infringimento" (U, 31); monetizar os tribunais reais e estimular a atividade judicial em todo o reino, de modo a aumentar a arrecadação de custas processuais; e daí por diante.

Através desse texto inteligentemente construído, sofisticadamente bem-humorado, More convida o leitor a rir de seu tempo. Podemos perguntar pelo significado desse riso. Destilado num latim particularmente destro, cujas sutilezas poucos são capazes de apreciar, a piada é feita entre pares. Os objetos do riso — os cortesãos ignorantes, os reis gananciosos — ficam de fora do próprio riso, junto com o universo das pessoas comuns e todas as cortes da Europa, tratadas como desprezíveis. É um riso de desdém; o convite ao riso é um convite à identificação com a elite intelectual — à participação no outro mundo.

Esse desdém de Hythlodaeus pelas cortes e pelo amor ao dinheiro no mundo realmente existente possui uma evidente coloração moral. Estamos sugerindo que esse moralismo incide também sobre a classe intelectual que ri: o mundo é moralmente desprezível; os inteligentes não são apenas intelectualmente refinados (e, por isso, capazes de fazer crítica do mundo realmente existente), mas também moralmente refinados. Essa combinação de inteligência e superioridade moral será, como veremos, estruturante em *Utopia*.

1.3 Problemas morais e problemas políticos

Moralismo monetizado

Segundo o juízo humanista, a ganância e o amor pelo dinheiro regem a política moderna realmente existente. More, o cortesão, o conselheiro, o enviado especial para negociação do preço da lã, escreve: "Não há lugar para a filosofia nas cortes dos reis" (U, 34), e tampouco para um homem sábio e modesto como Hythlodaeus — que fica, portanto, deslocado. Esse deslocamento, contudo, é seletivo: o problema não são os assuntos mundanos, é a degradação europeia. Assim, o navegante dá notícia de um outro mundo, uma terra vizinha à ilha de Utopia, onde vivem os macarianos, povo cujo nome alude ao termo grego para "abençoado". Através de uma "jura solene", todos os reis macarianos, no início de seu governo, curvam-se a uma proibição de jamais acumular mais de mil libras de ouro ou seu equivalente em prata — uma quantidade suficiente para "suprimir rebeliões ou repelir invasões", mas não "o bastante para tentá-lo a embarcar em aventuras bélicas" (U, 34).

Na condenação feita por Hythlodaeus e na anedota de viajante que a recheia está implicada a ideia de que a vileza da política europeia baseia-se na mera existência do dinheiro. Não se trata propriamente de um problema político — questões sobre as estratégias de governo dos príncipes etc. —, mas um problema moral: quais valores orientam aquela política. Os lugares realmente existentes estão degradados devido à cobiça, à ganância. Esses traços morais, ademais, são enraizados fora do sujeito e depositados no dinheiro enquanto coisa ruim. Temos aqui um raciocínio humanista comum, derivado das percepções cristãs (sobretudo agostinianas) a respeito da natureza humana como intrinsecamente falha, precária: visto que estamos naturalmente inclinados ao pecado, pecaremos quando a oportunidade se oferecer; para evitar o pecado, o mais seguro mesmo é eliminar a tentação de pecar ou a ocasião para o pecado. Ao mesmo tempo, um dos importantes debates que marcaram a consolidação do pensamento moderno envolve justamente o confronto dessa posição com a ideia de que o interesse pelo lucro e pela vantagem pessoal consiste, no fim das contas, em princípios de organização social funcionais (como no caso de Bacon) e até virtuosos.[76]

A utilidade da virtude

De qualquer maneira, é importante observar que — num movimento com o qual já estamos familiarizados, tendo-o assistido em funcionamento no pensamento de Francis Bacon — o exemplo dos macarianos e as medidas para evitação do pecado, na argumentação de More, não tardam em ser mobilizados para se argumentar em prol da *utilidade* de se abster do pecado. Em primeiro lugar, à medida que o rei dos macarianos se abstém de acumular metais preciosos, aumenta a disponibilidade de meio circulante para a população em geral (U, 34). Aqui, More não está falando simplesmente de um princípio abstrato de economia política: devido à rápida mercadorização das relações sociais, a indisponibilidade de moeda constituiu um sério obstáculo para o bom funcionamento da economia inglesa nos

76 Para exemplos de cada uma das duas correntes dentro do humanismo, ver Skinner (2002, p. 222 e 74, respectivamente).

séculos XVI e XVII, sobre o qual seus contemporâneos refletiram. Assim, para início de conversa, a pudica abstinência monetária do monarca visa, na verdade, estimular a circulação de dinheiro entre seus súditos. Ora, uma vez que esse estímulo acontece e as pessoas se engajam no processo econômico bem-sucedido, ao mesmo tempo deixam de "procurar formas de ganhar dinheiro injustamente" (U, 34), ou seja, a criminalidade diminui.

Nesse interessante raciocínio, que mostra como é muito útil ser moralmente correto, encontramos também o ponto de partida para uma das principais ideias do livro I de *Utopia*: a condenação do dinheiro e da propriedade privada. Em resumo, e em aparente contradição com a perspectiva economicamente utilitária da moralidade, o que Hythlodaeus sugerirá é que o dinheiro determina um comportamento social imoral, sob as formas da cobiça, da avareza e da ganância, com consequências deletérias para o bom funcionamento da sociedade. Nesse sentido, a eliminação do dinheiro levaria à eliminação daqueles vícios, contribuindo para o bom funcionamento da sociedade.

More *versus* acumulação primitiva

Para além da discussão oriunda do problema do aconselhamento, os raciocínios em torno do moralismo monetizado sustentam a avaliação extremamente desfavorável da sociedade inglesa que More realiza através da boca de Hythlodaeus — avaliação que reforça o deslocamento dos intelectuais e a necessidade de um não lugar. O fenômeno socioeconômico do cercamento dos campos desempenha aí um importante papel. Também é desse aspecto do texto que derivam aquelas apreciações do pensamento de More que o caracterizam como um defensor dos pobres, um intelectual com sensibilidades humanitárias etc. Vejamos como tais sensibilidades casam-se com o posicionamento de superioridade moral e intelectual do discurso outromundista.

Por causa do pano de fundo moral de sua caracterização, o discurso de Hythlodaeus precisa se dirigir contra alguém, no caso, o "cercador". Esse personagem é caracterizado como um "glutão ganancioso, insaciável. Uma terrível praga no seu país natal" (U, 19). Com base nessa caracterização moral, são feitas análises de cunho econômico. Hythlodaeus deixa claro que os "cercadores" são especialmente os criadores de ovinos: eles "destroem casas e aniquilam aldeias, deixando apenas as igrejas, que usam como celeiros para as ovelhas" (U, 18). A destruição das aldeias indica a substituição da terra arável pelo pasto, o que tem como consequência a diminuição da produção de alimentos e, portanto, uma alta dos preços. Ademais, tendo em vista que a produção de lã é de propriedade apenas dos mais ricos entre os ricos, estabelece-se um "oligopólio" (U, 19) desse produto, o que eleva os preços, mesmo com o aumento da produção proporcionado pelos cercamentos. Isso, por sua vez, tem como consequência (sempre na leitura de More/Hythlodaeus) a inviabilização da manufatura doméstica da lã, pois as pessoas comuns simplesmente não conseguem mais comprar a matéria-prima. Cresce, assim, o número de desempregados.

O resultado disso é a propagação social da miséria. Os antigos habitantes das aldeias "não encontram mais terra livre para o arado", acabam tendo que deixar suas casas para trás, vendem seus poucos pertences por um valor irrisório e "saem vagando de um lugar para outro". Quando seu dinheiro acaba, "o quc mais lhes resta se não roubar e, portanto, serem enforcados" ou apelar para a mendicância, sendo, neste caso, "aprisionados por vagabundagem"? No fundo, ao contrário dos cercadores, são gente honesta: "ficariam felizes em trabalhar, mas não podem encontrar ninguém que os contrate" (U, 19); terminam, então, cometendo crimes, pelos quais depois têm de pagar com a vida.

More *versus* pena capital

Uma conclusão da análise a respeito do cercamento dos campos é que a sociedade está "produzindo ladrões para depois puni-los" (U, 20). O amor ao dinheiro determina um ciclo de empobrecimento, crime e execução. Hythlodaeus será um crítico da pena capital — como sabemos, o negócio de More era o pelourinho —, a qual será analisada do ponto de vista de sua inutilidade e de sua imoralidade.

Para início de conversa, mandar ladrões para a forca não serve para desencorajar o roubo; afinal, os expropriados que acabam se voltando para os crimes contra a propriedade fazem-no simplesmente porque não têm outra opção: ou morrerão na forca, ou de fome. Trata-se de uma análise que leva em conta o fundamento sociológico e econômico daqueles crimes e que, por isso, contrasta com a análise moralista empreendida para compreender os fundamentos do cercamento dos campos: enquanto os proprietários de gado cercam os campos por ganância, os ladrões roubam por motivos muito mais complexos.

Mas a crítica à pena capital também tem uma dimensão moral. Nos termos de um humanismo benigno, Hythlodaeus afirma que "nada que no mundo possa ser propiciado pela fortuna pode equiparar-se a uma vida humana" (U, 20) e que, portanto, não há justiça em executar um ladrão, já que o gesto equivale a trocar sua vida pela riqueza roubada. De fato, nesse sentido, são os próprios acumuladores de riqueza, responsáveis pelo cercamento dos campos, que perpetram as mais violentas injustiças, uma vez que por sua ganância tantas pessoas são levadas à miséria, ao crime e à execução.

1.4 A condenação seletiva da riqueza

Estamos em fina sintonia, até aqui, com a condenação moral do dinheiro e a condenação moral do mundo onde o dinheiro desempenha um papel social central. Assistimos à caracterização do dinheiro como fonte do vício; depois, à exploração das consequências morais e sociais disso: o cercamento dos campos, o empobrecimento, o crime, a imoral e ineficaz política penal. Desenvolvendo-se sempre nessa mesma direção, a argumentação de More chegará a uma condenação veemente daqueles cuja cobiça e ganância causam todos esses males: Hythlodaeus chama-os "os ricos" (U, 20).

Embora essa seja uma denominação vaga e genérica, logo ganha um pouco mais de especificidade, pois Hythlodaeus aponta como responsáveis pelo cercamento dos campos *determinados setores* da elite: a aristocracia e os abades, ou seja, os senhores de terras laicos e eclesiásticos. Ficam de fora, portanto, aquelas elites econômicas que não tinham laços senhoriais com a terra, mas que mesmo assim a controlavam através do poderio econômico: os mercadores de lã e os chamados *yeomen*, a classe de proprietários rurais não nobres que enriqueceu particularmente durante o processo da acumulação primitiva inglesa e cujo papel socioeconômico é em geral enfatizado pelos escritores ingleses do período.

Ora, esses grupos que são deixados de fora merecem tanto quanto os outros a designação de "ricos", e dificilmente poder-se-ia dizer que foram menos responsáveis que o resto da elite pelos cercamentos dos campos. Assim, se More nos diz que a riqueza desencadeia males sociais, isso não parece se aplicar a *toda* riqueza. A aparentemente impetuosa condenação moral do dinheiro é, então, nuançada: nosso autor argumenta com uma clara seletividade de classe, cujo sentido político e teórico analisaremos a seguir.

Todavia, vale notar desde já que, entre os luminares que assinam as cartas-orelhas de *Utopia*, nenhum pertence nem ao baixo clero, nem à alta nobreza...

O anticlericalismo seletivo

Quando Hythlodaeus ataca os senhorios eclesiásticos, seu discurso comunica-se com o anticlericalismo herdado da Idade Média: uma cultura de chacota e crítica, voltada para a amoralidade dos abades e padres, para sua ignorância em relação às escrituras, sua vida cômoda e preguiçosa etc. Por um lado, trata-se de uma tradição popular: aqueles que têm os costumes controlados pelos religiosos riem-se deles às suas costas e contam histórias sobre os pecados que cometem. Por outro lado, o anticlericalismo medieval tinha expressões politicamente mais sérias na disputa constante por poder junto à Coroa e por controle sobre as terras entre a aristocracia e a hierarquia eclesiástica. Quando Hythlodaeus fala da "preguiça e luxúria" dos "ricos" e inclui entre eles os abades, é impossível, para um leitor do século XVI, não ter em mente a cultura oral, o cancioneiro popular, a literatura repleta de frades devassos e comilões, padres analfabetos fazendo indecências nos confessionários, abades inescrupulosos e avaros com o dízimo alheio etc.

Mas é importante entender o papel socioeconômico das abadias e dos monastérios nesse período. Antes da Reforma Anglicana, a Igreja detinha cerca de um terço de toda a terra arável da Inglaterra. As "casas religiosas" operavam de forma muito semelhante a um senhorio laico: o abade supervisionava o trabalho dos monges dentro da abadia e presidia uma espécie de tribunal que regulava os contratos de posse de terra da população que vivia no entorno. As casas religiosas desempenhavam, ainda, outros papéis na manutenção da vida das pessoas comuns, e não apenas das populações que arrendavam terra diretamente delas: os monastérios funcionavam como armazéns de comida para as épocas de colheitas ruins, emprestavam dinheiro sem juros a pequenos comerciantes e fazendeiros que precisassem de ajuda para pagar seus arrendamentos a senhorios laicos, abrigavam os velhos, os órfãos, doentes e viajantes etc., e frequentemente ofereciam instrução básica para os mais jovens (Oliveira, 2018, p. 55-61).

Por isso, se o anticlericalismo era parte da cultura popular da alvorada da modernidade, ao mesmo tempo não tinha um sentido absolutamente determinante. Convivia com a relação de colaboração material entre as pessoas comuns e os monastérios, a onipresença inconteste da fé católica, e com a impregnação generalizada do catolicismo por tradições pagãs e heréticas, cujo processo de expurgo ganhará sistematicidade no período aqui estudado. Em tal processo, o anticlericalismo popular foi apropriado pelas novas elites econômicas e pelos Estados modernos nascentes para consolidar instituições de fé nacionais (na Inglaterra, com a Reforma Anglicana; na Espanha, com o Santo Ofício) ou para desestabilizar o poder laico da Igreja Católica — como na Alemanha e na Suíça, através do luteranismo e do calvinismo.

É notável que, no caso do processo inglês, a população frequentemente ficou do lado dos monastérios e contra o Estado moderno em formação, que, mobilizando um discurso de moralização institucional e da autonomia política nacional, ao romper com a Igreja Romana pôs-se logo a dissolver os monastérios e confiscar suas terras, para benefício das novas elites proprietárias. As chamadas "Rebeliões da Era Tudor", em grande parte reações às misérias da acumulação primitiva de capital, foram marcadas por um conteúdo religioso, no sentido de resistência à destruição do catolicismo popular pela centralização eclesiástica e pela modernização estatal inglesa (Oliveira, 2018, p. 192 ss.). De fato, aí, não deixaram de comparecer rebeldes que as autoridades enquadrariam como anabatistas, pelos quais More nutria o abundante desafeto dialeticamente justificado por Kautsky.

Levando tudo isso em conta, fica claro que a crítica de Hythlodaeus aos abades é também resultado de uma seletividade: não é exatamente o discurso de um amigo dos pobres, ou de algum arauto da luta das luzes, contra a opressão papista. O personagem situa-se contra um setor específico da Igreja — de fato, o mais baixo —, ao mesmo tempo que, notavelmente, deixa incólumes os altos escalões: os bispos. Contudo, justo estes últimos, devido à gigantesca extensão de suas concessões de terra, detinham a participação de maior peso nas transformações da economia rural inglesa. De fato, uma das regiões em que os problemas da acumulação primitiva se faziam sentir mais fortemente, uma vez que combinados a obrigações feudais sobreviventes do Grande Levante de 1381, era o palatinado de Durham, no nordeste da Inglaterra, controlado por um bispo particularmente poderoso. Ademais, o problema da ostentação dos bispos era um dos aspectos do anticlericalismo que havia sobrevivido desde a Idade Média. Há indícios de uma gigantesca desigualdade dentro da hierarquia eclesiástica: os abades muitas vezes viviam no mesmo nível dos paroquianos, enquanto os bispos tinham rendas equivalentes às de príncipes (Bucholz & Key, 2004, p. 52). Os alvos de Hythlodaeus, assim, acabam sendo apenas os setores mais próximos da lida cotidiana com as pessoas comuns, e também mais semelhantes a elas dos pontos de vista cultural e religioso.

De fato, é possível sugerir que, na tradição de chacota aos religiosos — veja-se, como exemplos famosos, Chaucer e Boccaccio —, a ignorância, a rudeza, a lascívia e a glutonice dos frades e companhia são talvez idênticas àquelas das pessoas comuns. O teor dessa crítica é simplesmente que os religiosos não são de outro mundo: apesar de imersos em incensos transcendentes, são gente totalmente ordinária, que deseja comer, fornicar e dormir o máximo possível. Do ponto de vista popular, o conteúdo do anticlericalismo é, portanto, a afirmação de que padres e abades não são melhores do que ninguém: eles pecam como todo mundo, e podemos fofocar sobre eles assim como fofocamos sobre nossos vizinhos.

Quando a intelectualidade da alvorada da modernidade se apropria desse anticlericalismo, entretanto, contamina-o com seu elitismo moralista — o qual, como veremos adiante, se volta contra a forma de vida popular sempre que há uma chance. O conteúdo resultante é, assim, bem diferente do anticlericalismo das pessoas comuns. O que Hythlodaeus e os seus dizem com suas críticas é algo como: *padres e abades não são tão bons quanto nós somos.*[77] Isso fica claro num breve diálogo, narrado pelo personagem, entre um "tolo" e um "frade", na presença do cardeal (U, 26): aquele religioso é uma figura estúpida, interesseira, preguiçosa. É como os frades de Boccaccio e Chaucer, com a diferença de que, em More, o cardeal oferece um brilhante contraponto, por sua razoabilidade, bom trato, inteligência etc. Em relação ao contexto social geral, o sentido elitista do anticlericalismo na Inglaterra fica particularmente claro quando deparamos com o alarde com que os reformadores ingleses — intelectuais humanistas como More, porém situados no lado oposto da Reforma — denunciavam o analfabetismo dos padres e abades católicos.[78] Nesse sentido específico, Hythlodaeus, aparentemente preocupado com o destino das pessoas comuns tragadas pela acumulação primitiva, está, ao mesmo tempo, situado no campo antipopular da intelectualidade de outro mundo — ademais, colocando sobre os ombros dos abades parte da responsabilidade sobre os males morais e socioeconômicos da acumulação de dinheiro.

77 Comparar, por exemplo, com Cervantes, que em sua complexa e multifacetada ridicularização da aristocracia vai tanger o tema humanista clássico do "bom governo" nos capítulos em que Sancho Pança se torna governador da ilha de Barataria.

78 Um historiador como Dickens (1970), por exemplo, entusiasmado com as conquistas da Reforma Anglicana quase quatro séculos depois, não perde a oportunidade de referendar seus antepassados, elencando a inépcia e o despreparo de padres e abades ordenados de qualquer jeito no século XVI. Sem dúvida, era o mesmo tipo de gente pela qual, entretanto, marcharam os rebeldes da Cornualha em 1549, exigindo a manutenção das missas celebradas no idioma céltico local e protestando contra a centralização religiosa do Estado Tudor.

É inútil querer destilar dessa posição ideológica tão específica um discurso filosófico universal, simpaticamente laicizante e afim aos valores de um Iluminismo futuro, ou um sentimento cristão sincero que quisesse depurar a Igreja de suas imperfeições. A posição de More só se torna mesmo compreensível em tensão com determinados problemas concretos da modernização social inglesa. O interesse que transparece na condenação aos abades, e não aos bispos, é evidentemente aquele dos bispos, ou seja, dos setores mais próximos do projeto de consolidação do Estado moderno e da Igreja nacional, e mais distanciados materialmente das pessoas comuns, de seus problemas, religião, cultura, costumes, necessidades.

Assim, segundo os comentadores, na condenação moralista ao dinheiro e aos "ricos", na crítica do cercamento dos campos e da política penal, Hythlodaeus parece ficar do lado dos setores populares, entendidos, então, como "os pobres". Entretanto, quando atentamos ao anticlericalismo que define parcialmente quem são de fato os ricos, aquele maniqueísmo dá lugar a uma problemática de classe um pouco mais complexa: os inimigos não são os bispos com fortunas principescas, mas os padres beberrões que roubam da caixinha de doações. Como diria Kautsky, que "inconsistência"!

A crítica à aristocracia parasitária

Essa problemática de classe complexifica-se ainda mais. Ao lado da crítica aos abades, o outro elemento da análise social através da qual Hythlodaeus dá voz ao moralismo monetizado de More é a crítica à aristocracia.

Para início de conversa, é importante notar que, quando reconhece o conflito de interesses entre a aristocracia engajada na acumulação primitiva e os setores populares, More está falando de um problema político já bastante refletido pela experiência histórica inglesa à época em que o texto foi escrito — em especial desde o Grande Levante de 1381, quando rebeliões camponesas varreram o reino de norte a sul, sepultando em grande medida os direitos feudais senhoriais. Evidentemente, não obstante tal sepultamento, ainda no século XVI as relações entre a aristocracia e os setores populares estavam determinadas por questões de acesso à terra e posse dela. Os interesses dessas classes entravam em conflito sobretudo em relação ao pagamento dos arrendamentos e às disputas a respeito da extensão das terras que o senhor podia controlar diretamente — o "domínio", *demesne* — e aquelas que era obrigado, por costume ancestral, a arrendar.

Há evidências de que, cotidianamente, as pessoas comuns atuavam em tais conflitos através de uma demonstração contínua de poder: era, afinal, uma sociedade na qual não existia polícia. Assim, para fazer valer seus interesses junto ao aristocrata local (condições mais propícias para o trabalho na terra, basicamente), os camponeses exerciam uma mistura de desobediência, pequenos atos de destruição de propriedade e rebeliões periódicas (Oliveira, 2018, cap. 4). Isso tudo quer dizer que, além do cerimonial e da rigidez hierárquica que existiam em torno da aristocracia, as pessoas comuns também a enxergavam com desconfiança e até hostilidade — sentimentos, entretanto, que não chegaram a ter a expressão cultural análoga ao anticlericalismo popular: o período (quer dizer, as classes letradas do período) não deixou evidências de nenhuma crítica à aristocracia cuja popularidade fosse comparável à figura do frade devasso, glutão e preguiçoso.

Para Hythlodaeus, os aristocratas estão mergulhados na "preguiça e luxúria" da mesma forma que os abades. Como se fossem zangões numa colmeia, vivem do trabalho de outrem; são também perdulários — contra o que advertirá Bacon mais tarde — e tendem, por seus caprichos, ao endividamento. É digno de nota que, nesse momento, o texto de More não faz distinção entre a alta nobreza, que a historiografia costuma caracterizar como mais tradicional ou mais ligada aos resquícios das práticas feudais, e a *gentry*, uma pequena nobreza empreendedora geralmente vista como mais alinhada à ascensão do processo econômico capitalista.

Além desses aspectos básicos da repugnante inutilidade da aristocracia, Hythlodaeus dedica atenção especial à denúncia de seus séquitos pessoais. Trata-se daquilo que, em inglês, é chamado de *retainers*: uma espécie de comitiva permanente ou pequena corte, formada por dependentes que, por favor e salário, viviam atrelados pessoalmente aos membros endinheirados da aristocracia. Eram pajens, damas de companhia, chefes de cavalariça, músicos e poetas, bajuladores profissionais, companheiros de bebida, amantes, instrutores de dança e equitação, companheiros de caça, médicos, charlatões de toda espécie, conselheiros e "homens de armas". Estes últimos constituíam uma guarda pessoal que derivava de uma instituição medieval acessória da nobreza armada. Era totalmente independente da milícia regular — ou seja, da população precariamente treinada e armada que lutava as guerras na Idade Média e na alvorada da modernidade ao lado dos mercenários, antes dos exércitos nacionais — e podia chegar a um número significativo de membros. Funcionava como um pequeno exército privado, que servia para intimidar a população no espaço do senhorio rural ou para afirmar o poder aristocrático diante dos outros aristocratas, bem como da monarquia.

Desnecessário dizer que, no período de consolidação do Estado moderno, esses pequenos exércitos aristocráticos eram vistos com extrema antipatia pelos monarcas e seus ideólogos. É interessante que a discussão de Hythlodaeus a respeito dessas comitivas destoa da enumeração dos males do dinheiro, e a interrompe, tendo em vista que se trata de um resquício da forma de vida medieval que apenas indiretamente remete à ganância e ao amor pelo ouro. Há outros vícios implicados, contudo.

Para começar, os membros dessas comitivas são, segundo Hythlodaeus, preguiçosos e desocupados. Não desempenham uma atividade regular, não trabalham: ou bem foram "criados para os prazeres ociosos", ou bem portam-se "como valentões arrogantes, que vão por aí bramindo espada e escudo". Por causa dessa vida de desocupação, em geral não possuem ofício, de modo que, se por algum capricho seus senhores quiserem dispensar seus serviços, estão condenados a virar vagabundos ou ladrões. Afinal, não estão acostumados ao trabalho: "jamais servirão fielmente a algum homem pobre em troca de um pagamento modesto e um prato de comida" (U, 17). Hythlodaeus nos diz ainda — em termos que recordam aqueles empregados por Bacon — que esses indivíduos são "amolecidos por seus negócios afeminados", de modo que, no fim das contas, não servem nem mesmo como bons guerreiros, não sendo páreo, inclusive, para os camponeses fortalecidos pela labuta na terra (U, 18); subentende-se, aqui, que os guerreiros mantidos pela aristocracia são ineficazes contra rebeliões populares. Por outro lado, quando se desagradam com alguma coisa, esses homens de armas podem facilmente se voltar contra seus antigos senhores, e, de fato, Hythlodaeus argumenta que há inúmeros exemplos históricos de povos que pereceram — ou quase — devido à ação de seus guerreiros profissionais.

1.5 As necessidades da república

Ao longo do livro I, a invectiva de Hythlodaeus contra o dinheiro e os vícios dele decorrentes se dissipa e se transforma. Além do moralismo ralo — de interesse filosófico realmente nulo —, a condenação da ganância deriva num ataque seletivo à hierarquia eclesiástica e numa denúncia do parasitismo da aristocracia, ambos de interesse político. Mas o sentido completo dessa denúncia só se desvela nos parágrafos de conclusão da obra, no final do livro II. Então, tendo já encerrado sua descrição da "melhor forma de república" no não lugar que é a ilha de Utopia, Hythlodaeus retoma o tema da aristocracia parasitária europeia e expande tal caracterização para abarcar outros setores das elites: os emprestadores de dinheiro e banqueiros. Nesse contexto, a própria caracterização dos parasitas também recebe uma formulação nova, a qual, importante frisar, igualmente transcende o moralismo. Os grupos sociais antes gananciosos, que amavam o dinheiro acima de tudo e por isso produziam a miséria alheia, reaparecerão, no final do livro, como "todos aqueles que ou bem não trabalham, ou cujo trabalho não é essencial (*necessarium*) para a república" (U, 104).

As necessidades da república: aí reside a ideia fundamental por trás dos ataques seletivos feitos por Hythlodaeus contra o clero e a aristocracia, e é onde também se encontram ancoradas tanto a crítica dos males socioeconômicos ocasionados pela acumulação primitiva quanto sua simpatia pelas pessoas comuns. Já havíamos visto, afinal, que, entre os macarianos, as providências para uma lida moral com o dinheiro derivadas de um desprezo por ele possibilitavam, no fim, um funcionamento econômico mais eficaz. São indícios de que a argumentação de More está mirando além das questões morais e das picuinhas de classe em direção a um problema mais geral, uma espécie de bom funcionamento da sociedade.

É também nessa perspectiva que, no final do livro, depois que os ricos gananciosos aparecem como socialmente disfuncionais, o povo que padece os males da acumulação primitiva ressurge como gente *trabalhadora*. Aqui, Hythlodaeus lamenta a miséria em que vivem "o trabalhador manual, o carroceiro, o carpinteiro, o fazendeiro" e observa: "seu trabalho é tão necessário que na ausência dele nenhuma república poderia sobreviver". Sem esses personagens, "a república simplesmente deixaria de existir" (U, 104). Vê-se aqui uma sentença honorífica, que parece ter a pretensão de reconhecer o crucial papel social desempenhado pela classe trabalhadora. É o tipo de afirmativa que, combinada à análise sociológica da relação entre empobrecimento e criminalidade e aos ataques à "conspiração dos ricos" (U, 103) gananciosos, levou Kautsky, Wood e tantos outros a ter como camarada esse astuto cortesão crítico da Corte, devotado católico crítico da Igreja, inimigo dos rebeldes e amigo dos pobres, praticante do castigo e censurador da execução que foi Thomas More. Mas há, ao mesmo tempo, algo estranho na ideia de que a gente comum que trabalha é *essencial à república* e que a república *não existiria* se não fossem os trabalhadores. Tais formulações parecem sugerir a compreensão de que *a sociedade e a gente comum são coisas diferentes, que se relacionam externamente uma com a outra*. A sentença honorífica reconhece a importância do trabalho, mas ao mesmo tempo situa essa importância com relação à república enquanto outro valor, maior. Hythlodaeus, assim, retira o trabalho enquanto valor da esfera da vida das pessoas comuns. A importância do trabalho não é o fato de que, através dele, aqueles que trabalham satisfazem suas necessidades, realizam-se enquanto seres humanos, alcançam a felicidade ou expressão de sua essência etc. A finalidade do trabalho é ulterior ao trabalhador e à sua manutenção: é a manutenção da república.

Por causa disso, a afirmativa de que o trabalho é essencial à república só poderá ser entendida se perguntarmos *o que é a república*. No contexto da alvorada da modernidade, o termo não carregava necessariamente a conotação romana de uma sociedade politicamente administrada por um círculo pequeno de cidadãos-eleitores. Dito isso, também é verdade que tanto o termo latino quanto os equivalentes em língua inglesa, *commonalty* e *commonwealth*, estão longe de ter uma interpretação unívoca (Wood, 1994, p. 77 ss.). No sentido mais imediato, indicam o país como um todo, uma unidade política ou um território demograficamente ocupado. Entretanto, esse sentido só nos ajuda negativamente em nossa interpretação. A república pela qual os trabalhadores trabalham não é *toda* a

Inglaterra, porque Hythlodaeus considera uma desgraça que os trabalhadores trabalhem para manter os "zangões" inúteis, os usurários, os abades comilões etc.

Também é relevante lembrar que, literalmente, os termos república e *commonwealth* designam a "coisa pública", o "bem comum". Em que consistem o público e o bem público é algo aberto a debate: afinal, da enunciação das mazelas da acumulação primitiva e da condenação seletiva das elites o que decorre é a ideia de que não há comunidade de interesses entre os que trabalham e os que não trabalham. Parece depreender-se da avaliação de Hythlodaeus a respeito da sociedade europeia que justamente o sentido do público e do comum estão em questão, política e filosoficamente.

Assim, além da perspectiva filológica, é necessário que levemos em conta o conteúdo sociológico implicado na maneira como More emprega o termo "república". Na sociedade inglesa do início do século XVI, as pessoas ocupadas com o trabalho da terra constituíam a maioria esmagadora da população. E, mesmo com todas as transformações introduzidas pela substituição da terra arável por pasto, a monetarização da sociedade etc., a agricultura de subsistência era ainda uma dimensão fundamental da vida material de uma enorme parcela dessa população. Isso quer dizer que, concretamente, o amplo grupo social constituído por essas pessoas trabalhava para si mesmo, para seu próprio consumo e também para manter as elites que não desempenhavam trabalho braçal. Além de beber brandy, vestir-se com tecidos finos e engordar à custa do trabalho alheio — o que Hythlodaeus parece deplorar —, as elites que estavam afastadas da lida direta com a produção material preenchiam, com sua atividade e suas régias pessoas, os espaços de administração social (tribunais, cortes senhoriais, comissões reais, conselhos etc.). No nível das aldeias, os detentores de terras mais abastados e não nobres também tinham funções oficiais: atuavam como membros de júri, como oficiais de justiça etc.

Esse conjunto de posições e de funções constitui aquilo que, hoje, chamaríamos de *Estado*: a estrutura de governo através da qual uma minoria exerce poder político-administrativo sobre um território habitado por uma população governada. Diante dessa estrutura de governo, a existência dos setores populares pode ser pensada, nos termos de Hythlodaeus, como externa e necessária: sem a divisão social do trabalho, não existe o Estado no sentido de ocupações administrativas especializadas desempenhadas por gente capacitada para tanto, nem que apenas pela virtude do sangue nobre ou da renda anual. Deve ser *isto*, portanto, que More quer chamar de república: não tanto a sociedade tomada concretamente como uma totalidade, mas uma estrutura sociopolítica, uma hierarquia administrativa, um conjunto de relações de poder que não é idêntico à população em geral.

É importante sublinhar que a diferenciação implícita entre as pessoas comuns e a república entendida como estrutura política ou Estado é complementada por outra diferenciação implícita entre as elites e o Estado. Afinal, como vimos, ao mesmo tempo que considera a república um valor e, portanto, reconhece implicitamente o valor dos lugares ocupados pela classe política, Hythlodaeus também deplora o fato de que *certos ricos* — nesse contexto, certos membros da classe política — vivem à custa dos pobres. A sensibilidade para com a dimensão institucional do Estado, esboçada na lida com o conceito de república, a relação entre esse conceito e o trabalho, e a crítica moralista das elites somam-se para trazer à baila um tema favorito da intelectualidade renascentista: o problema do bom governo.

É nessa direção que o discurso de Hythlodaeus se move quando, em outros trechos, critica os reis gananciosos e os cortesãos puxa-sacos: eles são exemplos de uma elite política que se contamina pelo amor ao dinheiro e governa em causa própria. Ora, "o dever do rei é preocupar-se mais com o bem-estar de seu povo do que com o seu próprio". O conluio europeu entre a monarquia e a elite gananciosa, através das mazelas da acumulação primitiva, perpetra um empobrecimento generalizado; é preciso lembrar que "um rei não tem dignidade quando exerce autoridade sobre mendigos, mas apenas quando governa súditos prósperos e felizes" (U, 33).

Vemos, mais uma vez, como a discussão sobre moral — os vícios provocados pelo dinheiro — e a discussão sobre política — governo através do uso do Estado — estão mutuamente implicadas. Essa implicação se faz ver pelas imprecações de Hythlodaeus contra a propriedade privada. Se, como vimos, o dinheiro corrompe os indivíduos, a propriedade privada corrompe a própria república:

> Onde quer que exista propriedade privada, e o dinheiro seja a medida de todas as coisas, é quase impossível a uma república ser justa ou próspera — caso contrário, teríamos que considerar que pode existir a justiça onde as melhores coisas estão na posse dos piores cidadãos, ou supor que é possível encontrar a felicidade quando as coisas boas da vida estão divididas apenas entre uns poucos que vivem sempre com medo, enquanto os demais estão sempre na mais profunda miséria. (U, 37)

Dentro da estrutura de *Utopia*, todos esses raciocínios que expusemos até aqui funcionam como uma espécie de esboço negativo para a "melhor forma de república" que será expressa no livro II. Ali, o que saltará aos olhos é a imagem de uma sociedade na qual a propriedade privada e o dinheiro não desempenham função econômica, habitada por uma gente impregnada de civismo e de moral e regida por instituições estatais justas e funcionais. É a isca mordida por Kautsky, Pio XI, Neal Wood e João Paulo II, à qual nos compete, agora, analisar.

2

A mediação estatal da subsistência

2.1 Produção do não lugar e negação do lugar

Em Utopia, as coisas funcionam; se houvesse trens, com certeza chegariam na hora. Um dos primeiros aspectos da maravilhosa república insular a ser descrito por Hythlodaeus é a produção de alimentos: um tema estruturalmente muito importante, que determinará o tratamento de todos os demais.

A produção administrada de alimentos

Na Inglaterra, como vimos, a produção de alimentos estava à mercê do empreendimento comercial ganancioso e irresponsável de *certos* ricos, o que gerou inflação e todas as mazelas sociais listadas por More; já em Utopia, a agricultura é completamente racionalizada. A imaginação do autor chega até os detalhes prosaicos: Hythlodaeus dá notícias sobre os métodos de incubação de frangos e o uso mais eficiente dos animais de tração (U, 44). A produção de grãos é eficiente e abundante, e a relação entre a quantidade de comida disponível e o número de bocas — um tema privilegiado nas origens da economia política — é judiciosamente considerada. A população urbana e rural em Utopia está organizada em torno de casarões coletivos de tamanho padronizado. Assim, "a quantidade de comida que será consumida em cada cidade e em seu distrito adjacente é conhecida com precisão" (U, 44); a produção é controlada de modo a satisfazer essas necessidades com um pequeno excedente, armazenado ou doado aos países vizinhos. Como a produção é racionalizada e abundante, não existe em Utopia o medo da escassez; por causa disso, raciocina Hythlodaeus, não existe a necessidade de acumular, logo, não há propriedade privada nem cobiça. A comida, dessa forma, não tem preço. Oficiais dos casarões coletivos "encontram-se em um horário determinado no mercado e fazem suas requisições de alimentos de acordo com o número de pessoas pelo qual são responsáveis" (U, 56), então "obtêm aquilo de que necessitam sem problema algum, e sem fornecer nada em troca" (U, 44).

Organização demográfica e oficiais eleitos

Esse esquema é também permeado por um sistema de poder que qualquer imaginação do final do século XIX identificaria, a princípio, com uma forma de democracia operária. Para começar, os oficiais responsáveis localmente pela supervisão da produção e distribuição de alimentos — os chamados "sifograntes" ou "velhos sábios" — são eleitos pelos grupos de trinta famílias associados aos casarões. Cada cidade, com sua região rural circundante, compreende duzentos desses casarões coletivos, e os duzentos sifograntes de uma região constituem a assembleia regional, sediada na cidade. A cada dez sifograntes há uma espécie de coordenador, também eleito por eles, e o conjunto dos vinte coordenadores desse tipo forma o senado citadino. A assembleia elege o príncipe da cidade, que exerce sua função através da promulgação de leis que precisam ser discutidas e aprovadas pelo senado. Assim, a administração da sociedade de Utopia está intimamente ligada à organização da produção de alimentos, e é por isso que "o príncipe não se distingue de seus companheiros cidadãos por alguma vestimenta ou coroa, mas apenas pelo feixe de trigo que carrega" (U, 82).

Como as cidades de Utopia incluem politicamente uma zona rural e seu governador é chamado de "príncipe", o imaginário de More parece ter sido inspirado, nesses aspectos, tanto pela pólis grega quanto pelas cidades-Estado italianas. Também é digno de nota que as 54 cidades da ilha de Utopia sejam numericamente comparáveis aos condados somados da Inglaterra e do País de Gales à época. De fato, a geografia de Utopia é comparável à do reino inglês em vários aspectos.

Tais similitudes, entretanto, servem apenas para enfatizar as diferenças. Hythlodaeus fala sobre o cotidiano em torno dos casarões coletivos; conta-nos como os cidadãos se revezam na manutenção dessa vida comunal, na produção de alimentos, na aquisição e no exercício de habilidades industriais; como a educação dos utopianos está permeada de valores racionais, pés no chão; como o respeito aos mais velhos e o trabalho manual formam cidadãos obreiros em prol da república, avessos ao dinheiro e à propriedade privada (U, 63). A harmonia e a funcionalidade saltam aos olhos. Que contraste com a deterioração social vivida na Inglaterra da acumulação primitiva, descrita no livro I!

Como colocar as ideias em algum lugar

A pergunta que subjaz à exposição é, portanto, como essas maravilhas se tornaram possíveis lá nas terras além do Equador (pois é ali que Utopia está situada). Será que Hythlodaeus dará notícia de uma estupenda filosofia moral que transformou os corações por aquelas bandas? Como veremos abaixo, essa filosofia moral até existe, mas, interessantemente, não é *causa* da sociabilidade utópica. As origens da perfeição do não lugar estão num processo inteiramente material de transformação: *a colonização*. Pois a república que hoje conhecemos como Utopia já foi a terra de Abraxa, uma península habitada por um povo que provavelmente não era tão desenvolvido nos aspectos técnico e militar — comprova-o o fato de que o velho general Utopos venceu os nativos no primeiro assalto, quando resolveu atacá-los. Subjugou-os, então, e sua primeira medida foi obrigá-los a cavar um gigantesco canal de 25 quilômetros de largura e 320 quilômetros de comprimento, de modo a separar a antiga Abraxa do continente, transformando-a na ilha de Utopia. Estava, assim, inaugurado o não lugar.

A eloquência e a significação dessa história exigem que a tratemos com mais atenção do que a dispensada por Hythlodaeus, que a reconta em umas poucas linhas. De fato, é expressivo do caráter do cânone filosófico ocidental que a colonização seja relegada a papel secundário na obra de More. A origem colonial do não lugar não é apenas uma anedota, alguma imagem aleatória posta no início da narrativa para lhe dar colorido. São, afinal, as primeiras décadas do século XVI, o início da era imperial moderna. As elites econômicas europeias estão de olho nas terras do além-mar, e a Coroa inglesa está retomando seus esforços de controle político e econômico da Irlanda. Henrique VIII, rei inglês do qual More foi conselheiro, chegou a ter planos de exterminar totalmente a população da ilha vizinha (Oliveira, 2018, p. 224) para começar por lá uma sociedade nova, do zero. Na geração seguinte, no reinado de Elizabeth I, Humphrey Gilbert, explorador, parlamentar e general que participou da guerra colonial na Irlanda e morreu numa pioneira viagem de exploração em Newfoundland (Canadá), dizia dos irlandeses que "não são melhores que canibais". Para ele, seria muito difícil convertê-los à forma de vida civilizada, de modo que a única estratégia colonial viável seria desgastá-los demograficamente, destruir suas plantações e seus rebanhos, até que fosse possível impor sobre eles o modelo inglês de ocupação da terra. Gilbert decorava seu acampamento de campanha com as cabeças dos inimigos mortos e, como Budé, desempenhou sua função na acumulação primitiva com *Utopia* metido debaixo do braço (Cave, 2011, p. 1, 3).

Ao longo dos séculos XVI e XVII, a política inglesa de ocupação militar da Irlanda — o chamado sistema das "guarnições" — e de massacres periódicos — a chamada "pacificação" — destruiu as formas de vida irlandesas tradicionais, centradas na transumância, reduziu a população economicamente autônoma à dependência econômica e estabeleceu maneiras de lidar com a terra pautadas nas práticas comerciais que vigoravam na Inglaterra — as chamadas plantations, habitadas por migrantes ingleses armados que pagavam salários de fome e arrendavam a terra a preços impossíveis para os nativos sobreviventes (Oliveira, 2018, p. 225-38). Do outro lado do Atlântico, a lógica era semelhante: a carta de exploração e ocupação que, em 1584, Elizabeth I concedeu a Walter Raleigh (e seus descendentes, associados, empregados etc.) autorizava-o a tomar posse de terras na América e a expulsar dali qualquer súdito de monarcas dos quais a Inglaterra não fosse aliada; nela, todavia, não havia a menor menção aos habitantes nativos: tratava-os como inexistentes, e sabemos que o progresso do esforço colonial tornou-os de fato quase inexistentes, por meio de um genocídio contínuo e secular (Oliveira, 2018, p. 262 ss.).

Esses relances do esforço colonial inglês ilustram uma prática de profunda transformação geográfica e manipulação demográfica, através do exercício da violência. Tratava-se de criar uma nova sociedade — a colônia — a partir do exercício do interesse comercial e do poderio militar, a partir da imposição do esquema moderno de vida. A reflexão sobre esse processo lança luz sobre os elementos sinistros contidos na ideia de não lugar, ressaltando os momentos destrutivos e produtivos da colonização moderna. O esforço colonizador é composto por uma imaginação que rejeita a pré-modernidade do espaço e da população da colônia, num gesto contíguo àquele das elites que se separam do mundo existente porque ele está aquém de suas expectativas morais e intelectuais. Essa analogia foi percebida por More e incluída em seu texto, visto que o autor, de caso pensado, retratou a realização das aspirações morais e intelectuais da elite humanista — a sociedade utópica — como resultado da colonização. Fincar pé num não lugar é requisito para colocar as ideias no lugar. Hythlodaeus celebra o feito colonizador de Utopos, "que conquistou aquela terra e lhe deu seu nome", "transformou sua geografia" e "elevou seus habitantes rudes e grosseiros a um nível tão alto de cultura e humanidade que eles agora ultrapassam quase todos os outros povos" (U, 42). A posição de Utopos não é objetivamente diferente daquela de gente como Gilbert; a diferença entre os dois consiste tão somente no fato de que o leitor de *Utopia* não fica sabendo se Utopos colecionava ou não os crânios dos abraxianos. Mas até esse desconhecimento tem um sentido específico e eloquente: o tratamento sumário que o humanista More dedica ao passado violento de Utopia antes de começar a exposição de suas maravilhas é a transmutação literária do tratamento sumário que Henrique VIII queria dar à população irlandesa, para resolver depressa o problema da imposição da forma de vida moderna que se desenvolvera na Inglaterra.

A certidão de nascimento da utopia moderna foi, portanto, lavrada pela imaginação da conquista militar, transformação radical da natureza e engenharia social. O gesto colonizador de impor ao mundo a forma de vida concebida na cabeça da elite econômica inglesa lega ao problema filosófico antiquíssimo da relação entre as ideias e o mundo uma dimensão assustadoramente prática. Gilbert, Henrique VIII e Utopos são articuladores dessa relação, enquanto advogados da imposição violenta das ideias sobre o mundo ou da resolução do caráter utópico da utopia. A breve história de Utopos chama nossa atenção para o fato de que, quando More ironiza, chamando sua sociedade perfeita de não lugar, a frustração contida na ironia não é aquela de um sábio benigno urbanamente entristecido com as imperfeições do mundo realmente existente; na sua ironia está contido também um lamento diante do fato de que Utopos é uma ficção — de que não existem, no mundo real, Utopos suficientes para acabar de uma vez com a gentalha que impõe barreiras à verdadeira civilização.

Quanto à simpatia pelos pobres geralmente atribuída a More pela tradição de entusiastas modernos, ela também sucumbe à total falta de informações a respeito das formas de vida dos habitantes originais de Abraxa. Não seriam também esses abraxianos tecnológica, cultural e economicamente próximos às populações inglesas e irlandesas tragadas pelos horrores da acumulação primitiva — o mesmo povo que More pretende defender no livro I? Digno de nota, aliás, que o autor tenha ido buscar nos arcabouços da heresia o nome do lugar original que Utopos transformou em não lugar: Abraxa é um nome de origem e significado pouco conhecidos, associado ao gnóstico Basílides, que se dizia discípulo de São Mateus e era, portanto, como alguns dos anabatistas que nosso autor tanto detestava, uma figura ligada ao cristianismo primitivo. Será que Utopos desencadeou contra os abraxianos uma fúria semelhante àquela com que os heróis míticos arrebentavam os "monstros da África", os quais More evoca ao falar dos hereges alemães de seu tempo — isto é, a população que lutava contra a acumulação primitiva?

É notável, de todo modo, que a ironia tão frequentemente celebrada em More tenha na verdade um alcance tão curto. Pois, por trás do humor elitista que chama a utopia de não lugar, existe na verdade uma receita para a realização da utopia: a colonização, que, longe de ser algum devaneio filosófico, é uma realidade muito palpável no tempo de nosso autor. As ideias irrealizáveis sobre um mundo julgado superior pelo intelecto humanista incluem uma imagem viável a respeito dos obstáculos à sua realização. A imaginação que concebe o outro mundo como não lugar ao mesmo tempo concebe a destruição de um lugar para que o não lugar apareça: no fim das contas, na utopia, a utopia não é utópica, mas se realiza — e que pereça o mundo. Ou: a utopia fala sobre a realização da utopia através de um encurtamento violento da distância entre um mundo tão bom que chega a ser impossível e a realidade que os amantes da utopia julgam desprezível. Naquela distância utópica entre o mundo sonhado pela elite humanista benigna e o mundo real, que é moral e intelectualmente condenado por essa mesma elite, paira a capacidade da classe à qual ela pertence de impor sobre esse mundo o poder destruidor e transformador do Estado moderno nascente, com sua (proporcionalmente) gigantesca capacidade de acumular recursos e com o poderio militar e econômico a ele associado — ou seja, a acumulação primitiva de capital.

A colonização benigna

A utopia, portanto, inclui uma perspectiva de realização ("localização") que tem materialmente a forma da guerra de colonização. Essa implicação, contudo, pode parecer forçada, uma mera analogia. Afinal, em Utopia, o que resulta da guerra de colonização é uma sociedade justa, fraterna, de trabalhadores honestos e sensatos governados por velhinhos benfazejos. O não lugar é inaugurado pela violência, ainda que sua existência contínua pareça ser pacífica: Hythlodaeus, com sua sóbria admiração, nos conta que os utopianos ajudam os vizinhos, detestam a guerra, desprezam o ouro e amam a virtude. Essa civilização superior, pacífica, tão conforme ao lado adorável da filosofia humanista, parece destoar enormemente daquele início sangrento — a guerra de conquista que foi vencida "no primeiro assalto", gerando pilhas de cadáveres comparáveis àquelas que Cortés e Alvarado deixaram em Tenochtitlán.

Mais importante do que tentar resolver imediatamente esse novo dualismo — aquele entre as origens violentas da república utópica e o contínuo pacato e racionalmente aprovável de sua existência ulterior — é observar que ele subsiste no discurso colonial, no qual More aparece tanto mais enredado quanto mais atenção prestamos às ideias que de fato estruturam seu discurso. Na história da colonização inglesa das Américas, os primeiros homens a relatar contatos com os indígenas e, a partir daí, pensar a ocupação colonial foram prolixos ao registrar fantasias nas quais os nativos receberiam os europeus de braços abertos (Appleby, 2001, p. 64), permitindo a construção de uma sociedade nova e sem vícios. Ao mesmo tempo, também davam notícia da incivilidade daqueles mesmos nativos, de sua similitude a animais. Assim, o capitão Arthur Barlowe, outro pioneiro inglês, numa missiva a respeito das Canárias e da Flórida, falava da abundância surpreendente de caça; do perfume maravilhoso das plantas; da fertilidade da terra e da bonança do clima, que permitiam três colheitas a cada cinco meses, contra as duas colheitas anuais típicas da Inglaterra; da diversidade surpreendente da vegetação, em especial os tipos de madeira úteis para a construção. E completava essas imagens com relatos a respeito da amistosidade dos nativos, que demonstraram "amor e gentileza", "generosidade" e se comportaram de maneira "afetuosa e leal, isenta de qualquer malícia e traição, como se aquela gente vivesse na era de ouro" (Barlowe, 1898, p. 3-8). Ao mesmo tempo, contudo, "suas guerras são muito cruéis e sangrentas, e por essa razão, e também pelas discórdias civis que entre eles tiveram lugar nos últimos anos, a população foi assombrosamente dizimada, e em alguns lugares a terra encontra-se desolada" (Barlowc, 1898, p. 10). Evidentemente, faltava a essa gente um governo civilizado e maneiras civilizadas: depois que passassem as guerras coloniais (com sorte, vencidas em um assalto), as coisas mudariam para melhor.

Mais uma vez, há fortes paralelos entre o Novo Mundo e a Irlanda, o que mostra a coerência autoconsciente da racionalidade colonial. A consequência da descrição dos irlandeses como selvagens foi deduzida pelo eminente general — e grande poeta nacional inglês — Edmund Spenser, e expressa num documento oficial de 1572 que tratava os nativos da Irlanda como "canibais" que "destroem, roubam, assassinam e cometem toda espécie de abominação sem escrúpulos de consciência" e que, portanto, não podiam ser governados civilizadamente, mas apenas pela força e pela ameaça de extermínio (Cave, 2011, p. 2-4).

O tema da ameaça tem papel importante no discurso colonial. Os agentes da colonização estavam imbuídos de uma consciência a respeito de sua superioridade moral, religiosa e tecnológica. Thomas Harriot, homem das letras e das ciências, típico polímata renascentista que se tornou colaborador de Walter Raleigh, ao ter contato com os indígenas da Virgínia concluiu modestamente que, aos olhos primitivos destes, os europeus pareceriam comparáveis a seres divinos (Cave, 2011, p. 14). O raciocínio embutido nessa observação é que o esforço de conquista e colonização seria provavelmente facilitado, e talvez a simples demonstração de força pudesse poupar os europeus do trabalho sujo de exterminar os indígenas. Essa crença estava tão entranhada nos "exploradores" que vários relatos dão conta da sua surpresa e da confusão em situações nas quais os ameríndios simplesmente resistiam às demandas por comida, território, ouro etc. (Cave, 2011, p. 18). A representação de um desenvolvimento pacífico ulterior ao gesto original de invasão colonial era, portanto, um elemento importante e significativo no imaginário dos colonizadores: mais uma vez, a ficção de More fala do processo real da colonização.

A escravidão universal

Mas em que, exatamente, consistiria a vida numa sociedade colonial em que o genocídio houvesse sido temperado pela compreensão dos indígenas de seu papel subalterno e o resultado — para empregar a terminologia dos generais ingleses na

Irlanda — fosse a convivência "pacificada"? A pista para responder a isso está na notícia que nos dá Hythlodaeus a respeito de uma interessante medida por parte do conquistador Utopos. Como vimos, sua primeira providência, depois da sujeição dos abraxianos, foi a obra de isolar Utopia do continente através da construção de um canal monumental. Notavelmente, Utopos "colocou não apenas os nativos para trabalhar nessa tarefa, mas também todos os seus soldados, de modo que os vencidos não viessem a pensar que tal labuta fosse alguma desonra" (U, 42). Embora o gesto de pôr os nativos subjugados no mesmo lugar que os soldados vencedores tenha, sem dúvida, caráter diplomático, a mensagem que tal ato transmite tem sentido duplo: por um lado, Utopos diz aos nativos que não são piores que seus soldados; por outro lado, o genial patriarca também deixa claro para os soldados que eles estão no mesmo lugar que os nativos. Com certa maldade, poderíamos dizer que, no fim das contas, o recrutamento geral para o trabalho demiúrgico de separar Utopia do resto do mundo consiste na implantação da escravidão colonial como regra geral de socialização. E, muito mais do que uma simples esperteza que visasse trazer os nativos sobreviventes da guerra colonial para o seio da civilidade, o que está em jogo é um princípio de organização social que se aplicará a todos os cidadãos da república de Utopia (na verdade, quase todos, como veremos), posto que o controle e a organização do trabalho, complementados pelo controle e pela organização do prazer, são funções primordiais da socialização utopiana.

2.2 A colonização como princípio de organização social

A universalização do trabalho agrícola

Vimos como a ênfase da crítica social empreendida no livro I recai sobre o problema do cercamento dos campos. Vimos também que um eco dessa crítica no livro II é que o primeiro aspecto de Utopia tratado de modo sistemático por Hythlodaeus é a organização do trabalho para a produção de alimentos. "Todos trabalham na agricultura, homens e mulheres, sem exceção. Recebem treinamento para tanto desde a infância, em parte nas escolas, onde aprendem a teoria, em parte através de viagens de campo para as fazendas mais próximas, o que acaba tornando a instrução prática uma espécie de jogo" (U, 49).

A universalização do trabalho agrícola responde pela demanda fundamental de alimentar todas as bocas da república. Essa necessidade, entretanto, parece recair sobre as pessoas desde fora: afinal, como vimos, o trabalho é primariamente algo de que *a república* precisa. De fato, a própria organização para o trabalho é realizada pela república no sentido que procuramos começar a definir acima: é obra de algo que poderíamos chamar de supervisão estatal. O tom da fala de Hythlodaeus, os termos de sua descrição, o componente de instrução pública, a mediação administrativa e a organização espacial envolvidas colocam claramente na conta das instituições de governo dos utopianos a eficácia do seu esquema de trabalho e educação.

Chama a atenção, sobretudo, que as considerações de Hythlodaeus a respeito da universalização do trabalho agrário comecem com uma ênfase no fato de que ninguém é escusado de trabalhar na terra: como se a tendência, da perspectiva da organização social utopiana, fosse a tentativa, por parte das pessoas comuns, de evitar o trabalho. Isso é particularmente estranho se lembrarmos que, na Inglaterra da época de More, a maioria esmagadora das pessoas trabalhava na terra, grande parte delas para a própria subsistência; nessas condições, quem evitasse o trabalho morreria de fome.

De onde vem, então, a preocupação utopiana de *obrigar* a trabalhar? Em parte, deve ser uma herança do passado colonial. Mas, falando sério, a resposta é que, em Utopia, *o trabalho não serve centralmente à satisfação de necessidades, mas à manutenção da república*. O sentido material da racionalização e da universalização do trabalho agrário — a abundância de alimentos que funciona como antídoto social para a miséria, a acumulação, a fome, a propriedade privada — não é, por si só, suficiente para garantir que todos trabalharão: é preciso que os utopianos sejam coagidos a trabalhar. De fato, "a principal e praticamente a única atividade dos sifograntes" (oficiais que operam no nível dos casarões coletivos) "é cuidar que ninguém fique na ociosidade, e assegurar que todo mundo trabalhe duro em seu respectivo ofício" (U, 49).

A superação da subsistência pré-moderna

A imagem de pessoas comuns obrigadas a trabalhar num esquema que resulta em sua própria satisfação material é difícil de aceitar acriticamente. A verdade é que, nos milhões de anos que transcorreram entre o aparecimento da humanidade e o início do capitalismo, não pareceu necessária a existência de um Estado que obrigasse as pessoas comuns a trabalhar de modo a produzir seus próprios alimentos. Muito pelo contrário, em tempos especialmente próximos de More, as questões políticas envolvendo as pessoas comuns geralmente diziam respeito não a uma luta para *distanciar-se* da produção material, mas para *apropriar-se* dela: eram lutas contra os obstáculos sociais que impediam as pessoas comuns de produzir livremente sua subsistência. Há abundantes e significativos exemplos concretos disso na história inglesa. O conflito aristocrático e popular, que teve como uma de suas culminâncias o lavramento da Magna Carta de 1217, já havia envolvido a expressão de demandas populares de livre acesso aos recursos naturais necessários à sua subsistência, como atesta a chamada Carta das Florestas, menos conhecida que a outra, porém momentosamente icônica para a história da luta popular (Linebaugh, 2008). O Grande Levante camponês de 1381, que praticamente acabou com os direitos feudais na Inglaterra, foi também um movimento popular de luta pelo livre acesso à terra (Hilton, 2003). As numerosas rebeliões populares que transcorreram no século XVI — e, em grande medida, também a Guerra Civil da década de 1640 — envolveram lutas contra o cercamento dos campos e portanto, mais uma vez, pela liberdade das pessoas comuns de reproduzir a vida em livre relação com a terra. Em todos esses episódios de conflagração social, os setores populares infalivelmente entraram em conflito com as elites que cuidavam dos tribunais e comissões, que organizavam oficialmente as milícias, que coletavam impostos, que arrendavam a terra — ou seja, com o Estado ou com os setores componentes da "sociedade política". As Guerras Camponesas na Alemanha, cujo espetáculo deixava More espumando contra as bestas da África, foram também lutas populares pelo acesso à terra. Rebeliões, revoltas e levantes semelhantes tiveram lugar em toda a Europa do medievo e do início da Era Moderna — para não falar dos pequenos e ininterruptos conflitos cotidianos que caracterizavam essas sociedades em que a população armada de tochas, machados e ancinhos representava uma força política capaz de exercer uma violência comparável à dos exércitos profissionais. Tudo isso não para se esquivar da produção de alimentos, mas para poder se entregar livremente a ela.

É notável que, nesse quadro histórico de turbulência social, diante de eventos que aconteciam logo à sua frente, o arguto Thomas More tenha criado a imagem de uma população que precisava de velhos sábios que a obrigasse a trabalhar — velhos sábios que eram, aliás, como ele mesmo e seus amigos humanistas, muito pouco acostumados a pegar no batente. A interpretação mais imediata desse lapso poderia ser feita salientando-se seu viés de classe: Budé, uma contraparte francesa de More e Harriot, falava de "supervisionar seus diversos trabalhadores", o que significava, naquele contexto, lidar com pessoas que a acumulação primitiva já havia reduzido a assalariados e não tinham em seu horizonte imediato uma perspectiva de luta pela terra e, portanto, de produzir livremente sua subsistência. Essas pessoas precisavam ser obrigadas a trabalhar, pois não trabalhavam para si mesmas e tendiam, evidentemente, a tentar ganhar seu pão com o menor esforço possível, prejudicando a acumulação de mais-valia de seus empregadores.

Mas tal perspectiva de classe pode ser filosoficamente expandida. A questão de More não é apenas o prazer intelectual de conceber sifograntes parecidos consigo mesmo dominando as pessoas comuns: é criar a representação literária da estrutura social capaz de fazê-lo. Além da ação econômica da própria classe, o que aparece na relação social descrita por Hythlodaeus é a conformação política da atividade dessa classe e sua transformação em princípio abstrato de socialização: a mediação estatal da manutenção da vida. Notavelmente, essa abstração preserva o poder da elite, mas elimina sua finalidade capitalista. Em outras palavras, o que o discurso de More apresenta é a possibilidade de conceber uma relação de classe não baseada na exploração predatória. *Ao contrário* da conformação social produzida pela elite inglesa — a nobreza perdulária, preguiçosa e gananciosa do livro I —, o Estado utopiano cuida das pessoas.

Longe de querermos enfatizar algum resultado benigno da imaginação de nosso autor, o que nos interessa salientar é que essa representação de um Estado cuidadoso, de todo modo, compõe com a usurpação material promovida pela acumulação primitiva. Em Utopia, a expropriação teve lugar, como na Inglaterra da acumulação primitiva: afinal, a forma de vida abraxiana foi destruída, assim como a forma de vida campesina milenar estava sendo destruída pelo cercamento dos campos. A finalidade de tal expropriação foi a transformação da reprodução material da vida: antes de Utopos, os abraxianos estabeleciam relação direta com a natureza e sobreviviam, da mesma forma que os ingleses antes do cercamento sistemático dos campos, os irlandeses antes da renovação do esforço colonial inglês, as populações ameríndias antes de serem desgraçadamente "descobertas". Depois de Utopos, os utopianos passariam a sobreviver também, mas por intermédio da administração estatal. Assim, a única mudança que a colonização introduziu na existência dos abraxianos foi a constituição de uma instância de mediação da vida — a república de Utopia, o Estado que promove administração social. Por trás da capacidade utopiana de alimentar todas as bocas, aquilo de que o texto de More realmente quer falar é *a capacidade do Estado moderno de organizar a vida*.

A mediação estatal da sexualidade

De fato, em Utopia, a administração social tem alcance geral e altíssima penetração. Uma imagem sucinta, porém incrivelmente eloquente disso, e que fornece um complemento genial para a mediação da produção de alimentos, é a supervisão estatal da atração sexual e do matrimônio. Hythlodaeus nos conta dos utopianos que, "ao escolherem parceiros para o matrimônio, eles seguem, solene e seriamente", o seguinte procedimento: "seja a mulher uma viúva ou uma virgem, ela é exibida, nua, para o seu pretendente, por uma matrona responsável e respeitável; da mesma forma, algum homem honrado apresenta o pretendente nu para a mulher" (U, 79). Hythlodaeus também diz que aos europeus esse costume pareceu, a princípio, absurdo — não por causa da embaraçosa ritualesca, e sim porque "os homens" usualmente prestam atenção apenas no rosto das mulheres e "negligenciam" seus corpos, que estão escondidos sob as vestimentas. Isso, lamenta o sensato navegante, acaba produzindo casamentos onde a atração está ausente, um mal do qual os utopianos sabiamente se livraram através de um expediente a um só turno racional e decente.

Precisamos dizer algumas palavras sobre a lógica dos costumes implicados nesse ritual. A ideia de que é preciso uma instituição social e a supervisão dos mais velhos para que as pessoas vejam os corpos nus umas das outras faz sentido para uma classe social pomposa e travada, soterrada em camadas de anáguas e moralismo. Podemos remeter às raízes longínquas desse moralismo e ao uso que lhe dá a elite para assegurar a pureza de suas linhagens — um uso que a destaca socialmente em dois sentidos: o da distinção social e da superioridade moral. Implicitamente, é um comportamento que contrasta com os costumes relaxados, libertinos, das pessoas comuns — nos quais, ao mesmo tempo, reside a possibilidade de conhecer e apreciar, no futuro parceiro, alguma coisa além do rosto e das mãos, sem que nenhum velho respeitável interfira nisso.

O que a bizarra instituição utopiana realiza, portanto, é a mediação da sexualidade espontânea ou dos costumes sexuais populares. Dá-se, aqui, um movimento análogo àquele da mediação da produção de alimentos, para a intelecção do qual, dada a falta de interesse do autor em produzir relatos, é preciso que usemos a imaginação. Assim como os abraxianos provavelmente mantinham culturas agrícolas crioulas milenares que Utopos deixou de plantar (algumas, sem dúvida, cultivadas na larguíssima faixa de terra removida para criar a ilha de Utopia), a sexualidade espontânea, anterior ao seu controle estatal, é viva e interessante, ao contrário de sua versão racionalizada e mediada. No entanto, na imagem de More, tanto a produção de alimentos quanto a sexualidade são expropriadas e posteriormente reinstauradas no regime artificial da administração social pelos costumes racionais dos utopianos — no fim das contas, pelo Estado.

A mediação estatal da vida na Inglaterra

Isso a que estamos chamando de mediação estatal da vida, ou administração social, apresentou-se como um problema político para as elites e para os setores populares mais ou menos na época de More. Vejamos alguns exemplos das formas que tomou.

Ao longo do século XVI, a monarquia conhecia a conexão entre o empobrecimento da população e a multiplicação de banditismo, mendicância, incidentes cotidianos de desobediência e ataque à propriedade — para não falar dos levantes de larga escala (Clay, 1994, p. 222). A resposta institucional para isso foram as chamadas Leis dos Pobres, uma sucessão de atos parlamentares que visavam estabelecer sistemas de assistência, entre eles a distribuição de alimentos. Sua implantação era supervisionada por comissões apontadas pela Coroa e por instruções enviadas do governo central tanto para as paróquias quanto para os juízes de paz, os oficiais laicos que operavam localmente. Uma das medidas concretas tomadas por aquelas comissões era o confisco de grãos de certos produtores, com o objetivo de evitar a especulação de preços — evidentemente, o resultado foi o exato oposto (Oliveira, 2018, cap. 3). Os alimentos eram transportados para Londres e posteriormente redistribuídos para os necessitados: era o Estado mediando a satisfação de necessidades. No entanto, às vezes os necessitados agiam contra essa mediação estatal, atacando os comboios de grãos confiscados e distribuindo-os entre si mesmos com as próprias mãos (Hoyle, 2004, p. 315).

Já a mediação estatal dos costumes de âmbito privado viria a ter lugar um pouco mais tarde, quando a ascensão do puritanismo na Inglaterra trouxe ao âmbito público debates a respeito do comportamento individual. O rei Jaime I tomou posição nesses debates através da publicação da *Declaration of Sports* [Declaração sobre as diversões], um documento de 1617 que versava basicamente sobre o lazer: os entretenimentos legítimos de serem desempenhados nas horas vagas, aos sábados, nos dias santos etc. Falaremos a respeito da maneira como os utopianos usam seu tempo livre mais adiante; por ora, observaremos que o tipo de administração social da vida que aparece em More dá testemunho não tanto de alguma arguta presciência, mas do livre jogo de uma imaginação de elite que estuda criativamente os limites possíveis da racionalização estatal. E é notável como nosso autor não desenhou uma utopia da perfeita repressão sexual e do extermínio colonial, mas da gestão cuidadosa da sexualidade e da população dominada. Que a aptidão do Estado para a supervisão da sexualidade *num sentido de tutela e controle, e não de repressão*, tenha aparecido no texto de More torna-o um dos pioneiros da reflexão moderna a respeito do controle sobre a vida.

Para voltar à Inglaterra realmente existente, as duas dimensões que exemplificamos — o controle do Estado inglês sobre os alimentos e sobre a vida privada — encontram-se numa outra questão administrativa contemporânea de More: a repressão às tabernas e a proibição do uso de grãos na fabricação de cerveja. Trata-se de uma velha contenda dos moralistas ingleses, temperada com um discurso de utilidade econômica, segundo o qual uma das razões para a escassez e o aumento do preço dos alimentos seria o suposto desvio de enormes quantidades de cevada para a produção de bebidas. Essa produção ocorria numa esfera de difícil controle: enquanto a atividade da indústria artesanal urbana era supervisionada pelas corporações de ofício, que eram próximas aos governos citadinos e, portanto, politicamente acessíveis à Coroa inglesa, a produção de cerveja ocorria sobretudo nas tabernas de aldeia ou de beira de estrada, que eram empreendimentos comerciais domésticos, de propriedade dos próprios aldeãos. O recenseamento e o licenciamento dessas tabernas foram uma dimensão curiosa da expansão da capacidade estatal inglesa no período analisado: em algumas regiões da Inglaterra, os estabelecimentos foram sistematicamente fechados, sob alegações de que seriam palco não apenas de comportamentos pecaminosos e de um consumo imprevidente das reservas inglesas de grãos, mas também de encontros sediciosos e reuniões conspiratórias.

O Estado como valor

O quadro que temos diante de nós, portanto, é o seguinte: a satisfação das necessidades é importante em Utopia, e o Estado cuida de sua realização; contudo, elas só são satisfeitas depois de reconfiguradas pelo Estado. Ao mesmo tempo, se os abraxianos tivessem sido deixados em paz, haveriam de continuar, a seu modo, satisfazendo suas necessidades. Isso significa, no fundo, que a reconfiguração das necessidades — a mediação estatal — é mais valiosa para os utopianos do que as próprias necessidades reconfiguradas. Por trás da realização das necessidades está a realização de uma necessidade mais fundamental, fundadora: *a necessidade de administrar a sociedade*. Em Utopia, "tudo foi bem ordenado, e a república foi propriamente estabelecida" (U, 52), e isso até traz vantagens concretas: você não se casa com gente feia nem passa fome. Porém, os abraxianos viviam e se multiplicavam, e não precisavam de ajuda para ver uns aos outros pelados nem para levar comida à boca, de modo que o que Utopos inaugurou, de fato, foi a república da ordem — ou da mediação estatal.

Reaparece, assim, o problema das "necessidades da república" que enunciamos acima, quando nos defrontamos com a estranha sentença que dizia serem os trabalhadores necessários à república. Dizer que o trabalho existe para a república significa dizer que a mediação estatal da vida social não acontece para que exista a satisfação de necessidades: ao contrário, uma determinada forma de satisfação de necessidades, organizada e mediada pelo Estado, existe *para que o Estado exista*. Reencontramos também algo que havia assinalado nosso encontro com Francis Bacon: o fascínio moderno com uma racionalidade autocentrada que despreza suas finalidades ulteriores e se satisfaz circularmente com sua própria realização, relativizando a satisfação de necessidades. O que o gesto colonizador original de Utopos institui é a *colonização em si*, a mediação da vida e dos costumes.

2.3 Administração social e autocentralidade do Estado

A questão do desenvolvimento

De acordo com nossa interpretação, o processo colonizador e a racionalização social imaginados por More redundam numa concepção de socialização autocentrada, na qual a finalidade da república é a manutenção da república, ou a administração social serve à manutenção do Estado. Isso porque as concepções a respeito da manutenção material dos cidadãos envolvem processos anteriores ao desencadeamento do processo de racionalização, aos quais é adicionada unicamente a racionalização. Em outras palavras, quando sublinhamos a autofinalidade da mediação estatal em More, estamos trabalhando com a ideia subjacente e gritantemente óbvia de que as pessoas comuns — os abraxianos, os algonquianos e outros ameríndios, os camponeses da Inglaterra medieval, os irlandeses antes da guerra colonial — eram capazes de reproduzir sua vida antes da imposição da mediação estatal.

Ora, está claro que essa ideia subjacente é passiva de uma objeção derivada do conceito de modernização enquanto desenvolvimento técnico. Segundo essa concepção, se as "sociedades primitivas" foram capazes, até certo ponto, de prover materialmente por si mesmas, a questão é se as sociedades modernas, operando sob a égide de uma economia e uma administração social racionalizadas, não o fazem de forma mais eficaz.

Na Introdução, vimos como, na historiografia sobre a origem da sociedade moderna, considerações em torno do problema do desenvolvimento têm consequências importantes para leituras a respeito do significado econômico do cercamento dos campos e da modernização econômica em geral, orientando escolhas diante da evidência histórica. No presente contexto, evitaremos a repetição dessa linha de argumentação, mas enfrentaremos a perspectiva desenvolvimentista utilizando material do próprio texto de More. Afinal, as sensibilidades econômico-filosóficas de nosso autor permitiram a ele enunciar as implicações do problema do desenvolvimento para a imaginação da sociedade organizada. Pois, no mesmo movimento argumentativo em que enumera as providências técnicas de cultivo e criação de animais adotadas em Utopia e descreve as vantagens da mediação racional da produção — dando conta, portanto, de aspectos tecnológicos e administrativos da racionalização —, More também enuncia, em seus próprios termos, consequências da modernização socioeconômica. Ele nos conta que, em Utopia, "ninguém precisa se exaurir com a labuta interminável do amanhecer até a noite, como se fosse uma besta de carga. Em quase toda parte, é assim que vivem os trabalhadores, numa existência miserável que é, em verdade, pior que a escravidão: mas não em Utopia", onde o trabalho está limitado a seis horas por dia (U, 50). Devido à racionalização da produção, "essas horas de trabalho proporcionam amplamente aos utopianos não apenas o necessário, mas mais do que o necessário, e até uma vida de conforto" (U, 51).

Tais formulações evocam a relação entre o incremento do desenvolvimento tecnológico-administrativo e o aumento da liberdade material, tema familiar a qualquer um que tenha um pouco de intimidade com a marxologia. Nos famosos termos da *Crítica do Programa de Gotha* e de *A ideologia alemã*, uma vez que a produção seja libertada da acumulação capitalista e racionalizada — uma vez que "a sociedade regul[e] a produção geral" (Marx & Engels, 2007, p. 38) —, o tempo de trabalho diminui e as necessidades de todos são satisfeitas (Marx, 2012, p. 29). Todavia, por mais que Kautsky e Wood possam nos dar a sensação contrária, More não escreveu *Utopia* para deixar os comunistas felizes; a sociedade utopiana, em realidade, não se conforma aos seus parâmetros. Como veremos, há um contraste entre a perspectiva utopiana sobre as consequências da racionalização do trabalho e a perspectiva marxista, o qual permite um insight interessante sobre a consciência do sentido da modernização na época da acumulação primitiva de capital. Em Utopia, a racionalização da produção não abre "a possibilidade de hoje fazer isto, amanhã aquilo, de caçar pela manhã, pescar à tarde, à noite dedicar-me à criação de gado, criticar após o jantar, exatamente de acordo com a minha vontade" (Marx & Engels, 2007, p. 38); lá, onde a administração social tem o sentido de uma mediação estatal autocentrada, a economia de tempo de trabalho deixa as pessoas livres apenas para terem a vida mais completamente administrada.

Controle estatal sobre o tempo

Para começar, o tempo dos utopianos é rigidamente controlado. A jornada de trabalho é dividida em dois períodos, das 9h às 12h e das 15h às 18h; entre os dois está o almoço, das 12h às 15h, realizado nos casarões coletivos. Após o segundo turno de trabalho vem o jantar, das 18h às 20h. Entre as 20h e as 4h os utopianos dormem. O dia começa às 4h e, portanto, até as

9h o utopiano tem o "tempo livre". Essas "horas do dia em que não estão trabalhando, comendo ou dormindo são deixadas a critério pessoal de cada indivíduo, contanto que não sejam desperdiçadas com bagunça ou preguiça, mas sejam usadas propriamente em alguma ocupação à escolha" (U, 50).

Hythlodaeus tem pouco a dizer sobre essas ocupações. Há, por um lado, aulas públicas sobre diversos assuntos; por outro, há muitos que preferem usar o tempo livre para praticar um ofício manual: tais pessoas "são tidas como especialmente úteis à república, e homenageadas". Mas é importante frisar: os utopianos "nada sabem a respeito de jogos de sorte com dados ou outras brincadeiras tolas e nocivas". Divertem-se, entretanto, com brinquedos edificantes: por exemplo, uma empolgante "batalha de números" e uma proba "luta entre as virtudes e os vícios" (U, 50) disputada num tabuleiro. São atividades capturadas pela autofuncionalidade da república: produzem cidadãos sociáveis e os alfabetizam cívica e matematicamente.

A caretice dessas imagens não deve ser lida como sinal de uma imaginação limitada de Thomas More. São, antes, expressões positivas da lógica de construção de *Utopia*. A mediação racional da vida estereotipicamente a esvazia de vitalidade; ao mesmo tempo, reafirma a autocentralidade teleológica da república, que mantém seus cidadãos bem alimentados e livres de modo a que possam se dedicar por inteiro à república. Tal dedicação é um mero adequar-se, um deixar-se mediar. A administração social administra as pessoas para que elas se tornem pessoas administradas: o mérito de *Utopia* é tornar isso absolutamente transparente.

Controle estatal sobre o movimento

Pela mesma lógica, no não lugar, as pessoas estão fixadas em seus lugares, em torno dos casarões onde seu estômago e suas mãos foram contabilizados. Para viajar, os utopianos precisam "facilmente obter permissão de seus sifograntes" e dos supervisores dos sifograntes; em geral, conseguem-na, "exceto se houver necessidade de que fiquem em casa". Os viajantes autorizados recebem uma carta do governador onde se lê o dia fixado para seu retorno. Qualquer um que infringir essas regras, afastando-se da residência designada sem permissão, "é tratado com desprezo", "trazido de volta como fugitivo" e "severamente punido"; os reincidentes são escravizados (U, 58).

Mais controle estatal sobre a sexualidade

Da mesma forma, uma vez concluídos os trabalhos diários, é fácil obter uma permissão para passear pelo distrito: basta solicitá-la ao cônjuge (U, 59). A onipresença das permissões significa, mais uma vez, o *controle* estatal sobre a vida: não se trata de negar, mas de tutelar, administrar. No que diz respeito às permissões solicitadas aos cônjuges, a linguagem de More é propositalmente neutra, sugerindo que tanto a esposa quanto o esposo precisam dessa autorização e são capazes de conferi-la. Mas está implicada aqui uma evidente medida de controle da família sobre a sexualidade: quem controla o movimento na esfera provincial é o parceiro sexual sancionado pelo Estado. Os cônjuges não podem simplesmente escapar para os campos.

É que os utopianos têm horror à promiscuidade. A racionalidade do ritual pré-nupcial de testemunho de nudez coexiste com uma feroz condenação "do intercurso pré-nupcial clandestino", o qual, "se descoberto e provado, acarreta severas punições tanto para o homem quanto para a mulher; os culpados são ademais proibidos de se casar durante toda a vida", o que equivale a uma condenação à perpétua abstinência sexual. Ao mesmo tempo, "os chefes da família onde o crime foi cometido são publicamente desonrados por terem sido relapsos em suas obrigações" de vigilância erótica (U, 79).

Os casamentos realizados depois da inspeção ocular tutelada são vitalícios, havendo a possibilidade de divórcio por consentimento mútuo, e mediante uma investigação promovida pelos senadores e suas esposas. Mas a separação unilateral é impossível, e o adultério é considerado um crime grave, punido "com a forma mais estrita de escravidão", a qual recai também sobre o cônjuge traído caso ele ou ela deseje continuar sua união com a parte traidora (U, 80). Isso quer dizer que o adultério não é um crime de interesse privado, mas uma ofensa contra o próprio Estado, que é obrigado a punir, independentemente da mágoa dos traídos. Afinal, os utopianos "supõem que poucos escolheriam unir-se no amor matrimonial — confinando-se a um único parceiro e aceitando todos os pequenos aborrecimentos envolvidos na vida de casados — a não ser que fossem estritamente impedidos de praticar o intercurso promíscuo" (U, 79). Com isso, provam que são inteiramente conscientes da relação estreita entre o controle demográfico e a racionalização social. Uma vez que seu sistema de produção e distribuição está amparado nos casarões coletivos, os quais são constituídos por grupamentos de famílias, a liberdade sexual criaria problemas gerenciais. Onde seriam contabilizados os braços e as bocas dos filhos de pais não casados? Conforme estabelecemos acima, as pessoas trabalham para a república, e vivem para trabalhar; por isso, também se reproduzem para a república. O casamento monogâmico é uma forma organizada de reprodução, a qual não precisa ser desprazerosa — daí o ritual pré-nupcial de inspeção ocular —, mas deve ser executada dentro de parâmetros estritos.

Administração social e experiência colonial

Aqui, precisamos interromper a análise textual para sublinhar um curioso caráter previdente na invenção de More. A maneira como as descrições utópicas de Hythlodaeus deixam encantados os personagens ingleses, habitantes do lugar precário, tem um paralelo na realidade: encontramos algo muito semelhante nos relatos dos viajantes oriundos das colônias portuguesas e espanholas que visitavam as missões jesuíticas.

Esses viajantes embasbacavam-se. Admiravam a extensão das terras cultivadas; surpreendiam-se com a organização urbanística, com a diversidade de ofícios praticados pelos indígenas reduzidos (ou seja, levados para viver junto aos colonos); maravilhavam-se com a solidez das construções; apreciavam e invejavam, enfim, o sucesso material e civilizatório visível, que contrastava brutalmente com a precariedade da maioria dos demais espaços coloniais (Block, 1994, p. 55). Ali vivia uma gente que não passava fome: movidas pela racionalidade monástica da autossuficiência econômica — a qual More conhecia de seus tempos como monge cartuxo —, as missões funcionavam em torno da produção para a subsistência (Block, 1994, p. 67).

Esses relatos coloniais estão cronologicamente distantes da publicação original de *Utopia*, em 1517: o ápice do desenvolvimento missionário foi no final do século XVII. Contudo, se os comentadores já estabeleceram as influências da literatura do "descobrimento" sobre a obra de Thomas More (Cave, 1991), a questão não é tanto se, a partir dessas leituras, nosso autor construiu uma "história do futuro", para roubar a expressão de Antônio Vieira. A realização filosófica de More foi, num período ainda muito incipiente da colonização das Américas, perceber as afinidades lógicas entre o controle monástico da vida, o desenvolvimento moderno da mediação estatal e a conquista colonial.[79] O autor pinçou e mobilizou, para a composição de sua obra, elementos fulcrais do imaginário da alvorada da moder-

79 Para uma reflexão a respeito do caráter moderno do empreendimento colonial português, sobretudo no que tange à política e ao controle sobre a vida nas missões jesuíticas, ver Oliveira (2015).

nidade, que ressoaram nas outras grandes mentes da acumulação primitiva de capital.

Assim, o jesuíta espanhol José de Acosta (1539-1600) compartilhava do juízo humanista condenador dos lugares realmente existentes ao denunciar a corrupção moral do mundo — uma boa razão para que as missões tivessem seu próprio governo, eclesiástico e independente. Manuel da Nóbrega (1517-1570), contemporâneo de Acosta, ao descrever a "lei que hão de dar" aos índios reduzidos, fala de várias transformações da vida idênticas às que Utopos impôs aos abraxianos para convertê-los na gente utópica: o vestuário simples e padronizado (U, 49), o controle sobre o movimento ("fazê-los viver quietos sem se mudarem para outra parte"), o controle sobre a sexualidade ("fazê-los ter uma só mulher") (Nóbrega *apud* Santos, 2007, p. 112). Os meticulosos recenseamentos praticados pelos jesuítas (Nóbrega *apud* Santos, 2007, p. 120) também davam notícia de uma preocupação demográfica comparável ao extremo manejo numérico dos indivíduos e das famílias em Utopia. O discurso moderno da "república" tampouco ficou ausente do imaginário missionário, que mobilizou — através do jargão da realização na terra do Reino de Deus — um pensamento que a historiografia não hesitou em chamar de utópico (Caraman, 1975). Por fim, o rígido controle sobre o tempo no cotidiano das missões jesuíticas (novamente herdado da disciplina monástica) esquadrinhava o dia em períodos determinados para todas as atividades permitidas, missas, refeições coletivas etc., e prescrevia uma quantidade de trabalho próxima à jornada de seis horas dos utopianos (Block, 1994, p. 90) — a qual, entretanto, ainda é desfavorável em comparação à jornada de indígenas (não reduzidos), para quem Clastres (1994, p. 21) cita estimativas de três horas de trabalho diário.

3

O desprezo moral pela subsistência

A mediação da satisfação das necessidades em Utopia é o primeiro grande tema do livro II da obra de More. O segundo grande tema é a ideologia oficial da república insular, uma espécie de filosofia moral de adorável razoabilidade, ancorada, no fundo, num profundo desprezo por aquela mesma subsistência que merece tantos cuidados da imaginação de nosso autor.

3.1 Racionalização e hierarquia moral

Para nossa caracterização da alvorada do pensamento moderno, o elemento mais interessante dessa tal filosofia moral é a questão da felicidade e sua relação com o problema dos "prazeres naturais". More bebe do caldo de epicurismo, estoicismo, aristotelismo e platonismo que constituía o imaginário ético-político dos humanistas. O que nos importa, entretanto, é menos a consistência desse caldo e mais a coerência entre as ideias que More pinça dele na composição de sua sociedade utópica.

Natureza e mediação social

Inicialmente, vamos focar a ideia de prazeres naturais. É importante sublinhar o contraste que existe entre o discurso naturalista de filosofia moral e a sociologia da mediação estatal que apareceu nas partes iniciais do livro I de *Utopia*. Afinal, como vimos, o que a autocentralidade da mediação estatal faz é justamente criar um artefato de socialização, ou uma vida social eminentemente artificial, que transforma uma forma de vida já existente (a dos abraxianos) à qual poderíamos chamar de natural. O estabelecimento do não lugar é um movimento de desnaturalização, a começar com o empreendimento racional de enorme escala que é a criação da ilha de Utopia através da escavação do canal por Utopos. Esse sentido físico, geológico e ecológico da transformação da natureza é um tema reincidente no relato de Hythlodaeus, que também nos conta como, mais tarde, os utopianos removeram florestas "desde as raízes, com suas próprias mãos", de modo a transplantá-las para perto dos portos, facilitando a exploração comercial e a exportação de madeira (U, 75). É o mesmo tema, afinal, que varia num sentido subjetivo, psicológico, quando Hythlodaeus fala da determinação planejada da manutenção da vida e dos costumes sexuais.

Evidentemente, no contexto do pensamento moderno, não é estranho que a natureza — o que é supostamente mais essencial, simples e universal — se encontre apenas ao final de intrincados percursos de mediação, raciocínios convolutos que nada têm de simples, espontâneos ou imediatos.[80] Essa habitualidade da produção racional do natural, contudo, não é razão suficiente para que dissolvamos a tensão entre a mediação artificial e aquilo que é natural e espontâneo, mesmo porque essa tensão é tematizada pelo pensamento de More. O ideário uto-

80 Ver a divertida crítica de Hegel a esse paradoxo, no primeiro capítulo da *Fenomenologia do espírito*, articulada em torno do polêmico conceito de "puro ser".

piano, conforme aparece na exposição de Hythlodaeus, ativamente pergunta pela coerência entre a administração social e o resgate da natureza: o cuidado com a produção e a circulação de alimentos que está no centro da organização de Utopia não é outra coisa senão um esforço social de satisfazer uma necessidade natural. Afinal, "virtude é viver conforme a natureza", dizem os utopianos, e "a natureza prescreve que devemos viver livres de todo medo, e tão felizes quanto possível, e que, devido à irmandade natural uns com os outros, devemos ajudar o próximo a atingir aquele mesmo objetivo" (U, 67).

O virtuoso — a felicidade, o contentamento, a irmandade — é o natural; o natural — a irmandade, o contentamento, a felicidade — é o virtuoso. Trata-se de um discurso constitutivamente vago que, por isso mesmo, é particularmente afeito à socialização planejada dos utopianos. Afinal, a racionalidade eficiente que pervade a administração social em Utopia — o conteúdo modernizante do discurso de More — a princípio alinha-se com facilidade à valoração naturalista do conforto material. Os utopianos têm, no centro de sua organização social, aquilo que é materialmente mais fundamental a respeito do ser humano: sua necessidade de comer. Em termos morais, a sociedade voltada à satisfação de necessidades é uma sociedade voltada para o conforto material dos cidadãos — a felicidade deles entendida de um ponto de vista sensatamente materialista. Assim como a necessidade de comer é natural, também é natural a satisfação de haver comido: é natural preferir o contentamento prazeroso à apreensão, ao medo da escassez que marca de forma tão determinante a descrição dos problemas socioeconômicos ingleses no livro I.

Enquanto oposto da escassez, a abundância — não como excesso, mas como suficiência plena — é um elemento importante do discurso de More. Em suas descrições da produção e circulação de alimentos, e também das refeições coletivas, Hythlodaeus enfatiza os diversos aspectos segundo os quais a cuidadosa racionalização social utopiana proporciona barriga cheia aos cidadãos. A moralidade utopiana fala a uma construção racional de uma sociedade que visa à satisfação natural, o que faz de More um pioneiro do discurso sobre o desenvolvimento econômico. Esse discurso — no qual está longinquamente enraizada a monumental hipótese histórica marxiana da contradição entre forças produtivas e relação de produção — encontrará expressão filosófica cristalina um século e meio depois, no *Segundo tratado sobre o governo*. Ali, John Locke afirma que a lei de Deus e da natureza traz como obrigação que nos mantenhamos vivos; ele celebra o desenvolvimento econômico sob a forma do cercamento dos campos, que supostamente aumenta a produtividade da terra, considera os frutos dessa produtividade aumentada presentes para a humanidade e conclui perguntando "se nas matas selvagens e ermos não cultivados da América, deixados à natureza, sem qualquer melhoramento, lavoura ou criação, mil acres de terra rendem aos miseráveis habitantes tantas conveniências para a vida quanto dez acres igualmente férteis do Devonshire, onde são bem cultivados" (Locke, 2003, p. 116, §37). No discurso de Locke, portanto, a articulação entre satisfação, abundância material e racionalização da produção resultará, ao mesmo tempo, numa apreciação positiva da modernização econômica e numa justificação moral para a colonização. Assim, retrospectivamente, entendemos que, na conquista colonial dos abraxianos, Utopos estava obedecendo a um imperativo natural.

Essa lógica de justificação que conecta o discurso sobre a prescrição natural da felicidade enquanto contentamento material com a origem colonial da sociedade utopiana não é um aspecto periférico do pensamento moral exposto por Hythlodaeus. Ao contrário, trata-se de um raciocínio estruturante, que determinará uma hierarquia moral de experiências subjetivas e terminará derivando numa apologia da hierarquia social e numa espécie de culto ao Estado.

Utilidade e prazeres naturais

Na filosofia moral utopiana, os conceitos de felicidade, natureza e virtude estão imbricados com um projeto de reconfiguração social. Devido ao tom crítico do texto — determinado pelo contraste entre a sociedade utopiana, o não lugar, e a sociedade europeia realmente existente —, cogita-se também uma oposição implícita entre a felicidade e a virtude dos utopianos e a forma de vida inautêntica, não natural, dos não utopianos. Quer dizer: a ideia de prazeres naturais especialmente virtuosos opõe-se de forma implícita a prazeres não naturais e não virtuosos.

Os exemplos que Hythlodaeus dá dessa oposição são bastante eloquentes. O personagem fala do desprezo que os utopianos sentem por vários dos objetos e costumes valorizados pelos ingleses, habitantes do lugar realmente existente problemático e desprezível. O apego destes últimos às roupas caras, vultosas e ostentatórias parece ridículo aos utopianos: "Tendo em vista a utilidade do traje, por que seria o fio de lã mais delicado melhor do que o fio mais grosso?". E quanto às "honrarias vazias, meramente cerimoniais [...] que prazeres verdadeiros e naturais podeis obter de alguém ajoelhado, ou de cabeça descoberta? Acaso por isso será aliviado o ranger de vossos próprios joelhos, ou a loucura de vossa cabeça?" (U, 69). Com o acúmulo de dinheiro, algo semelhante se passa: há o vício daqueles que "acumulam dinheiro sem qualquer propósito, apenas para contemplá-lo", e "o vício oposto" daqueles que o escondem sem jamais dar a ele qualquer uso (U, 71).

Vê-se que, à luz da relação entre virtude, prazeres naturais, planejamento social e satisfação material, aparece inevitavelmente a valoração da utilidade. As roupas, o dinheiro, as cerimônias não têm valor para os utopianos, exceto se permitirem a satisfação de necessidades materiais e, com isso, levarem ao contentamento, que é o prazer natural por excelência. E parece-lhes desprezível, em geral, emprestar valor a coisas inúteis:

é certo que essas coisas proporcionam prazeres, mas não passam de prazeres falsos, não naturais pois desligados do conforto material mais fundamental, que é a subsistência sadia.

A vil aristocracia

Chama atenção o nítido corte de classe por trás do elenco sucinto e exemplar de coisas que proporcionam prazeres inúteis. O cerimonial vazio e as roupas espalhafatosas eram marcas externas distintivas da aristocracia europeia: certas cores de vestuário eram, de fato, reservadas por lei aos aristocratas, sendo vedado seu uso aos não nobres, ainda que endinheirados. O prazer de guardar dinheiro sem dar-lhe emprego também é um traço da alta nobreza, desprovida de visão empresarial, como discutimos no estudo sobre Francis Bacon. Por fim, Hythlodaeus soma à lista o falso prazer das caçadas, para ele um hábito vil, covarde, que envolve um rude deleite com a velocidade dos cavalos, a gritaria dos cachorros, o medo da presa fugitiva etc. (U, 71). Ora, a caça constitui até hoje, para a aristocracia inglesa, um sinal de distinção social — associado, aliás, à indumentária ridícula e ao cerimonial estúpido.

Verificamos, portanto, uma disposição antiaristocrática no texto de More, a qual já havia aparecido anteriormente na seletividade de classe presente na condenação da riqueza. Como vimos, a riqueza ruim era a da aristocracia parasitária e do baixo clero das abadias e monastérios, não a do alto clero nem a das novas classes proprietárias, que em tal contexto nem são mencionadas.

A vil multidão

Ao mesmo tempo, é curioso que, embora esteja falando de hábitos claramente aristocráticos, Hythlodaeus coloque de forma explícita o apego a esses falsos prazeres na conta do povo, e não da aristocracia. Quem atribui estatuto prazeroso às roupas espalhafatosas, aos cerimoniais vazios e ao acúmulo de dinheiro, bem como a "incontáveis atividades como essas", é a "opinião do vulgo (*vulgo senso*)", também conhecida como "os costumes perversos (*perversa consuetudo*)" da multidão (U, 71).

A implicação, aí, é dúbia. Por um lado, More pode estar indicando — como apontarão alguns dos iluministas franceses dois séculos depois — que a aristocracia se alimenta socialmente da estupidez do populacho, que se inebria com seus espetáculos sem sentido. Essa é uma possibilidade que não encontra, entretanto, amparo explícito no texto de More. Por outro lado, a terminologia empregada diz explicitamente que é o costume, a cultura das pessoas comuns, que toma por experiências prazerosas as atividades inúteis que até podem agradar os sentidos, mas que em si mesmas não têm nada a ver com o verdadeiro prazer.

Esse argumento vago evidentemente não explica como se dá a influência dos costumes populares sobre a percepção do prazer. Há, mesmo assim, dois elementos dele que não têm nada de vago: seu desmerecimento dos sentidos físicos (do qual trataremos mais adiante) e seu conteúdo antipopular. Este último aspecto consiste numa expressão inequívoca e transparente do teor constitutivamente elitista da posição intelectual humanista, para o qual já apontamos. A clareza diferenciada desse elitismo mostra como o gosto do intelectual pelo outro mundo serve mais para embasar sua superioridade diante *deste* mundo do que para preencher a utopia de um conteúdo específico realmente interessante. Quando tem a chance de desenvolver esse conteúdo, More, ao contrário, limita-se a reiterar sua distância positiva do existente. Bastante convencido de sua superioridade intelectual, o eloquente denunciador das mazelas do povo termina rendendo-se ao irresistível desprezo pelos hábitos populares.

E esse não é um mero detalhe: é, afinal, sobre esse desprezo subterrâneo que está erigida a justificação da administração social autocentrada. A interferência racional nos costumes é boa em si mesma, porque os costumes são em si mesmos ruins apenas por serem costumes: comuns, vulgares, irrefletidos — *populares*. A sociedade moderna propriamente dita, concebida pelos intelectuais enquanto processo de transformação conduzido por elites sábias, atinge, com essas ideias, a consciência abstrata do sentido real da constituição do Estado moderno, com seu aparato de poder monopolizável e capaz de sepultar para sempre o jogo de forças medieval, organizado em torno da desobediência constitutiva e da ameaça periódica dos levantes generalizados. A transformação da subsistência através do cercamento dos campos e a imposição do desenvolvimento técnico; a conversão dos víveres em mercadorias; a formação de exércitos monárquicos independentes das milícias populares; a constituição de igrejas nacionais em oposição às formas populares de religiosidade: todas são filosoficamente adornadas por uma teoria que tem, em seu centro, a ideia da inferioridade moral dos setores populares que saíram perdendo com tudo isso. O desprezo humanista pelo mundo existente é um triunfante ódio de classe.

As grávidas perturbadas

Esse ódio de classe tem, ademais, um componente de gênero. Mais adiante, estudaremos com detalhes a importância da misoginia na argumentação de More; por ora, sublinharemos apenas que a melhor maneira que Hythlodaeus encontra para explicar a percepção truncada das multidões, cujo hábito induz ao erro de tomar os prazeres sensuais como prazeres naturais, é a comparação com a "confusão entre o amargo e o doce" vivenciada pelas "mulheres grávidas, que, com o paladar distorcido, às vezes pensam que o sabor do piche e do sebo é mais doce do que o mel" (U, 71).

Essa imagem, para começar, precisa ser colocada ao lado das observações que fizemos anteriormente a respeito da funcionalização do matrimônio pela república. Na perspectiva da manutenção da república, o fato de que as mulheres tenham de engravidar aparece como um inconveniente necessário, uma espécie de acontecimento desagradável, porém inevitável, um meio eivado de vício que leva ao fim virtuoso da autopreservação da estrutura de administração social. Em si mesma, a gravidez é um estado indigno, um paradigma para a perturbação do espírito que, bizarramente, nos afasta da dimensão natural — a virtude da plácida e equilibrada satisfação. De fato, em seus efeitos sobre o espírito feminino, é comparável a uma espécie de enfermidade: "o paladar de alguém pode ser pervertido pela doença ou pelo costume", assevera Hythlodaeus (U, 71).

Por fim, há também evidências de que os utopianos concebem a gravidez como uma propensão a acidentes súbitos e imprevisíveis. Nas refeições coletivas, em que deve reinar a tranquilidade exigida por uma boa digestão, "os homens sentam-se com as costas para as paredes, e as mulheres" com as costas voltadas para as passagens entre as mesas, "de modo que, se alguma delas sentir uma náusea ou dor súbita, como ocasionalmente ocorre durante a gravidez, poderá levantar-se sem perturbar os demais e procurar as enfermeiras" (U, 57). Essa providência atesta uma aversão bizarra ao inesperado, ao mesmo tempo associando-o à gravidez enquanto estado patológico, para cuja imprevisibilidade, contudo, basta o antídoto mais microscópico: uma mudança na disposição de assentos. A psique utopiana, que se satisfaz com o falso cuidado desse evidente sintoma obsessivo, com certeza preferiria eliminar a gravidez da experiência social e criar as crianças como os fazendeiros utopianos cuidam dos ovos: longe das galinhas, dentro de um forno tecnicamente supervisionado (U, 44).

A mera sobrevivência

Mais uma vez, o acima descrito não é um detalhe isolado. A concepção utopiana da função orgânica absolutamente fundamental da gravidez envolve um flerte com os prazeres antinaturais e sugere que a materialidade humana não tem lugar tão central na ideologia utopiana quanto faz crer a centralidade da produção de alimentos. De fato, depois de montar todo um esquema de racionalização social centrado na mediação e na manutenção da vida, e associar os prazeres reais com o contentamento físico, Hythlodaeus desvela uma momentosa nuance no sistema moral de Utopia: uma distinção entre dois tipos de prazeres reais, os "prazeres da mente" e os "prazeres do corpo". Embora seja um tema muito velho da tradição filosófica, no âmbito de *Utopia* surpreende que os prazeres do corpo, que serão definidos como inferiores aos da mente, digam respeito justamente a tudo aquilo que o sistema utopiano de mediação das necessidades realiza: o "deleite imediato" que se sente quando "os órgãos corporais que foram enfraquecidos [...] são restaurados através da comida e da bebida" — os "prazeres rudes (*libido*) da comida e da bebida" —, comparável a quando "eliminamos algum excesso de nosso corpo, seja com nossos movimentos intestinais, seja quando geramos crianças, ou quando aliviamos alguma coceira em algum lugar esfregando-a" (U, 72).

A comparação entre a alimentação, a defecação, o ato sexual e a coceira é eloquente. A ideia de satisfação de necessidade como alívio é o que faz com que a coceira pertença ao conjunto e lhe empreste um caráter especialmente menor. Do ponto de vista histórico-econômico que estamos tentando ressaltar no texto de More, é óbvio que nenhuma dessas necessidades realmente se compara à outra: todo o complexo esforço estatal de regulação da produção de alimentos o confirma, bem como uma célebre anedota envolvendo Diógenes, o Cínico, que, repreendido por se masturbar em público, teria respondido: "Quem me dera poder matar a fome esfregando a barriga!". A quantidade de esforço que precisa ser socialmente despendido para universalizar a alimentação é incomparável com o roçar de um dedo, as evoluções intestinais etc.

De todo modo, o objetivo explícito de Hythlodaeus é complementar a hierarquia entre os prazeres falsos e os prazeres verdadeiros com aquela entre certos prazeres naturais que são baixos e rudes, e outros prazeres naturais que são altivos e sofisticados. Estes últimos são os prazeres da mente: "O deleite que resulta da contemplação da verdade, a gratificação de olhar para trás, para uma vida bem vivida, e a esperança segura na felicidade vindoura" após a morte (U, 71). São os prazeres que nos fazem o que somos: "Quis a natureza que fossem província particular do homem. Pois nenhum animal contempla com deleite a forma e a beleza do universo, ou apraz-se com odores (a não ser na busca de alimento), ou distingue os sons harmônicos dos dissonantes" (U, 74).

É óbvio — mas mesmo assim importante notar, devido à relutância costumeira dos comentadores, mesmo os marxistas, em dar sentido a esse fato — que, concretamente, tais prazeres da mente são a província específica do "homem", mas apenas de *alguns* "homens": aqueles que escrevem livros, trocam cartas em latim, supervisionam seus diversos trabalhadores, negociam tratados comerciais etc. Reaparece, negativamente, a demofobia de More. Quem conhece um pouco de história da filosofia sabe que, desde Platão e Aristóteles, tão logo começa a separação entre prazeres verdadeiros e falsos, segue-se rumo a uma hierarquia moral entre os prazeres verdadeiros, enveredando-se por uma discussão valorativa dos costumes; a conclusão inexorável de que as pessoas comuns não são tão pessoas assim não tarda em aparecer. Na lógica de nosso autor, quem não crê inabalavelmente na vida após a morte, não tem apreciação intelectual da música e não contempla o universo está alheio à sua essência humana e assemelha-se aos animais. Tal raciocínio provavelmente se aplicaria com facilidade aos abraxianos — para não falar dos selvagens do Novo Mundo, dos irlandeses etc.

Ao mesmo tempo, surpreende que os fundamentos da república utopiana, tão orgulhosamente contrastados com a Inglaterra realmente existente e organizados com tanto cuidado pelo discurso de Hythlodaeus, tratem, na verdade, de controle, planejamento e administração justamente daqueles prazeres que são os mais baixos. Comer, beber, manter-se saudável, reproduzir-se: é, afinal, para coisas dessa ordem que a administração social está voltada. Em um notável contraste, o texto de More não dá nenhum sinal de que *o exercício dos prazeres intelectuais em Utopia seja tutelado* de qualquer maneira remotamente comparável ao que se dá com os prazeres do corpo. Eis mais um aspecto do caráter de classe — e de gênero — da república que More imaginou: é significativo que o trabalho da produção material seja hiperorganizado desde cima, seja uma preocupação fundamental do estado utopiano, enquanto os intelectuais desempenham suas atividades livremente, conforme se verá.

Prazeres intelectuais e divisão social do trabalho

Outro detalhe da caracterização dos prazeres verdadeiros superiores salta aos olhos. Como apareceu numa citação acima, devido a alguma curiosa inclinação pessoal, More inclui na lista de prazeres superiores, junto com a música e a metafísica, a apreciação dos perfumes, quando dissociada da "busca de alimento" (U, 74). A ressalva seria o que nos separa dos animais. Estes apreciam os cheiros porque isso lhes é útil: encontram o alimento através do faro. Para nós, a apreciação dos odores é — para utilizar uma expressão da estética moderna — um fim em si mesmo, um prazer determinado por sua *inutilidade*.

De novo, surge aqui uma ideia que, à primeira vista, contrasta com a sensatez utilitária que atravessa a maior parte do livro II de *Utopia*, mas que se encaixa bem junto ao espírito hierárquico da distinção entre os prazeres inferiores e animalescos do corpo e os prazeres superiores e verdadeiramente humanos da mente. More, evidentemente, não está sozinho nessa hierarquização: de Platão a Kant — e além —,[81] quando foi preciso emprestar dignidade às coisas do intelecto, a tradição intelectual ocidental não hesitou em voltar seu desprezo contra o corpo e a matéria. Aqui e ali, contudo, essa tradição deixou escapar também o fundamento sociopolítico desse esquema.

Uma geração antes de More, John Fortescue, juiz de paz e homem de posses — e também um dos pioneiros da economia política racional e materialista celebrada por Neal Wood —, descrevia favoravelmente a Inglaterra do final do século XV, falando da abundância material, da prosperidade, da riqueza agrícola. Atribuía tudo isso, em grande medida, ao cercamento dos campos e à conversão da terra arável em terra pastoril. Contudo, além dos efeitos econômicos, o cercamento dos campos teve efeitos espirituais importantes: enquanto o trabalho na lavoura impõe ao homem uma "rusticidade da mente", os responsáveis pelos pastos cercados, em contraste, assemelham-se aos "patriarcas da Antiguidade", estando mais "dispostos a investigar causas que requerem uma perspicácia penetrante" do que "os homens que, imersos no trabalho agrícola, contraíram da familiaridade com o solo uma rusticidade da mente" (Fortescue *apud* Wood, 1994, p. 62). Evidentemente, *master* Fortescue não está falando dos pastores pés-rapados, mas dos *yeomen*, a classe dos novos proprietários não nobres, cercadores de terras comuns e donos de rebanhos extensos, à qual ele mesmo pertencia e encontra ocasião de louvar em outra parte de seu trabalho.

81 Alcançando, famosamente, os Titãs ("A gente não quer só comida"), cuja melhor refutação foi escrita quase um século antes por Siegfried Kracauer (1889-1966), para quem "não se pode viver só de pão, muito menos quando não se tem nenhum".

A implicação, em suma, é de que os proprietários, por não trabalharem, tornam-se espiritualmente diferentes das pessoas comuns que trabalham, mais afeitos à atividade intelectual. De novo, não é uma ideia original na tradição intelectual ocidental, cujo louvor por si mesma atravessa todas as épocas. No contexto moderno, é importante observar que está embutida, em tal ideia, a reflexão de que é preciso uma transformação socioeconômica para que se torne possível desenvolver o espírito numa certa direção que a elite econômica considera louvável. E, embora More não enuncie tal desenvolvimentismo elitista sem-vergonha, sua posição, escondida por trás da hierarquia dos prazeres, é idêntica em substância. Tanto ele quanto Fortescue são admiradores de uma racionalidade cujo valor está em sua distância do mundo da utilidade e compreendem que a emergência dessa racionalidade depende da divisão social do trabalho — de uma submissão da realidade social e da produção material à racionalização utilitária, centrada na produtividade etc.

3.2 Gênero e divisão do trabalho

Escravidão e trabalho feminino

Ora, nenhuma configuração da divisão social do trabalho é tão radical quanto a escravidão, que está centralmente presente no esquema social de *Utopia*, em conexão, ademais, com o problema dos prazeres superiores.

Quando fala do falso — e aristocrático — prazer da caçada, Hythlodaeus sublinha seus aspectos físicos e violentos: os cachorros barulhentos, a perseguição veloz, a presa fraca e amedrontada, a sanguinolência. “Essa atividade, como um todo, é indigna de homens livres", afirma o personagem. E complementa: é por razões semelhantes, aliás, que, em Utopia, todos os açougueiros são escravos. Como a caçada, o trabalho é sujo e cruel — mas, pelo menos, é útil (U, 71).

Em outra passagem, Hythlodaeus nos diz que "aos cidadãos não é permitido" trabalhar nos açougues: nem matar os animais, nem limpar os lugares onde isso é feito. Essas são, segundo ele, atividades "que gradualmente destroem o sentimento de compaixão, o melhor sentimento de que é capaz nossa natureza humana" (U, 55). Além disso, a sujeira envolvida carrega riscos para a saúde, e por isso os açougues são localizados longe das cidades. É, pois, um trabalho que ameaça a vida e o espírito humano; ao mesmo tempo, só pode ser desempenhado por músculos e nervos humanos, sendo valioso para a satisfação material dos utopianos. Conclusão: deverá ser desempenhado por escravos.

Numa outra passagem, Hythlodaeus complementa esse raciocínio de maneira bizarramente interessante. Diz aos seus interlocutores que, em Utopia, "os escravos fazem todos os trabalhos particularmente sujos e pesados. Mas o planejamento das refeições, bem como a preparação e o cozimento dos alimentos, é realizado unicamente pelas mulheres, num revezamento entre as famílias" (U, 56). O que encontramos de sintomático nessa passagem é a concatenação entre os trabalhos sujos e pesados e a preparação das refeições e, ao mesmo tempo, entre o trabalho dos escravos e o trabalho das mulheres. É como se esses trabalhos fossem diferentes e, no entanto, comparáveis. É fácil imaginar o intelectual cheio de profundidades torcendo o nariz para as pilhas de cascas de legumes e pelancas de carnes, as fumaças de cheiro forte, a fuligem dos fogões, o ruído dos amoladores e dos cutelos. Mas o fato de que, para os utopianos, não há problema em expor as mulheres a esse tipo de atividade, afastada dos prazeres verdadeiramente humanos, torna-as também menos humanas — mais ou menos como os escravos.

Subordinação feminina e subsistência material

Essa notável identificação entre uma classe social, definida pela divisão social do trabalho, e o gênero feminino é realizada explicitamente numa eloquente passagem em que Hythlodaeus descreve a organização das residências familiares. Nelas, "as esposas atuam como subordinadas (*ministri*) de seus esposos, filhas de seus pais e, em geral, como jovens perante os mais velhos" (U, 55). Para que fique claro o sentido dessa subordinação geral, a glosa textual que comenta esse trecho na edição de 1517[82] explica, aludindo aos problemas da Inglaterra realmente existente: "assim eliminam-se as multidões de serviçais ociosos".

É notável que, em *Utopia* como um todo, essa seja uma das únicas e sumárias referências explícitas ao trabalho doméstico, o qual, portanto — pelo menos aos olhos dos leitores preocupados com os verdadeiros problemas da economia política —, brilha resplendentemente por sua ausência. A outra referência dá-se *en passant*, de forma secundária à descrição sobre as refeições comunais: trata-se do seguimento da discussão sobre a disposição dos assentos das mulheres enquanto antídoto para os imprevistos da gravidez. Movidos pelas mesmas preocupações com a organização, o silêncio e a tranquilidade das refeições, os utopianos colocam as crianças mais jovens para comer numa sala separada, ao cuidado das enfermeiras ou amas (*nutrices*). Estas, a princípio, são as mães das crianças — que, portanto, são privadas da edificante convivência dos salões coletivos. Caso a mãe falte — por morte ou doença, observa Hythlodaeus —, alguma outra mulher pode tomar seu lugar, sendo que nunca faltará quem o faça, "pois não há atividade para a qual mais prontamente se apresentem como voluntárias, visto que todos aplaudem sua amabilidade" (U, 57).

82 Essas glosas, que figuravam como texto marginal, foram redigidas a pedido de More, ou por Erasmo de Roterdã, ou por Peter Giles (More, 2003, p. XXXI).

Assim, as mulheres se oferecem de bom grado para desempenhar a atividade mais conveniente à manutenção da ordem socialmente concebida e aos homens preocupados com essa ordem, que permanecem imperturbados, sentados de costas para a parede em seus salões. Os termos com que More descreve essa disposição feminina são muito próximos daqueles através dos quais o discurso colonial concebe a rendição voluntária dos selvagens ao nobre serviço da civilização mais avançada — e, no caso de Utopia, mais racional.

Tendo exclusividade no preparo dos alimentos, no trabalho nas residências familiares (que, supõe-se, são limpas e arrumadas por elas) e no cuidado da reprodução demográfica, as utopianas operam naquela esfera em que as providências estatais para a manutenção da vida abandonam a dimensão abstrata dos planejamentos e atingem a fisicalidade do *consumo material*. Mas a atenção de More, ao longo de cento e tantas páginas, não se detém nesse elemento fulcral por mais de uns poucos parágrafos. Podemos supor um desconhecimento por parte de nosso autor: talvez ele simplesmente não tivesse a sensibilidade sociológica para penetrar nas raízes da reprodução material da sociedade. Assim, no livro I, enquanto descreve a Inglaterra, Hythlodaeus lamenta-se com seus interlocutores a respeito da má distribuição do trabalho naquele lugar realmente existente, dizendo: "para começar, quase nenhuma das mulheres — que são metade da população — trabalha" (U, 51). Eis aqui um apagamento desavergonhado do trabalho doméstico, que More sem dúvida conhecia muito bem, visto que sabia sentir falta dele: quando sua primeira esposa morreu, deixando-o com quatro filhos pequenos, ele pediu autorização especial para casar-se novamente menos de um mês depois de enviuvar. E, embora se costume pintar seu retrato como o de um homem apegado à família e à vida doméstica, é muito curioso que a posteridade não saiba ao certo o nome daquela sua primeira esposa (More, 2003, p. XIV).

Quando dá as costas ao trabalho feminino, More está, ademais, posicionando-se com respeito às práticas pré-modernas de divisão sexual do trabalho que, nas aldeias camponesas, determinavam a autonomia material das pessoas comuns. Prerrogativas conferidas especialmente às mulheres para acessar diretamente os recursos necessários à subsistência — às florestas, para coletar madeira e frutos e dar pasto aos porcos, e aos campos, para colher o trigo deixado para trás pelos ceifadores —, registradas em seções da Magna Carta que a historiografia relegou ao esquecimento (Linebaugh, 2008, p. 72, 76), eram parte do costume popular e, por tempos incontáveis, deram o tom da luta cotidiana das pessoas comuns. Nessa luta, aliás, as mulheres inglesas tiveram destaque ao longo da crise social promovida pela acumulação primitiva, frequentemente liderando motins de apropriação de terras comuns e de alimentos (Linebaugh & Rediker, 2000, p. 39), baseando-se na tradicional divisão sexual do trabalho para promover o embate contra a modernização violenta.

Assim, o retrato utopiano das mulheres como submissas e a relegação do universo do consumo para subsistência a uma esfera moralmente inferior têm um sentido político preciso. As associações textuais entre o gênero feminino e o trabalho escravo, que apontam uma aproximação da questão da dominação de classe com a questão da dominação de gênero, expressam filosoficamente o desprezo moderno pela esfera tradicional de atuação das mulheres, mas também pela *subsistência enquanto prática popular*. Nessa prática estava baseada, afinal, a política de multidões de pessoas comuns que caracterizava a desobediência cotidiana e os levantes generalizados no medievo e no período de transição para a Era Moderna (Oliveira, 2018, p. 175-91, 291 ss.). Historicamente, isso significa que a questão do trabalho e dos espaços femininos tinha, então, uma dimensão civilizacional que extrapolava o gênero. Quando o discurso de *Utopia* se volta contra as mulheres, adota sempre uma perspectiva material conectada aos trabalhos femininos, às funções especificamente femininas na reprodução da sociedade, porque a misoginia de More tem como causa o mesmo princípio filosófico que o leva a desprezar o povo, a conceber a colonização como fonte de socialização e a projetar uma mediação estatal da satisfação material. São aspectos da modernização violenta que não acidentalmente se revela, como vamos vendo, elitista, intelectualista, machista — e gerontocrática.

3.3 Os não trabalhadores

À primeira vista, Utopia é uma república centrada na universalização da satisfação das necessidades básicas do ser humano. Contudo, vimos que, sob o fino e encantador verniz do sensato materialismo, subjaz uma sociedade hierarquizada, cuja filosofia moral reserva a verdadeira humanidade exclusivamente a atividades que nada têm a ver com a manutenção da vida, as rudezas dos estômagos e dos úteros. Se a vida vivida na labuta física não é propriamente humana, são inumanos os escravos, sub-humanas as mulheres e semi-humanos a maioria absoluta dos "cidadãos" do sexo masculino em Utopia, cuja obrigação fundamental é cuidar da produção de alimentos. Ou seja: de acordo com a filosofia moral de Utopia, quase todos os habitantes dessa excelente república insular passam a maior parte da vida abaixo da linha da humanidade.

Mas o sentido dessa rude estatística precisa ser sofisticado. Pois, afinal, qual é a surpresa? Não é segredo que, em Utopia, como vimos, os trabalhadores trabalham para a república, e não para si mesmos — da mesma forma que, no corpo humano voltado aos verdadeiros prazeres humanos, o sono e o alimento apenas preparam o indivíduo para as atividades da contemplação intelectual, do louvor a Deus, da olfação de perfumes etc. Chegou a hora, então, de entender quem compõe a república para a qual o trabalhador trabalha. Existe em Utopia uma gente verdadeiramente humana: os intelectuais profissionais, que são também, sobretudo, homens velhos.

A promoção para o não trabalho

Hythlodaeus nos diz que, na terra da colonização universal, "em cada cidade e no campo circundante" existem por volta de "quinhentos homens e mulheres que, pela idade e pela força, seriam aptos para o trabalho, mas que são eximidos de trabalhar" (U, 52). Como cada cidade (entendida como um espaço ao mesmo tempo urbano e rural) tem exatamente seis mil famílias, podemos supor que essas quinhentas pessoas correspondam a cerca de 1% da população. Mas quem compõe esse grupo de não trabalhadores? Em parte, são os chamados sifograntes, administradores locais do trabalho alheio, dispensados por lei de trabalhar — e, no entanto, "não aproveitam tal privilégio, preferindo dar um bom exemplo para seus concidadãos" (U, 52).

Sabemos, de todo modo, que só há duzentos sifograntes por cidade, o que nos faz perguntar pelos demais trezentos não trabalhadores. Uma parte deles vem do nicho dos artesãos. Hythlodaeus não fala muito sobre esse grupo social. Assim como a educação infantil em Utopia inclui um treinamento nas atividades agrícolas, também envolve a iniciação em uma, e somente uma, atividade artesanal, que é herdada "do pai" (U, 49). Isso porque, aparentemente, as mulheres estão limitadas nesse aspecto: "como o sexo mais fraco, praticam os ofícios mais leves, tais como o trabalho em lã ou linho" (U, 49), o que responde pelo fato de, em Utopia, as roupas serem todas produzidas no ambiente doméstico. Existe também uma rotatividade obrigatória entre o espaço urbano e rural: as famílias são obrigadas, a cada certo tempo, a migrar das casas coletivas na cidade propriamente dita para as casas coletivas no campo. Assim, tampouco se constitui uma população especificamente citadina, que, como os artesãos medievais, ficaria encarregada da produção industrial. De todo modo, chama atenção que o termo *mechanicus*, usado por More para designar o artesão, evoque o mesmíssimo setor social que Bacon — e, com ele, Christopher Hill — vê como particularmente afeito ao tipo de conhecimento que realmente importa.

Sem definir com clareza o lugar social dos artesãos em Utopia, Hythlodaeus nos diz, mesmo assim, que "acontece, não infrequentemente, que um artesão devota tão diligentemente ao estudo o seu tempo livre, e alcança através disso tal progresso que é eximido de seu ofício e promovido (*provehatur*) à ordem (*classem*) dos homens sábios" (U, 52). Trata-se claramente de um processo de ascensão social: a confiar no vocabulário latino de avanço e desempenho, o artesão alcança o *privilégio* de parar de trabalhar — e não só em seu ofício, mas em qualquer coisa.

Assim, mais uma vez, encontramos uma nuance significativa no elogio utopiano ao trabalho e na suposta centralidade da produção material na imaginação política de Thomas More. Há, aqui, uma nova seletividade de classe: assim como a riqueza ruim é a da aristocracia e do baixo clero, e os costumes semi-humanos são os da aristocracia e das massas, o trabalho bom é o trabalho dos outros, e não o daqueles que, do alto de seu desenvolvimento intelectual, conversam sobre as maravilhas do trabalho e da satisfação material em Utopia. A ideia de que parar de trabalhar não é apenas bom, mas também o resultado de uma promoção, casa perfeitamente com a visão de que os trabalhos que dizem respeito à mera subsistência são semi-humanos. É importante observar isso, porque esse aspecto da moralidade e da política utopianas não tem nada a ver com uma crítica libertária ao trabalho como obrigação socialmente imposta, mas com a ambição de uma elite intelectual em retratar a justeza de sua posição privilegiada.

Apesar de começar o raciocínio falando de "homens e mulheres" que são eximidos do trabalho, More, não obstante, utiliza o termo latino masculino *mechanicus*, em vez do neutro ou do feminino, para designar os esforçados artesãos que se fazem intelectuais. A mesma seletividade de gênero aparece na indicação de uma terceira maneira de escapar do trabalho universal: "alguns outros são permanentemente eximidos do trabalho de modo a poderem se dedicar ao estudo, mas apenas por recomendação dos sacerdotes e por voto secreto dos sifograntes" (U, 52). Esses "alguns outros" são designados pelo nominativo masculino plural *hi*, em latim — um idioma cheio de recursos que permitiria facilmente a inclusão de "homens e mulheres" na sentença.

Há um último grupo de pessoas eximidas do trabalho: "aqueles (*ii*) que, desde a infância, deram evidência de um talento excepcional (*egregiam indolem*), enorme inteligência e inclinação particular pelas boas artes (*bonas artes*)", ou seja, as artes do intelecto. São indivíduos naturalmente dotados, aos quais More se refere, mais uma vez, pelo gênero masculino, e aos quais é permitido se dedicar integralmente aos estudos desde a infância (U, 64).

Imaginação utópica e divisão do trabalho

Essas definições têm importância central para a compreensão do texto de More. Afinal, "é dessa classe letrada (*litteratorum ordine*) que são selecionados os embaixadores, sacerdotes", sifograntes "e o próprio governador" (U, 52). Utopia é uma sociedade que prima pela organização racional, e a classe política responsável por essa organização é oriunda exatamente do setor social dos intelectuais. A própria expressão "sifogrante", como vimos, costuma ser interpretada como uma conjunção de palavras gregas, via latim moderno, com significado semelhante a "homem sábio".

É notável que a habilidosa sociedade utopiana, capaz de criar florestas artificiais, controlar matematicamente a população e alimentar a todos, escolha criar uma classe específica de gente dedicada ao espírito. Vimos como as jornadas de trabalho relativamente curtas e o controle sobre o tempo funcionam de modo a viabilizar um tempo livre que parece ser reservado às atividades intelectuais especificamente humanas; para 99% da população, porém, esse uso visa exclusivamente ao prazer intelectual inútil, e não representa o compartilhamento do exercício do poder administrativo.

Atentando a isso, podemos vislumbrar o sentido total de um interessante movimento conceitual. Quando a imaginação moderna se liberta dos lugares para pensar o não lugar, concebe essa libertação como independência abstrata e cristaliza-a na forma de uma classe utópica que não tem relação direta com o mundo rude da subsistência. O pensamento utópico moderno é, no fim das contas, uma expressão descarada da divisão do trabalho. O sonho da elite intelectual humanista, baseado no desprezo pelo desfuncional mundo realmente existente, não obstante inclui um pedaço importante desse mundo: a própria elite intelectual. Alega-se que, no sonho utópico, o mundo é fundamentalmente transformado em algo melhor; no entanto, tal transformação se dá em torno das características da elite intelectual realmente existente, a qual carrega consigo os gostos, privilégios e ambições adquiridos no mundo desfuncional. Em verdade, é ao redor desses gostos, privilégios e ambições, e em função deles, que o não lugar é construído: não por acaso, na república de Utopia, quem manda são justamente aqueles que seriam capazes de sonhar com a república de Utopia.

4

Administração social e hierarquia

A interpretação que estamos construindo procurou em cada expressão significativa da imaginação do intelectual da alvorada da modernidade um traço da mediação estatal, e a demonstração de que essa mediação traduz o intelectualismo da moral utopiana. Vimos como essa moral, por sua vez, está baseada na divisão do trabalho imaginada, que remete, então, às condições de possibilidade da existência do intelectual que produz o texto e, ao mesmo tempo, do intelectual do qual o texto fala. Com isso, o que estamos procurando trazer à superfície é a maneira como a ambição de classe dessa intelectualidade — ocupada, ao mesmo tempo, em filosofar e administrar a acumulação primitiva de capital — expressou-se nos problemas, nos cuidados, no imaginário das origens do pensamento moderno.

As exposições de Hythlodaeus a respeito dos costumes dos utopianos dão um importante suporte a essa nossa abordagem. Nelas, assistimos às muitas maneiras como uma curiosa espécie de culto aos homens velhos e sábios está entranhada no cotidiano da maravilhosa república, que então se revela estruturada para mantê-los em seu lugar privilegiado. Isso contribui para a exibição das conexões entre as imagens de desenvolvimento material e administração racional da vida e de formas de hierarquia, vigilância e controle especificamente modernos.

4.1 O culto aos homens velhos

A gerontocracia cotidiana

Já vimos que, no âmbito das famílias, os chefes são os homens. Por isso, "quando as mulheres crescem e se casam, mudam-se para os lares de seus esposos" (U, 54). É diferente com os indivíduos do gênero masculino: "os filhos e os netos permanecem na família, estando sujeitos ao membro mais velho, exceto quando a mente deste último tenha começado a enfraquecer devido à idade: nesse caso, o segundo mais velho toma seu lugar" (U, 54). Como sabemos, cada trinta dessas famílias patriarcais reúnem-se, para as refeições, no refeitório do casarão local, o qual é a residência do sifogrante e, por isso, sede da administração estatal. O sifogrante preside as refeições coletivas: sua mesa é colocada numa área elevada do refeitório, perpendicular à orientação das demais, de modo que, dali, "toda a congregação pode ser vista" (U, 57). Essa visibilidade não é apenas simbólica, mas tem efeitos práticos sobre o controle dos costumes: de acordo com outro cuidado no arranjo dos assentos, os jovens e os velhos são alternados nas mesas familiares. Assim, "nada que é dito ou feito na mesa escapa à atenção dos velhos". A "dignidade dos velhos e o respeito que lhes é devido" têm o efeito de intimidar os jovens, coibindo estes de "qualquer licença imprópria nas palavras ou nos gestos" (U, 57).

Os homens velhos, assim, não cessam de serem agentes da república enquanto almoçam e jantam. As refeições coletivas não apenas *simbolizam* a comunidade utopiana, mas tornam-se ocasião de realização e imposição efetivas dessa comunidade. Os costumes são, portanto, assunto de Estado, o que tem outras consequências relevantes: Hythlodaeus conta que as portas das casas familiares "fecham-se automaticamente", mas "abrem-se com facilidade, com um empurrão da mão", de modo que "não há nada privado em lugar nenhum" (U, 46). Assim, os utopianos vivem "sob plena visibilidade de todos". O resultado disso é que "são obrigados a estar sempre trabalhando em seus afazeres usuais, ou em atividades de lazer respeitáveis" (U, 59), garantindo a realização das necessidades da república.

"Totalitarismo"

Este é o ponto mais extremo da imaginação de More a respeito do controle estatal: uma espécie de vigilância geral, que será complementada, como veremos, por um draconiano sistema penal. No entanto, antes que o leitor comece a ter ideias a respeito dos conceitos usuais de "totalitarismo" etc., é importante lembrar — e isso é fascinante — que não há, por princípio, na construção racional do texto, uma finalidade de alcançar uma sociedade plenamente controlada. Na percepção genial de More, o panopticismo social generalizado está enraizado simplesmente na mediação racional da satisfação de necessidades. O trabalho universal é imposto; a satisfação material é uma expressão das necessidades da república; essa determinação artificial da satisfação se impõe sobre todos os aspectos da vida. O avesso de tal determinação não seriam, de fato, a liberdade individual e a vida privada. O que Utopos destruiu não foi algum idílio liberal, mas a vida tribal dos abraxianos — nada mais, nada menos que a experiência de lida direta com a terra, indiferente ao princípio abstrato da eficiência: a vida primitiva.

É preciso lembrar também que não há uma real oposição entre liberdade individual e o controle social utopiano. Ao contrário, *para os homens velhos*, o controle social é *condição* de uma forma de liberdade individual: a liberdade intelectual, o desfrute dos prazeres do espírito, verdadeiramente humanos, os quais são exercidos sem vigilância e, ademais, fundamentam a vigilância do resto da sociedade. Assim, antes de ler *Utopia* como alegoria deste ou daquele sistema político, é preciso entender que é a própria sistematicidade da política — a mediação da produção e sua supervisão por uma elite racional — que está sendo heroicamente retratada nessa obra. Trata-se de um vislumbre — sob o verniz irônico de More, profundamente otimista — das possibilidades da sociedade moderna.

A submissão dos jovens

A república da colonização universal é habitada por trabalhadores gerontocraticamente comandados; as mulheres trabalham em coisas indignas; as grávidas são tratadas como acidentes em potencial. Tal quadro é completado por uma seríssima preocupação com o comportamento dos filhos das mulheres, na época em que estes são ainda jovens demais para trabalhar.

Até os cinco anos, as crianças são excluídas dos refeitórios e relegadas à companhia de aias ou enfermeiras, das lactantes e das grávidas que passam mal, num cômodo adjacente que Hythlodaeus curiosamente chama de "caverna (*antrum*)" (U, 57). "Todos os demais menores, entre os quais incluem-se os rapazes e moças até a idade núbil, servem as mesas ou, caso não tenham força suficiente para tanto, ficam parados (*adstant*) em silêncio absoluto (*summo... silentio*)." O verbo latino da última oração e a sentença seguinte parecem indicar que os mais jovens permanecem parados de pé junto às mesas em que os mais velhos comem. Tanto as crianças que servem quanto aquelas que ficam de pé "comem o que quer que se lhes seja oferecido por aqueles que estão sentados às mesas, e não têm outro momento do dia para fazer suas refeições" (U, 57).

Essa bizarra descrição evoca algum retrato de Debret do cotidiano do Brasil escravista, em que as mãos estendidas dos senhores oferecem fragmentos de seus pratos a figuras obedientes sob as mesas e ao redor delas. No quadro utopiano, é a inutilidade que chama atenção: as crianças mais velhas, capazes de servir, desempenham alguma atividade funcional na mecânica de mediação universal da satisfação de necessidades; já as crianças mais novas ficam de pé exatamente para quê? O "sumo silêncio" que deve reinar entre elas, o olhar dos velhos que não deixa escapar nada, a completa submissão infantil falam, pela imaginação de More, de uma necessidade de subjugar, da imposição de uma ordem absoluta sobre aqueles que são ainda intrinsecamente semissocializados. Não se trata apenas de alguma perspectiva pedagógica antiquada. Não cabe, aqui, perguntar por que é que a "licenciosidade" infantil — o comportamento imprevisível e a espontaneidade emotiva da vida instintual das crianças — precisa ser coibida, mas por que os utopianos escolheram essa maneira específica de coibi-la.

Evidentemente, onde a sociedade está baseada numa detalhada organização para o trabalho e a satisfação de necessidades é objeto de intensa mediação estatal, a adequação social das crianças é um tema importante. Mas é notável que More tenha empregado o momento das refeições — e não, por exemplo, o cotidiano das escolas — para fornecer o principal vislumbre de que o leitor de *Utopia* dispõe da vida infantil. As crianças servem ou observam, imóveis, enquanto os outros comem: uma eloquente imagem não apenas da obediência, mas da repressão instintual, do autocontrole dos estímulos sensoriais, da capacidade de impor a vontade — no caso, a vontade de obedecer — sobre os impulsos do corpo — no caso, a tensão física da fome. O treinamento moral dessas crianças autonegadoras e abstêmias combina bem com o desprezo utopiano pelos prazeres animalescos, ou — como seria fácil ao leitor especular — resulta em tal desprezo. E ele precisa ser incutido: o controle dos mais velhos e a autonegação asseguram que as crianças se distanciarão de seu lado animal e se tornarão mais humanas, nos termos da filosofia moral utopiana.

Na sociedade em que há alimento para todos, as crianças precisam restringir o prazer que sentiriam comendo: aqui está a verdade a respeito da mediação estatal da satisfação de necessidades. Para tal mediação, não se trata apenas de funcionar *a despeito* das inclinações individuais para o trabalho ou a preguiça, de modo a proporcionar socialmente a oferta necessária de alimentos. Tal funcionamento é o de menos: em que a gritaria das crianças, ou seu deleite em meter um monte de comida na boca, perturbaria a altiva hierarquia produtiva dos utopianos? Trata-se, isso sim, de eliminar da satisfação material seu aspecto espontâneo e prazeroso, que está ligado ao sentimento subjetivo da preservação da vida, algo análogo ao que vimos no pensamento de Francis Bacon. Quando a dimensão íntima da sensação de satisfação é eliminada ou mitigada, a preservação da vida é despessoalizada, torna-se exclusivamente um assunto da república. Quando trabalha, o utopiano trabalha para a república; quando come, também come para a república.

Dito de outro modo, a abnegação tem função numa sociedade de escassez; numa sociedade de abundância, o comedimento *não serve para nada*. O edifício utopiano de administração estatal continuaria funcionando mesmo se as terríveis crianças jogassem comida na parede: seria possível imaginar — e é disso que se trata — a eficiência produtiva da república dando conta tranquilamente desses pequenos desperdícios. O silêncio, a ordem, o autodomínio são, no fundo, todos inúteis: são parte de uma *alta cultura autônoma* de ordenamento espiritual. Afinal, os valores inúteis são, justamente eles, aqueles que os utopianos têm em mais alta conta, os mais especificamente humanos, intelectualmente mais elevados.

Insinua-se, assim, uma lógica cíclica, segundo a qual a inútil imposição de abstinência torna-se, com o resto dos bens intelectuais, a razão de ser do funcionamento da república. A funcionalidade da sociedade aparece, então, como uma espécie de efeito colateral do amor que os utopianos têm pelo ordenamento racional, um amor completamente autônomo, porque inútil. A autonegação das crianças não é a expressão de uma disciplina funcional, mas da simples dominação enquanto princípio de socialização.

O culto aos velhos

Socializar-se é, afinal, ingressar na república dos velhos. Todos poderiam comer — mas, enquanto as crianças olham, só os mais velhos comem, e olham-nas de volta, vigilantes. Talvez venha daí o termo *tranibor*, estranho epíteto alternativo que os utopianos às vezes usam para designar os sifograntes, e que é usualmente interpretado como sendo uma corruptela do grego *traneis* ou *tranos*, significando algo distinto, claro, e *boros*, "glutão" (More, 2003, p. 47, n. 22). Na sociedade em que não falta nada, "os velhos, que se sentam nos lugares mais conspícuos, são servidos em primeiro lugar com a melhor comida" (U, 57).

É preciso interpretar o significado dessas e de outras homenagens. Nas sociedades tribais e feudais, quando o patriarca sentava à cabeceira, aquilo refletia seu papel fundamental na continuidade social: afinal, a posse da terra e o plantio dos alimentos dependiam da herança e do sangue. Aqueles que, numa sociedade como essa, sentavam-se ao redor do patriarca e sob ele, estavam ali, materialmente falando, apenas por causa dele, e o ritual de deferência durante os banquetes simbolizava a indissociabilidade entre a produção material e o patriarcado. Ora, em Utopia, a primazia do sangue foi abolida; o controle familiar da produção de alimentos foi substituído por relações sociais racionalizadas, pela mediação estatal — e, no entanto, o patriarcado gerontocrático permanece: *como um hábito inútil*, como uma forma de alta cultura verdadeiramente humana do tipo que a elite humanista é capaz de admirar. A autonegação instintual das crianças transforma-se, na vida adulta, nesse desnecessário curvar-se aos mais velhos; o que os utopianos reverenciam em sua deferência a eles é simplesmente a própria reverência, o curvar-se a uma hierarquia.

O que More concebeu, por intermédio da ideia de uma sociedade em que o problema da satisfação das necessidades está resolvido, foi uma existência social em que a obediência está desligada de qualquer função econômica, de tal modo que as pessoas podem se entregar inteiramente à pura tarefa de obedecer. Numa época em que o desenvolvimento das forças produtivas capitalistas estava apenas começando, esse visionário entreviu com detalhes o colapso da dialética: a perpetuação das relações de autoridade no momento em que o desenvolvimento das forças produtivas chega a um ponto suficiente — ponto esse que nós, seus leitores do século XXI, já ultrapassamos há tempos, sem, no entanto, eliminar a autoridade (muito pelo contrário). Quando obedecem e servem aos mais velhos e os honram, o que os utopianos estão reverenciando é a própria dominação. Os velhos são ordeiros: são serenos, não mexem com jogos, são intelectualmente desenvolvidos e sua vida instintual é amena. Sua existência longa não é celebrada porque foi uma vida bem vivida: uma celebração desse tipo não inspiraria sujeição e abstinência, não justificaria a diminuição das mulheres e das crianças. Hythlodaeus conta também que os utopianos erguem em seus locais públicos "estátuas de homens (*viris*) insignes que serviram bem à república" (U, 82); a homenagem que fazem é à própria submissão.

4.2 A obediência inútil

A servidão voluntária

A reverência aos velhos tem como expressão mais próxima a relação de submissão aos sifograntes: idosos, sábios e visíveis. Mas é interessante que os sifograntes não são representados por Hythlodaeus como detentores do poder. Eles vigiam os costumes, supervisionam a circulação, administram a produção, é verdade; mas são homenageados na medida em que se dedicam aos assuntos especificamente humanos, os quais nada têm de útil, de efeito prático — exceto a coibição da licenciosidade dos mais jovens. De fato, é porque se dedicam a esses assuntos que se tornam moralmente superiores e, por isso, incumbidos de vigiar os costumes. Da mesma forma que a produção e o consumo dos alimentos são desprezados, o envolvimento dos sifograntes na produção é deixado de lado pela ideologia utopiana.

Assim, More cria a representação de um povo que se entrega livremente à coesão social, uma república mantida pela solidariedade moral espontânea. Essa solidariedade não tem, em si mesma, motivo nem utilidade: a produção material não a fundamenta, mas é, ao contrário, um efeito colateral dela. De fato, os velhos — os "magistrados (*magistratus*)" ou oficiais de governo — "nunca agem de forma arrogante, jamais inspiram medo. São chamados de 'pais', e como pais é que de fato se comportam. Jamais obrigam as pessoas ao respeito contra sua vontade: todos respeitam-nos espontaneamente, como é devido" (U, 82). A obediência é humana, inútil, autônoma: é seu próprio fundamento.

As ideias manufaturadas

Assim, da perspectiva dos utopianos — mas também de um leitor inquisitivo da obra de More —, é difícil ver onde realmente repousa o poder concreto em Utopia. Responder que são as ideias de dominação que mantêm a sociedade utopiana coesa seria insistir num hábito entranhado na mentalidade acadêmica e, anacronicamente, propor uma leitura de *Utopia* sob a luz do embuste iluminista, inaugurado quando os descendentes setecentistas de More pintaram, com as tintas mais chamativas possíveis, uma narrativa sobre o papel político emancipador de sua própria crítica. O problema que *Utopia* nos coloca é mais fundamental, mais primordial, posto que More defende de forma explícita a ideia de uma cultura altíssima, perfeitamente autônoma: a ideologia utopiana deve ser tão inútil quanto o aroma dos perfumes e, por isso, não pode servir para dominar as pessoas.

É verdade, contudo, que não precisamos aceitar a literalidade de tudo que nos apresenta Hythlodaeus. Afinal, a república de Utopia promove ativamente uma manufatura de ideias que casam com a alta cultura da obediência e que parece ser útil à sua promoção. A exposição de Hythlodaeus está arrumada de tal modo que a filosofia moral de desprezo pelo ouro e pelo luxo — ideias que se depreendem das críticas à Inglaterra realmente existente no livro I — leva ao problema implícito da educação enquanto método de formação do caráter. Se a filosofia moral utopiana está entranhada no comportamento e nas "atitudes" dos indivíduos, isso se deve "em parte à sua criação — uma vez que as instituições e a república são completamente opostas a essas tolices — e em parte à instrução e aos bons livros" (U, 63). A instrução e os livros concentram-se nas coisas úteis, em termos idênticos aos que encontramos em nosso estudo sobre Francis Bacon: em vez do escolasticismo, preocupações práticas; em vez de especulação, a observação; em vez da astrologia, a astronomia e a navegação, e por aí vai (U, 65).

O ponto, contudo, é que toda essa praticidade, no fim das contas, é desvalorizada pela mesma filosofia moral utopiana, com seu desprezo pelas necessidades do corpo. Da mesma maneira que o trabalho e a própria alimentação, a praticidade das ideias é subjugada pelas ideias inúteis. O que se passa, então, é que as ideias utopianas não ensinam nem justificam a obediência: apenas a descrevem e reafirmam.

A ideologia transparente

Poder-se-ia objetar que o paternalismo dos velhos contém um elemento de falsa consciência: nele, o exercício de poder no plano administrativo é recalcado. A autoridade necessária para obrigar os utopianos a se adequar ao plano racional desaparece em seu sistema moral e organização social; através da comparação com a Inglaterra realmente existente, a satisfação de necessidades altamente mediada é retratada como natural, plena, maravilhosa, e a quantidade de violência necessária para inaugurá-la (assim como aquela igualmente exigida, nos planos objetivo e subjetivo, para mantê-la) também queda obscurecida. O sucesso desse sistema de satisfação de necessidades não seria uma justificativa para a dominação social utopiana?

A resposta é: não. Em nenhum momento esse gesto de justificação está colocado pelo discurso de Hythlodaeus. Nenhum aspecto da filosofia moral utopiana fala de uma obediência cega obtida pela barganha de uma pança cheia. De fato, a própria ideia dessa barganha seria completamente incompatível com o sistema moral utopiano, à luz do qual podemos suspeitar que a rendição da liberdade em troca da mera satisfação corporal seria vista como coisa inumana. A ideologia utopiana é transparente, anti-ideológica. É, afinal, a ideologia criada por um vanguardista do esclarecimento. Ela diz claramente: as pessoas obedecem como devem obedecer. O ideário utopiano, a narrativa de Hythlodaeus, a imaginação de More têm por objeto implícito e explícito a dominação — uma dominação que é inútil.

5

Racionalidade e arbitrariedade

5.1 A exceção permanente

Na sociedade utopiana, é como se não fizesse sentido perguntar por que as pessoas obedecem, por que se socializam: o fato é que obedecem e se socializam, e assim deve ser. Em paralelo, *Utopia* também contém a imagem de um exercício de poder explícito, cotidiano, próximo. A vigilância dos homens mais velhos não está confinada aos refeitórios: existe todo um sistema penal também presidido por eles e fundado em sua superioridade moral.

A paucidade das leis

Hythlodaeus sintomaticamente começa sua exposição a respeito dos crimes e das leis entre os utopianos dizendo que "os esposos castigam (*castigant*) suas esposas, e os pais (*parentes*) [a mãe e o pai] castigam os filhos". Quer dizer: em parte, a justiça é exercida privadamente. Entretanto, caso a ofensa seja muito grave, "uma punição pública" torna-se necessária "no interesse da moral" (U, 81).

Hythlodaeus não tem muito que dizer a respeito dessas punições públicas. De fato, uma das características importantes de

Utopia, ressaltada com insistência no texto de More, é que existem pouquíssimas leis na república imaginada (U, 37). Hythlodaeus explica: "tal é a educação (*institutis*)" dos utopianos que "bastam muito poucas" leis (U, 82). Ou seja: a supervisão constante dos homens velhos e o controle estatal do comportamento produzem pessoas bem-comportadas que não precisam ser regidas por lei. Mas esse raciocínio — e a correspondente imagem da harmonia existente na terra onde todos são regrados pela moralidade cívica intelectualista — é a porta de entrada para outra imagem muito mais sinistra.

Como em Utopia existem poucas leis, "todos são peritos" nelas (U, 82). Não existem advogados, e o processo legal é transparente a todos os cidadãos, que podem levar seus casos diretamente aos ouvidos dos juízes. Pode parecer que existe aqui, a princípio, algo como a objeção do homem comum contra o regramento técnico da vida social. Na sociedade moderna realmente existente, o direito, essa linguagem hermética e especializada, é inacessível à vasta maioria da população, que então depende da mediação de profissionais em justiça para fazer valer suas queixas na esfera pública; já em Utopia as leis são poucas e podem ser dominadas por todos. Assim, não é preciso mediação: o cidadão comum pode agir judicialmente sem intermédio de um especialista. Parece tratar-se de um golpe importante na divisão do trabalho — algo que, nesse caso, iria no sentido oposto à lógica que até agora estamos tentando elucidar. Contudo, outros elementos determinam esse aspecto da imaginação de More.

Para começar, é importante observar que, na alvorada da modernidade, existia contra os advogados uma cultura de ódio comparável ao anticlericalismo. Foi uma época que assistiu a um crescimento astronômico da litigância, que era com frequência empregada de forma ardilosa: como o acesso aos tribunais reais de recurso era pago, muitas vezes o objetivo não era ganhar as ações, mas apenas levar a outra parte à falência. Entre as elites econômicas e entre os setores intelectuais, desenvolveu-se uma repulsa seletiva contra os advogados: seletiva porque, por outro lado, o estudo das leis era uma porta de entrada para o serviço burocrático na época em que o Estado moderno vinha se formando. Foi esse, afinal, o caminho do próprio More e de tantos de seus pares. Mas uma coisa era preparar-se para servir como burocrata, conselheiro, juiz, e outra era exercer a profissão legal; o ódio ao advogado, portanto, tem como alvo a classe média de pequeno porte, urbana e rural, a qual — da mesma forma que o baixo clero, também seletivamente odiado — chegou ocasionalmente a emprestar quadros importantes para as rebeliões populares do período.

Os juízes

Considerando esse problema de classe, não surpreende que, em Utopia, a simplificação jurídica e a eliminação dos advogados, em vez de minar a divisão do trabalho e a hierarquia social, acabaram por reforçá-las. Se todos podem representar juridicamente a si mesmos, nem todos podem julgar: as mulheres estão excluídas, e também os mais jovens, pois os juízes são os homens velhos. Daí resulta que a sociedade utopiana está caracterizada pela existência de uma classe jurídica com um enorme poder discricionário: a paucidade das leis significa, tecnicamente, que não há institutos jurídicos a partir dos quais argumentar, não há andamentos processuais que seguir. A exposição dos casos nas cortes de justiça depende, nos termos de Hythlodaeus, apenas da disposição subjetiva dos envolvidos em alcançar a verdade e um veredito, os quais, evidentemente, são determinados pelo homem velho.

As "punições públicas" obedecem a essa mesma lógica: como as leis são escassas, poucos crimes estão previstos na legislação, de modo que "o senado decide se os malfeitos são atrozes ou veniais, e decreta para cada um deles uma punição específica" (U, 81). Quer dizer: no fim das contas, a maioria das questões judiciais está quase completamente nas mãos dos homens velhos, que podem tomar decisões arbitrárias a seu respeito. Comportam-se, assim, diante da totalidade da república, como os esposos se comportam frente às suas famílias, "castigando" suas esposas e seus filhos segundo lhes dá na telha; a única diferença é que, no âmbito do senado, precisam discutir o assunto com outros velhos. A vontade gerontocrática torna-se idêntica ao direito, o que significa que o povo de Utopia vive sob um estado de exceção permanente.

5.2 Política penal e escravidão

A parca legislação existente em Utopia, entretanto, é apenas timidamente evitada por More: Hythlodaeus lhe dá tratamento sumário, dizendo apenas que, em Utopia, "as leis são promulgadas unicamente para fazer saber a cada um o seu dever" (U, 82), como se, assim, ficássemos entendidos. Contudo, como se poderia esperar do proprietário de um pelourinho privado, nosso autor não deixou de render sua imaginação à construção de um sistema penal utópico — embora não o tenha feito no âmbito da apresentação da república de Utopia, e sim de outro não lugar visitado por Hythlodaeus: a terra dos poliléritas (*polylérites*). Estes eram um povo vizinho dos persas, cujo nome é em geral traduzido como "muita besteira", e que é evocado no livro I para oferecer um contraponto ao sistema penal falido da Inglaterra realmente existente (ou seja, a "besteira" é parte da ironia elitista).

O uso econômico do condenado

Como vimos, no juízo de Hythlodaeus, o sistema penal da Europa realmente existente está construído em torno de uma lógica estúpida: os cercamentos dos campos transformam os camponeses em ladrões, e o Estado pune os ladrões com a violência e a morte, causando enorme injustiça e prejuízo à "coisa pública" inglesa. O sábio diz: "prefiro o método" dos poliléritas. É completamente racional. Em primeiro lugar, os ladrões precisam restituir a propriedade que roubaram — e não, como era às vezes praticado na Europa, pagar multas ao príncipe, que "tem tanto direito às coisas roubadas quanto o próprio ladrão". Além dessas restituições, os condenados são obrigados a "trabalhar em obras públicas (*publicis occupantur operibus*)". Essa é, a princípio, sua única punição propriamente dita. Se ficam em falta com esse trabalho, "não são acorrentados, mas chicoteados"; mesmo assim, Hythlodaeus garante que, "à parte o trabalho constante, sua vida não é desconfortável" (U, 23). É verdade: é também uma vida inumana, segundo o critério moral utopiano — mas os poliléritas não são utopianos. O que importa, de todo modo, é que, à medida que trabalham, os condenados poliléritas geram para a comunidade uma riqueza que supera o custo de sua manutenção.

Em seu conteúdo explícito, esse raciocínio de More fica aquém de uma rigorosa apreciação da economia política do trabalho prisional. A ideia de que os ladrões condenados podem fazer um trabalho útil e contabilmente lucrativo depende, evidentemente, de considerações a respeito da relevância econômica da população que se volta para o crime. Uma população sobrante, para quem o desenvolvimento econômico não tem mais lugar — como a que começa a aparecer quando do aumento da produtividade na manufatura — e que, por isso, volta-se ao crime, não pode ser indefinidamente reabsorvida na produção material. Ao mesmo tempo, implicitamente, o texto de More reconhece esse problema ao mencionar os escravos que são postos para trabalhar em "obras públicas": trata-se da ideia de que é possível usar o esforço dos condenados não tanto para a produção de mercadorias valiosas e extração direta de mais-valia, mas para o "bem comum". Na lógica de *Utopia*, esse bem comum é perfeitamente compatível com o "melhoramento" da terra, por exemplo — o que significa, em termos históricos reais, a preparação para a produção.

Nesse sentido, a racionalidade penal dos poliléritas não está tão distante daquela que será efetivada na acumulação primitiva de capital realmente existente. O trabalho particularmente duro e insalubre de drenar pântanos para preparar as plantações — como aconteceu na Inglaterra, como parte da estratégia aristocrata de destruir os direitos de acesso à terra comum (Linebaugh & Rediker, 2000, p. 44 ss.) — não é lucrativo em si mesmo, mas é condição de possibilidade para a expansão da produção agrário-mercantil. E não é surpresa que, nesse período, o trabalho servil e escravo — um trabalho obrigado, enfim — tenha sido ostensivamente utilizado não só na Europa como também em suas colônias (Eltis & Engerman, 2011, p. 5).

A pena capital e os crimes contra o Estado

No sistema penal polilérita impera, de modo geral, uma lógica perfeitamente compatível com a organização social utopiana. E a dedicação de More em sofisticar o aspecto judicial da manutenção da escravidão entre os poliléritas compensa a brevidade do tratamento das leis em Utopia. Naquela terra, os condenados escravizados estão no centro de institutos cuidadosos, que evidentemente visam não apenas assegurar o cumprimento da pena, com seu suposto efeito de desencorajar o crime, mas também garantir a continuidade do trabalho escravo — individualmente e enquanto instituição.

Assim, mencionamos acima que os condenados que não trabalham devidamente são chicoteados. São, ainda, proibidos de possuir dinheiro: quem quer que seja pego fornecendo-lhes ouro está sujeito à pena capital. Se um escravo tocar em uma arma, é punido com a morte. Escravos que tentem se organizar de qualquer forma autônoma também são executados. De fato, os escravos são proibidos de conversar uns com os outros — ou mesmo de se cumprimentarem. Ademais, são marcados por sua vestimenta, de uma cor especial reservada a eles, por um corte de cabelo específico e por uma pequena mutilação na ponta da orelha. São, ainda, obrigados a usar a todo tempo uma divisa, que é específica a cada distrito do país dos poliléritas: se um escravo for pego sem sua divisa ou perambulando fora de seu distrito, a punição, novamente, é a morte.

Chama a atenção que More, ao imaginar os poliléritas, tenha reservado a pena capital apenas para crimes contra o próprio sistema penal. Ao cometer um crime menor, a existência do cidadão é completamente absorvida pelo sistema produtivo: ele perde a prerrogativa de ter sua própria vida como finalidade de sua existência e, transformado em escravo, passa a viver unicamente em função dos trabalhos públicos. A partir daí, qualquer gesto, por parte do condenado, contra sua condenação, passa a ser um ataque ao bem público que — entre os poliléritas, assim como entre os utopianos — parece ser o sumo bem.

Na prática, isso quer dizer que o principal valor defendido pelo sistema penal polileritiano é o próprio sistema penal, e não a vida ou a propriedade. Temos aqui uma circularidade lógica medonha, no âmbito da qual More encontrou ocasião de lançar sua mirada visionária sobre diversas das práticas penais e de controle social que a modernidade mais madura desenvolveria: do tratamento silencioso inventado pelos quacres (*quakers*) e propagado até as prisões soviéticas, passando pelos uniformes de detentos até as insígnias aplicadas pelo nacional-socialismo. A ideia de que o objetivo final da república é assegurar as necessidades da república, que aparece em Utopia, mostra sua face mais explicitamente violenta apenas na Polileritelândia.

Punição e cidadania

Uma das formas de sair do sistema penal polilérita é, portanto, num caixão. A outra maneira é através do perdão: "Ninguém fica totalmente desprovido da esperança de um dia recobrar sua liberdade". É simples: basta "aceitar sua punição num espírito de paciente obediência, prometendo uma futura boa conduta. De fato, não passa um ano sem que alguém seja perdoado em recompensa por seu comportamento submisso". Afinal, o sistema penal polilérita é "brando e prático", e seu objetivo "é destruir os vícios e salvar os homens" (U, 24).

Vê-se bem o que significa essa última frase. Ao incutir a paciência, a obediência e a submissão, o sistema penal é uma verdadeira fábrica de gente virtuosa e funcional. E que a virtude possa ser o resultado do sistema penal — e de um sistema penal particularmente racionalizado, sem brechas, onde as garantias para que o escravo permaneça escravo se acumulam — nos diz tanto sobre a natureza da virtude quanto do sistema penal. Seu objetivo não é apenas (no jargão que a política mais recente de extermínio dos pobres tornou caduco) a reinserção do cidadão, mas a *criação de um cidadão utópico*, pronto para servir a república. O ex-condenado só é capaz de terminar sua pena — para a qual, aliás, não há duração fixa na Polileritelândia — quando seu espírito, moldado pela paciência, submissão e pelos "trabalhos públicos", torna-o pronto a desempenhar em liberdade as mesmas atividades que desempenhava enquanto estava escravizado, e com a mesma finalidade e espírito submisso.

A imaginação solta, as pessoas presas

A racionalidade minuciosa de More reluz enquanto ele imagina metodicamente os escravos poliléritas tentando fugir e sendo massacrados pelo Estado a cada tentativa. No entanto, nosso autor não dedica uma linha à determinação igualmente racional dos critérios e métodos exatos de perdão ao condenado. O deleite utópico de More está na concepção dos modos de prender os homens e de mantê-los presos, mas não das maneiras de soltá-los — Hythlodaeus comenta que "não há absolutamente nenhuma esperança de escapar para lugar nenhum", nem de rebelar-se (U, 24). Na prática, isso significa que os juízes dos poliléritas exercerão sobre os condenados o mesmo poder arbitrário de exceção exercido por seus pares utopianos, que julgam no âmbito público da mesma forma que os pais de família julgam as desobediências de suas esposas e seus filhos.

Em More, o que testemunhamos, portanto, é como a imaginação moderna se entrega livremente a construtos de dominação racional e recolhe-se com indiferença diante das questões a respeito da liberdade. No cerne daqueles construtos, o que encontramos repetidamente são formas de autoridade autárquica, arbitrária, cuja superioridade e distância do mundo inspiram um modo de vida exclusivo, de elite, no qual está circularmente baseado seu poder. O texto de More nos permite um vislumbre sobre a origem profunda, primitiva, da equivalência moderna entre liberdade e autonomia: só quem é realmente livre é a república, encarnada nos homens velhos que nela mandam. A imaginação moderna só se lança sobre os demais elementos da realidade social com o objetivo de submetê-los à autofinalidade da república. O prazer da atividade fantasística que cria a utopia moderna fala de controle, dominação, mediação: é essencialmente sádico.

Escravidão utopiana

Tendo já fantasiado à beça em torno do tema da administração da escravidão para o bem da república no livro I, More não se estende muito sobre o assunto no livro II, e ficamos sem saber os detalhes sórdidos dos trabalhos forçados em Utopia. Como já vimos, a dimensão penal da escravidão é tão fundamental aí quanto na terra dos poliléritas, tendo papel central na organização do trabalho e servindo de sustentáculo material para a filosofia moral de desprezo pela mera subsistência.

Por isso, em Utopia, conforme conta Hythlodaeus, "os crimes mais graves são punidos com a escravidão". Tanto em Utopia quanto na Polileritelândia, ademais, o que sustenta a escravidão penal também são raciocínios de ordem prática. Por causa da "condenação ao trabalho", o criminoso escravizado é muito mais "útil para a república" do que o criminoso morto. Depois, no que diz respeito à função da pena de desencorajar crimes futuros, os escravos também contribuem mais, pois "são uma lembrança permanente e visível de que o crime não compensa". Da mesma forma que entre os poliléritas, esses escravos utopianos são uma espécie de propriedade da república. "Caso se rebelem contra sua condição, visto que nem as celas nem as correntes podem domá-los, são finalmente abatidos como animais selvagens" (U, 81). Ou seja: nos dois não lugares, a escravidão tem uma espécie de função civilizadora para o criminoso e serve como teste final de sua utilidade. Entre as brechas da submissão da população ao trabalho, sua redução absoluta a um fator de produção, enxerga-se a guerra aberta contra os economicamente sobrantes do século XXI (Oliveira, 2016).

5.3 A política internacional realmente existente

Escravidão e política internacional

O que é específico de Utopia, contudo, é a maneira como o utilitarismo escravista atravessa as fronteiras nacionais, pois a maior parte da força de trabalho escravo da república insular é obtida de fora. Para começar, Utopia compra dos países vizinhos seus criminosos condenados à morte — às vezes, aceita-os também como doações — e converte sua pena capital em trabalho escravo perpétuo.[83] Esses escravos "não são apenas mantidos em trabalho constante, mas estão, também, sempre acorrentados" (U, 78), e com correntes de ouro, para ressaltar o desprezo dos utopianos pelo vil metal. Utopia também aceita como escravos "estrangeiros empobrecidos, acostumados ao trabalho pesado (*mediastinus quispiam*)",[84] os quais "voluntariamente escolhem a escravidão em Utopia". Esses imigrantes sabem que serão "tratados quase como cidadãos" (o que, mal sabem, não é na verdade coisa tão boa), "exceto por serem encarregados de um pequeno trabalho extra, visto estarem a isso acostumados", e que poderão voltar às suas terras natais quando bem entenderem, "nunca com as mãos vazias" (U, 78).

Por fim, Utopia obtém parte de sua mão de obra escrava através da guerra. É que, quando são colocados diante da possibili-

83 A lógica dessa conversão é esclarecida por uma eloquente passagem de Beckett: "Louis começou a falar. Parecia de bom humor. A mula, segundo ele, morreu de velha. No dia em que a comprara, e já se iam dois anos, a levavam justamente para o abatedouro. Logo, valera o dinheiro. Concluído o negócio previram que cairia dura na primeira lavagem. Mas o grande Louis era um conhecedor de mulas. Com as mulas é o olho que conta, o resto não importa nada. Tinha então olhado para ela direto nos olhos, às portas do abatedouro, e visto que podia servir ainda. E a mula tinha lhe devolvido o olhar, no pátio do abatedouro. À medida que Louis avançava em sua história, o abatedouro ganhava cada vez mais importância. Assim o lugar da transação se deslocou progressivamente, do caminho para o abatedouro, para as portas do abatedouro e delas até o pátio. Mais um pouco, e ele disputaria a mula com o carniceiro. Pode-se dizer que me implorou para levá-la, disse Louis. Tinha feridas um pouco por toda parte, mas com as mulas não se deve deixar impressionar pelas feridas da velhice. É o olho que conta. Tinham dito a ele, Já fez dez milhas, vai arrebentar antes de chegar na sua casa. Contava tirar seis meses dela, Louis disse, tirei dois anos. Enquanto falava, vigiava o filho" (Beckett, 2003, p. 212 [2014, p. 61]).

84 A expressão latina é de difícil tradução direta. Na edição inglesa de 1551, o tradutor escolheu a expressão "vis burros de carga" (*vyle drudges*).

dade de matar, utilizam o mesmo raciocínio que no âmbito da política penal: "as batalhas que vencem jamais terminam em massacres, pois preferem tomar prisioneiros a cortar gargantas" (U, 90). O destino desses prisioneiros, obviamente, é a escravidão.

Os utopianos vão à guerra

Um dos aspectos mais curiosos da estrutura do livro de More — junto com a entrega imaginativa à administração da escravidão — é a importância da guerra na descrição de Hythlodaeus: não por se tratar de uma descrição particularmente extensa, mas devido à importância que ela acaba tendo para a compreensão do funcionamento e da natureza da república de Utopia. Essa gente sensata e austera, que detesta a caça, "absolutamente despreza a guerra (*bellum*) como uma atividade digna das feras (*beluinam*)".[85] Desprezam a guerra, mas não são bobos: "em datas designadas, tanto os homens quanto as mulheres realizam vigoroso treinamento militar, de modo a serem capazes de lutar caso necessário" (U, 85).

Esse "caso necessário" engendra considerações importantes. A questão da "guerra justa" era um assunto privilegiado pelos intelectuais humanistas, que escreveram numa época bastante belicosa da história europeia. Vários deles — tais como Erasmo de Roterdã e o clérigo inglês John Colet, para citar duas figuras próximas a More — expressavam a ideia, supostamente baseada em Cícero, de que nenhuma guerra era justa, pois nenhuma guerra poderia ser tão boa quanto a paz. Não temos espaço para discutir o alcance e o significado dessa retórica, mas fica claro que, em *Utopia*, More se distancia dela. Embora desprezem a guerra, os utopianos reconhecem "boas razões" para guer-

85 Trata-se apenas de um trocadilho, não havendo conexão etimológica real entre os dois termos.

rear: "a proteção de sua própria terra, a expulsão de exércitos invasores dos territórios de suas nações amigas, ou a liberação de povos oprimidos pelo jugo da tirania e da escravidão, em nome da compaixão e da humanidade". São, ademais, especificamente zelosos com os "mercadores de suas nações amigas": quando esses comerciantes são saqueados ou extorquidos "sob pretexto de leis em si mesmo injustas ou através da perversão de boas leis", os utopianos correm para "punir os malfeitos contra seus amigos", "mesmo em questões meramente monetárias" (U, 85). Assim, aparentemente, invadem nações estrangeiras para defender a liberdade dos negócios. Gente moderna!

Guerra boa, más ações

As guerras dos utopianos são, portanto, retributivas ou punitivas. Analogamente ao sistema penal, elas têm um caráter didático: precisam desencorajar perpetrações ulteriores. Por isso, como veremos, os utopianos se comportam de maneira particularmente feroz na guerra: "procuram extrair uma vingança tão amarga que aqueles que os provocam temerão jamais repetir seu erro" (U, 87). Ao mesmo tempo, tratam de resolver a guerra da forma mais inteligente possível: "quando conseguem vencer um inimigo através da habilidade e da astúcia, ficam exultantes, promovem celebrações públicas e erguem monumentos de glória" (U, 86). Essa evitação da força bruta evoca a mesma lógica da distinção entre os prazeres altos e os vis: a guerra inteligente é mais humana que a guerra animal.

Se os utopianos evitam a guerra, More não evita falar dela longamente, e a explicitação do conteúdo daquela inteligência bélica proporciona ao leitor uma experiência próxima àquela da exposição perversa sobre a administração da vida dos escravos no livro I. Imbuídos da justificativa retributiva e da necessidade de tornar a guerra um assunto rápido, supostamente de modo a poupar vidas, os utopianos escusam-se de qualquer consideração de ordem moral para a promoção da guerra eficiente.

Assim, tão logo a guerra começa, agentes secretos de Utopia dão início a uma vigorosa campanha de suborno. Empregando documentos de propaganda com selos oficiais, oferecem prêmios financeiros gigantescos a quaisquer traidores que tenham coragem e capacidade de assassinar o príncipe da nação inimiga, seus generais ou outros dos indivíduos responsáveis pelo esforço de guerra, nomeados numa lista amplamente divulgada. Além da recompensa, os utopianos oferecem aos traidores garantia de segurança pessoal e asilo permanente em seu país.

A campanha de suborno procura realizar objetivos mais sutis além do estímulo ao assassinato. Ao oferecerem ajuda financeira aos rivais políticos do príncipe inimigo, os utopianos esperam promover golpes de Estado, de modo a interromper a guerra — criando, ao mesmo tempo, um regime estrangeiro amigo.

À medida que fica sabendo da "habilidade e astúcia" utopianas aplicadas à guerra, o leitor é inevitavelmente lembrado dos celebrados feitos literários de More no livro I: as longuíssimas e rocambolescas sentenças nas quais o autor descreve satiricamente, mas com veracidade, as traiçoeiras intrigas da política internacional europeia de seu tempo. É interessante que, depois de tecer essa crítica, ele não tenha o menor pudor de lançar mão da imoralidade das relações políticas realmente existentes para a caracterização da república utópica. Editores recentes da obra se mostram desconcertados: "É impossível crer que More aprovava todas essas práticas; entretanto, aparentemente, acreditava serem necessárias". E justificam, empregando o lugar-comum do realismo das relações internacionais: "As disposições internas de qualquer república não fazem qualquer diferença, a não ser que o país possa ter segurança no campo externo" (Logan & Adams, 2003, p. XXVIII).

Quem somos nós para questionar essa lógica implacável? A ideia de que, no plano internacional, as nações — especialmente as mais esclarecidas e civilizadas — são obrigadas a cair no "estado de natureza" e tratar umas às outras na base da força afirmou-se muito cedo no imaginário moderno, tendo apelado às figuras mais variadas, de Maquiavel a Kant.[86] Na obra de More, o que nos parece importante é a maneira como o reconhecimento da esfera internacional como domínio da amoralidade combina-se com a oposição entre o comportamento espiritualmente sofisticado e realmente humano e as atividades vis e animalescas. A violência e a vileza, que têm justo lugar na guerra, são desprezadas quando o assunto é o hábito aristocrático da caça, como vimos. O tempo inteiro, mesmo quando constrói, descreve e afirma aquela distinção entre o subumano e o propriamente humano, o que a argumentação de More faz concretamente é combinar os dois opostos numa totalidade funcional. Nas relações internacionais, a violência e a traição entram como que pela porta dos fundos da estrutura racional e virtuosa de Utopia. Assim, a direção em que o texto de fato aponta é a da estimulação da consciência do leitor a respeito da existência de uma esfera da política que contrasta com a esfera dos princípios, mas que é necessária — a própria *esfera da necessidade*, aliás, nos termos dos contemporâneos de More (Skinner, 2002, p. 254).

Evidentemente, a própria oposição entre a necessidade e os princípios é uma forma bastante particular de colocar as coisas: é a perspectiva do administrador e da elite educada, que ocupa um lugar alto o suficiente na hierarquia social a ponto de poder escolher, com base em seu arbítrio, quando é con-

86 E, mais recentemente, Jürgen Habermas e Axel Honneth, entre outros; ver Arantes (2007, p. 31 ss.).

veniente jogar os modos pela janela. Nesse sentido, os princípios e as virtudes são mencionados apenas de maneira a serem sacrificados um bocadinho para o bem da eficiência. A dimensão propriamente humana do ser humano só é evocada para ser *parcialmente* negada — porém parcialmente reservada, sob a forma objetiva do privilégio dos velhos administradores, que permanecem virtuosos.

Em outros termos, do ponto de vista da construção do texto, as questões de moral são trazidas à tona apenas para depois serem relativizadas pela ordem, pela segurança, pela subsistência etc. O resultado é a afirmação poderosa e implícita de que a manutenção da república é o único bem. Mas essa posição — que é a de Maquiavel — é ultrapassada por More: como os seus velhos permanecem virtuosos, o seu bem está situado numa esfera superior, removida dos assuntos mundanos. Não se trata, aqui, de mera hipocrisia, mas de pura e simples desfaçatez de classe, para empregar ligeiramente fora de contexto a expressão de Roberto Schwarz. Como vimos, quando depreendemos do discurso de Hythlodaeus que o objetivo da república é a república, o que está realmente sendo dito é que a república é, em verdade, os homens velhos. Se a república, enquanto sujeito das coisas internacionais, comporta-se de forma desonrosa, o faz em nome desses velhos — da nesga de boa vida e dedicação aos assuntos verdadeiramente humanos que eles são capazes de reter apenas porque mandam e não trabalham. Assim, o discurso de *Utopia* é um discurso do privilégio político (travestido de superioridade moral), da dominação social e da arbitrariedade. Afinal, não se pode perder de vista que a possibilidade de, com uma mão, estabelecer a superioridade dos princípios e, com a outra, suspendê-los em nome de razões de Estado depende da concentração do poder administrativo: depende da educação pública de Utopia, do controle sobre os costumes e a produção material, da gerontocracia cotidiana, da escravidão — e, como veremos, também de uma montanha de dinheiro.

O entesouramento útil

Como nos lembra o caso Irã-Contras,[87] não custa pouco promover guerras civis em países estrangeiros, tampouco subornar traidores para assassinatos de alto escalão etc. A traiçoeira e amoral política bélica dos subornos e dos golpes de Estado, praticada pelos utopianos, não tem apenas um custo subjetivo para a tradição de comentadores probos: tem também um custo financeiro para os próprios utopianos. Estes, entretanto, como vimos, são ferrenhos desprezadores do ouro. Como se diz, a conta não fecha — exceto pelo fato de que, também nesse quesito, Utopia reconhece a necessidade política de deixar as virtudes propriamente humanas de lado. Assim, Hythlodaeus descreve algumas das maneiras como, com a finalidade exclusiva de tratar no plano internacional, a república de Utopia acumula suas reservas de ouro.

No curso de tal descrição, aprendemos que o esquema produtivo de Utopia não serve apenas à subsistência: seus disciplinados e controlados trabalhadores produzem vultosos excedentes de grãos, que são armazenados em quantidade suficiente para suprir dois anos de consumo utopiano. É apenas o excedente desse excedente que é negociado pelo Estado utopiano com as potências estrangeiras vizinhas. E, enquanto a sétima parte de tal qualidade é simplesmente doada para os pobres dessas nações, o resto é vendido "a preços moderados", o que de toda forma possibilita não apenas que importem o ferro que falta na ilha

87 Esquema secreto e ilegal de venda de armamento dos Estados Unidos ao Irã no contexto da Guerra Irã-Iraque (1980-1988). Nomeado por Ronald Reagan, Oliver North, vice-diretor do Conselho Nacional de Segurança estadunidense, fornecia arsenais ao Irã em troca da libertação de reféns no Líbano e enviava o lucro aos Contras, milícia que atuava contra os revolucionários sandinistas na Nicarágua. A transação era duplamente ilegal, visto que o Congresso havia proibido tanto a venda de armas ao Irã quanto o financiamento dos Contras. O escândalo foi revelado pela imprensa em 1986. [N.E.]

como também que adquiram "imensas quantidades de prata e ouro" (U, 59). Tal dinheiro é usado para a guerra: para as operações político-militares de suborno, como vimos, mas sobretudo para, através de "pagamentos exorbitantes", contratar "mercenários estrangeiros" os quais "arriscam-se em suas guerras no lugar dos próprios cidadãos" (U, 60).

Os rústicos descartáveis

O trato utopiano com esses mercenários chama muita atenção. Hythlodaeus conta que o povo que mais frequentemente desempenha essa função nas guerras em que Utopia se envolve são os zapoletas, cujo nome parece significar algo como "vendidos facilmente". Trata-se de uma gente "rude [ou horrível, *horridus*], rústica e feroz", semelhante às montanhas e florestas em que "se multiplicam e se criam". Não têm hábitos civilizados, descuidam das casas e das roupas. "Nasceram para a batalha" e "não conhecem outra arte senão aquela cujo objetivo é a morte" (U, 88).

Tal descrição desfavorável dos zapoletas é fundamental para a narrativa de More. A rudeza e a bestialidade desses homens os tornam também imorais — e é só porque são imorais que arriscam a vida em troca do vil metal: a gente verdadeiramente humana odeia o ouro e não se vende. Já os zapoletas "amam tanto o dinheiro que podem ser induzidos com facilidade a mudar de lado em troca de um reles aumento de uma moeda por dia" (U, 89). Isso, é óbvio, não preocupa os governantes de Utopia: a república insular é, afinal, a mais rica entre as vizinhas.

Isso significa que, concretamente, a bestialidade, a inumanidade e a imoralidade dos zapoletas não apenas são úteis, mas fundamentais para a sobrevivência de Utopia e de seu modo de vida. Que a sociedade fundamentada na virtude (para poucos, como vimos), desprezadora do ouro, porém possuidora de imensas reservas, tenha por vizinhos um povo corrupto e materialmente empobrecido não é apenas extraordinariamente conveniente, mas é também expressão da rígida concepção de dominação social, manutenção do privilégio e divisão do trabalho que organiza o texto de More. Os utopianos, diz Hythlodaeus, "procuram, para o bem, homens bons; para o mal, homens ruins". Assim, nas guerras, "quando necessário, colocam os zapoletas nas posições de maior perigo, oferecendo-lhes recompensas imensas". A civilização utopiana é parcialmente construída com base na barbárie dos zapoletas, como o foi no início à custa dos abraxianos. É notável que, mais uma vez, a necessidade (no caso, estratégica) apareça como uma justificação sutil. E a conveniência prática resultante é total: pois, dessas situações perigosas, poucos zapoletas realmente sobrevivem e "retornam para coletar sua paga". Quando retornam, contudo, recebem o que lhes é devido, para "encorajá-los a tentar novamente" (U, 89).

É claro, é possível que não haja zapoletas suficientes para manter essa estratégia indefinidamente. Assim mesmo, "os utopianos não se preocupam com a quantidade de zapoletas destruídos, pois pensam que fariam um grande serviço à humanidade se acabassem livrando o mundo de uma tal gente" (U, 89). No caso de esse extermínio se completar, Hythlodaeus não diz o que os utopianos fariam para lutar suas guerras — uma surpreendente demonstração de falta de pensamento prático. Mas é que, talvez, a purificação da humanidade seja considerada uma finalidade mais alta que as vitórias militares. Por outro lado, também pode ser que os utopianos apostem que a propagação dos métodos modernos de cultivo pelas terras circundantes proporcione (como ocorreu na Suíça, famosa produtora de mercenários na Europa realmente existente do período) um influxo permanente de sem-terra rudes, rústicos, empobrecidos e merecedores de perecer nas guerras alheias.

A conclusão eugênica está em evidente consonância com a moralidade intelectualista de desprezo pelo suposto lado animal do ser humano, pela mera subsistência etc. A despeito de seu caráter extremo, está sustentada, ademais, na mesmíssima razoabilidade utilitarista em que o pensamento de More e dos humanistas em geral está tão entranhada. As "necessidades" da guerra e da política externa mostram que, no fim das contas, o julgamento raivoso que condena como um todo o mundo realmente existente por sua corrupção não é um juízo metafísico universal, mas apenas uma declaração de preferência. Os sábios sentem repugnância pela realidade empírica, e o que sustenta sua repugnância é a existência dos estúpidos e dos vis, cuja obrigação de lidar com tal realidade os sábios reconhecem, para que possam permanecer se dedicando à sabedoria. E assim voltamos à ideia de que a sabedoria não é um valor universal, mas um privilégio de classe. Se todos fossem sábios, Utopia simplesmente não existiria.

A esposa e os filhos como ferramentas de guerra

As desprezíveis reservas financeiras incalculáveis e as desprezíveis sanguinolência e ambição dos zapoletas combinam-se com outros recursos valiosos para tornar praticamente invencível a máquina de guerra utopiana. Os mercenários e os aliados vão na frente; os cidadãos, liderados por generais excepcionalmente bravos e tecnicamente competentes, vão atrás. São protegidos por máquinas bélicas produzidas por tecnologias secretas, táticas de recuos estratégicos e ataques-surpresa. As mulheres recebem treinamento militar junto com os homens, como vimos, e por isso podem acompanhar seus esposos na guerra. Entretanto, não há notícia de mulheres que guerreiem sozinhas, sobretudo porque, a rigor, não parecem funcionar como lutadoras, e sim como ferramentas para a atuação masculina: as esposas e os filhos mais velhos são "colocados" em torno dos guerreiros, de modo a explorar militarmente as inclinações naturais destes de proteção e "apoio mútuo" (U, 90).

A execução dos mais bravos

A ambivalência diante da moralidade, com a arbitrariedade que a caracteriza, também aparece nas providências utopianas nas cidades conquistadas durante as campanhas militares. Depois de sitiá-las longamente, quando por fim conseguem invadi-las — sempre cuidando de não danificar qualquer propriedade material que possa ser apreendida, e isso, evidentemente, não por gosto, mas por necessidade —, sua primeira providência é "executar os homens que impediram a rendição da cidade, escravizar os demais defensores e não fazer mal aos civis" (U, 92).

Ora, diante da campanha militar de traição e suborno, é evidente que a parte do exército inimigo executada consiste justamente dos guerreiros mais determinados e incorruptíveis — os mais patrióticos, valentes e de princípios mais inquebrantáveis. São estes os homens que o exército utopiano mata:[88] os mais valorosos do ponto de vista moral.

Existe uma justificativa racional para isso: a campanha de suborno e traição é humana e piedosa (U, 87), por ser uma tentativa de poupar um inútil derramamento de sangue; diante das boas intenções dos utopianos, os que recusam suas propostas de corrupção e sua irresistível máquina de guerra tornam-se imorais. Esse raciocínio oblíquo constrói-se ao redor de uma reafirmação brutalmente explícita da moralidade enquanto privilégio: para aqueles na iminência de serem vencidos pela superioridade de Utopia, a retidão moral não é recomendada, é inútil, é um obstáculo à civilização e à sobrevivência — é, por fim, punida com a morte. Agir moralmente é uma prerrogativa dos mais fortes, dos mais ardilosos, dos mais ricos, da mesma

88 Há pelo menos um paralelo real com esse procedimento: depois da famosa Batalha de Crécy e da tomada de Calais, em 1347, o monarca inglês Eduardo III chegou a ordenar a execução da totalidade dos habitantes da cidade devido à sua persistência obstinada em se defender. A ordem foi posteriormente revogada.

forma que a vida propriamente humana é uma prerrogativa dos homens velhos que têm o privilégio de organizar o trabalho alheio e não trabalhar. Até aí chega a arrogância intelectual dos humanistas, cujo outro lado é a supostamente elegante ironia.

O exército utopiano não apenas executa os defensores incorruptíveis: "quando encontra habitantes que recomendaram a rendição, dão-lhes uma parte da propriedade dos condenados" (U, 92). Nesse ponto, é preciso dizer que não é a traição em si que é recompensada: assim como no caso da remissão da escravidão entre os poliléritas, o que se premia é a subordinação, a submissão à força superior de Utopia, que é também, incidentalmente, a mais racional, devido às suas estratégias humanamente ardilosas, sua velada missão de extermínio dos zapoletas etc. Fazer o que é certo, para os inimigos de Utopia, é também, convenientemente, render-se ao poder de Utopia.

Com isso, temos a oportunidade de testemunhar o caráter pura e translucidamente autoritário da razoabilidade convincente, destilado pelo gênio literário de More. Aparece a afinidade entre a força de coerção racional, o poder daquilo que é dedutivamente correto e a violência. No esquema de nosso autor, a racionalidade da produção — fundada na guerra colonial contra os abraxianos — engendra a possibilidade de uma vida moral, de princípios corretos e razoáveis que se traduzem na guerra sob a forma de uma estratégia inobjetável. Não se curvar a essa estratégia significa burrice, imoralidade, incivilidade. Evidentemente, por trás de suas muralhas sitiadas, os inimigos de Utopia têm coisas mais a considerar do que a justeza da estratégia dos utopianos e a razoabilidade de seus valores; mas o raciocínio utopiano a respeito da superioridade moral carrega em si o desprezo pela vida comum — por todas aquelas outras coisas.

Se os bravos e os rústicos são destrutíveis, os bens dos conquistados não são. Por um lado, os soldados utopianos não pegam butim para si mesmos: como, afinal, não há propriedade privada em Utopia, só quem pode saquear é o Estado, que o faz racionalmente, evitando o desperdício. Os exércitos da república insular procuram não atear fogo nas plantações dos inimigos nem danificar os seus campos de grãos, "evitando pisoteá-los com homens ou cavalos", para que possam se alimentar deles durante sua campanha (U, 92). Como vimos, também se apropriam dos bens materiais dos defensores das cidades. Finalmente, "depois da guerra, coletam seu custo, não junto dos aliados em nome dos quais lutaram, mas dos povos conquistados". Essa indenização tem a forma de dinheiro, "que guardam de modo a poder financiar guerras futuras", e também de "propriedades de terra, das quais podem extrair para sempre uma renda anual substancial" (U, 92).

Ora, é preciso administrar essas possessões estrangeiras. O Estado utopiano então envia administradores para tomar conta delas — sem dúvida, homens velhos com suas famílias. Esses homens "vivem em grande estilo, conduzindo a si mesmos como magnatas": tudo, é claro, para impressionar os estrangeiros bárbaros que consideram tais exibições intimidadoras. Mesmo descontados os altos custos de vida desses oficiais, contudo, tais territórios coloniais rendem muitíssimo. Os utopianos gozam de rendas desse tipo "em diversos países diferentes, adquiridas aos poucos e de diversas formas, chegando hoje à monta de setecentos mil ducados por ano". O tesouro é ou bem guardado para as eventualidades bélicas etc., ou bem "emprestado de volta para a nação conquistada" (U, 92).

Assim, o ciclo se completa elegantemente na lógica do texto: a terra da colonização universal expande-se para o estrangeiro através da manutenção de relações coloniais de ocupação territorial e endividamento. Essa é uma imagem vanguardista. Por um lado, bebe da contemporaneidade de More, do exemplo das cidades italianas comercialmente mais desenvolvidas, as quais praticavam empréstimos para vários príncipes europeus. Por outro, projeta uma forma de controle territorial que, embora esboçada no tempo em que More escreveu — aqui e ali, era possível a príncipes europeus controlar pequenas extensões de terra no interior de territórios estrangeiros —, aponta para além, para uma vastidão colonial que o autor não conseguiu antever com detalhes, mas que, mesmo assim, ousa quantificar. Os setecentos mil ducados que Utopia extrai das possessões de guerra no estrangeiro (mais de três milhões de libras da época) são um montante absolutamente incomparável com os valores auferidos pela Coroa inglesa em territórios estrangeiros tais como Calais: equivaleria à soma da renda anual de uns dois ou três mil aristocratas ingleses especialmente ricos — sendo que o número de famílias nobres inglesas não chegava a uma centena (Bucholz & Key, 2004, p. 24).

6

Conclusão
Racionalidade moderna e razão de Estado

Para imaginar a presença colonial de Utopia nos países involuídos onde seus exércitos fincam o pé, More evocou uma quantidade de riqueza absurdamente alta. O leitor que se submete ao desprezo utopiano pelo ouro é recompensado, ao final, com o deleite de uma contabilidade delirante comparável apenas às esperanças que os primeiros conquistadores portugueses e espanhóis sentiram ao pôr os olhos no Novo Mundo. Budé deve ter sorrido como uma criança ao encontrar, sob o esmalte de civismo de Utopia, o brilho tangível de Eldorado.

No fim das contas, Utopia não é o vislumbre de um lugar impossível, bom demais para ser verdade: é uma ocasião para imaginar como a imposição social de uma disciplina moral pode produzir os mesmos resultados que a violência interesseira que impera na Europa realmente existente. Utopia é a imagem de como a pilhagem e a dominação podem ser compatíveis com uma formação social estável: como os resultados da acumulação primitiva de capital podem ser obtidos através da coesão cívica artificialmente produzida pela ação do Estado, numa época em que os vínculos sociais tradicionais são despedaçados, populações inteiras são desenraizadas, novas elites ascendem etc. No centro dessa imagem está a classe intelectual dos administradores, dizendo a si mesmos: ainda que o custo da coesão social seja o desencadeamento do inferno sobre os outros, seremos capazes de viver a vida que queremos viver. Essa é, de fato, a ideia mais avançada de More: ela retrata o comportamento socioeconômico da elite tanto na alvorada da modernidade quanto na alvorada da pós-modernidade, quando "os últimos ricos" preparam-se para sentar "na varanda de suas luxuosas casas de campo, com máscaras de gás encobrindo seus rostos diplomáticos, para sorver de garrafas folheadas a ouro, com auxílio de canudos, as últimas gotas de água potável" (Kurz, 1996, p. 13).

Trata-se de algo que, mais tarde, será chamado de "projeto nacional", e que aqui aparece desprovido de qualquer universalismo benigno. Nesse sentido, a *Utopia* de More faz parte de um movimento cultural mais amplo. Edmund Dudley, contemporâneo de nosso autor, enfatizava a importância da eficácia administrativa, da vitalidade econômica, da autoridade estatal e da hierarquia, e concebia a sociedade, esquadrinhada por uma rígida divisão social do trabalho, como imbuída do dever de preservar a república (Wood, 1994, p. 74 ss.), que era, portanto, finalidade da vida social. O xará Thomas Starkey, outro contemporâneo, conselheiro do conselheiro de Henrique VIII e *gentleman*, escrevia que "a verdadeira república" é alcançada apenas quando "todos os membros do corpo [político] estão reunidos em perfeito amor e unidade, cada um cumprindo seu dever e seu ofício" (Skinner, 2002, p. 240); insistia num governo pelas leis, e não pela arbitrariedade do príncipe (Wood, 1994, p. 129); projetava o trabalho e o contentamento material para todos; e afirmava com todas as letras que as massas inglesas eram naturalmente rudes e necessitavam, portanto, ser lideradas por gente melhor que elas (Wood, 1994, p. 135).

Não se trata, realmente, da consciência da hierarquia social herdada da Idade das Trevas, mas da invenção racional de uma nova forma de dominação social, especificamente moderna. Para essa tarefa foram convocados os primeiros raciocínios da economia política, centrados nas questões da quantificação da população, do trabalho e da produção de alimentos — questões nas quais insistiram More, Dudley, Starkey, entre tantos outros, mesmo diante da tragédia humana e ecológica da acumulação primitiva. Mas o ponto é que os problemas da economia política só se tornam "questões" para os homens de Estado num mundo em que a mercadoria interrompeu os laços materiais de cooperação espontânea que a quase totalidade da humanidade foi capaz de manter por tempos imemoriais, até a interrupção pela introdução sistemática da mercadoria como princípio de socialização e satisfação de necessidades. O equilíbrio demográfico torna-se uma questão para as autoridades que percebem, como vimos em nosso estudo de Bacon, que o problema das populações deslocadas pelo cercamento dos campos não pode ser simplesmente resolvido pelo genocídio, porque — *naquele momento* — essas pessoas são economicamente necessárias. É por isso que se torna necessário não só pensar a organização artificial da socialização, remover as populações, fixá-las, controlá-las, mas também levantar o problema abstrato da funcionalidade da sociedade, de modo que a destrutividade da mercadoria seja compatibilizada com a reprodução da vida social — para que a acumulação primitiva possa por fim deixar de sê-lo. É por isso que, como Bacon e More mostram tão bem, o problema racional-administrativo da satisfação material emerge no discurso moderno em conjunto com a desvalorização da satisfação material — sua relativização às necessidades da república, entendida como o espaço abstrato de operação econômica da elite de administradores e homens de negócios.

Assim, não é alguma conexão externa fortuita que faz com que, simultaneamente aos raciocínios de economia política, apareçam os raciocínios sobre a autofinalidade da república e a razão de Estado. Em seu formato original, a inteligência da elite econômica é oligárquica: dá conta primeiro das necessidades de um grupo social capaz de se representar como uma unidade sem maiores problemas. Aquilo que os comentadores descreverão mais tarde como uma primitiva confusão conceitual entre Estado, sociedade e governo retrata, no fundo, uma verdade fundamental sobre a sociedade moderna: o interesse minúsculo da elite econômica de intelectuais administradores, em torno do qual se desenvolve a teoria política.

Essa interpretação das origens do pensamento moderno reconfigura a importância e o sentido dos desenvolvimentos ulteriores. A transformação da realidade social pelo Estado ocupa lugar central no pensamento da alvorada da modernidade; a racionalidade, portanto, é um atributo do Estado num momento em que não precisa ser um atributo das pessoas. Antes de existir a razão subjetiva, existiu a razão de Estado. Assim, a ideia comumente aceita de que foi a precariedade do pensamento moderno que concebeu os Estados como indivíduos talvez precisasse ser corrigida: na teoria política de gente como More, Starkey, Fortescue etc., apenas a república tem atributos de subjetividade. O comportamento aquisitivo da república na esfera internacional, a própria ideia de interesses da república, não derivam de alguma concepção filosófica de indivíduo aquisitivo ou dotado de interesses. As questões racionais são questões de Estado, e a categoria metafísica do indivíduo — que, de todo modo, não aparece como problema — se aplica apenas à república, simplesmente porque não é preciso pensar a respeito de uma individualidade em geral.

É claro, a administração social que procura reconstruir de cima para baixo a coesão social destruída pela acumulação primitiva conta com a moralidade enquanto imagem abstrata da cooperação, representada sem espontaneidade, tornada um comando e uma disciplina. Mas é curioso como a vida moral tampouco produz, no texto, uma problematização sobre a interioridade pessoal. O processo de convencimento, o desenvolvimento de uma subjetividade, são desprezados pela imaginação de More, que foca unicamente a maneira como o Estado implanta a moralidade, que então se reduz a mero comportamento externo, porém funcional e verificável pelo regime de vigilância. É por isso que a obediência é tão valorizada pela didática utopiana: não interessa a crença, interessam seus efeitos. Na sua origem, a modernidade mostra, assim, total indiferença para com a experiência subjetiva da verdade.

A exceção a isso tudo, evidentemente, é a vida mansa dos gerontocratas, que, em seus momentos verdadeiramente humanos, estão mergulhados no prazer intelectual. Sobre eles, contudo, a imaginação moderna não se debruça: tal imaginação desenvolveu-se junto aos problemas da dominação social, não tem o que dizer sobre os livres. Na medida em que é expressão de um poder de classe, a racionalidade emana da cabeça da elite intelectual, mas não se volta sobre si mesma, não carece de reflexão. A elite intelectual espalha sua racionalidade administrativa sobre toda a sociedade, mas de caso pensado deixa-se de fora da raciocinação. Ela se reserva conscientemente a espaços de arbitrariedade: na ausência de regulação para os prazeres intelectuais, na ausência de leis escritas, no poder absoluto no seio da família etc. Na tradição moderna posterior, quem talvez tenha entendido isso foram os românticos, a classe média que se recusou a adotar para si os padrões racionais historicamente impostos pelas elites, ao mesmo tempo que procurou se apropriar sentimentalmente de uma arbitrariedade aristocrática.

O fato de que os pontos de partida para pensar a moralidade são o Estado e a vigilância nos diz, também, que a função da moralidade no pensamento da alvorada da modernidade não é controlar o ímpeto da subjetividade cheia de vontades e de ânsias pela liberdade e pela independência; é, na verdade, subjugar o populacho com os seus costumes — que, na Inglaterra, haviam assumido uma importante configuração institucional, na qual a luta popular ainda encontrará amparo por séculos, como demonstra a obra de E. P. Thompson. De fato, encontramos essa aversão aos costumes populares expressa com todas as letras em vários momentos do texto de More e de seus pares. Trata-se de uma eloquente verdade a respeito do processo de formação estatal e de dissolução da sociedade pré-moderna: o que precisa ser coibido é justamente a massa desacostumada com a obediência, suas práticas comunitárias de lida direta com a terra e controle sobre a subsistência. Os vínculos sociais de satisfação material e a dependência material imediata são a alteridade da moralidade moderna: era isso que fazia as pessoas trabalharem sem serem obrigadas, mantinha-as em seus lugares sem vaguear e equilibrava a proporção entre bocas famintas e comida disponível. A ênfase na liberdade individual que mais tarde ocupará os pensadores modernos será um pálido consolo para a perda dessa forma de vida — algo que parecerá claro a alguém como Hegel, que havia, na juventude, flertado com o caráter radicalmente democrático da reforma protestante.

É também por causa desse objetivo político bastante preciso que a racionalidade da alvorada da modernidade não tem pretensões universais, mas está cravejada de poréns e de senões: o asseguramento da subsistência é fundamental; ao mesmo tempo, é um assunto subumano; a vida humana vale mais do que as riquezas, mas vale menos do que as virtudes propriamente civilizadas — as quais, às vezes, podem ser sacrificadas em nome da manutenção da república, que afinal assegura a subsistência e ensina as virtudes etc. Nesses senões jaz a concretude histórica da razão, que depois os quis soterrar de forma maníaca sob uma coerência generalista, numa época em que a classe média pensou em tomar de assalto os privilégios oligárquicos, estendendo-os um pouco. No texto de More, a única esfera em que não existe qualquer contradição entre a necessidade política e a racionalidade virtuosa é a descrição do sistema penal. Contra os criminosos não existe restrição: eles podem ser tratados de forma inteiramente racional. Isso significa que, no horizonte da mirada utópica de More, ou do ponto de vista do desfraldamento das potencialidades do Estado, o criminoso é o cidadão ideal.

Thomas Smith e a oligarquia republicana moderna

Introdução

Thomas Smith (1513-1577) é outro desses personagens que refletiram sobre a alvorada da modernização enquanto participavam ativamente dela. Já disseram a seu respeito que "poucos ingleses ocuparam tantos cargos, e tão diferentes".[89] De fato, nosso autor foi membro do Parlamento duas vezes, serviu como diplomata, foi conselheiro e secretário da rainha Elizabeth I e engajou-se pessoalmente no esforço colonial. Fez carreira acadêmica nos estudos clássicos, chegando a vice-chanceler de Cambridge e reitor de Eton. Contudo, embora ainda tenha arrumado tempo para escrever dois opúsculos bastante interessantes, Smith foi lembrado ao longo dos séculos principalmente como homem de Estado e jamais chegou a fazer parte do cânone filosófico ocidental — provavelmente porque, a despeito de pertencer à mesma classe social de Bacon e More e de ser tão tendencioso, engajado e bem relacionado quanto eles, desdenhou dos píncaros rarefeitos do universal, concentrando-se com exclusividade na Inglaterra de seu tempo. Assim, seus escritos despertaram apenas a modesta curiosidade dos historiadores, tendo inclusive sua autoria disputada por séculos.

Na década de 1960, entretanto, Smith foi resgatado da semiobscuridade intelectual pela historiadora Mary Dewar, uma discípula do eminente Geoffrey Elton. Entusiasmado thatcherista, *sir* Elton foi o realizador de um grandioso trabalho documental, por meio do qual procurou demonstrar que as transformações sociopolíticas na alvorada da modernidade

89 Um prefaciador do início do século passado, citado por Quinn (1945, p. 546).

inglesa podiam ser explicadas a partir da vida e das ideias de determinados indivíduos endinheirados e intelectualizados que ocuparam papéis-chave na burocracia estatal (afinal, "*there is no such thing as society*"). A biografia escrita por Dewar (1964), que chama Smith de "intelectual em exercício" — e também se esforça em caracterizá-lo como um conservador inveterado, alguém que não teve nada a ver com as turbulências sociais pelas quais a Inglaterra haveria de passar no período seguinte —, vai bem nessa linha e teve o mérito de estabelecer definitivamente Smith como autor dos trabalhos que analisaremos a seguir.

Depois de biografado por Dewar, Thomas Smith teve sua obra revisitada nos anos 1990 por Neal Wood, com quem já nos encontramos em páginas precedentes. Notavelmente, o papel que Smith desempenha na obra de Wood não é de todo dessemelhante daquele para o qual Dewar o arregimenta: o velho homem de Estado é compreendido como intelectual engajado, alguém que, através da sua racionalidade letrada de administrador e negociante, ajudou a trazer ao mundo a perspectiva científica que, mais tarde, funcionaria como condição de possibilidade à crítica da economia política. Assim, Smith aparece como o sujeito que, em pleno século XVI, além de pela primeira vez empregar em inglês a expressão "sociedade civil", teria inaugurado a percepção da economia como um domínio racional, compreensível em termos mecânicos semelhantes aos do mecanismo de um relógio. Teria também transformado a apreensão moral da atividade econômica: abandonando o bom-mocismo típico dos teóricos do período anterior, Smith teria tido o mérito de declarar, com todas as letras, que o motor da riqueza social é mesmo a ambição pessoal compreendida numa perspectiva produtiva, em vez de sob a ótica religiosa do pecado repreensível. Assim, para Wood, Smith é um verdadeiro ideólogo de classe, engajado de olhos bem abertos no projeto moderno, sem papas na língua na comunicação com seus pares, como cabe a um bom precursor das luzes.

Ora, a esta altura, o leitor já está a par de nossa posição dúbia quanto à caracterização dessa intelectualidade atuante e iluminada que Smith, a despeito de seu sub-ranque não canônico, representou tão bem. Por um lado, temos interesse em acompanhar o discurso dele sobre a sociedade civil, a economia científica e a ambição social, especialmente por ter sido formulado "em exercício"— para usar a expressão de Dewar. No entanto, quando de bom grado tomamos Smith como um funcionário do esclarecimento *avant la lettre*, importa-nos a modernização estatal e econômica em seu sentido completo. Por isso colocaremos, ao lado de seus interessantes trabalhos de economia política, alguns documentos que o autor produziu durante sua participação em primeira mão no empreendimento colonial inglês na Irlanda. Afinal Smith foi, aí, um verdadeiro pioneiro: formulou uma proposta privada de ocupação colonial, financiada por um fundo de acionistas, e produziu para tanto uma peça de propaganda publicitária que foi, provavelmente, a primeira de seu gênero no idioma inglês. O leitor também não se surpreenderá com o fato de que esses últimos aspectos da vida e obra do nosso autor não receberam atenção devida na análise de Wood — embora, sintomaticamente, houvessem despertado o interesse dos historiadores irlandeses já muito antes de Smith ser ressuscitado como patriarca da economia política.[90] Já deixamos indicado, repetidas vezes, como esquecimentos seletivos desse tipo são necessários para montar a imagem de uma tradição moderna passível de admiração. Apontemos então, para começar, a bela coincidência de que o teórico pioneiro da "*civil society*" e da economia científica tenha sido, também, um pioneiro da publicidade e da política de "subjugação e povoação" (Hill, 1873, p. 406) da Irlanda.

90 Ver o "Apêndice" de Hill (1873).

1

A coisa pública e os negócios privados

De Republica Anglorum

O primeiro texto de Smith sobre o qual nos debruçaremos é *De Republica Anglorum*, ou "Sobre a república inglesa", obra em três partes escrita por volta de 1565 e publicada postumamente em 1583 (Smith, 1982). Trata-se de uma descrição seletivamente minuciosa do funcionamento de certos aspectos do aparato estatal inglês e de como nele participa a elite econômica. Smith escreveu-a enquanto se encontrava em embaixada na França. Nas palavras que deixou numa carta a um amigo, "porque em minha ausência sinto saudades de nossa república, preparei três livros aqui em Toulouse, descrevendo-a" (Dewar, 1982, p. 1). Essa eloquente imagem do homem de Estado reconstruindo à distância o objeto de seu amor profissional, apelando à sua memória onde os tribunais, os cerimoniais, as reuniões, os procedimentos estão armazenados de modo racional, lembra um pouco Descartes (2008, p. 14), "nu sob as cobertas", percorrendo prazerosamente o processo da verdade...

Apesar do título, o texto foi escrito em inglês, e, em suas páginas, o vocábulo *republica* torna-se *commonwealth*, termo que traduz a expressão latina mais ou menos literalmente e que, a princípio, podemos entender simplesmente como um sinônimo de "sociedade". Apesar do conteúdo, a forma e a opção pela língua vernácula aproximam o texto de Smith daqueles manuais de artes mecânicas de que tratamos em nossa discussão sobre Francis Bacon: projeta leitores mais ou menos do mesmo setor social, os filhos da elite econômica, interessados em ascender socialmente usando a cabeça e os dotes pecuniários da família. É assim que, em 1592, um comentador do *De Republica* escreveu: "a qualquer secretário é conveniente que procure entender o Estado do reino como um todo, e que adquira o livro de *sir* Thomas Smith, embora haja ali muitos defeitos que, com a passagem do tempo e a experiência, será capaz de perceber e corrigir" (*apud* Dewar, 1982, p. 7). Veremos como essa questão sobre o público de leitores projetado pelo *De Republica Anglorum* é relevante para a interpretação da obra, recolocando-se repetidamente através das posições que o autor toma diante de problemas herdados da tradição clássica e do ambiente intelectual renascentista.

Tirania e competência

Smith começa *De Republica Anglorum* com uma discussão bastante tradicional, herdada do livro VIII da *República* de Platão, pisada e repisada pelos escritores italianos do seu tempo (Skinner, 2002, p. 140 ss.): a questão das formas de governo. A convenção intelectual dizia que, se o assunto é a república, o ponto de partida devem ser os tipos de república, o que quer dizer, também, os diferentes modos de governá-la. Isso, aliás, já diz bastante sobre a concepção de "república" adotada por nosso autor e por outros como ele: o interesse intelectual na sociedade é, em grande medida, idêntico ao interesse intelectual em como administrá-la. A "república da Inglaterra" é, logo de início, um lugar onde se exerce poder; a primeira pergunta do autor é como, em geral, se exerce o poder; e o leitor é alguém a quem é possível aproximar-se desse poder, para, com sorte, exercê-lo, ou pelo menos comer um pouco nas suas beiradas. Assim, não se trata de um texto de sociologia, de uma divagação teórica:

é, como dissemos, um manual técnico, uma tentativa de produzir aquilo por cuja inexistência Bacon (E29, 77) se lamentará depois: um material que permita "a exata avaliação e o correto julgamento a respeito do poder e das forças" na república.

Para Smith, são principalmente três os tipos de governo: Monarquia, Aristocracia[91] e Democracia. Nosso autor dá a cada um deles uma caracterização sucinta, acompanhada de considerações breves a respeito de suas vantagens e desvantagens: coisa de umas cinco ou seis páginas. Entretanto, ao mesmo tempo que segue esse protocolo expositivo, empregando uma retórica curiosa, Smith introduz discretamente um raciocínio que, não sendo inédito no ideário do período, é peculiar e muito característico do seu pensamento.

Começando pela Monarquia, nosso autor a trata, evidentemente, como o governo de um indivíduo que, singularmente poderoso, diz o que é certo e errado na república por ele governada. Smith logo considera que, por isso, pode ser que a Monarquia esteja marcada por uma simples identidade entre a força e a justiça: "é justo o que é benefício (*profit*)[92] para a parte que governa, e que é mais forte". Tão logo coloca essa afirmativa no papel, contudo, nosso autor levanta

91 Empregaremos o termo com inicial maiúscula para diferenciar o "modo de governo" da aristocracia enquanto setor social.

92 A tradução do termo *profit* por "benefício" pode causar estranheza. Contudo, a palavra inglesa só se firmou na concepção estritamente monetária em tempos posteriores ao período aqui analisado. Ao mesmo tempo que o próprio Smith, em certas ocasiões, utiliza a expressão *make profit* num contexto estritamente financeiro, o primeiro dicionário da língua inglesa, publicado em 1604, apresenta o termo *profit* como sinônimo de *utilitie* (*utility*), ou utilidade (Cawdrey, 1604, p. 140). No dicionário publicado por Kersey (1708) no século seguinte, *profit* já aparece especificamente relacionado a renda e pagamentos. No dicionário de Johnson (1768), do final do século XVIII, obra cuja organização mais sistemática e elegante se aproxima um pouco das contrapartes do século XX, o verbete "Profit" expõe o seguinte: "1. Gain; pecuniary advantage. *Swift*. 2. Advantage; accession of good. *Bacon*. 3. Improvement; advancement; proficiency". Digno de nota que o sentido expressamente pecuniário é associado a um autor do século XVIII (Jonathan Swift), enquanto o sentido mais genérico de "vantagem; aquisição do bem" é associado ao texto de Bacon.

contra ela uma suspeição, dizendo que, "assim como existem o benefício e a aparência de benefício, também há o justo e direito e a aparência do direito" (RA, 50).[93]

O leitor impressionado com a boa fama gozada por Smith nos meios intelectuais progressistas pode esperar que tal suspeição seja o ponto de partida para uma crítica da identidade entre força e legitimidade. Mas não é isso que acontece. O que chama a atenção de Smith é um aspecto algo oblíquo do arranjo de ideias que acabou de expor. Se não parece correto que o monarca, forte e poderoso, aja em prol de seu interesse e transforme tal interesse em justiça, é porque é possível àquele que governa *ordenar algo que seja contra seu interesse próprio*, mas que ainda assim seja justo, porque é *bom para a república*. Quer dizer: a questão não é tanto a identidade entre legitimidade e força, mas entre legitimidade e interesse próprio. Devem existir atos monárquicos monocráticos que, apesar de amparados na força, e apesar de legítimos porque oriundos dessa força, não sejam simplesmente coincidentes com o interesse imediato do monarca. Smith explica: é assim que o homem justo às vezes procura agir de forma justa de modo a "ajudar a república, em benefício dela",[94] e não em seu próprio proveito (RA, 50).

Em outras palavras, o que Smith está dizendo, nos primeiros parágrafos de seu texto sobre a república inglesa, é que o monarca não precisa agir em interesse próprio o tempo todo e que, apesar de governar através da força, não precisa ser injusto. Ou, de modo inverso: é possível governar pela força e, mesmo assim, governar com justiça. O ponto de chegada desse raciocínio, evidentemente, é a ideia de tiranos competentes. Come-

93 As referências a trechos do *De Republica Anglorum* serão feitas no corpo do texto, entre parênteses, com as iniciais "RA" seguidas do número da página da edição de 1982.

94 No original, "*help the commonwealth, and do profit unto it*". Todas as citações em inglês de textos de Smith e de outros textos do período foram, no presente trabalho, por nós adaptadas à grafia contemporânea.

çamos muito bem! Por um lado, Smith nos diz que usualmente "nomeia-se tirano" aquele que, entre outras coisas, "não considera a riqueza de seu povo, mas a promoção de si mesmo, de sua facção e de sua linhagem". Por outro lado, citando exemplos da história romana — Otávio Augusto e Sula —, o autor nos fala de homens que, "tendo chegado ao poder através da tirania e da violência, pareceram trabalhar muito em prol do melhor ordenamento da república" (RA, 53).

A eficiência do governo legítimo

Já aparece, aqui, um dos temas centrais para Smith: *o bem da república*. Em vista de tal problema, para além de uma mera defesa pontual da possibilidade lógica de que um governo autoritário coloque a república nos eixos, está em jogo um raciocínio um pouco mais amplo a respeito da legitimidade do governo.

Atentemos às configurações em que aparecem os conceitos de rei e de tirano — subtipos do monarca. Em primeiro lugar, ao contrário do tirano — que, como vimos, chega ao poder pela violência —, o rei torna-se governante por aclamação do povo, ou através da sucessão dinástica (RA, 53), isto é, por vias não violentas, que poderíamos chamar de legítimas. Existe, portanto, (i) uma diferença entre formas legítimas e não legítimas de *obtenção* do poder. Ao mesmo tempo, contudo, tanto para o rei quanto para o tirano, a vontade é sinônimo do que é certo: no "governo de um", os atos governamentais são legítimos *porque* provêm da vontade do governante, que é também o mais forte. "*Might makes right*", e, dada a origem volitiva dos atos de governo do rei e do tirano, não existem ações ilegítimas. Assim, (ii) no que diz respeito ao *exercício* do poder, existe uma identidade entre legitimidade e força em qualquer governo monocrático, como já havia sido sugerido. Numa terceira perspectiva, porém, (iii) no que diz respeito à *finalidade do exercício do poder*, é novamente possível diferenciar as ações governamentais legítimas e as ilegítimas: as primeiras são aquelas que têm por objeto promover os interesses da república.

É importante observar que, na estrutura do texto, a diferenciação entre o rei e o tirano é feita em torno de uma discussão sobre legitimidade e ilegitimidade; essa discussão mesma, todavia, não visa apenas estabelecer o que é legítimo e o que não é, mas também *distinguir ordens independentes de questões em que se coloca a apreciação de um governo*: "a obtenção da autoridade, a sua maneira de administrar (*administration*) e o objetivo ou alvo ao qual ela tende" (RA, 53). O ponto não é apenas sugerir que podem existir bons tiranos, mas mostrar que a violência é uma coisa e o bom governo é outra coisa, categorialmente diferente.

Ao mesmo tempo, a pedra de toque para a questão do bom governo parece estar no "melhor ordenamento da república", ou seja, na "maneira de administrar" e no "objetivo ou alvo" do governo. Acima dos problemas da força e da violência, o fundamental parece ser a competência ou eficiência. Lançando mão de exemplos da história clássica, Smith repete o contraste entre, de um lado, Sula e Otávio Augusto, e, de outro, Nero: "rei pela ascensão, tirano pela administração (*administration*)". Ademais, o autor nos diz que o monarca digno do nome — ou seja, o rei — é aquele que "administra a república através das leis desta, com equidade, e procura o benefício do povo tanto quanto o seu próprio", enquanto o tirano "não considera a riqueza do seu povo, mas apenas sua própria vantagem, e a da sua facção e de seus parentes" (RA, 53).

Essas últimas citações indicam que, se a "maneira de administrar" pode ser lida numa chave da eficiência governamental, o "objetivo ou alvo" do governo não diz respeito a algum ideal racional de organização social. A comparação entre o rei e o tirano não está balizada por nobres valores tais como o bem e a justiça, mas por considerações de ordem mais pragmática: há o monarca que governa em "benefício do povo" — o que parece ser idêntico a "riqueza do povo" — e o monarca que governa mirando seu próprio interesse. Veremos mais adiante que aquela riqueza social remete diretamente ao enriquecimento privado e individual, visto que a sociedade é pensada como uma coleção de indivíduos autointeressados.

Democracia, oligarquia, populacho

Voltemos, por ora, à questão da eficiência do governo. Outra via de acesso a essa questão é o desprezo expresso de Smith pela Democracia. No que diz respeito à administração, o governo monárquico pode ser competente ou incompetente, independentemente do modo de "obtenção da autoridade", mas, para nosso autor, o governo democrático não tem salvação.

Comecemos pela definição: Democracia é "onde a multidão (*multitude*) governa", diz nosso autor, e, a partir daí, distingue "o governo pelo povo (*people*)" da "usurpação do populacho (*popular*) e da canalha (*rascal*)" (RA, 51). Fica indicado um paralelo, respectivamente, com o rei e o tirano, as duas formas de governo monárquico, mas o autor não faz, para o caso da Democracia, qualquer discussão conceitual. Em vez disso, apela mais uma vez à história clássica, significativamente remetendo ao conflito entre o patriciado romano — a classe política tradicional dos proprietários de terra, que dominava politicamente a república através do Senado — e a plebe — a classe urbana não proprietária que, por tradição, era desprovida de direitos jurídicos e políticos. Será necessário mergulharmos brevemente nesse universo de alusões clássicas para entender as caracterizações de nosso autor.

Para falar do "governo pelo povo", Smith alude à "expulsão dos *decemviri*", ou à dissolução das comissões temporárias de "dez homens" que foram estabelecidas para, via legislação emergencial, mediar as hostilidades entre patrícios e plebeus.

Ora, tal dissolução ocorreu justamente no momento em que, no século III a.C., como resultado da revolta e da pressão política e militar, os direitos políticos foram estendidos aos plebeus, inclusive a representação no Senado através do cargo de tribuno da plebe. No entanto, o ponto aqui é que a categoria de "plebeu" é bastante vaga — comparativamente tão vaga quanto a de *common* na Inglaterra do período analisado. Assim, os homens da plebe que ascenderam politicamente depois das reformas políticas do século III a.C. eram em geral indivíduos que, embora não fossem membros da aristocracia, possuíam estreitas conexões com ela; gente de posses que muitas vezes havia servido no generalato de Roma. Em termos esquemáticos, portanto, o que a "expulsão dos *decemviri*" inaugura é um tempo em que uma elite não aristocrática pode ingressar no Senado romano, tornando-o imaginariamente comparável ao Parlamento inglês no período de nosso autor, no qual a importância da Câmara dos Comuns — ocupada pelas novas elites econômicas — vinha crescendo consideravelmente.[95] A Democracia do "governo pelo povo" revela-se, assim, uma espécie de governo aristocrático estendido — poderíamos dizer, uma Oligarquia, que contrasta com a simples Aristocracia do Senado patriciano, mas tem muito pouco a ver com uma ampla distribuição de poder.

Smith ilustra a "usurpação do populacho e da canalha", aludindo ao momento anterior à ditadura de Sula. Provavelmente, o que nosso autor tem em mente é o turbulento período de guerra civil no século I a.C., quando representantes endinheirados e militarmente poderosos da facção plebeia ameaçaram, como inúmeras vezes ocorreu na história romana, a continuidade institucional do governo dos senadores e dos cônsules. É importante sublinhar que alguns dos principais personagens que protagonizaram essa guerra civil ao lado da plebe já haviam sido mem-

95 Essa comparação, de fato, é o que estava na cabeça de Smith, que, num outro trecho do *Republica Anglorum*, equipara a nobreza inglesa ao patriciado (RA, 66).

bros do Senado, de modo que o "populacho" e a "canalha" parecem, no fundo, não dizer respeito exatamente a um grupo social, mas a uma maneira de se comportar politicamente, em desafio à institucionalidade estabelecida. Ao mesmo tempo, a guerra civil que levou Sula ao poder como ditador terminou de ser combatida nos portões e nas ruas de Roma, resultando na morte de dezenas de milhares de pessoas; é o tipo de turbulência social que acaba envolvendo as pessoas comuns diretamente, trazendo os problemas políticos para fora do Senado e das *villas* e para as mãos dos exércitos beligerantes que, por isso, eventualmente conseguem arrancar compromissos dos vencedores.

E é justamente tal caráter turbulento que recende a "usurpação". Sem a limpa e elegante legitimidade dos governos dinásticos, o poder obtido pela guerra civil tende ele mesmo à instabilidade.

> A usurpação da canalha (*rascality*) não pode jamais durar muito, mas necessariamente engendra e rapidamente produz um tirano. Disso tiveram experiência Atenas, Siracusa e também Esparta e outras cidades soberanas da Antiguidade, e ninguém precisa duvidar que outras repúblicas foram pelo mesmo caminho. (RA, 51)

Além das circunstâncias usurpadoras, Smith atribui um caráter intrinsecamente tiranizável ao populacho. Isso aparece quando, em outro trecho, o autor apela ao Antigo Testamento para sugerir uma espécie de origem mítica da tirania. "Adão, Noé, Abraão, Jacó, Esaú" eram patriarcas que exerciam "governo absoluto (*absolute rule*) sobre seus próprios filhos ou servos (*bondmen*) [...], ou no mundo rude, entre pessoas rudes e ignorantes". Tal governo absoluto — que também haveria existido entre os romanos, árabes, gregos e trácios, e que veio a ser conhecido como Tirania — "não era de início odioso" (RA, 55). Tinha por função, afinal, zelar por uma população incapaz de governar a si mesma. Entretanto, "a fragilidade da natureza do homem [...] não consegue aguentar ou suportar por muito tempo aquela autoridade absoluta ou incontrolada, sem inflar com uma demasia de orgulho e de insolência" (RA, 54). Assim, ao longo do tempo, aqueles líderes passaram a abusar de sua posição, "tornando-se não mais pastores do povo, como deveriam ser, e sim ladrões e devoradores dele" (RA, 55). Está subentendido que, da mesma forma como o povo ignorante precisava de pastores, era também incapaz de resistir aos governantes inescrupulosos. Assim, a Democracia é, por um lado, conceitualmente subsumida pela Oligarquia e, por outro, politicamente suplantada pela Tirania.

Estabilidade política

Todos esses raciocínios têm consequência para a formulação de uma primazia da estabilidade política, em termos semelhantes aos que vimos em Bacon e More. Por um lado, Smith admite que "a natureza do homem é nunca ficar parado em um estado de coisas [...], com muitas voltas e tumultos de doença e recuperação, raramente permanece em perfeita saúde nem o próprio corpo de um homem, nem o corpo político que é dele constituído" (RA, 51). Quer dizer: em virtude de uma espécie de natureza imperfeita, o ser humano tende à mudança no campo das coisas políticas; tais mudanças são daninhas, prejudiciais à saúde do corpo político ou da república — são contra o interesse ou o benefício da república, para empregar as expressões que apareceram acima.

Além dessa tendência natural e espontânea, podem comparecer fatores específicos em face dos quais as transformações políticas venham a parecer razoáveis. "Assim, quando a república é malgovernada por um governante mau e injusto [...] e se forem feitas leis, como muito provavelmente serão sempre, para manter esse Estado, cabe perguntar se a obediência é justa, e a desobediência errada" (RA, 52). É uma questão frequentemente levantada pelos tratados políticos da Renascença — e respondida afirmativamente por Lutero —, mas que Smith formula apenas para deixar de lado. "O que é certo é ser sempre coisa duvidosa e arriscada meter-se com a alteração das leis e do governo, ou desobedecer às ordens do governo, que alguém já encontra estabelecido" (RA, 52). Ou seja: não sabemos se devemos ou não obedecer a um tirano, o que sabemos é que mudar o governo e as leis é coisa temerária.

Junto com a eficiência do governo, portanto, sua estabilidade aparece como outro valor político no discurso de Smith, acima das questões de legitimidade, justeza, justiça — e de outras questões ainda menores, como a pessoalidade do monarca. O autor nos diz que "o direito e a honra do sangue, e a quietude e segurança do reino, devem ser melhormente consideradas do que a pouca idade ainda impotente para o governo, ou o sexo usualmente desacostumado a intrometer-se nos assuntos públicos" (RA, 65). Tanto faz se o trono couber a uma mulher (como no caso de Elizabeth I, sob cujo governo Smith atuou) ou a um menor de idade (como ocorrera com Eduardo VI, meio-irmão de Elizabeth), afinal, o fundamental da hereditariedade no governo monocrático é sua continuidade: daí, também, deriva sua legitimidade.

A ideia (evocada repetidas vezes) do "benefício" e da "saúde" da república, e também os valores da estabilidade e da eficiência, parece indicar que o que Smith entende por "república" é mais do que um mero aglomerado de gente: embora até certo ponto sinônimo de "sociedade", o termo indica algo dotado de valor e sentido intrínsecos que merece ser preservado.

Coisa pública e benefício próprio

Precisamos agora perguntar exatamente o que é a república que deve permanecer estável e saudável, e cujo benefício é preciso buscar. Uma das primeiras definições do termo apresentadas no *Republica Anglorum* diz que "chama-se república uma sociedade ou um fazer comum (*common doing*) de uma multidão de homens livres reunidos e unidos por acordo comum e por convenções (*covenants*) entre si, pela conservação de si mesmos tanto na paz quanto na guerra" (RA, 57).

A liberdade, o pacto e a conservação são os elementos essenciais aí. E a ênfase nesses termos explica por que o tirano, embora tolerável quando eficiente, deixa algo a dever ao rei: ascende ao trono através da violência e, por isso, prescinde de "acordo comum" e "convenção". Ao mesmo tempo, também fica explicada a primazia da eficiência na avaliação dos governos: o "fazer comum" da república tem por finalidade a convivência e a conservação dos seus membros, o que sem dúvida requer um esforço administrativo — ideias que já encontramos em nossa análise de *Utopia* de More.

Com base na definição acima, e nas ideias a ela associadas, nosso autor faz considerações ulteriores em torno do conceito de república. Ele diz, por exemplo, que uma multidão de escravos ou de servos não é uma república. Na velha Roma, havia quem possuísse cinco mil ou dez mil servos (*bondmen*), "mas, ainda que vivessem todos em uma cidade, ou estivessem distribuídos em diversas aldeias, não chegariam a ser uma república: pois o escravo não tem comunhão com seu mestre, apenas a riqueza do senhor é buscada, e não o benefício (*profit*) do escravo (*slave*) ou do servo (*bondman*)". O escravo, "exceto por estar vivo e ser imbuído de alguma razão [...] é apenas o instrumento de seu senhor", e "não é de outra forma admitido na república, exceto como parte das posses de seu senhor" (RA, 57). Assim, não há, numa multidão de escravos, nada do "fazer comum" republicano.

O termo inglês empregado por Smith, *bondman*, merece ser sublinhado. Era usualmente utilizado num sentido específico, para designar relações de servidão feudal, mas funcionava também como o antônimo simples de "homem livre", *freeman*. A breve discussão a respeito do escravo, assim, é também uma discussão sobre liberdade, no cerne da qual está uma associação entre ser livre e poder agir em prol de si mesmo. Em outras palavras, podemos dizer que o elemento lógico usado por Smith para separar os homens livres dos não livres, e que está por trás da tal liberdade que caracteriza a "multidão de homens reunidos e unidos" na república, é o benefício próprio (*profit*). *É livre quem pode buscar seu próprio benefício*; é não livre ou escravo quem está impedido de fazê-lo, encontrando-se obrigado a buscar o benefício de outrem. E a república é um "fazer comum" através do qual os homens verdadeiramente livres buscam juntos seu benefício.

A república da classe média

De fato, numa outra passagem, Smith define a república especificamente como "uma sociedade que consiste apenas em homens livres". Mas, num pequeno desvio de percurso, usa essa definição como porta de entrada para um longo relato alegórico sobre a genealogia da república a partir da família. Segundo ele, a "parte menor" da república é o casal parental, "marido e mulher", a "mais natural e primeira conjunção para a construção de uma ulterior sociedade" (RA, 58). Pois, "entre todos os animais ou criaturas vivas, o homem se mostra o mais político", de modo que "não pode viver sem associação e comunhão civis". Reproduzindo-se, o homem dá origem à "casa e à família". E Smith faz questão de descrever o que entende por essa "casa" na qual a família existe: com tal termo, "designo o homem, a mulher, seus filhos, seus serviçais livres e não livres, seu gado, seus utensílios domésticos e todas as outras coisas que se encontram em posse sua, pelo tempo em que tudo isso permanece junto numa unidade" (RA, 59).

Por seu caráter de classe, essa definição é bastante significativa. A casa de que Smith fala não é qualquer casa: é característica de um setor social específico, que pode manter empregados e, por isso, deve ter posse de uma quantidade suficiente de terras para produzir excedentes, ou bem para alimentar esses empregados (no caso dos não livres), ou bem para pagar seu salário (no caso dos livres). Trata-se de uma casa pertencente ao que, então, chamava-se *middling sort*, o "tipo mediano" de gente que não estava situada "na média" entre os pobres e os ricos, mas muito mais próxima destes do que daqueles, porque conseguiam produzir mais do que o necessário para a subsistência. Era dessa classe média que provinham os *yeomen*, com os quais já nos encontramos antes e que também Smith colocará numa posição importante dentro de sua república. Não está claro, em termos quantitativos, quão representativa da população inglesa era a *middling sort* (Oliveira, 2018, p. 33-5), mas é indiscutível que representava apenas uma parcela pequena dela.

Smith pinça, portanto, um grupo social específico de proprietários privilegiados para sua caracterização da república. Por um lado, evidentemente, não haveria por que ser diferente: o termo "república" foi tradicionalmente evocado para falar de uma elite política bastante exclusiva, e a referência que o autor emprega sempre, com a intimidade e a acuidade de um conhecedor dos clássicos, é a Roma Antiga. Por outro lado, como estamos cansados de saber, essa origem oligárquica não impediu que a tradição moderna posterior malfadadamente buscasse no "ideal republicano" inspiração para pensar a igualdade política e a justiça social. Interessa-nos, por isso, observar de perto como esse caráter de classe bastante específico condiciona os raciocínios de Smith, enraizando-os no violento processo social da modernização capitalista nascente e levando a imaginações muito pouco afins às idealizações que conhecemos.

A república oligárquica

De todo modo, Smith prossegue com sua pequena alegoria sobre o surgimento da república a partir do casal parental. O autor nos diz que aquela "parte natural" e "primeira" da república que é a família também constitui a "aparição" desta que é a "primeira, e mais natural", e "uma das melhores formas de república": a Aristocracia, onde "uns poucos, e os melhores, governam" (RA, 59). O que nosso autor quer dizer com isso é que a matriarca e o patriarca originais formam uma espécie de casta superior, porque "juntos governam a casa" (RA, 59). Contribuem, ademais, para tal governo com suas habilidades naturais, numa funcional divisão sexual do trabalho: a mulher amamenta, o homem carrega peso etc. (RA, 58). A imagem se completa quando Smith estende essa divisão sexual do trabalho num sentido político: "Deus deu ao homem maior inteligência, maior força e mais coragem, de modo a compelir a mulher a obedecer pela razão ou pela força, e deu à mulher beleza, formosura e doces palavras, para fazer o homem obedecer também, por amor" (RA, 59).

Evocado num contexto preciso, o usual sexismo se dirige ao questionamento anterior a respeito da legitimidade do governo. Há algo na maneira como o homem é obedecido que o aproxima do tirano, enquanto a mulher, por motivo análogo, se assemelha ao rei. Assim, a Aristocracia, um governo de poucos exemplificado otimamente pela família, é ao mesmo tempo legítima e ilegítima, tirânica e consensual. Tem, assim, o papel de uma espécie de forma política total, sintética, que dissolve em seu interior as distinções dos modos de relação entre o governo e os governados e faz desaparecer as implicações da questão da "obtenção da autoridade", que diziam respeito à legitimidade do governo. Por um lado, não é, evidentemente, uma Democracia, na qual os indignos são propiciados; por outro lado, não é uma Monarquia, na qual ninguém precisa ser ouvido; na Aristocracia, participam politicamente os dignos, que ouvem a si mesmos. Assim como a mulher e o homem obedecem um ao outro, a elite governante na Aristocracia obedece a si mesma e se governa. Não é preciso perguntar se o governo aristocrático é legítimo, porque o governo é, no fim, idêntico aos governados — ou pelo menos aos governados direitos, homens livres capazes de perseguir seu benefício próprio, os leitores do texto de Smith. Como a questão da legitimidade é posta de lado, a questão da "maneira de administrar" — ou seja, da eficiência do governo —, que já havia sido posta em destaque, ganha sub-repticiamente uma proeminência adicional. Na Aristocracia, não é preciso ficar discutindo quem deve ou pode mandar; o fundamental é que aqueles que governam o façam em benefício próprio, como manda a definição da república, através de uma administração eficiente.

Esse raciocínio reaparece na genealogia dos sistemas políticos que Smith apresentará na continuação de sua alegoria sobre a família original. Nosso autor fala de uma multiplicação mítica de indivíduos que consiste "na origem e princípio primeiro, e mais natural, das cidades, aldeias, nações e reinos, e de todas as sociedades civis" (RA, 60). Ao longo da história dessa multiplicação, uma espécie de reverência natural fixa os mais velhos — sobretudo a figura do avô — na posição de monarca original. Com a sua morte, seus filhos estabelecem um governo de irmãos, uma "imagem daquele governo pelos poucos que é chamado pelos gregos *Aristochrateía*[96] e pelos latinos *optimatum republica*" (RA, 61), literalmente, a "república dos melhores". Esses irmãos, por sua vez, seguem multiplicando-se e envelhecendo. Tornam-se patriarcas; morrem. Seus filhos herdam sua grandeza e "tornam-se tantos, e com uma tal igualdade entre si, que não lhes é possível se contentar em serem governados por uns poucos". A solução é o início da Democracia: "a cada homem, à sua vez, seria confiado o cargo do governo, e também sua parte da honra e (caso houvesse) do benefício (*profit*) advindo da administração da república" (RA, 62).

Nessa aplicação do termo, a Democracia se parece com o sistema consular romano. De todo modo, o fundamento dessa mítica rotatividade governamental seria, afinal, o fato de que "quem quer que viesse da raça daqueles grandes e velhos avós

96 O termo grego foi aqui por nós transliterado.

seria por si mesmo reputado de tão boa nascença quanto qualquer outro" (RA, 62). Com isso, somos devolvidos à ideia de que a Democracia — pelo menos a que é boa, e natural — é uma Aristocracia estendida, ou uma Oligarquia.

A consciência do caráter de classe restritivo das formas de governo admiradas por Smith transpassa seus principais raciocínios políticos. Notavelmente, a própria designação dos "homens livres" que tivemos oportunidade de discutir acima é depois afunilada, aplicada numa chave ainda mais específica do que a do linguajar comum da época. O autor nos diz que "os homens livres são assim considerados apenas enquanto súditos e cidadãos da república". É uma ressalva que enfatiza o aspecto politicamente ativo da liberdade republicana oligárquica que apontamos acima. A liberdade é um atributo gozado dentro da república; os homens verdadeiramente livres não são meros seres humanos providos de algum atributo metafísico, mas devem participar da administração social: precisam ser capazes de "suportar o encargo do governo e da jurisdição", ou seja, "ocupar cargos em uma cidade ou na república" (RA, 64). O fundamental aí é, na verdade, a *capacidade*, que Smith lê como uma espécie de prerrogativa corporativa: nosso autor divide os homens livres "que participam da república" entre "aqueles que possuem cargos e aqueles que não o possuem", mas podem possuir, "sendo os primeiros chamados magistrados e os outros, homens privados (*private men*)" (RA, 65).

Com isso, a conexão entre liberdade e interesse próprio é estendida dos negócios particulares na direção do próprio governo. Smith compreende o âmbito público na perspectiva da atividade privada, ou seja, tem uma concepção de Estado voltada para a viabilização da atividade econômica, ideia que motiva a obra que analisaremos mais adiante, *A Discourse of the Common Weal of this Realm of England* [Discurso sobre a república da Inglaterra]. Os homens livres, que o são porque agem em interesse próprio — ao contrário dos escravos, que, como vimos, são instrumentos e agem apenas no interesse dos outros —, precisam poder governar, ou não seriam inteiramente livres: sendo governados por outrem, como garantir sua capacidade de perseguir seu benefício próprio? Reciprocamente, governar é governar em interesse próprio: fazê-lo em interesse dos outros seria um contrassenso, algo como realizar, na administração, o que os escravos realizam no âmbito do trabalho. E mesmo o rei que governasse em prol dos súditos somente o faria na medida em que o bem dos súditos fosse o seu próprio bem — ideia que entra nos raciocínios sobre prosperidade econômica que veremos adiante. Assim, a ideia de república, "coisa pública", vai tomando a forma de uma espécie de *joint venture*, uma coisa privada administrada em conjunto pela associação cidadã de proprietários interessados.

A questão é retomada na sequência da narrativa alegórica de Smith. Tratando das alterações históricas das formas políticas que se dão nesse processo — a exemplo da passagem da Aristocracia para a Democracia dos irmãos que vimos acima —, o autor nos diz que a sucessão das gerações traz uma "luta [...] pelo império e pelo domínio", a qual tem por fundamento, contudo, um interesse comum na preservação da república: é uma disputa para saber "quem será capaz de fazer o melhor para a república, [...] assumindo cargos e atuando como magistrados" (RA, 62). Os sujeitos históricos e políticos são os membros dos setores sociais capazes de tomar um interesse direto na preservação da república, o que fariam através de posições administrativas às quais, ademais, ascenderam na marra. Dessa elite política dos homens livres, Smith havia eliminado aqueles que trabalham no interesse alheio, como vimos, e agora são excluídas também as mulheres, "a quem a natureza fez para a manutenção do lar e a nutrição da família e das crianças, e não para imiscuir-se em assuntos forâneos nem para exercer cargos numa cidade ou numa república, da mesma forma que as crianças" (RA, 64). Uma rainha mulher, um garoto no trono, ainda vá lá; no Parlamento, nos conselhos, nos tribunais e à frente dos negócios, jamais.

A república dos *yeomen*

Satisfeito com sua alegoria genealógica, Smith dedica o final do livro I do *Republica Anglorum* a uma caracterização das elites inglesas realmente existentes. Começa falando da aristocracia tradicional, em termos tradicionais. A *gentry* é esquematicamente descrita através de uma explicação do termo *master*, ou mestre, antepassado do tratamento *mister* que se usa hoje. O autor nos diz que

> todo aquele que estuda as leis do reino, que estuda nas universidades, que professa as ciências liberais ou que, para ser breve, pode viver ocioso e sem trabalho manual, e leva o porte, a figura e o semblante de um gentil-homem, será chamado de *master*, pois este é o título que os homens dão aos *esquires* e outros gentis-homens. (RA, 72)

Trata-se de caracterizar a baixa nobreza inglesa pelo ócio e porventura pelo estudo, o que significa, também, pelas posses que possibilitam as duas coisas. Quanto à alta nobreza dos lordes, nosso autor apela à discussão renascentista e clássica a respeito do duplo sentido da palavra "nobre", que denotaria ao mesmo tempo um traço de caráter e uma posição social: diz que "*nobilitas*, em latim, define uma honra ou um título conferido, tendo sido o antepassado notável por riquezas ou virtudes" ou "antigas proezas" (RA, 70).

Além de ricos e ociosos, e quiçá virtuosos, o que caracteriza os membros da aristocracia é também sua prerrogativa de participar do Parlamento, seja na Câmara Alta, ou dos Lordes — no caso da alta nobreza —, seja na Câmara Baixa, ou dos Comuns — no caso da *gentry*, ou baixa nobreza. Ora, junto com a *gentry*, também participam da Câmara dos Comuns a elite citadina (os *burgesses*) e os *yeomen*, a elite não nobre terratenente. Sobre estes últimos, Smith tem muito que dizer.

O termo *yeoman*, já mencionado antes, é intraduzível. Referia-se, desde o medievo até a época de nosso autor, a gente desprovida de sangue azul e possuidora de mais terras do que o necessário à subsistência: uma elite rural. Enquanto setor social, foram importantes beneficiários e agentes da mercadorização da vida agrária no período aqui estudado (Oliveira, 2018, p. 88-91). "Aqueles a quem chamamos *yeomen*", explica Smith, "depois da nobreza, dos cavaleiros e dos *esquires*, têm na república os maiores encargos e afazeres, ou melhor, são aqueles cujas obras mais aptos tornam para nela servir do que todos os demais" (RA, 74).

Essa passagem contém uma dubiedade. O que quer dizer "todos os demais (*all the rest*)"? Refere-se a todas as pessoas comuns, não nobres, "depois da nobreza, dos cavaleiros e dos *esquires*"? Ou a todos os demais membros da república, inclusive a alta e a baixa nobreza? Não há resposta explícita. Mas o autor insiste que os *yeomen* têm uma posição política privilegiada na república, razão pela qual são chamados, em latim, de *legalem hominem*, ou seja, homens segundo a lei, homens num sentido jurídico. Contam-se oficialmente nessa classe aqueles cujas terras rendem um determinado valor — "seis libras de nosso dinheiro corrente no presente". Mas Smith enfatiza que, ao contrário da aristocracia, tais rendimentos não são auferidos ociosamente, tampouco advêm das heranças, como é o caso da aristocracia; antes, provêm do trabalho. Em sua maior parte, os *yeomen* são "fazendeiros em terras de gentis-homens", ou seja, pagam aluguel à baixa nobreza,

> e com o pastoreio, a frequência nos mercados, e o emprego de serviçais — não serviçais ociosos, como os dos gentis-homens, mas serviçais que ganham sua própria vida, e parte da vida de seus senhores — conseguiram alcançar tamanha riqueza que são diariamente capazes de comprar as terras dos gentis-homens perdulários. E, depois de mandar seus filhos para as escolas, para as universidades, para estudar a lei do reino, ou então legar-lhes

> terras suficientes para que possam viver sem labutar, fazem desses filhos, por tais meios, gentis-homens. (RA, 74)

Os *yeomen* são, assim, gente de mérito: seu status não depende da sanguinidade tradicional, é conquistado pelo trabalho, pela acumulação de riqueza, e passado adiante. O reconhecimento jurídico de sua hombridade torna-os, enquanto setor social, um aspecto dinâmico da sociedade inglesa em transformação. Produzem-se economicamente nessa sociedade, acumulam até serem por ela reconhecidos juridicamente e, através desse reconhecimento, passam a atuar politicamente no interior dela. São homens jurídicos porque são homens econômicos, uma excelente imagem do que vem a ser uma elite moderna. Smith reserva uma eloquência especial para falar deles; vê-se logo que o admirador da Aristocracia enquanto forma de governo não nutre sentimentos comparáveis pela aristocracia enquanto classe social: aí, suas preferências estão em outro lugar.

O fato de que essa classe empreendedora e socioeconomicamente móvel é também politicamente ativa tem um sentido bastante prático para Smith, derivado dos raciocínios que correlacionam liberdade, interesse próprio e administração pública. Nosso autor nos diz que

> a república ou corpo político (*policy*) da Inglaterra [...] é governada, administrada e mantida por três tipos de pessoas: [...] o monarca, [...] os gentis-homens [...] e os *yeomen*: e cada um [deles] desempenha seu papel e sua administração nos julgamentos, na correção de falhas, na escolha de cargos, na designação de tributos e subsídios e na feitura das leis. (RA, 77)

Curiosamente, Smith deixa de mencionar bispos e burgueses, que juridicamente não se encaixavam nem no grupo dos *yeomen* nem dos gentis-homens e participavam, os primeiros, da Câmara Alta, e os segundos — pelo menos os mais ricos dentre eles — da Câmara Baixa, além de em geral exercerem funções nos conselhos, comissões etc. De todo modo, o ponto a respeito dos *yeomen* é que são gente ativa na "administração" do reino. Com isso, aparecem no mesmo nível dos aristocratas e até do próprio monarca. Não são apenas eleitores, ou apenas empreendedores: são isso e também uma classe de mantenedores do aparato estatal inglês.

Ademais, assim como Bacon, Smith também fala dos *yeomen* como classe guerreira, novamente apelando a um discurso bastante popular entre os escritores renascentistas italianos, para quem a discussão sobre os cidadãos armados vinha herdada dos tempos clássicos (Skinner, 2002, p. 75 ss.). Os membros daquela elite terratenente haviam sido, afinal, "bons arqueiros em tempos passados" (os famosos *longbowmen* ingleses que tanto sucesso fizeram nas guerras do século XIV) e, segundo nosso autor, continuavam sendo exímios combatentes,

> tão numerosos, tão obedientes ao chamado dos senhores, tão fortes de corpo, tão firmes na resistência à dor, tão corajosos para seguir em aventuras o seu senhor, ou, conforme seja, seu capitão, seguindo-o, ou adiantando-se a ele, por não terem esses últimos pressa, nunca tendo feito da guerra uma profissão. (RA, 75)

Aptidão e relutância à cidadania

Soldados fiéis e corajosos; administradores, eleitores e parlamentares; empreendedores esforçados: os *yeomen* são "aqueles que o velho Cato, em sua *Republica*, chamava de *aratores* e *optimos cives*" — os "aradores", ou fazendeiros, são também os "melhores cidadãos", ou os cidadãos por excelência. E, no entanto, logo em seguida Smith nos revela um traço contrastante, embora igualmente importante, dessa classe excelentemente republicana: "cuidam de seus próprios negócios, não vêm se meter em assuntos públicos e julgamentos, exceto quando convocados, e ficam felizes quando disso se livram" (RA, 75).

É ou não é uma caracterização notável? Aqueles que mais aptos estão a servir à república, os "homens segundo a lei", são também particularmente relutantes em fazê-lo — e isso pela mesma razão que os empresta aquela aptidão: seu engajamento nos negócios privados. A paradoxal configuração de ideias expressa um fato básico: o interesse em administrar coincide com a manutenção da liberdade ou da capacidade de agir em benefício próprio, mas dedicar-se às coisas públicas subtrai do tempo dedicado aos negócios privados.

Assim mesmo, quanto mais prósperos os negócios privados, maiores são também o interesse e a capacidade de imiscuir-se nas coisas públicas, e foi o que de fato ocorreu na Inglaterra, onde o enriquecimento da elite econômica trouxe também uma maior participação no aparato de governo, em um processo paulatino de transformação sociopolítica.[97] Nessa sociedade, toda atividade econômica passava, mais cedo ou mais tarde, pelo crivo da Coroa: a produção manufatureira nas cidades era controlada por corporações de ofício, criadas por cartas monárquicas; as companhias de comércio, de mineração e de exploração colonial eram licenciadas por concessões monopolísticas; o acesso à terra era mediado pela influência monárquica sobre a herança e pela criação por decreto de um mercado de terras depois do confisco de posses eclesiásticas no processo da Reforma Anglicana. Num quadro como esses, a proximidade com o poder real, sob a forma de uma troca de favores com o monarca e com os membros da Corte, é fundamental para os agentes econômicos e absolutamente constitutiva de sua posição social. E a Inglaterra contava com várias instituições para mediação de tais intercâmbios:

97 Sobre a ascensão de elites especificamente *econômicas* na alvorada da modernidade inglesa, ver Oliveira (2018, p. 114-7, 130-6).

as comissões para implementação das políticas monárquicas, compostas por membros da elite cuja lealdade havia sido comprada pelo favorecimento; a nomeação de juízes de paz, oficiais com amplos poderes executivos e judiciais a nível local; e a própria convocação — segundo o arbítrio do monarca — dos parlamentos, nos quais eram empreendidas as negociações entre o monarca e as elites em torno dos impostos, da legislação, das disputas de terras etc. Por fim, a prática antiga dos empréstimos reais, fundamentais para a manutenção da administração estatal inglesa — e dos confortos pessoais dos membros da Corte —, também resultava no envolvimento oblíquo da gente rica nos assuntos do reino.

Através de tais mecanismos e instituições, o papel econômico local crescentemente importante dos "homens medianos" refletiu, na alvorada da modernidade, na ascensão dos mais ricos dentre eles a posições importantes para o exercício da administração monárquica central. Em Smith, tal ascensão é vista com ceticismo, na medida em que a experiência social da elite econômica aparece condicionada por uma dupla tentação: governar a Inglaterra ou concentrar-se em ganhar dinheiro? Os aspectos mais perspicazes do esforço intelectual específico de nosso autor serão construídos em torno das possibilidades de harmonização entre essas diferentes inclinações. E, conforme demonstraremos, no fim das contas, será uma reflexão sobre compatibilidade e incompatibilidade entre o público e o privado.

2

Cidadania e privilégio

Uma vez descoberta a essência interessada e oligárquica da república, o discurso de Smith oscila irresistivelmente entre um suave enaltecimento daquilo a que os humanistas chamavam "vida ativa" — o interesse cidadão na coisa pública — e a desfaçatez do proprietário. De um lado, as virtudes morais do *yeoman* são convocadas de leve; sua aptidão para os negócios e a importância econômico-política de sua classe são sublinhadas. Do outro, a centralidade dos seus interesses de classe obscurece todos os demais elementos, a república é definida explicitamente como uma organização social voltada para seu benefício e amparada subterraneamente pela ideia da eficiência no governo. Nesse sentido, o *Republica Anglorum* é também um esforço de explicação e explicitação do caráter de classe da república oligárquica e da associação entre republicanismo e dominação social.

O populacho pobre e antissocial

Isso fica claro em sua explícita demofobia, que vimos manifesta acima, na discussão sobre a má Democracia: o populacho é incapaz de governar a si mesmo; precisa, portanto, ser governado. Num viés semelhante, o autor nos fala do "tipo" de homens que, "sem serem governados por príncipe ou governante, postos assim em liberdade (*liberty*), não sabem o que devem fazer, e com insolência, ou orgulho, ou preguiça, caem no roubo e na maldade, dispersam-se e dissolvem-se, ou por tola ambição em conflitos privados consomem-se uns aos outros e nada alcançam" (RA, 63).

Conflito privado, tola ambição: é estranho que, ao descrever a ralé que sucumbe, Smith explique esse mau destino justamente através do autointeresse, tão característico da elite oligárquica. Parece, por isso, que a ralé se dá mal por falta de civismo: "não sabem o que devem fazer", não dispõem de discernimento moral. Mas há algo estranho nessa ideia, afinal, no caso dos *yeomen*, esse discernimento e essa moralidade advinham justamente do interesse próprio e de seu envolvimento nos negócios privados...

Alguém dirá que essa contradição aponta para alguma daquelas famosas falhas no universalismo burguês: o interesse próprio simplesmente não funciona coerentemente como princípio geral de organização numa sociedade desigual. Por outro lado, se colocarmos as ideias na sua devida ordem, teremos mais uma oportunidade de testemunhar que o pensamento moderno não é violento e dotado de caráter de classe por causa de suas incoerências, mas por causa de sua sistematicidade. Lembremo-nos que Smith começa *De Republica Anglorum* utilizando a discussão sobre a forma de governo monárquica para diferenciar o interesse próprio egoísta e o interesse no bem da república. Existe, para nosso autor, uma dimensão estúpida e ineficaz no egoísmo, e é disso que se trata aqui.

Como vimos, e repetimos acima, a caracterização moral e política dos *yeomen* advém do seu envolvimento com os negócios privados: são livres porque são capazes de perseguir seus interesses privados; perseguem seus interesses privados com a tenacidade e o esforço pessoal que os tornam admiráveis. Ora, são justamente esses negócios privados que faltam ao populacho; é apenas em decorrência disso que lhes falta a moralidade. "Não sabem o que devem fazer", porque a república no interior da qual o comportamento moral se torna relevante é definida em relação à estabilidade e à eficiência necessária à "conservação" dos membros da república, a qual redunda na atuação em benefício próprio. Numa sociedade de empreendedores, o não empreendedor é antissocial.

Não se pode acusar Smith de incoerente; muito pelo contrário. A questão é que só atua em interesse próprio quem obra em prol de sua própria riqueza, então é preciso ser rico para ser um sujeito moral e político. A única república que merece esse nome — que se mantém estável, que não degenera num tumulto de egoísmo, que pode ser eficientemente organizada — é a sociedade dos ricos, governada pelos ricos e para os ricos.

No domination without representation

É uma questão de lógica, portanto, que o populacho esteja destinado a ser governado pelos outros, da mesma forma que trabalha para os outros. O resultado dessa lógica está enunciado na continuação da caracterização smithiana da composição da sociedade inglesa. Existe, diz nosso autor, uma outra "espécie de classe entre nós, aquela que os velhos romanos chamavam [...] *proletarii* ou *operae*, os jornaleiros, os fazendeiros pobres, também os mercadores ou revendedores que não detêm terra por posse livre [...] todos os artífices, tais como os tecelões, sapateiros, carpinteiros, oleiros, alveneiros, pedreiros etc." (RA, 76). Essas pessoas "não possuem voz nem autoridade em nossa república, e não se lhes faz nenhuma conta, exceto para serem governados, e nunca para governar a outrem" (RA, 76).

Essa concepção transparente de uma sociedade de classes ecoa, significativamente, na caracterização que Smith faz do Parlamento inglês, no início do livro II do *De Republica Anglorum*. Nessa instituição, a alta nobreza, a *gentry* e a elite não nobre discutem, propõem e deliberam "o que é bom e necessário para a república". As propostas aprovadas nas duas casas e ratificadas pelo monarca tornam-se lei. Esse gesto legislativo final é "um ato do príncipe e de todo o reino: daí que nenhum homem pode com justeza reclamar, mas precisa contentar-se em achar por bem e obedecer" (RA, 78). Ou, em outros termos: "o Parlamento da Inglaterra [...] representa e possui o poder do reino inteiro, da cabeça bem como do corpo", quer dizer, de todas as classes sociais. "Pois tem-se em conta cada um dos ingleses como se lá estivesse presente, seja em pessoa ou por procuração." Dessa forma, "toma-se o consentimento do Parlamento como sendo o consentimento de todos os homens" (RA, 79).

São trechos que falam da representação política e do consentimento; no entanto, a ênfase do discurso de Smith cai na obediência. Essa ênfase reforça o caráter do governo oligárquico dos ricos: o leitor é apresentado à ideia de que o Parlamento é um instrumento de dominação através da representação.[98] Evidentemente, à luz do que foi explicado antes, essa dominação tem matizes, pois a presença "em pessoa ou por procuração" de "cada um dos ingleses" significa coisas diferentes para setores sociais diferentes.

De um lado, estão os "homens privados" que pertencem àquela parte da elite oligárquica que circunstancialmente não se encontra no Parlamento, mas poderia estar. Como são homens realmente livres que possuem negócios privados, e por isso podem atuar em benefício próprio, são também beneficiados diretamente pelo bom funcionamento da república, que deve ser garantido pela participação política dos cidadãos no Parlamento.

Do outro lado, estão os homens que trabalham para outrem e, mesmo não sendo servos ou escravos, não podem ser realmente chamados de livres: não possuem negócios próprios e por isso, a rigor, não têm interesse próprio. Para eles, a "conservação de si tanto na paz quanto na guerra", que é, como vimos, o objetivo da república (RA, 57), não pode significar o

98 Ver Oliveira (2018, p. 241-3) para uma breve discussão a respeito do papel da expansão da representação parlamentar para o incremento da dominação colonial inglesa sobre a Irlanda no período.

mesmo que para os "homens privados". Mas também sabemos que, deixada à própria sorte, essa ralé rude tende a uma espécie de autodestruição: eles estão impedidos de, por si sós, "saber o que devem fazer" e terminam "consumindo uns aos outros" (RA, 63). A república cuida para que isso não aconteça, mas o faz cuidando da estabilidade necessária aos negócios privados da elite oligárquica. Com a garantia da atividade econômica dessa elite, está garantida também, até certo ponto, a capacidade de trabalhar para outrem do populacho. Para essa gente realmente comum, a "conservação de si" pela república equivale a uma subsistência que, contudo, é um dever superimposto, visto que não sabem o que devem fazer. Pois, como Smith diz com todas as letras, os trabalhadores trabalham *para o benefício de outrem*, e não para o próprio benefício. Reencontramos, aqui, algo muito semelhante à situação da população em geral na *Utopia* de More: as pessoas comuns são mantidas vivas porque são úteis.

No texto de Smith, essa ideia entra, ainda, em consonância com uma concepção jurídica medieval que é importada e atualizada para o contexto moderno que nosso autor descreve em seu manual. Quando fala do sistema legal e dos diferentes tribunais da Inglaterra, Smith refere-se à "lei do rei" como tendo jurisdição exclusiva sobre a vida, e, portanto, sobre os crimes contra a integridade física: assassinatos e mutilações. As "vidas e os corpos dos homens da Inglaterra estão sob poder único do príncipe e de suas leis" (RA, 90). Em outras palavras, a vida é província do rei, ou seja, fazer dano à vida ou ao corpo de um súdito faz dano ao rei, que então é o único capaz de instar que a justiça seja feita por esse dano.

Esse raciocínio jurídico remonta à lógica medieval de que as "almas" pertenciam ao feudo, porque a manutenção e a riqueza dos senhores dependiam diretamente do volume da população camponesa obrante. Na república smithiana, o rei figura como um representante da república do bem comum, ao qual a ausência de um braço trabalhador pode ferir. Isso é tão mais válido na lógica de nosso autor quanto mais é verdade, para ele, que o homem não livre é, à imagem do escravo, "apenas o instrumento" (RA, 57) da elite oligárquica, que o põe para trabalhar de modo a ganhar "sua própria vida, e parte da vida de seus senhores" (RA, 74). Destruir indevidamente um trabalhador, ou torná-lo criminosamente incapaz de trabalhar, impede que os *yeomen* persigam seu benefício próprio e fere, por isso, a finalidade máxima da república.

Poder absoluto e lei marcial

O funcionamento cotidiano do Parlamento é descrito na primeira parte do livro II do *Republica Anglorum*. Os proveitosos esquemas aí empregados honram a proximidade da obra com os manuais técnicos do período. Smith conta que comissários de Sua Majestade percorrem o reino, convocando a elite a enviar seus representantes para Westminster. Fala sobre as reuniões nas casas parlamentares, menciona a presença não votante dos assessores legais, narra os procedimentos de proposição e discussão dos projetos de lei (*bills*), a formação dos comitês de emendas etc.: tudo explicadinho para quem relutantemente deixe de ser "homem privado" e venha a penetrar nesses ambientes de autogoverno oligárquico.

Depois de falar dos parlamentos, Smith explica os poderes pessoais do "príncipe", seus atos de designação de conselheiros, sua autonomia na condução dos assuntos estrangeiros e na declaração de guerra, seu controle exclusivo sobre a moeda, o poder de perdão judicial, a taxação que exerce sobre as concessões eclesiásticas, o controle sobre a herança de grande parte de seus vassalos etc. Apresentam-se a razoabilidade e a funcionalidade das instituições de governo, até que se chega ao interessante assunto da lei marcial.

Sua caracterização começa com uma discussão sobre o "poder absoluto" (*absolute power*), conceito que aparece algumas vezes ao longo do texto. Embora brote também da pena de outros autores do período, não se trata de um termo técnico de alguma protociência política. No *De Republica Anglorum*, é usado sobretudo num refinamento da discussão sobre as formas de governo. Mergulhando brevemente nos clássicos, Smith nos fala "daquele tipo de administração a que os gregos chamam *pambasileian*, e que não é a tirania, mas o poder absoluto que, segundo eles, todo rei possui, para usar quando lhe aprouver", mas que contrasta com "*basileian nomichen*, que é o poder real regulado por leis" (RA, 54). Essa caracterização remete à discussão que abre o livro I: o tal poder absoluto parece dizer respeito à autoridade monocrática que exerce sua vontade sem qualquer limitação, enquanto a regulação por leis submete essa vontade a algo que lhe é superior — ou seja, relativiza-a.

Posteriormente, a expressão é evocada não mais como atribuição do monarca: Smith nos diz que o Parlamento é "o poder mais alto e absoluto do reino da Inglaterra" (RA, 78). Essa colocação tem conexão textual com a avaliação, discutida acima, de que todos os homens da Inglaterra estão representados pelo Parlamento e devem acatar suas determinações sem ressalvas.

Mas Smith também fala de poder absoluto em contextos ligeiramente diferentes: por exemplo, quando discute a prerrogativa real de declarar guerra. Aí, o "absoluto" não diz respeito a uma forma de exercício do poder em geral, mas ao fato de que determinadas atribuições do príncipe — ou seja, poderes específicos — são exercidas de forma exclusiva, ainda que a vontade monocrática não seja irrestrita em todos os sentidos ou para tudo. O "monarca da Inglaterra, rei ou rainha", nos diz nosso autor, "tem absolutamente em seu poder a autoridade da guerra e da paz, para desafiar qualquer príncipe que lhe aprouver, e chamar-lhe à guerra, e de novo reconciliar-se e oferecer-lhe tratado ou trégua conforme seu desejo, ou por recomendação de seu Alto Conselho" (RA, 85). Da mesma forma, "o príncipe tem, simplesmente por sua proclamação, poder absoluto de anúncio e declaração dos dinheiros do reino" (RA, 86).

Está em jogo uma espécie de autoridade que é "absoluta" porque irrecorrível: não há nenhuma instância que possa desdizer ou desfazer ou, na prática, colocar em questão o que o príncipe comanda nesses contextos. E é assim, da mesma forma, nos "tempos de guerra e no campo de batalha", onde "o príncipe tem também poder absoluto, de modo que sua palavra é lei e ele pode condenar à morte, ou a outra punição do corpo, quem quer que lhe pareça assim merecer, sem processo legal ou julgamento" (RA, 85). Importante ressaltar, tal expediente "foi por vezes usado também no próprio reino, fora de qualquer guerra declarada, em virtude de torpes rebeliões e insurreições" (RA, 85).

Smith afirma, de fato, que a "administração absoluta, em tempos de guerra, quando todos são chamados às armas, ou quando as leis se calam por não poderem ser ouvidas, é muito necessária" (RA, 54). Trata-se de um aceno a um raciocínio feito no contexto da discussão sobre as formas de governo, quando nosso autor contrasta a monocracia irrestrita com aquela regulada por leis. É verdade que a primeira, como vimos, atua sobre a frágil natureza humana para corromper até as melhores intenções do tirano; assim mesmo, não é realmente prescindível. E, no livro II, Smith esclarece: "Esse poder absoluto é chamado lei marcial, a qual foi sempre usada, como deve ser, em grandes campanhas e onde há hostes de homens, quando nem tempo nem lugar há para se tolerar as demoras da complacência (*pleasing*) e do processo" (RA, 86).

Nessas passagens, Smith fala do caráter estritamente político do cumprimento da lei. Remete a situações especiais em que os comandos do rei tornam-se absolutos: instaura-se, excepcionalmente, a monocracia da vontade principesca não limitada por leis. O problema que essa excepcionalidade coloca é que o "poder absoluto" do Parlamento deixa de sê-lo, pois, evidentemente, se a vontade do rei se torna absoluta, as leis do reino são suspensas na prática. As decisões tomadas pela oligarquia pelo bem da república — ou seja, em seu próprio nome — são temporalmente anuladas: é isso que Smith chama de uma intolerância necessária às "demoras da complacência e do processo". Processo — ou obediência à lei — e complacência — ou consenso — são colocados no mesmo saco, porque nosso autor enxerga a atividade legislativa parlamentar como um pacto da elite consigo mesma e com o príncipe: o monarca governa para a elite e com sua aprovação, e a elite precisa encontrar uma comunidade de interesses ou um consenso de classe para que a república seja conduzida em seu benefício. Assim mesmo, às vezes, pode ser de interesse da elite não se engajar em um processo de estabelecimento de consenso de classe — ou não perder com falação o tempo que poderia ser mais satisfatoriamente gasto ficando mais rica. Afinal, Smith já nos falou da relutância dos "homens jurídicos" em meter-se nas coisas públicas, de modo que as ocasiões emergenciais exemplificadas pela guerra e pelas rebeliões parecem unir o útil ao agradável.

A lei marcial não é apenas uma dura necessidade, é uma desobrigação da enfadonha tarefa de governar, para a qual a elite rica e governante não tem, afinal, vocação. Ela permite — ao menos episodicamente — um funcionamento administrativo independente da política cotidiana de consenso entre a classe dominante e o governante. Ao mesmo tempo, uma vez que amplia a capacidade de punir do monarca, evidentemente tende a tornar a população geral de homens não livres mais obediente. Em especial, numa situação de guerra, através de julgamentos sumários e punições discricionárias, "o soldado, mais intimidado, pode ser mantido numa obediência mais estrita, sem a qual nenhum capitão pode nas guerras realizar coisa alguma" (RA, 86). A *realização* é o que está em jogo: a sociedade, como um exército, visa a um fim, precisa funcionar, precisa possibilitar a busca do benefício próprio pela elite. A elite negocia no Parlamento para garantir tal funcionamento, mas este não é, em essência, idêntico à negociação. Um bom governo monocrático é perfeitamente possível: sua possibilidade repousa sobre a ideia de um comportamento principesco afeito à acumulação capitalista. Tal comportamento poderia ser garantido através de um procedimento seguro de produção daquela finalidade, para evocar os termos de Bacon. O que essa sociedade pede, portanto, é uma ciência econômica ou uma economia política: uma técnica que, prescindindo das demoras do consenso político diário, resolva o problema de como governar de forma economicamente eficiente, permitindo que a elite possa se concentrar em acumular.

3

Dominação legal

Contra a litigância

A lei marcial é uma maneira de a elite tirar férias da política e do "processo"; para o resto do tempo em que precisa lidar com essas coisas demoradas, pode contar com os esclarecimentos do *De Republica Anglorum*: Smith dedica o final do livro II e grande parte do livro III ao sistema jurídico inglês.

Nosso autor fala da execução das decisões judiciais e administrativas através da estrutura de poder estatal. Indica a nomenclatura dos funcionários regionais e locais — xerifes, bailios (*bailiffs*), beleguins (*reeves*) — e alude também aos inspetores de taxas e impostos reais, integrantes da Corte do Tesouro (Exchequer). Por fim, se debruça sobre os tribunais de direito em que os assuntos civis e penais são trazidos à atenção dos oficiais da lei.

Esse último assunto é inicialmente tratado com aparente reserva, condizente com a relutância à cidadania sentida pela classe proprietária. Nosso autor menciona que, a rigor, sendo o Parlamento a mais alta corte do reino, é também seu mais alto tribunal e tem autoridade para julgar qualquer caso civil ou penal. Contudo, em geral os parlamentares têm mais o que fazer, negociando e expressando legislativamente seus interesses de elite: as "demoras da complacência". Existem, então, as Cortes Altas do reino: o chamado Tribunal do Rei (King's Bench) e a Corte Estrelada (Star Chamber). A rigor, o primeiro consistia num tribunal de apelação, e a segunda numa corte especial para julgar crimes de alta traição ou lesa-majestade. No entanto, Smith a princípio trata-os como tribunais comuns, apenas para mencionar que seu funcionamento estava submetido a uma periodicidade sazonal, fazendo com que ficassem fechados parte do ano. Encontravam-se, ademais, ambos em Westminster, junto à Corte Real, ou seja: distantes da maior parte da população inglesa.

Dito isso, nosso autor comenta, retoricamente, que pode causar espanto o fato de que uma terra com a vitalidade política e econômica da Inglaterra conte com uma atividade judicial tão escassa e tão concentrada. Mas responde a tal estranhamento com uma alusão a Cato, o Velho, homem de Estado romano que dizia

> serem apenas ociosos cabeças de vento [...] e desordeiros esses homens que, na república, tanto nutrem a litigância: os bons trabalhadores e os homens de paz contentam-se em resolver seus assuntos em casa através do juízo de seus vizinhos e parentes, sem gastar dinheiro em procuradores, advogados [...] e outros homens da lei. (RA, 93)

Quer dizer: os homens de bem que acabam envolvidos em rusgas quaisquer devem evitar perder tempo com as "demoras do processo": em vez de colocar uns aos outros na justiça e fazer uso do aparato do direito moderno, devem preferir acordos extrajudiciais entre pares.

A enunciação dessa faceta adicional da relutância à cidadania vai ao encontro de um fenômeno bastante característico do período analisado: o processo de judicialização da vida. Por volta do tempo em que nosso autor escreveu, verifica-se um gigantesco crescimento da litigância. Tal aumento refletiu apenas em parte a intensificação da atividade econômica, da competição e do desacordo em questões de propriedade, contratos etc.: grande parte do incremento de atividade dos tribunais deveu-se não a esforços de efetivamente ganhar ações nas cortes, mas de usar o próprio processo como instrumento para a agressão dos inimigos, numa espécie de litigância maliciosa. Devido às altas taxas judiciais e às custosas viagens necessárias para comparecer aos tribunais mais altos, adversários nos negócios ou na vida vinham empregando cada vez mais como arma o caráter intrinsecamente oneroso do direito, obrigando uns aos outros a enfrentar as "demoras do processo" e, às vezes, a falência, através de acusações muitas vezes espúrias que, de todo modo, impunham obrigações e custas (Oliveira, 2018, p. 155 ss.). Essa litigância maliciosa é uma irônica expressão do conhecimento, por parte da elite econômica, dos meandros do direito e, ao mesmo tempo, de sua impaciência em relação à burocracia moderna que se desenvolve tão intimamente atrelada à expansão do capitalismo.

O júri de doze homens

Importante notar, contudo, que mesmo esse emprego pervertido do aparato de justiça (contra o qual Smith falará em mais de uma ocasião) consiste numa expressão institucional de poder oligárquico. Afinal, o próprio acesso à justiça no período constituía uma faceta do privilégio econômico, devido ao tal caráter monetariamente custoso dos tribunais de apelação. Mas há aspectos ainda mais radicais dessa paradoxal posição da elite diante das instituições modernas de direito e de governo republicano, a exemplo da análise que Smith faz do júri de doze homens.

O assunto começa a ser tratado no livro II, mas acaba transbordando para o livro III. Na descrição de nosso autor, essa forma especificamente inglesa de júri é um verdadeiro baluarte da república, caracterização que surpreende e compõe admiravelmente o quadro paradoxal da cidadania relutante de elite: o processo não era coisa demorada e repugnante?

Enfim, em todos os julgamentos, diz nosso autor, há necessariamente duas partes e um juiz. Contudo, na Inglaterra, "nossa forma é tão diversa que aqueles que pronunciam a sentença mortal, ou condenam ou absolvem o réu, não são chamados juízes, mas Os Doze Homens, os quais ordenam igualmente tanto os assuntos civis e pecuniários quanto os assuntos criminais" (RA, 90).

Quem são esses homens do júri? Em primeiro lugar, são gente vizinha: "Necessariamente, todos os doze devem pertencer ao *shire*" — ou seja, à mesma província — "e quatro deles ao mesmo *hundred*" — à mesma subdivisão da província — "em que está localizada a terra em torno da qual há controvérsia, ou onde mora a parte que na litigância se defende" (RA, 100). Em segundo lugar, são gente rica: devem ser "*yeomen* de substância", ou seja, terratenentes de consideráveis posses, "homens habituados à labuta e ao trabalho diário" (RA, 113). Devem ser homens desinteressados e imparciais: numa ação civil "que diz respeito a contratos, ou terras ou posses", qualquer uma das partes pode impugnar qualquer membro do júri "que seja aliado de sua parte adversa, ou por ela alimentado, ou lhe preste serviço" ou "seja seu inimigo". E tal prerrogativa de impugnação também pode ser usada contra membros do júri "que não disponham de tanta terra anualmente" — ou seja, que uma das partes julgue não ser rico o suficiente (RA, 99).

Por fim, como não poderia deixar de ser, os membros do júri são servidores relutantes da república. Smith lamenta que, enquanto o julgamento dura, os doze homens são tratados como prisioneiros encarcerados, que não podem deixar o local do juízo enquanto não chegarem a um veredito (RA, 115). Ademais, o trabalho exercido não é remunerado: "A parte favorecida por sua sentença comumente dá ao júri seu jantar naquele dia, e isso é tudo que recebem por seus labores" (RA, 100) — ainda que, por outro lado, experimentem, sem dúvida, a sensação de haverem feito "serviço ao príncipe e à república" (RA, 118). De todo modo, que "homem privado" deixaria passar a oportunidade de assumir uma tal função pública prestigiosa e decisiva para o destino dos seus pares?

Rapidez judicial e presunção de culpabilidade

Mais cedo ou mais tarde, contudo, o leitor benévolo que deixar sua atenção ser levada pela caracterização da organização racional do judiciário acabará surpreendido — se for, também, atento — pela figura completa que Smith está preparando. Veja-se a sua opinião a respeito da apelação de sentença, por exemplo: trata-se,

> ao mesmo tempo, de uma interrupção e de uma prolongação da Justiça. Não importa em que país, os alcoviteiros e amantes de problemas, nunca satisfeitos, sempre inventarão uma maneira de alcançar o que desejam, que é aborrecer o próximo, e viver sempre com cuidados. Homens cuja existência Deus permite, como a de moscas, e piolhos, e outros bichos daninhos, para trazer desassossego, e que deveriam se empregar em negócios melhores e mais necessários à república. (RA, 123)

Essa gente que leva seus casos às cortes de apelação, por intermédio da "apreciação do príncipe e das cortes soberanas", deveria ser "extraordinariamente punida, tanto corporalmente, quanto em suas carteiras", o que seria, "segundo penso, um ato dos mais reais e principescos, e mui benéfico à república" (RA, 123).

Talvez a primeira maneira de dar sentido a uma tão grande repugnância pelo uso dos tribunais de segunda instância seja imaginando que Smith está mais uma vez argumentando contra uma forma de litigância maliciosa: a daqueles que, havendo perdido seus casos justamente, em vez de se conformarem, apelam visando apenas que seu rival acumule custas e perca tempo, numa época em que não havia boas provisões institucionais contra a má-fé processual. É assim que, nesse contexto, nosso autor fala da virtude de uma lei rápida, sumária: "É coisa bem marcial (como, à sua maneira, é toda nossa política inglesa) ter muito pouco que ver tanto com advogados quanto com médicos, tratar com eles bem rápido para então retornar, cada homem, ao seu negócio, para servir a república em sua vocação" (RA, 124).

Por outro lado, a indiscriminada vituperação contra os recursos judiciais também é sinal objetivo de uma classe social que está acima das condenações e, por isso, simplesmente não recorre nunca. Como seu contato com a justiça é predominantemente na função de julgadores dos processos alheios, o que querem mais é que aquilo tudo termine logo, para poderem voltar aos seus afazeres. De fato, um elemento notável na descrição dos doze homens é que, além de serem gente rica e trabalhadora, são também gente de bem, e não "homens ociosos como os que se entregam a praticar malfeitos" (RA, 113). Quer dizer: na elite dos cidadãos, não há criminosos, portanto não há culpados, portanto não há condenados nem necessidade de apelação. Isso, ademais, tem a ver com a prerrogativa de impugnação dos membros do júri pelas partes: segundo Smith, tal prerrogativa exerce-se apenas em casos civis, nos quais se discutem problemas de propriedade e contratos; na prática, é ignorada nos casos penais porque, evidentemente, um pobre-diabo acusado de um crime sentar-se-á sempre diante de um júri "que lhe é desconhecido, e que também o desconhece, sendo o júri, como já se disse, composto por *yeomen* de substância" (RA, 113). No julgamento entre iguais, os pés-rapados não têm pares. E talvez seja justamente em nome da eficiência de uma justiça rápida que, em mais de uma ocasião, Smith chame o *réu* dos casos penais de "malfeitor" (RA, 113), eliminando a presunção de inocência.

Justiça para os outros

Isso sugere que se, por um lado, a lida com o direito intrinsecamente oneroso é indesejável para a elite que pode exercê-lo com vantagem, por outro lado não se economiza justiça quando o assunto é lidar com as pessoas comuns. É o que se vê no uso seletivo da justiça penal, evidenciado pelo tipo de discurso que encontramos acima, bem como por uma certa sofisticação da administração pública, voltada para o controle e a intimidação do populacho. Assim, rotineiramente, "o príncipe com seu Conselho escolhe certos artigos das leis penais já feitas para reprimir o orgulho e o desgoverno da ralé, e envia [tal seleção] aos juízes de paz" (RA, 106). Já encontramos o uso e a funcionalidade de atos desse tipo quando fizemos menção à fiscalização das tabernas em nosso estudo sobre Thomas More. Através de medidas semelhantes, também se estimulava a aplicação sistemática, em todo o território inglês, de penas mais duras contra invasores de terras ou destruidores de cercas, conforme as mudanças legislativas aprovadas no Parlamento mais recente. Os juramentos de lealdade a Henrique VIII, impostos sobre grande parte da população depois do rompimento com o papa, bem como, no reinado de Elizabeth I, a aplicação das transformações no culto, também poderiam se fazer cumprir através de tais atos executivo-judiciais. "E então, tendo passado um certo tempo, convocam-se novamente os juízes, para certificarem ao príncipe ou seu Alto Conselho como se encontra a província em termos de governo e de ordem, com respeito àqueles pontos e a todas as demais desordens" (RA, 106).

Vê-se aqui a ideia bastante moderna de um governo que administra a sociedade fazendo valer a lei e possui um mecanismo de implementação dinâmica das transformações legislativas. Contudo, tendo em vista o caráter oneroso da lei, reconhecido de bom grado por Smith, essa administração assume predominantemente um formato repressivo. Assim, nosso autor nos fala de um "governo sobre as gentes, pelo qual mantê-las sempre como se sob as rédeas da ordem, antes observadas para não transgredir, do que punidas por terem transgredido". Ao mesmo tempo, nosso autor recomenda a punição exemplar periódica como ferramenta estatal básica para a prevenção da "desordem": "Quando apresentar-se ocasião para tanto, punir [corporalmente], ou enviar à prisão um ou dois" réus que tenham desobedecido "aquelas antigas leis e ordens", de modo que "o temor faça com que se endireitem" (RA, 106).

A questão, contudo, não é que, na modernidade primeva, um punhado de leis e procedimentos particularmente repressivos eram usados para uma dominação brutal. Em Smith, brilhantemente, o que há de realmente repressivo na lei não é nem sua precariedade nem a crueldade excepcional, herdadas de tempos arcaicos num período de semimodernidade, mas o caráter intrinsecamente oneroso que advém de sua sofisticação, do incremento moderno de sua usança, advindo do desenvolvimento de uma sociedade baseada na competição econômica e na concentração de poder estatal (Oliveira, 2018, p. 151 ss.). A prática política de uma república oligárquica regida por leis está amparada no tríplice sentido do caráter "demorado" do processo judicial: é porque o direito é oneroso que a elite preferia evitar perder tempo com ele; é pela mesma razão que a gente ruim e ociosa pode empregá-lo para realizar litigância maliciosa; e é, novamente, pela mesma razão que ele pode ser usado para dominar e punir o resto da sociedade — não apenas com condenações, mas com a própria submissão ao processo judicial, em si mesmo terrível e potencialmente destrutivo.

Isso fica gritante quando, no livro III, Smith discute as providências contra os levantes populares. Em particular, fala-nos da Corte Estrelada, "onde são ouvidas acusações de rebelião" (RA, 125). Quando "a rebelião é descoberta e certificada perante o Conselho Real, ou quando é de outra forma denunciada, a parte é convocada e precisa apresentar-se nessa câmara [...] onde, tendo diante de si [...] como que a majestade de todo o reino, por valente que seja, sentir-se-á vexada". Ali, será "com tal gravidade acusada" que "seu coração cairá por terra". O resultado de toda essa intimidação é que o réu dificilmente conseguirá responder as acusações à altura (RA, 126). Assim, parte daquela "majestade" intimidadora consiste no próprio caráter oneroso do direito. Como afinal Kafka atrasou-se em mostrar, o que é massacrante na Inglaterra da alvorada da sociedade moderna é o próprio processo, e não a culpa que, de todo modo, já está presumida: daí que a própria acusação seja já irrespondível, o que tem resultados práticos que Smith não hesita em elencar. O autor nos conta que, incapacitado de realizar uma defesa, o acusado é "aprisionado da forma que ordenarem os juízes daquela corte, permanecendo assim até encontrar-se esgotado, tanto devido à restrição à sua liberdade quanto às grandes custas que lá incorrerá", afinal, precisará pagar por sua alimentação e por quaisquer mínimos confortos que conseguir adquirir. E "durante um tempo será ali esquecido, até que, depois de longas litigâncias por parte de seus amigos, acabará recobrando o juízo" (RA, 126). A punição, por um lado, já se realiza com a própria acusação; por outro, ela se prolonga através do caráter oneroso do direito que, ademais, incide não apenas sobre o acusado, mas sobre aqueles que lhe são próximos.

Dessa forma, o que Smith está realmente dizendo é que, para o Estado, é não apenas legítimo como também desejável empregar a mesma litigância maliciosa que, quando adotada pelas pessoas privadas, é tão condenável. Em outros termos: o caráter intrinsecamente oneroso da justiça é útil, e é usado para punir. Da perspectiva de Smith, a justiça, enquanto instrumento de poder, é útil porque é violenta. E o ódio contra os praticantes da litigância maliciosa aparece, retrospectivamente, como o ódio contra aqueles que tentam roubar ao Estado seu monopólio sobre a violência judiciária.

A argumentação de nosso autor a respeito do direito, portanto, é explícita e implicitamente organizada em torno do privilégio republicano oligárquico. Os cidadãos, que são poucos, enxergam nitidamente que a estrutura de administração permeada pela justiça é monstruosa; reconhecem que sua relação com esse aparato de violência judiciária é expressão de sua posição social privilegiada; por isso, lidam com o monstro, embora relutantemente, cientes do trabalho custoso que é estar engajado no processo de dominação. A elite sabe que o direito é uma faca de dois gumes — mas também sabe que a lâmina mais afiada é aquela apontada para os outros; enquanto a brame pragmaticamente, sonha com a vinda de um homem competente que esteja mais disposto que ela a ensanguentar as mãos.

4

Liberdade, propriedade, modernidade

O problema da posse de terra

Os raciocínios smithianos sobre o privilégio tomam contornos particularmente bem definidos numa reedição da discussão sobre os escravos ou servos — os homens não livres. O assunto reaparece quase no final do *De Republica Anglorum*, depois de uma discussão sobre a relação civil do casamento e o estatuto jurídico das esposas e das crianças.

"Havendo já discorrido sobre todos os tipos de homens livres, dando conta de seus diferentes estados e de suas diferentes pessoas, resta agora dizer algo a respeito dos escravos" (RA, 135). Aqui, nosso autor não economiza sua erudição clássica: remetendo aos termos latinos, fala dos diferentes tipos de não liberdade na Roma Antiga, traçando paralelos e distinções com a legislação feudal normanda, em grande parte ainda vigente — exceto, nos diz Smith, no que diz respeito especificamente aos servos: afinal, "não há, de qualquer tipo deles, nenhum mais na Inglaterra" (RA, 136).

De fato, tratava-se de uma peculiaridade inglesa do período não possuir mais quase nenhum traço de relações de trabalho feudais no campo. A historiografia do século XX estabeleceu como causa dessa peculiaridade uma combinação de fatores que culminou no Grande Levante de 1381, a momentosa rebelião de proporções nacionais que já tivemos oportunidade de mencionar.

Smith, contudo, tem sua própria teoria a respeito: "Desde muito tempo atrás, em longa sucessão, os santos padres, monges e frades, durante as confissões finais, especialmente aquelas dos acometidos de doenças extremas e mortais, fizeram pesar a consciência" da gente rica que tinha servos e escravos. Os "homens temporais pouco a pouco, em razão de tal terror", acabaram por abolir a servidão. Foi, afinal, a "gentil religião" (RA, 136) que surtiu efeito, e não a violenta ação política do populacho.

Dito isso, entretanto, nosso autor insere no texto um raciocínio um pouco mais sutil, retomando a oportunidade de analisar a natureza da liberdade através da discussão sobre a servidão. Vimos acima como a liberdade havia sido associada, no início do *De Republica Anglorum*, à capacidade de agir em benefício próprio, da qual estavam excluídos, em suma, todos aqueles que trabalhavam para outrem. Agora, no final do livro, Smith adiciona uma dimensão ulterior àquele qualificativo da liberdade. É verdade, diz o autor, que a servidão foi formalmente abolida na Inglaterra; "contudo, considerando mais profundamente, toda terra [...] possui anexada a ela uma servidão [...]. Pois ninguém na Inglaterra tem posse da terra de forma simplesmente livre, apenas ele ou ela que detém a Coroa da Inglaterra" (RA, 138). Qualquer outra pessoa tem posse de terra "por lealdade e confiança de que será fiel ao senhor de quem recebeu a terra, pagando os aluguéis, realizando os serviços e observando as condições que foram à terra anexadas pelo ato de concessão" (RA, 139). Essa imagem tem um pé no feudalismo, mas o pequeno anacronismo é eloquente e proposital. Numericamente, a maior parte dos terratenentes do período — grandes e pequenos camponeses não nobres — detinha terra através do pagamento de aluguéis em dinheiro; a maior parte dessa terra, contudo, era sublocada de membros da alta nobreza ou da *gentry*, e sua posse original advinha de algum dos tipos de doação condicional listados por Smith.

Assim, por um lado, na época de nosso autor, a monetarização das relações com a terra já se havia virtualmente completado na

Inglaterra; por outro lado, ao apelar aos tempos de antigamente, no contexto da discussão da servidão, nosso autor implica que o pagamento de aluguéis estabelece uma espécie de dependência que está em continuidade com a dívida de honra do sistema de suserania e vassalagem. À luz das considerações anteriores sobre liberdade e benefício próprio, o que parece emergir, através da insinuação de que o pagamento de aluguéis consiste numa forma de servidão, é a ideia de que a liberdade plena seria possível apenas para quem detivesse a completa propriedade sobre a terra. Daí até a ideia central da economia política clássica de que a propriedade é uma condição da liberdade (por exemplo, nos *Dois tratados sobre o governo* de John Locke) é um pulo.

Mas o que mais importa, em nossa análise do texto de Smith, é que tais considerações reafirmam a demarcação privilegiada da cidadania e da liberdade. Nosso autor sabia muito bem que, no seu período, os fazendeiros mais endinheirados exploravam os interstícios das leis de posse para aumentar brutalmente a renda extraída da terra, às expensas dos pequenos fazendeiros. Mesmo que nominalmente os *yeomen* mais ricos e poderosos ainda devessem suas terras a pagamentos e favores prestados diretamente à Coroa, havia, na prática, uma diferença gigantesca entre sua posição de agentes econômicos terratenentes e aquela dos pequenos agricultores que cultivavam a terra predominantemente para subsistência, e cujo acesso à terra dependia de negociações periódicas. Concretamente, se o homem livre (*freeman*) é o oposto do homem não livre (*bondman*), e não livre é aquele que trabalha para outrem e não detém livremente a própria terra, então a liberdade é para bem poucos.[99]

99 À luz de uma consideração realmente abrangente e profunda do texto de Smith, a interpretação sugerida por Ellen Wood (2012, p. 216, 243), de que haveria um universalismo na concepção smithiana de "homem livre", torna-se simplesmente falsa. Ademais, ao contrário do que diz aquela autora, por tudo que já demonstramos, ainda seria possível ler a liberdade elitista e oligárquica definida por nosso autor como uma forma de cidadania corporativa.

A compulsão ao trabalho

Tendo assim caracterizado a não liberdade das relações de posse de terra, Smith retorna ao tema do trabalho não livre. Parte, para tanto, de uma alusão a relações medievais — no caso, as de aprendizagem nas corporações de ofício. Estendendo o raciocínio feito no início do livro em torno do benefício próprio, nosso autor nos diz que "aquilo que o aprendiz obtém do seu próprio trabalho, ou pela ocupação e bens de seu mestre, ele obtém para aquele de quem é aprendiz". Ademais, não pode "casar sem a licença de seu mestre, e tem de realizar todos os ofícios servis da casa, e obedecer a todos os comandos de seu mestre" (RA, 140).

Evidentemente, a forma de trabalho típica da modernidade não é a da corporação de ofício tradicional; assim mesmo, no texto de Smith, alguma coisa semelhante à relação social de privação de liberdade que ocorre entre o mestre e o aprendiz tem lugar entre o empregador e o trabalhador assalariado comum. Por um lado, aqueles que "são empregados por ano em troca de salários e se chamam serviçais (*servants*) [...] servem durante tal período nos ofícios diários", mas "em outros assuntos estão em liberdade, como homens e mulheres livres". Vê-se, à luz da discussão anterior sobre servidão, que o emprego terminológico de Smith não é muito rigoroso; mesmo assim, não há dúvida sobre o que quer dizer nosso autor. Tal serviçal "não deve deixar seu serviço sem a permissão do seu senhor (*master*), e deve também avisá-lo caso pretenda deixar seu serviço [...] antes da expiração do termo, pois se não o fizer [...] será compelido a servir por um ano mais" (RA, 141).

Aqui se trata, provavelmente, de empregados e empregadas domésticos: gente que, em troca de salário, vai viver como membro subordinado da família durante o período do contrato, geralmente anual. Nos meios rurais, onde tal serviço era muito comum, os trabalhos domésticos incluíam todas as atividades conectadas à propriedade rural, inclusive o trabalho na terra, o cuidado dos animais, a aragem etc. Existiam ainda outras formas de emprego remunerado sazonal: em especial, o aluguel de "mãos" para os períodos apressados da colheita. Nesses casos, aplica-se o raciocínio apresentado por Smith no início do livro e depois ecoado na descrição da aprendizagem corporativa: é um trabalho realizado para benefício de outrem, e não de si mesmo.

Mas o aspecto mais radicalmente não livre do trabalho para outrem não aparece apenas em conexão com a questão conceitual do benefício próprio, e sim do uso violento da justiça republicana para administrativamente impor o trabalho a outrem. "Qualquer homem jovem que não seja casado e não tenha serviço", relata Smith,

> será compelido a encontrar para si um mestre a quem deverá servir por um ano. Caso contrário, receberá a punição do pelourinho e será chicoteado por vagabundagem e ociosidade. E qualquer homem que, sendo casado ou solteiro, não possua renda ou receita suficiente para manter a si mesmo, e viva ocioso, será sujeito a inquérito, e às vezes enviado à prisão, outras vezes punido como vagabundo apto, sendo essa a medida do quanto nossa república (*our policy*) abomina o ócio. (RA, 141)

De fato, diz o autor, a principal função dos juízes de paz, funcionários da administração central a nível local, é executar tal controle sobre a ociosidade e o trabalho (RA, 141). Na leitura de Smith, portanto, essa é uma administração estatal essencialmente voltada à organização do trabalho: a Inglaterra da geração seguinte a More está tentando realizar, na terra, a sua Utopia. Pelo menos em parte, a república gerida eficientemente de modo a garantir a capacidade dos homens livres de permanecer livres é aquela que mantém não livres os homens não livres, obrigando-os a trabalhar pelo benefício de outrem. A gestão social economicamente eficiente já havia estabelecido a importância central do trabalho para a acumulação de riqueza antes que Locke se ocupasse de colocar tal ideia no papel.

Smith está longe de tentar esconder o caráter de classe da compulsão ao trabalho: "a necessidade e a falta de servos (*bondmen*) faz assim com que os homens usem os homens livres (*freemen*) como não livres (*bondmen*) para realizar os serviços servis". Ao mesmo tempo, depois de dar nome aos bois, acrescenta os qualificativos civilizados esperados, usando contra suas comparações o anacronismo que, até aqui, havia lhes sustentado: basicamente, diz que esses servos de hoje não são como os de outrora, pois faz-se uso deles "de modo mais liberal e livre, e com mais igualdade e moderação do que se fazia nos tempos dos pagãos" (RA, 142).

A consciência histórica oligárquica

Observações como essas mostram a importância da consciência histórica para a organização dos raciocínios mais característicos de Smith. A república que nosso autor está descrevendo, lançando mão desse termo carregado de nostalgia clássica, é a um turno semelhante e dessemelhante àquela dos tempos pretéritos. Por um lado, trata-se claramente de uma sociedade oligárquica, assim como eram a Roma e a Grécia antigas; por outro lado, o discurso de elite de Smith distancia-se da fala tradicional — clássica e renascentista — sobre a honradez e a virtude da vida política (Skinner, 2002, p. 45 ss., 100 ss.) e, através da figura da cidadania relutante, exibe uma vocação para o enriquecimento privado que é potencialmente distinta do interesse e do envolvimento diretos na administração da sociedade. A capacidade de enriquecer é um atributo de uma elite nova, que Smith compara favoravelmente com a tradicional: são os agentes econômicos do capitalismo nascente, *self-made freemen* que ascendem socialmente através de seus esforços e da tolice dos herdeiros tardios e decadentes do paradigma feudal, com quem é fácil competir.

Já no que diz respeito às "pessoas comuns", Smith comemora com sobriedade a extinção da servidão feudal e da escravidão pagã. Ao mesmo tempo, deixa claro para o leitor que o Estado crescentemente moderno e administrativamente capaz tem meios para compeli-las ao serviço obrigatório e ao trabalho assalariado — os quais, aliás, são marcas da não liberdade. Assim, a nova elite econômica afasta-se da aristocracia medieval para criticar sua inépcia, mas compara-se com ela quando o assunto é subjugar o populacho.

Essas comparações históricas posicionam Smith numa temporalidade refletida, porém desapegada, tanto do passado quanto do futuro. Não há saudades dos tempos idos; por outro lado, falta uma preocupação com o amanhã, porque o presente é suficientemente promissor: longe de nosso autor, a ideia do progresso que — pelo menos segundo os progressistas — marcará, depois, a consciência burguesa. No primeiro país capitalista do mundo, a sociedade transformou-se, mas não há entusiasmo com o próprio processo de transformação — muito pelo contrário, de acordo com a ladainha constante sobre a estabilidade política.

5

As contradições do interesse próprio

Discurso sobre a república do reino da Inglaterra

A elite econômica parece estar firmemente situada no presente, consciente de seu lugar privilegiado na república oligárquica e satisfeita com ele. Ao mesmo tempo, sente certa relutância em envolver-se diretamente com os negócios públicos. Esse paradoxo é trabalhado — e eventualmente resolvido — na segunda obra de Smith que estudaremos, *A Discourse of the Common Weal of this Realm of England*.[100] Escrito por volta de 1550 e publicado postumamente, em 1581, o *Discourse* tem a forma de três diálogos contíguos, ocupados com diversos dos problemas econômicos e sociais do período — e com a sugestão de que todos eles podem ser solucionados através de políticas que se dirijam ao interesse privado da elite, que, assim, consegue compatibilizar as dimensões pública e privada. Para avançar tal sugestão, Smith promove uma discussão entre personagens que pertencem a cada um dos setores representativos da oligarquia da alvorada da modernidade: um Cavaleiro (*Knight*), ou membro da *gentry* — que é também quem se declara responsável por haver colocado as conversas no papel —, um Mercante, um Chapeleiro (na verdade, um mestre da manufatura) e um Fazendei-

100 Ver Smith (1893). Referências a trechos dessa obra serão feitas indicando-se, entre parênteses, as iniciais "DCW", seguidas do número da página dessa edição.

ro.[101] Há, além deles, um "Doutor" (*Doctor*), ou um clérigo com formação universitária clássica. Este último personagem particularmente sábio quase monopoliza o diálogo, conduzindo as discussões, levantando os problemas e apresentando as respostas — mas sempre com uma certa maiêutica, produzindo soluções políticas e econômicas que, no fim das contas, falam diretamente ao coração dos proprietários.

As partes interessadas da república

Por se tratar de um livro sobre problemas de economia política direcionado aos cidadãos relutantes da elite oligárquica, não é estranho que, nos parágrafos introdutórios, o autor se sinta obrigado a defender a importância da obra e explicar sua motivação. Ao mesmo tempo, suas justificativas não são difíceis de formular ou de aceitar: os meados do século XVI foram marcados por agudas preocupações sociais a respeito das transformações econômicas pelas quais a Inglaterra ia passando — sobretudo em torno dos temas dos cercamentos dos campos e da desvalorização da moeda, que são justamente os pretextos da discussão de Smith. Uma parcela intelectualizada da elite proprietária vinha contribuindo já havia tempo para uma cultura de debate a respeito desses temas — do qual o próprio *Utopia* é parte, como vimos —, de modo que o *Discourse* não é um livro inesperado ou estranho. Assim mesmo, é interessante sublinhar os caminhos tomados pelo nosso autor para apresentar e justificar sua empreitada.

Muito se tem escrito, diz Smith, sobre as "várias queixas dos homens a respeito da decadência da república". O autor assume

101 Este último, embora chamado *husbandman*, e portanto aparentemente pertencente ao grupo dos fazendeiros pequenos ou médios, é, na verdade, um *yeoman*, o que fica evidente da descrição de suas atividades (DCW, 56).

que não pertence ao "Conselho do Rei, a quem a reforma e a consideração de tais coisas dizem principalmente respeito" (o livro data de um período anterior à ascensão de Smith a tal cargo); contudo, continua, "pertenço a essa mesma república, e fui chamado a ser membro de seu Parlamento". E, de todo modo, ainda que não o fosse, seu interesse nas coisas públicas estaria justificado, pois "um homem que estivesse em uma embarcação que corresse perigo de naufrágio não poderia dizer que aquele perigo não lhe diz respeito, muito embora não fosse (por acaso) o mestre ou piloto dele" (DCW, 10).

Essa ideia de que estamos todos no mesmo barco precisa ser sublinhada em suas notações especificamente modernas: recende, ao mesmo tempo, a civismo e corporatismo. Quando sinaliza sua preocupação com a "decadência da república", o autor se declara parte interessada em um empreendimento comum. O teor náutico da metáfora é especialmente eloquente, pois as primeiras empresas inglesas por sociedade foram justamente companhias de navegação, comércio e pirataria (Appleby, 2001, p. 76), nas quais investidores de todos os tamanhos — de açougueiros e mercadores a grandes proprietários de terra, lordes e até a própria Coroa — compravam parcelas da aventura marítima, criando um fundo para que os administradores provessem por embarcação, pagamento dos marinheiros, armamentos, provisões etc., posteriormente dividindo os lucros auferidos. Nesse sentido, o barco era, realmente, um lugar de pacto, onde as classes proprietárias podiam encontrar uma comunidade de interesses.

Smith complementa a ideia de parte interessada enunciando a necessidade de "escutar não apenas os homens instruídos (cujos juízos desejaria que fossem tomados com a maior estima), mas também os mercadores, fazendeiros e artífices". Afinal, o ponto de vista específico desses atores econômicos "pode descortinar aquilo que os mais sábios do reino não poderiam dizer" (DCW, 11). A elite é, assim, convocada a falar da república, baseada em sua experiência concreta *da vida econômica inglesa*, que é seu assunto próprio, pois essa é sua própria república: são eles os homens livres cujo conjunto forma o corpo político, o qual tem por finalidade promover o benefício próprio.

Mas, se mobiliza a ideia de parte interessada para engajar o leitor do *Discourse* e implicá-lo no texto, Smith também encontra ocasião, mais adiante, para recuar um pouco na metáfora. Em meio a uma discussão sobre a importância das universidades e das ciências, o autor retoma a imagem do barco, dessa vez colocando-a, entretanto, na boca de seu personagem erudito, o Doutor. Tomando posição enquanto representante das instituições de ensino e da sapiência formal, bem como da ordem social, o clérigo diz ser "causa suficiente de derrocada de uma república" que as pessoas comecem a "tomar para si juízos a respeito de coisas que não lhes competem; como os jovens, sobre o que compete aos velhos; ou as crianças, aos seus pais; ou os empregados, aos seus mestres; ou os homens privados, aos seus magistrados". De fato, "que navio permaneceria a salvo de naufrágios se cada tripulante resolvesse fazer-se piloto? Que casa permaneceria bem governada se cada empregado resolvesse fazer-se mestre ou professor?". O Doutor reforça a ideia de uma divisão social do trabalho administrativo, citando inclusive a concepção platônica dos reis filósofos altamente especializados nas sofisticadas artes intelectuais que os capacitavam para suas funções governantes.

O leitor atento perceberá que estamos de volta à ideia da cidadania relutante, combinada à da monocracia competente. Mas esse retorno se dá numa chave um pouco diferente. Em especial, fica reafirmada e sublinhada uma ideia que havia aparecido no início do *Republica Anglorum*: os homens privados têm interesse direto na prosperidade da república e, de fato, afundam junto com ela se algo der errado. Por isso, ainda que setores da classe média devam ser lembrados de seu lugar subalterno, não podem se esquivar de seu interesse no âmbito público. Esse interesse, ligado diretamente à sua atividade econômica — sua "vocação", para repetir o termo que Smith usa e será tão importante para a tradição puritana —, contém uma dimensão cognitiva, ou um *insight* direto sobre as agruras da república.

Isso quer dizer que a "decadência da república" é virtualmente idêntica ao prejuízo dos membros da elite. Por mais que relutem em abandonar o trabalho de acumulação para se dedicarem às coisas públicas, é delas que dependem seu benefício próprio e sua prosperidade pessoal. O que Smith está dizendo é que, gostando ou não, precisam desenvolver sua consciência político-social — e são os mais preparados para fazê-lo, porque a vida social da alvorada da modernidade está determinada por sua atividade econômica, sobre a qual apenas eles têm realmente competência para falar.

A utilidade comum dos outros

Quando são chamados a falar sobre as implicações de seus interesses privados, os personagens de elite entram em conflito uns com os outros, e a clareza a respeito de seus negócios, anunciada por Smith na introdução, não redunda imediatamente em uma visão mais clara a respeito do bom funcionamento da república. Ao mesmo tempo, num movimento argumentativo despretensioso, mas curiosamente reminiscente de uma dialética *avant la lettre*, é aquele conflito que alimenta a consciência teórica proporcionada pelo *Discourse*.

Para mostrarmos como isso se dá, atentaremos a seções do diálogo em que os personagens tratam de analisar uma importante questão político-econômica do período: o cercamento dos campos e suas consequências. Como já tivemos oportunidade de mencionar, a expropriação da terra comunal sob a forma dos *enclosures* intensificou-se particularmente na Inglaterra a partir das últimas décadas do século XV. Movida sobretudo pela demanda de lã por parte das manufaturas de Flandres, envolveu, como já vimos, a concentração de terra pelos *yeomen* e setores da *gentry* e a conversão dos espaços de agricultura de subsistência em pastos extensos dedicados à criação de ovinos para manufatura de lã. A expulsão de partes crescentes da população do campo, resultando na extinção de aldeias e na formação de enormes bandos de sem-terra, enfim começou a chamar a atenção dos funcionários do Estado Tudor e das elites locais, levando à criação de "comissões reais" dedicadas à investigação da "despopulação" ou "despovoamento", e do próprio processo de cercamento, de modo a verificar suas motivações e a legalidade dos procedimentos empregados pelos cercadores contra a legislação tradicional de posse de terras. Evidentemente, essas comissões eram compostas pelos próprios membros das elites econômicas locais, o que dava margem, por um lado, a omissões intencionais e, por outro, a um favoritismo seletivo.

Smith pudicamente se abstém de representar essas oportunidades de benefício próprio em seu diálogo; talvez por isso o trabalho nas comissões figure ali sobretudo como um estorvo. É o que aparece numa conversa entre o Doutor e o Cavaleiro. Este último lamenta seus encargos de comissionário; o clérigo demonstra simpatia, remetendo-se às atividades quase semanais que obrigam o pobre terratenente a "deixar em casa o gado descuidado". O Cavaleiro reitera a fala do Doutor, mas o bom-mocismo bate, e ele complementa, em alusão à tradição de vassalagem, que é obrigação dos membros da *gentry* prestar serviços à Coroa quando assim convocados. O Doutor retruca, satisfeito, que é assim mesmo: moraliza, dizendo que é preciso olhar para além dos próprios interesses imediatos. E, enquanto a glosa textual lateral nos diz que "os homens não nascem apenas para si mesmos" (DCW, 14), o personagem evoca a ideologia cristã renascentista, lembrando que as "outras criaturas" que "em nada assemelham-se à imagem de Deus" visam "apenas a conservação de si mesmos e a propagação dos seus", sem jamais "perceber a utilidade comum do outro". O ser humano, entretanto, é diferente. É seu atributo "preferir não o repouso dessa carcaça, que é como a das bestas rudes, mas antes a virtude da mente, na qual somos semelhantes ao próprio Deus" (DCW, 15).

Essa ideia é especialmente importante para nós — além de familiar, pois já a encontramos em More. É notável que, no meio de uma defesa da obrigação para com o Rei e a sociedade, apareça uma consideração sobre a "utilidade comum do outro". No lugar de uma injunção à ação altruísta ou à desinteressada obediência ao dever, está a implicação de que prestar atenção ao próximo — à própria sociedade — é útil. Por trás da reflexão sobre o humano, as bestas, e Javé, há um recado claro: dá trabalho exercer as funções de homem público, deixando os negócios privados descuidados momentaneamente; mas o melhor é fazê-lo, porque com isso consegue-se algo. O Doutor prepara aqui um argumento sobre a utilidade da convivência social — sobre como indivíduos interessados em seus próprios negócios devem, em benefício desses mesmos negócios, olhar um pouco além deles. Essa ideia, avançada no *Discourse*, funcionará, para nós, como uma espécie de recheio para a concepção de sociedade anunciada no *Republica Anglorum*, voltada para a manutenção do interesse dos homens livres. Para chegarmos nisso, percorreremos o caminho das análises econômicas empreendidas no diálogo, as quais, partindo de relatos em primeira pessoa sobre a autointeressada ação econômica da elite, chegam, inicialmente, a consequências deletérias *para a própria atividade econômica da elite*.

A economia política do cercamento dos campos

Embora as comissões reais para investigação dos cercamentos devessem sua existência, como indicamos, a uma ampla gama de preocupações, o principal problema que aparece no texto de Smith é a inflação, a alta dos preços ou a carestia (*dearth*). Trata-se, de fato, de um fenômeno importantíssimo do período

(Oliveira, 2018, p. 85 ss.), que semeou entre a elite rica e letrada muita reflexão teórica original (Wood, 1994, p. 37, 155).

No *Discourse*, quem primeiro sintetiza a conexão entre os cercamentos e a inflação é o Fazendeiro. "Esses cercamentos serão o nosso fim, pois nos fazem pagar mais caro pela terra que ocupamos, e fazem com que não consigamos suficientes terras em que aplicar nosso dinheiro à lavoura; tudo é tomado pelas pastagens, seja para as ovelhas, seja para a engorda do gado." O Chapeleiro também reclama: por causa da carestia, precisa aumentar o salário de seus trabalhadores, "e ainda assim eles reclamam que dele não podem viver com bastança" (DCW, 15). O Cavaleiro lhes faz coro: "Muitos de nós somos forçados, ou bem a mantermos para uso próprio partes das terras que voltam a cair em nossa posse" — ou seja, tomando-as dos pequenos agricultores quando os contratos de posse periódicos terminam —, "ou bem a adquirirmos lavoura na terra de algum outro homem, e então enchê-la de ovelhas ou de algum outro gado, para ajudar a compensar pela diminuição de nossas receitas, de modo a mantermos a velha propriedade" com todos os seus dependentes e empregados (DCW, 20).

As falas desses personagens podem ser todas corroboradas pela historiografia do século XX. Como já mencionamos, a demanda da manufatura dos Países Baixos teria imposto um crescimento no preço da lã inglesa, o que repercutiu no preço da terra na qual pastam as ovelhas. Essa pressão impulsionou o aumento da terra destinada à criação e a indisponibilidade da terra para a agricultura, o que diminuiu a oferta de alimentos, elevando, assim, seu preço, com repercussão sobre os salários. A consequência foi uma alta geral de preços.

É importante observar como as partes interessadas que Smith convoca a falar inserem suas notas específicas de classe em suas análises desse quadro. Vê-se como a preocupação do Fazendeiro é com o capital sobrante: com a mesma quantidade de dinheiro, não consegue ao mesmo tempo alugar uma boa quantidade de terra e colocá-la para produzir os grãos, que, evidentemente, não são destinados a fazer seu próprio pão, mas à venda. Assim, quando diz que "tudo é tomado pelas ovelhas", o que está querendo dizer é que o investimento na terra de pastoreio torna-se comparativamente mais vantajoso.

É no mesmo espírito que o Cavaleiro se admite culpado pelo cercamento: confessa que está aumentando sua própria terra às expensas dos pequenos camponeses. De fato, se está "adquirindo lavoura" de alguém, isso provavelmente se deve ao fato de que, devido ao preço crescente das taxas de acesso à terra, existe gente endividada demais para continuar alugando a terra para a prática da agricultura de subsistência, não podendo senão desistir de suas prerrogativas e posses e vendê-las. A opção do gentil-homem pelo pastoreio também é uma resposta de proprietário às condições econômicas vigentes.

Ou seja: tanto o Fazendeiro quanto o Cavaleiro, os dois lados da elite terratenente, pontas de lança da mercadorização da terra na alvorada da modernidade, dizem preferir investir na produção de lã. Ao mesmo tempo, deixam bastante claro que suas opções nos negócios são uma espécie de resposta automática à inflação. Essa dimensão automática é um aspecto importante dos testemunhos oferecidos pelos personagens do diálogo: quando discutem seus interesses, falam sempre em termos de um mecanismo econômico que a operação cotidiana dos negócios lhes fez entender e a cujo funcionamento adéquam suas decisões, encaixando suas próprias atividades da forma mais vantajosa. Essa consciência sobre a maneira como os negócios funcionam — a sabedoria advinda do exercício da vocação, nos termos do Doutor — é repetidamente evocada por Smith ao longo do *Discourse*. Através de tais evocações, compartilha com o leitor percepções rudimentares, porém fundamentais, a respeito da atividade econômica da elite proprietária. É aí, afinal, que Wood enxerga os "fundamentos da economia política".

Depois do Cavaleiro, do Fazendeiro e do Chapeleiro, chega, contudo, a vez do Mercante, que insere elementos novos na conversa. Para começar, ele diz que, com a alta dos preços, os respeitáveis homens de sua ocupação não conseguem mais despender dinheiro em benfeitorias na cidade: menciona um hospital construído quando os tempos eram melhores. Depois, juntando-se em coro ao Chapeleiro, lembra que, devido à inflação e à consequente alta dos salários, é impossível empregar tantos trabalhadores quanto antes, o que resulta na criação de "tumultos" por essa "gente rude" desempregada (DCW, 18). Ou seja: além dos impactos econômicos, o cercamento e a alta de preços têm consequências sociais e políticas.

O perspectivismo de classe

Ademais, ainda que concorde com a existência da inflação, o Mercante questiona suas causas. Ele diz que "nunca viu maior abundância de grãos, feno e gado de toda sorte" (DCW, 17) e que, por isso, não se pode atribuir a carestia à redução da oferta de grãos e à conversão da terra arável em pasto. De fato, o Cavaleiro concorda com essa avaliação: "É a escassez das coisas que comumente faz a carestia. Estranha carestia é esta, que vem em tempo de abundância" (DCW, 37).

Tais questionamentos originam uma reflexão a respeito do problema da inflação segundo diferentes pontos de vista, espalhada ao longo de variados momentos dos livros II e III do *Discourse*. Esse perspectivismo permite que se manifestem os conflitos de interesse entre os membros da elite econômica, o que obviamente insere uma nuance nas propagandas da república feitas anteriormente: se é importante agir em prol da comunidade porque a comunidade avança o benefício próprio e os negócios privados, ao mesmo tempo parece haver certa medida de conflito entre diferentes benefícios próprios.

Assim, por exemplo, o Fazendeiro critica a *gentry*, setor social do Cavaleiro: "Tu e tua classe, homens de terras, sois a primeira causa [da carestia], em razão de aumentardes o preço da terra". Os aluguéis cada vez mais altos obrigam lavradores e criadores a aumentar os preços dos seus produtos, e é essa a razão da carestia. Mas o Cavaleiro se defende, e diz o contrário: "Nós somos forçados a aumentar os aluguéis em razão de termos de comprar de vós todas as coisas por preço tão caro: grãos, gado, gansos, porcos, leitões, galinhas, manteiga e ovos" (DCW, 38). É interessante notar que, embora discordem, ambos mobilizam seus conhecimentos do funcionamento econômico para justificar suas posições: encontram diferentes causas primeiras para a carestia, mas concordam com o mecanismo automático que delas parte.

De todo modo, o Fazendeiro não aceita as acusações do Cavaleiro, e replica evocando os antigos costumes de posse de terra, os quais tinham força de lei nas localidades. O que ocorria, segundo o personagem, era que a *gentry* vinha empregando estratagemas para burlar aquele costume jurídico. Era o caso particularmente dos aluguéis, que, em sua maioria, não podiam ser aumentados legalmente, e a aristocracia, aproveitando uma espécie de limbo jurídico, vinha inserindo taxas de acesso à terra sobre as quais não incidia regulação. Era através das imposições dessas taxas, a serem pagas no início da vigência dos recontratos de posse, que a *gentry* vinha, na prática, expulsando do campo os lavradores mais pobres e aumentando suas próprias posses (Oliveira, 2018, p. 78-83).

É interessante notar que, nessa discussão, o Fazendeiro se vitimiza, descrevendo, como se fossem seus, os problemas dos pequenos camponeses — embora saibamos, por inúmeros sinais ao longo do texto, que o personagem é um representante da classe dos *yeomen*. Esses terratenentes, por seus interesses e prática econômica, estavam muito mais próximos da *gentry* do que dos setores realmente "comuns" do campesinato. Para os *yeomen*, as taxas de acesso à terra não representavam ameaça à subsistência, mas, no máximo, ao lucro dos seus negócios agrários. O Fazendeiro emprega, portanto, em benefício próprio, um deslize discursivo semelhante àquele que tem lugar na exploração teórica do termo "pessoas comuns" pelos historiadores do século XX.

Mas o Doutor intervém nesse ponto. Dirige-se ao Fazendeiro, dizendo mais ou menos o seguinte: você pretende apelar ao costume, que tem força de lei, para limitar o preço da terra, sendo que alugar a terra é a forma de a *gentry* ganhar dinheiro; de igual maneira, seria possível argumentar que deveria haver uma lei para controlar o preço dos produtos que *você* vende. Ademais, para o exercício de sua atividade econômica mais básica, o Fazendeiro precisa adquirir produtos estrangeiros — ferro para as ferramentas, sal para os animais, piche para construção etc. Obviamente, nem o Rei nem o Parlamento possuem ingerência sobre tais produtos; se seus preços aumentassem, o que ocorreria, no fim das contas, seria que o próprio Fazendeiro teria de aumentar os preços de seus produtos também. Nesse caso, uma lei inglesa limitando esse último aumento significaria a ruína do Fazendeiro. O raciocínio do clérigo é que tanto os fazendeiros quanto os gentis-homens obedecem à lógica econômica que dita os preços, e que interferir nessa lógica por meio da lei teria consequências deletérias. Além disso, o Doutor evoca a existência do comércio internacional para deixar subentendida a disfuncionalidade da limitação dos preços através de leis. Não é eficiente nem justo regular o mercado interno, porque o mercado externo, que o influencia fundamentalmente, não é regulável.

De todo modo, a troca de acusações entre os dois setores da elite terratenente não dura muito, e a sua conclusão expressa bem o tipo de posição que Smith está procurando avançar. O Cavaleiro acaba sugerindo que a *gentry* e os fazendeiros façam um pacto de classes para lutar contra a carestia: os primeiros prometem diminuir o preço da terra se os segundos diminuírem o preço dos produtos agrícolas. E assim fica combinado, porque *é melhor para ambos* — na verdade, *para todos* — que os preços parem de subir e mantenham-se baixos.[102]

A pequena altercação nos mostra a concepção política de Smith em ação: o benefício individual comum proporcionado pela república deve-se ao fato de que ela funciona como um espaço de negociação e entendimento mútuo — não tanto uma extensão do mercado, mas uma instância paralela a ele, na qual seu funcionamento pode ser analisado, discutido e controlado, embora através de suas próprias regras, percebidas como determinantes incontornáveis do benefício próprio. Na república oligárquica, através dos raciocínios econômicos e do debate político-teórico, o mercado adquire uma espécie de consciência de si.

Os benefícios do cercamento

Assim mesmo, os posicionamentos do Mercante e do Cavaleiro a respeito da desconexão entre o cercamento dos campos e a inflação abrem espaço para uma defesa aberta da prática dos *enclosures*. O representante da *gentry* afirma que "a experiência parece claramente provar que os cercamentos são benéficos (*profitable*), e não maléficos (*hurtful*) para a república. Pois vemos que as terras onde mais cercamentos há são também as mais ricas, tais como Essex, Kent, Devonshire". A razão disso seria de ordem moral: "Aquilo que é possuído por muitos em comum é por todos negligenciado; e de fato a experiência demonstra que os detentores de posses comuns não são tão bons fazendeiros

102 É significativa a implicação smithiana de que um acordo entre as classes proprietárias é possível e pode ter efeitos sobre a economia de toda a Inglaterra. Tal consciência de classe nacional antecipa em mais de um século aquela que Peter Szondi (2004) encontrou no teatro de George Lillo (1691-1739), cuja ação, aliás, tem lugar no século XVI; nela, são os acordos entre os proprietários que salvam a Inglaterra, política e militarmente. Um resumo do argumento de Szondi encontra-se em Oliveira (2013a).

como quando cada homem detém individualmente sua parte" (DCW, 49). O sábio Doutor concorda, mas nuança um pouco a fala do Cavaleiro. Pondera que, até certo ponto, os cercamentos das terras comuns são bons, "mas não todos os cercamentos e, de fato, nem todas as terras comuns". Há cercamentos ruins: aqueles que "transformam terras aráveis comuns em pasto; e também os cercamentos violentos, sem recompensa" aos posseiros legítimos (DCW, 49).

O sentido da fala do Doutor está em que, de fato, os *shires* mencionados pelo Cavaleiro — Essex, Kent e Devon — ficaram famosos pela produção comercial de grãos, e não de lã. Smith está dando voz, portanto, aos interesses de uma faceta específica do capitalismo agrário-mercantil nascente:[103] os comerciantes de alimentos em detrimento dos exportadores de lã. De resto, a fala do Cavaleiro envolve, para nós, um desagradável problema de tradução com o termo *profitable*: estará o personagem falando num sentido vago de "benefício", em vez de querer indicar diretamente o lucro financeiro? Importa ter em mente a relação de identidade entre a concepção do bem da república e o benefício próprio que, na prática, significa o sucesso do empreendimento capitalista e, portanto, o lucro financeiro. Tal identidade não é garantida por uma simples coincidência terminológica: ela não está assentada filologicamente, mas em toda uma concepção de sociedade compartilhada pela elite da alvorada da modernidade. Afinal, também vimos em More um argumento em prol do uso eficiente e produtivo da terra, e estudamos como esse uso relacionava-se com os argumentos em prol dos cercamentos.

Assim, não é surpresa que, mesmo após inserir essa nuance, o Doutor prossiga com a deliciosa hipótese de um cercamento total de todas as terras da Inglaterra:

103 Sobre os diferentes interesses em jogo em torno do problema do cercamento, ver Oliveira (2018, p. 145 ss.).

> [S]e a terra fosse cercada para posse individual,[104] com a intenção de seguir-se nela praticando a agricultura, e todo homem que tivesse direito às terras comuns obtivesse em troca de sua porção nelas um pedaço da mesma depois de cercada, creio que daí não adviria mal algum, mas antes o bem, se todos os homens assim concordassem. Mas com certeza tal coisa não poderia ser rapidamente realizada, pois há muitos cabaneiros[105] na Inglaterra, os quais não têm para si terras de que viver, mas apenas sua labuta manual, e uns poucos confortos nas tais terras comuns. (DCW, 49-50)

A questão é que, sendo grande o número desses cabaneiros, "se fossem subitamente expulsos daquela terra comum, criariam na república muita discórdia e grande tumulto" (DCW, 50).

Quer dizer: no caso do cercamento total, Smith não vê nenhum problema econômico em impedir uma parcela considerável da população de acessar os meios básicos da sua subsistência. Não considera, tampouco, os problemas supostamente constitutivos do seu benefício próprio. Também não analisa os impactos sobre a disponibilidade de mão de obra. O problema de expulsar todo mundo das terras comuns é a revolta que provavelmente se seguiria a tal medida. Nesse ponto, ficam mais uma vez visíveis os limites estreitos da retórica generalista que às vezes aparece no texto de Smith, como quando falava, na discussão sobre o Parlamento, de "cada um dos ingleses", por exemplo. E é notável, afinal, que, embora fale *a respeito* dos

104 No original, "*severally enclosed*", alusão a uma forma jurídica específica de posse de terra (o *severalty*) que significava, na prática, o usufruto privado e individual da terra, para dar-lhe a finalidade que bem entendesse. Não é, contudo, um termo diretamente traduzível por "terra cercada", porque outros regimes de posse também possibilitavam o cercamento.

105 No original, *cottagers*, termo semijurídico que designava habitantes das aldeias que não dispunham de acesso à terra lavrável (quase sempre porque não tinham dinheiro para tanto) e dependiam fundamentalmente, para sua subsistência, das prerrogativas comunais, tais como os pastos comuns, o acesso às florestas etc., bem como do trabalho assalariado; ver Oliveira (2018, p. 31 ss.).

cabaneiros, o diálogo não lhes dê voz alguma. Sua única relevância está em que é preciso considerar como mantê-los num comportamento ordeiro — o que reforça o já visto na discussão sobre dominação social.

6

Matérias de economia política

Os artigos de luxo

As percepções smithianas a respeito da lógica econômica do capitalismo nascente vão além dos questionamentos diretos sobre o cercamento dos campos e a inflação. Em especial, o tema do mercado externo e das importações retorna ao diálogo em outras conexões.

Tratava-se, de fato, de um questionamento importante para os intelectuais da elite proprietária, que começavam a gestar os primeiros raciocínios mercantilistas a respeito da balança comercial. É comum ler — como vimos no texto de More — imprecações contra as futilidades trazidas de fora, ao lado de considerações sobre os problemas dos artigos necessários ao bom funcionamento da república que não podiam ser produzidos em território inglês.

Já no texto de Smith, as dimensões da futilidade e da relevância das importações se combinam através de um argumento a respeito da necessidade do luxo. Tal argumento sai da boca do próprio Doutor, que se revela, no fim das contas, um clérigo excepcionalmente razoável. Diz o arguto personagem:

> Os gentis-homens precisam comprar seus vinhos e suas especiarias, armaduras, vidros para envidraçar toda a sua casa, ferro também, para as ferramentas, armas e outros instrumentos necessários, sal, e óleos, e diversas outras coisas que mal posso enumerar.

> Sem algumas delas, não poderiam encontrar como viver, tais como o ferro e o sal [...] e sem outras das ditas mercadorias, até poderiam viver, mas apenas grosseiramente e de forma bárbara, sendo esse o caso do vinho, das especiarias e das sedas, os quais precisam ser trazidos do além-mar. (DCW, 42)

Sem tais coisas, "levaríamos a vida sem qualquer civilidade" (DCW, 62).

Já havíamos encontrado essa simpatia civilizada pelo inútil no texto de More, onde a ênfase nos saberes puramente teóricos, comparável ao prazer com a olfação de perfumes, encontra-se no centro da definição do privilégio dos velhos. Também em Smith — novamente, pelas palavras do Doutor — essa dimensão cognitiva da inutilidade aparece, em conexão com certas ideias sobre a civilidade. Trata-se de um trecho em que o clérigo repreende o Chapeleiro por seu discurso de *middling sort* a respeito da primazia dos saberes técnicos: o Doutor diz que, se apenas o conhecimento útil fosse fomentado na Inglaterra, o país tornar-se-ia bárbaro (DCW, 22). É possível que sejam os saberes clássicos, tão caros a Smith, que estejam em jogo aqui: a tal cultura humanística. Mas é interessante que essa alta cultura apareça na mesma chave que os artigos de luxo, ambos marcas tanto da civilidade quanto do consumo da classe proprietária. Os sofisticados saberes juntam-se à indumentária, aos hábitos alimentares, à arquitetura residencial etc. para compor a elite não apenas como economicamente funcional, mas também como corpo social distinguível pelo privilégio cultural, além do tamanho das carteiras; e é para tudo isso, afinal, que a república precisa ser mobilizada.

Por isso, *as importações luxuosas não são assunto menor*, mas estão no centro da discussão de economia política junto com todo o resto. Afinal, a economia política é um saber sobre a república cuja finalidade é cuidar do benefício próprio dos homens realmente livres — e civilizados. O sentido da autoconsciência do mercado não é conhecer regras às quais se submeter cegamente, mas com as quais jogar na prática política, como vimos brevemente no exemplo do acordo de classes contra a carestia e veremos adiante com ainda mais clareza. Nesse sentido, descobrir por raciocínios econômicos a inviabilidade das importações luxuosas ou desaconselhá-las com base em sólidos argumentos está fora do escopo da economia política de Thomas Smith, simplesmente porque isso não seria de interesse da elite oligárquica. Ao mesmo tempo, os raciocínios econômicos interesseiros não podem perder em acuidade, ou não haveria por que perder tempo com eles. Fica claro, assim, que a economia política científica é necessária também para que as partes interessadas possam comer seu ananás.

A desvalorização da moeda

A questão das importações é mais ampla do que a dos artigos de luxo. Em conexão com a problemática sobre o controle de preços através da legislação, o Doutor argumenta que, se é possível um pacto entre os fazendeiros e a *gentry* contra a carestia, algo semelhante não seria viável em escala internacional. A república é estabelecida como um espaço político *nacional*, onde a elite identifica-se enquanto inglesa e percebe as demais elites nacionais como gente que está fora do espaço propriamente político. O Doutor dá um exemplo eloquente disso. Pergunta, retoricamente, qual seria o impacto, no comércio exterior, da diminuição da carestia inglesa. Se então estrangeiros viessem comprar os produtos ingleses e os encontrassem mais baratos, por acaso sentir-se-iam inclinados a baixar seus próprios preços? A princípio, o Cavaleiro responde que sim, que isso seria o mais justo; ele é um personagem caricato, usado por Smith para retratar o desconhecimento das elites tradicionais a respeito das práticas econômicas propriamente capitalistas. O Doutor, assim, contraria o gentil-homem, explicando a ele que quem vem comprar coisas aos ingleses o faz para lucrar; impera, portanto, a lei do comprar barato, vender caro (DCW, 44). E o clérigo comenta, ainda, que isso também é razão, aliás, para desaconselhar a desvalorização da moeda — esse questionável procedimento contábil que Bacon encontra ocasião de elogiar, como já vimos.

Foi uma medida mais ou menos comum na Idade Média e na alvorada da modernidade. Nesse período de transição em que a sociedade se monetarizava, as instituições estatais desenvolviam-se, mas ainda não existiam fontes de receita regulares. Por isso, as coroas europeias encontravam-se cronicamente endividadas. Ao promoverem as recunhagens periódicas das moedas do reino, misturavam, então, ao ouro e à prata — que, de toda forma, não eram já puros em lugar nenhum —, alguma quantidade de metais comparativamente menos nobres. O valor nominal da moeda era, entretanto, mantido; assim, com a desvalorização, era possível criar mais dinheiro a partir da mesma quantidade de ouro e prata. Na prática, isso significava que o mesmo montante de metal precioso podia ser usado para saldar uma quantidade maior de dívidas.

A médio prazo, contudo, essa medida evidentemente trazia consequências desastrosas — em especial às relações de comércio exterior, dado que os estrangeiros não eram obrigados a reconhecer os valores nominais das moedas, preocupando-se apenas com a quantidade de metal precioso que elas realmente continham. Assim, no diálogo de Smith, o Mercante reclama que, depois da desvalorização promovida por Henrique VIII, é obrigado a pagar mais caro pelos produtos importados e que às vezes, de fato, "aqueles que vêm do além-mar não aceitam nosso dinheiro em troca de suas mercadorias" (DCW, 32).

Ao mesmo tempo, todavia, o Chapeleiro admite que a desvalorização enriqueceu o Rei. A solvência da Coroa não deveria ser uma preocupação republicana? O Doutor não aceita esse raciocínio; com isso, inclui o próprio Rei na dinâmica social do choque de interesses e do perspectivismo de classe. Enriquecer com a mistura de metais na cunhagem de moedas, diz o clérigo, é "como arrancar as árvores pelas raízes, para obter mais lucro (*profit*) de uma vez só, ao mesmo tempo perdendo para sempre o lucro que ali cresceria todo ano posteriormente" (DCW, 35). Afinal, o pagamento de dívidas não é o único fator que determina a solvência da Coroa. O Rei depende, para sua manutenção e a de sua corte e sua família, de numerosos artigos importados que, com a desvalorização, tornam-se mais caros — tanto mais porque os mercadores estrangeiros terão interesse em explorar justamente a diferença de valor entre a moeda inglesa e o metal estrangeiro.

Essas colocações dão subsídios para que reapareça o assunto da carestia, agora conectado à desvalorização da moeda. O Doutor retoma a discussão entre o Cavaleiro e o Fazendeiro a respeito de quem primeiro causa o aumento dos preços, mas dessa vez sugere que o Mercante também seja chamado a opinar. E o ilustre comerciante não se faz de rogado. Admite que "hoje vendemos todas as coisas mais caro do que costumávamos" — no entanto, "também compramos mais caro todas as coisas dos estrangeiros" (DCW, 101). Estes "exigem mais peças de nossa moeda do que antes, coisa de que somos inteiramente culpados, dizem-nos eles, por havermos feito nossas moedas valerem menos do que valiam antigamente" (DCW, 102). "Então", resume o Cavaleiro, "pensas simplesmente que essa alteração da moeda é a principal e mais importante causa da carestia universal?". Quem responde é o Doutor: "Sim, sem dúvida, e também de muitos dos outros desfortúnios de que falamos" (DCW, 104).

O problema da manutenção da coisa pública

Sendo assim, é preciso reverter a desvalorização da moeda de modo a combater a inflação; a desvalorização, contudo, foi uma medida tomada por ordem da Coroa. E o Doutor reconhece que "é perigoso meter-se com os assuntos do rei, sobretudo se há qualquer possibilidade de diminuir seu lucro" (DCW, 111). Mas Smith está preparando um argumento sobre o bem da república e, por isso, corajosamente promove um raciocínio experimental a respeito da restauração do valor da moeda, contra os interesses imediatos da Coroa.

Sua proposta é um esquema para o recolhimento da moeda nova, desvalorizada, e sua substituição gradual pela moeda antiga. Os cidadãos levariam todo o seu dinheiro para a cunhagem real, onde receberiam, em troca, papéis nominais. Estes, dali a um ano, seriam recolhidos pela Coroa em troca de moedas equivalentes às antigas, feitas com o peso adequado de ouro e de prata, mas no mesmo valor nominal, que então seria restaurado em termos metálicos. O processo, evidentemente, causaria problemas sérios na quantidade de meio circulante disponível, e por isso, no período entre a entrega das moedas e sua recunhagem, seria estabelecido um sistema de escambo, e os pagamentos de aluguéis seriam realizados em víveres. Ao mesmo tempo, as exportações continuariam, o que ocasionaria um influxo de metais preciosos. Seria preciso, ademais, convencer as pessoas a levar para a tesouraria real também suas pratas e seus ouros domésticos: talheres, baixelas etc. Se tudo desse certo, em mais ou menos uns seis meses, na estimativa do Doutor, uma parte da moeda revalorizada já seria reintroduzida no mercado, tornando possível pagar em dinheiro alguns dos aluguéis. Se um ano não bastasse para reverter a desvalorização, seguramente dois ou três bastariam, e então "seremos tão ricos quanto éramos antes" (DCW, 113).

Embora reconheça os inconvenientes dessas medidas, o Doutor está seguro de que é necessário enfrentá-las. Afinal, a situação corrente da Inglaterra é grave: pode parecer que, a despeito da carestia generalizada, as coisas estão funcionando mais ou menos. Mas, em verdade, não é suficiente "viver da mão à boca, como se diz". Se, por exemplo, ocorrer uma guerra,

> e precisarmos de artilharia, ou munições, ou alguma outra ajuda de estrangeiros, não é a moeda que temos hoje que no-la fornecerá. E da mesma forma, se houver no reino uma grande escassez de grãos, pelo que sejamos obrigados a buscá-los alhures, não é com nossa moeda que os poderemos comprar. (DCW, 113)

Em resumo, o argumento do Doutor é que a carestia é fruto de um juízo feito em prol do interesse imediato do Rei; e, embora cada um dos setores da elite econômica saiba como defender seus interesses imediatos dentro de uma economia de moeda desvalorizada, essa operação superficialmente funcional traz prejuízos diários e pode ter resultados extremos caso se manifeste algum imprevisto. O Mercante, o Cavaleiro, o Chapeleiro, o Fazendeiro, e também o Rei — todos agem em prol de seus benefícios privados; entretanto, a república da Inglaterra vai mal. Isso quer dizer que *a simples superposição dos diferentes benefícios privados dos setores da elite econômica não resulta num benefício geral.*

O benefício geral

Tal reflexão é formulada explicitamente em um momento do debate a respeito do cercamento dos campos. O Cavaleiro, depois de mencionar as evidências da lucratividade dos *enclosures*, no argumento que já citamos, lembra que

> alguns, ao defenderem os cercamentos, avançam as seguintes razões. Todo homem, dizem, é membro da república, e aquilo que é lucrativo para um pode ser lucrativo para outro que venha a pôr em prática o mesmo feito. Portanto, o que é lucrativo para um, e também para outro, pode ser lucrativo para todos, e portanto para a república. (DCW, 50)

Trata-se de uma sugestão de equiparação imediata entre o benefício próprio e o benefício geral, que o personagem tenta sustentar, ademais, com uma metáfora monetária, que expressa uma concepção econômica da república enquanto formada de indivíduos ou de riquezas individuais. "Assim como um grande tesouro consiste em muitos tostões, e um tostão somado a um outro, e depois a um terceiro, e a um quarto, faz uma grande quantia, assim também cada homem, adicionado ao outro, faz o corpo completo da república" (DCW, 51). Se a sociedade é uma soma de riquezas, quanto maiores as riquezas individuais, maior a riqueza total. Daí que qualquer método individual de ficar rico deva ser generalizado.

Mas o Doutor, mais uma vez, nuança a fala do Cavaleiro:

> Aquilo que é lucrativo para cada homem por si mesmo, e não é prejudicial a nenhum outro homem, é lucrativo para a república inteira: não é de outra forma. Caso contrário, também assaltar e roubar, que às vezes é lucrativo para alguns homens, seria lucrativo para a república como um todo, coisa que ninguém admitirá. Mas esse feito do cercamento é tal que, sendo lucrativo para um homem, é prejudicial para muitos. (DCW, 51)

Seria uma ótima deixa para falar sobre o destino de "todos os ingleses", e então mencionar os cabaneiros de que tratamos brevemente há pouco. Contudo, não é isso que interessa ao Doutor nesse momento, tampouco os riscos de uma insurreição popular, e sim o aspecto especificamente econômico da questão. Uma vez cercados os campos, num quadro de alto preço da lã, o mais provável é que todos os fazendeiros realizassem a conversão de terra arável em pasto; o resultado seria uma catastrófica falta de grãos que provavelmente transformaria em realidade as hipóteses levantadas quando do estudo da relação entre inflação e escassez. Isso corroeria os lucros, atravancaria os mercados e terminaria por impedir os bons negócios. Assim, mesmo numa situação ótima do ponto de vista das oportunidades de investimento, parece que a operação econômica da elite centrada unicamente no benefício próprio danificaria, em última análise, *a própria operação econômica da elite*. Ademais, o despovoamento, ou a dissolução das aldeias por causa da expulsão dos camponeses, traz também um problema de ordem estratégico-militar: "A solidão e a desolação do reino inteiro, provido apenas de ovelhas e pastores, ao invés de homens de bem, seriam como um pedido a nossos inimigos para que nos invadissem, pois a isso os donos dos rebanhos e os pastores não poderiam oferecer resistência" (DCW, 52).

Podemos, nesse ponto, evocar alguns dos termos do *Republica Anglorum* e dizer que, paradoxalmente, numa república em que os interesses individuais imediatos fossem simplesmente adicionados uns aos outros, e identificados com o interesse geral, não existiria de fato uma conservação dos melhores interesses individuais dos cidadãos. Ao mesmo tempo, isso não pode querer dizer que os interesses individuais estão em contradição com algum interesse geral, público, afinal, a coisa pública existe apenas como âmbito de preservação dos interesses individuais, como vimos. Seria mais acertado afirmar que o que o texto de Smith traz à tona é não apenas o fato de que os diferentes setores da classe proprietária têm interesses distintos e potencialmente antagônicos, mas que os interesses *da classe proprietária como um todo* estão em contradição consigo próprios.

Tal contradição, em termos bem gerais, já transparecia na caracterização da cidadania relutante. Lá, era importante agir em prol da república, mas era também enfadonho e custoso fazê-lo. No caso da revalorização da moeda é, ademais, arriscado; e, no do controle dos cercamentos, ruim para os negócios. Uma política de zelo pela "coisa pública", sob a forma de atos de administração social visando *à manutenção da função republicana de preservação dos interesses privados*, também vai contra os interesses imediatos das partes envolvidas. Smith traz à tona um paradoxo óbvio, antigo e tremendo: para que a economia inglesa funcione de maneira ótima, é preciso sacrificar aquilo mesmo em nome do que a economia precisa funcionar. E, diante disso, talvez o melhor seja seguir o caminho do ladrão e do assaltante, para evocar uma imagem oferecida pelo Doutor.

O que se passa é que, repetidamente, a elite moderna reencontra-se com a oposição clássica entre o público e o privado. Mas Smith está prestes a dissolver essa oposição.

7

A coisa pública e o interesse privado geral

Em um momento de irritação diante de todas essas complexidades da economia política, o Cavaleiro ergue um ingênuo lamento. O problema de tudo está sempre no ouro e na prata, diz o gentil-homem um pouco tapado: as questões em torno do ganho financeiro costumam despertar o pior no homem etc. O Doutor, condescendente, explica por que é que seu colega está errado. Num discurso bastante característico do pensamento de Smith, aponta que, se fôssemos culpar o ouro e a prata pelos males que os homens causam por manipulá-los indevidamente, de igual maneira deveríamos culpar o ferro pelo mau uso que se faz da espada, deixando de lado, entretanto, os benefícios das ferramentas e dos arados (DCW, 115). O dinheiro não pode ser culpabilizado: ele é fundamentalmente útil, para não dizer delicioso. E a sociedade que se desenvolve em redor do dinheiro precisa despojar-se de suas relutâncias, superar a culpa cristã e abraçar o interesse privado não como uma espécie de prazer perverso, antissocial, contraditório, mas como o fundamento verdadeiro de uma sociabilidade plena. Assim, o projeto de Smith é eliminar, junto com a recalcitrância em relação ao dinheiro, a contradição entre o público e o privado. Sem oferecer algum ascetismo classicista ou submissão virtuosa à vida pública, contudo, o que recomenda é um pragmatismo econômico total.

A superfluidade das leis

Olhando com atenção, o argumento que estabelece esse pragmatismo começa a se insinuar muito cedo no texto, durante as discussões sobre cercamento e carestia. O Doutor pondera que, em tese, seria possível coibir, através de leis específicas, cada um dos abusos eventualmente cometidos pelos agentes econômicos enquanto perseguem seu benefício próprio: a conversão indiscriminada de terra arável em pasto, o aumento das taxas de acesso à terra, a subida vertiginosa dos preços. Assim, de fato, houve, na alvorada da modernidade inglesa, leis de controle de preços e salários, comissões para supervisão dos *enclosures*, proclamações reais contra o "despovoamento", dirigidas contra essa ou aquela prática de privatização da terra. Entretanto — diz o clérigo, num de seus mais ousados exercícios de sabedoria laica —, para cada lei existe uma contravenção, "pois uma multidão de cabeças conceberá uma multidão de caminhos para chegar a obter o que quer que seja" (DCW, 46).

O interesse individual no lucro geral

A ideia, contudo, não é apenas que qualquer lei pode ser contornada, mas que isso se dá sobretudo *quando há interesse em fazê-lo*. É por aí que vai o pensamento de Smith. O Doutor dirá, sempre raciocinando segundo a contextualização econômica específica do período, que "os homens buscarão sempre o lugar de maior vantagem, e o que veem é que há maior vantagem na criação de animais do que em arar os campos". Para impedir a destruição total da produção de alimentos, portanto, o que é preciso é "fazer com que a taxa de lucro do arado seja tão boa quanto a taxa de lucro dos criadores de animais e donos de rebanho" (DCW, 53). Se essas taxas de lucro forem comparáveis, não haverá mais estímulo para que os terratenentes invistam em massa na conversão da terra arável em pasto; com isso, a classe proprietária como um todo será poupada das consequências econômicas danosas da generalização dessa conversão, sem que, ao mesmo tempo, ninguém seja obrigado a fazer sacrifícios e a ganhar menos dinheiro. Ou seja: é preciso acabar com a contradição entre o interesse privado individual e o interesse privado geral, possibilitando que o capitalista individual seja capaz de perseguir seu lucro sem que o lucro do próximo seja prejudicado. Em outras palavras, o que Smith busca é a abolição da máxima clássica "fazei apenas o que é lucrativo para vós e não é prejudicial a outrem", criando-se uma situação objetiva em que é impossível prejudicar os outros através da perseguição do próprio lucro — e isso sem, no entanto, retornar à concepção simplória de sociedade do Cavaleiro, que iguala o interesse privado diretamente ao interesse geral. Trata-se de abolir a cidadania relutante, tornando o dever para com a república atrativo do ponto de vista privado. Como expressa uma imagem evocada anteriormente pelo Doutor, trata-se também de tornar possível que todos os membros da elite econômica sejam ladrões e assaltantes, sem que ninguém seja roubado e assaltado — pelo menos nenhum dos membros da elite econômica. O instrumento para a realização desse paraíso cívico na terra é a lei, mas uma lei que se deseje obedecer, e não burlar: *uma política econômica*.

Smith oferece um exemplo concreto de como isso funcionaria, num dos momentos em que o Doutor retorna ao problema do comércio internacional. Já vimos como esse é um ponto delicado para a concepção de sociedade econômica: as exportações são o fator-chave na conversão da terra arável em pasto, devido à demanda estrangeira pela lã inglesa; e as importações são elemento crucial da discussão sobre inflação e desvalorização da moeda, devido aos preços altos dos produtos estrangeiros. Também já vimos aparecer no diálogo o truísmo de que os estrangeiros não obedecem às leis do rei da Inglaterra, e que os próprios ingleses não lhes obedecerão enquanto não forem imediatamente vantajosas. Mas o Doutor não se acovarda diante de todos esses problemas. Com os dois pés fincados no chão do capitalismo agrário-mercantil nascente, dá de ombros para as grandes questões morais e faz recordar a seus interlocutores que o desejável seria "ou bem fazer com que os ganhos obtidos através dos pastos fossem tão baixos quanto aqueles obtidos através da terra arável, ou bem tornar os lucros da terra arável tão altos quanto antes eram os dos pastos. E então", completa, "não tenho dúvidas de que a terra arável será apreciada por todos os homens, tanto quanto o pasto" (DCW, 54). A medida que se faz necessária para tanto é a resolução de uma grave desigualdade da prática tarifária inglesa. Em tempos pretéritos, sem dúvida visando à proteção da população inglesa, estabeleceu-se uma proibição à exportação de grãos; contudo, não há qualquer restrição à exportação de lã. Essa política assimétrica é a raiz de todo o problema. É preciso ou bem abolir a proibição sobre os grãos, ou bem restringir a liberdade da lã. Por um lado, raciocina o Doutor, a possibilidade de exportar os produtos do arado estimularia a elite a investir não apenas no pasto, mas também na produção de grãos. Por outro lado, a taxação da lã tornaria a terra arável comparativamente menos desvantajosa. Em último lugar, seria possível, ainda, taxar apenas a saída de lã não trabalhada, o que estimularia a manufatura inglesa. Isso seria um fator de compensação para a expulsão da população rural pelos cercamentos, absorvendo-a parcialmente como mão de obra — e criando, além disso, mais oportunidades para investimento de capital inglês e uma competição doméstica pelo consumo da lã inglesa.

É verdade que, tão logo seja implementada uma dessas políticas, pode haver flutuações preocupantes na oferta e, portanto, no preço dos alimentos, que começarão a fluir para fora do reino, mas a tendência, a médio prazo, é o restabelecimento de um equilíbrio. Ao mesmo tempo, a diminuição dos lucros com os pastos será a princípio sentida negativamente pela elite terratenente, mas poderá ser rapidamente compensada reconvertendo-se o pasto em terra arável. De todo modo, supera-se a situação atual de despovoamento e inflação, que pode levar à estagnação econômica. A médio ou longo prazo, todos ganham — exceto os consumidores estrangeiros da lã inglesa, que encontrarão uma matéria-prima mais cara e, logo, um concorrente para seus produtos manufaturados. (E quanto às pessoas comuns inglesas? Não sabemos: delas nada se fala.)

É importante sublinhar que, através desses raciocínios, *o interesse na obediência às leis* que Smith está tentando solidificar não tem nada a ver com alguma virtude remota, um interesse no bem abstrato da comunidade ou algo que o valha. Não é o caso de ensinar sobre o social, educar o cidadão com ideias vagas ou imbuí-lo de vontades nobres: é o caso, simplesmente, de jogar com seu interesse privado mais imediato, manipular seu comportamento através do lucro — visando ao seu maior lucro e ao de *todos os cidadãos*. O projeto é de harmonização oligárquica, de criação da paz entre as elites, tornando imaginável para elas uma economia nacional, organizada pelo Estado, que atenda a seus interesses e torne possível uma convivência amistosa e mutuamente proveitosa.

A ideia do governo dos proprietários

Alguém dirá que a abordagem de Smith não é totalmente original. A harmonização entre o público e o privado era uma preocupação renascentista, ou não era? Skinner mostrou como Maquiavel desenvolvera argumentos em torno de uma organização política que vencesse a cidadania relutante, numa época em que a atenção demandada pelos negócios privados e pelos lucros por eles auferidos vinha causando um desinteresse geral no bem-estar republicano e a dissolução da unidade citadina numa competição entre facções político-econômicas. Contudo, a preocupação do velho florentino era tornar atrativa a *vida política*. Tratava-se de "assegurar que seria mais vantajoso para os cidadãos 'ganhar favor através de seus serviços ao público' do que se recolher em alianças privadas e potencialmente facciosas" (Skinner, 2002, p. 179). Já a perspectiva de Smith é bastante diferente: sua finalidade não é aumentar o interesse na vida pública, mas azeitar o exercício dos negócios privados de tal modo que a vida pública deixe de ser um aborrecimento, ou deixe de ser realmente diferente da vida privada.

A ideia aqui é a de que não precisa haver uma oposição entre o interesse público e o privado, porque o interesse público transforma-se no interesse privado. Podemos exprimir isso em termos menos filosóficos e mais concretos (sendo esse o mérito específico de Smith): a ideia de que é possível à classe proprietária apropriar-se da república, ou do aparelho de Estado, de modo a manipular dinamicamente o mercado segundo seus interesses. O que Smith apresenta no *Discourse* é a concepção prática de um governo *da* elite proprietária e *para* a elite proprietária.

8

A sociedade civil como bando armado

Colonização e empreendimento acionário

Imersos no texto de Smith, obtivemos vislumbres de um discurso de elite que, embora despudorado no que diz respeito às suas expectativas de vantagem pessoal e de classe, tem também um tom cavalheiresco. Mesmo as questões de dominação política e de interesse privado são predominantemente resolvidas de forma afável entre os dominadores; a paz entre eles é o objetivo principal em *De Republica Anglorum* e em *Discourse*. As pessoas comuns constituem assunto secundário, e é verdade, como vimos, que dessa pequenez se deduz um alto grau de violência social; mas, com exceção de umas poucas vituperações contra as multidões estúpidas e breves considerações sobre o uso repressivo da lei, o autor não se preocupa em retratar com detalhes essa submissão. A eloquência é reservada ao convencimento racional dos homens verdadeiramente livres, os cidadãos da república, e parece quase uma questão de bom gosto ou de etiqueta fazer tão pouca menção ao populacho quanto possível.

Todavia, ao lado de seus tratados respeitáveis, em que os comentadores progressistas de hoje podem buscar os fundamentos da racionalidade ocidental, Smith também legou exemplos daquela combinação brutal de razoabilidade e violência que encontramos nos estudos precedentes. Nosso autor não deixou o assunto da violência social jazer implícito em seus escritos, mas legou à posteridade a história de uma prática concreta de dominação, na forma de sua coordenação de um pequeno empreendimento colonial no norte da Irlanda.[106] Foi uma empreitada fracassada, é verdade, mas pioneira sob diversos aspectos, em especial por ter inserido no imaginário da alvorada da modernidade a ideia de aplicar a lógica das companhias comerciais ao esforço colonial. Parece fundamental analisá-la para entender em sua totalidade, e em contexto, os raciocínios de Thomas Smith a respeito da modernidade política. Para tanto, contudo, precisamos começar com algumas palavras sobre as relações entre a Inglaterra e a Irlanda no período analisado.

Em virtude de um processo contíguo às invasões normandas que levaram Guilherme, o Conquistador, ao trono da Inglaterra no século XI, os monarcas ingleses possuíam o título de "Senhores da Irlanda" desde o século XII. No entanto, o controle territorial direto sobre o território irlandês flutuou bastante ao longo do tempo e, no final do século XV, estava restrito a uma região pouco extensa centrada em Dublin e conhecida como "The Pale". Dali, o lorde delegado (*Lord Deputy*) exercia funções executivas limitadas, respondendo diretamente ao monarca inglês. No resto da ilha, a Coroa inglesa exercia um governo indireto através de alianças seletivas com setores da nobreza hibérnico-normanda.

No século XVI, a coisa começou a mudar, de início sob Henrique VIII e depois durante o reinado de sua filha, Elizabeth I, cujo Alto Conselho interessou-se diretamente em aumentar o controle sobre a Irlanda. Um dos conselheiros particularmente atraídos pela "questão irlandesa" foi Thomas Smith. Do ponto de vista militar, o problema fundamental do que se chamava de "submissão" e "apaziguamento" da Irlanda era de ordem finan-

106 A reconstrução do empreendimento de Smith encontra-se em Quinn (1945) e Morgan (1985). Oferecemos um panorama do esforço colonial inglês na Irlanda em Oliveira (2018, p. 213-46).

ceira: a Coroa inglesa — como, aliás, era comum na Europa do período — simplesmente não dispunha de dinheiro suficiente para encampar uma guerra de ocupação de longo prazo, num território comparativamente tão extenso. O máximo que conseguia realizar eram expedições punitivas através das quais tentava-se coibir alianças entre os membros mais recalcitrantes da nobreza hibérnico-normanda. Henry Sidney, lorde delegado sob Elizabeth I e ex-membro do Alto Conselho, entendia que essa limitação monetária implicava uma manutenção do governo indireto; Smith discordou: aceitando a premissa da falta de fundos reais, teve a ideia genial de transformar a guerra colonial em empreendimento de capital aberto.

Sua proposta foi a fundação de uma companhia acionária com a finalidade de "apossar-se e ocupar com homens ingleses" a pequena região de Ards, no nordeste da Irlanda, nas palavras da patente concedida pela rainha Elizabeth em 1571.[107] Esse documento monárquico chegou até nós através de uma extraordinária peça de propaganda — provavelmente, a primeira do gênero — produzida por Smith com a intenção de atrair investidores para o pequeno fundo colonial, que dirigiria com seu filho. Tratava-se de uma missiva fictícia escrita por um tal "T. B., gentil-homem", a "seu grande amigo Mestre R. C., *esquire*" (*A Letter by T. B. Gentleman unto his very Friend Master R. C. Esquire*), a qual consiste numa defesa do empreendimento de Smith contra seus detratores, sumarizando seus planos em termos militares, logísticos, econômicos e contábeis.[108]

107 "The Offer and Order Given forth by Sir Thomas Smith, Knight, and Thomas Smith, His Son, unto such as Be Willing to Accompany the Said Thomas Smith, the Son, in His Voyage for the Inhabiting Some Parts of the North of Ireland." (Hill, 1873, p. 415)

108 Ver Smith (1873, p. 405-15). Citações a esse documento serão feitas indicando-se, entre parênteses, as iniciais "LTB", seguidas do número da página da obra de George Hill na qual consta a carta.

Em suma, a assim chamada carta de T. B. começa apontando o fato de que a Irlanda, essa ilha "nunca inteiramente subjugada" (LTB, 405), encontra-se em "decadência": a terra está descuidada, a nobreza desgovernada, a população num estado subcivilizado. A razão disso, segundo diz abertamente o autor fictício da carta, é a política monárquica complacente para com a aristocracia hibérnico-normanda, a qual teve como consequência dar "proteções e perdões aos mais hediondos rebeldes e foras da lei, depois de despojarem, assassinarem e devastarem os bons cidadãos, por falta de forças suficientes com as quais atacar e executar os ditos malfeitores" (LTB, 405). Ao mesmo tempo, T. B. admite que essa situação embaraçosa se justifica: o último século foi um tempo particularmente problemático para a Inglaterra, com as Guerras das Rosas, os problemas com a França e os levantes populares causando sucessivos rombos nos cofres da Coroa. Por isso, continua a carta, para remediar a situação irlandesa, não se pode contar com investimentos monárquicos: é preciso tentar uma alternativa. É aí que entra a brilhante ideia de Smith, elogiada pelo autor fictício, de empreender a colonização "sem o pagamento de Sua Majestade" (LTB, 406).

Tal ideia, admite T. B., pode parecer estranha, pois o controle de territórios estrangeiros costuma ser assunto principesco. Contudo, concretamente, trata-se apenas de manter as tropas, realizar ocupações, construir fortificações: coisas que podem todas ser expressas em termos de dinheiro. Se soldados mantidos pela rainha podem fazer tudo isso, podem-no, também, soldados pagos por qualquer outro meio, "salvo haja algum outro mistério no soldo da rainha que eu não seja capaz de ouvir ou perceber" (LTB, 407).

De fato, o assunto é apresentado de modo exclusivamente militar e contábil. Pacificar a Irlanda é ocupá-la; a ocupação custa dinheiro; pode custar menos dinheiro se o ponto de partida for um local de defesa mais fácil, no qual estabelecer guarnições e uma atividade econômica mínima para, por fim, sustentá-las — e, mais adiante, gerar lucros. Daí a escolha de Ards, uma península estreita cujas vantagens geográficas são superficialmente descritas. Ademais, T. B. menciona que "Ards, bem como o país adjacente, é uma terra simples, onde há poucas fortificações a vencer se por acaso os irlandeses resolverem defendê-la. Creio que não mais que três. Talvez quatro" (LTB, 411). Essa precariedade na informação tática, sinal de que os proponentes da empreitada realmente conheciam muito pouco a terra que pretendiam conquistar (Smith, de fato, morreu sem jamais haver posto os pés na Irlanda), devia ser talvez compensada pelo pequeno luxo gráfico de um mapa da ilha, impresso como anexo à carta. Mas o tal mapa, muito pouco detalhado, no fim das contas, só dá à peça de publicidade um ar picareta. De todo modo, o texto chega à ideia de que, em Ards, pode ser erguida uma colônia "naturalmente" defensável: sendo a terra particularmente estreita, é possível com poucos soldados manter uma vigilância tal que "uma única pessoa desapercebida não poderá naquela terra entrar ou dela sair" (LTB, 408).

A ideia de Smith é que outro fator, além do geográfico, contribua positivamente para tal controle territorial. Seguindo a lógica do público e do privado exposta em seus opúsculos, tornar os soldados *interessados* na vigilância, em vez de obrigá-los a tanto. T. B. explica, assim, que a razão pela qual a guarnição não necessitará de ajuda da rainha é que "cada soldado será feito mestre e proprietário de sua terra", de tal modo que, "mantendo-a e defendendo-a, tornar-se-á um gentil-homem, pessoa de rendas e de heranças", alugando a terra de Sua Majestade por um valor bem abaixo do mercado: "uma propriedade maior por um preço mais ameno" (LTB, 408).

Mas o que é necessário para aproveitar essa maravilhosa oportunidade? "Nada mais que os custos da primeira conquista", um ou dois anos de suprimentos (LTB, 408). Além de participar pessoalmente como guerreiro-capitalista, é possível ainda engajar-se por procuração, colocando o dinheiro nas mãos dos Smith, que se encarregariam de contratar soldados em nome dos investidores menos inclinados a deixar o conforto de seus lares. O valor total de alimentação, equipamentos, munições, vestuários, ferramentas, tendas etc. é detalhado para soldados de infantaria e de cavalaria, para os guerreiros-capitalistas e para os colonos terceirizados. E a carta explica que o retorno de tais investimentos viria principalmente de duas formas: do possível arrendamento das terras conquistadas — que seriam distribuídas de acordo com o valor investido — ou, conforme a preferência do investidor, pela funcionalização econômica direta da terra, com a produção de grãos para exportação. No primeiro caso, a ideia é que os aluguéis cobrados pela rainha seriam tão baixos que possibilitariam lucro caso as terras fossem sublocadas a preços de mercado. No segundo caso, o autor fictício garante que o mercado espanhol se encontra em momento excelente, de alta demanda por grãos, e que a rainha já havia emitido uma autorização especial para a exportação de tais produtos dos territórios coloniais.

Mente aberta para o empreendimento colonial

Mencionamos como a lógica da sociedade acionária foi utilizada, desde os primórdios do capitalismo inglês, para financiar os empreendimentos mais variados, inclusive a pirataria. Nesse sentido, a sacada de Smith não foi assim tão monumental, mas apenas uma questão de traduzir o problema político-militar da colonização em termos empresariais; a forma da sociedade acionária seguir-se-ia espontaneamente. Era preciso o apoio da rainha para licenciar a empreitada: as companhias desse tipo eram autorizadas por um gesto real de outorga do mesmo tipo que instituía os monopólios das guildas etc. Mas a atratividade do projeto para a Coroa era óbvia. Elizabeth I, sem gastar um tostão, podia avançar na realização das ambições de seu pai — cuja exasperação com a questão irlandesa chegara a ponto de fazê-lo sugerir uma solução genocida (His Majesty's Commission, 1834, p. 176).

Do ponto de vista propriamente capitalista, a questão fundamental era demonstrar se, como e em quanto tempo seria de fato lucrativo expandir o empreendimento capitalista para terras irlandesas. Qualquer investidor que se prezasse, mesmo percebendo a atratividade do projeto, enxergaria também o altíssimo risco envolvido. Tratava-se de compor um pequeno exército privado, embarcá-lo para a ilha vizinha, desembarcá-lo numa operação tática complicada, assegurar um território para a construção de um pequeno forte e, então, ir ganhando terreno paulatinamente. O dinheiro do fundo acionário asseguraria uma logística contínua de transporte de suprimentos a partir da Inglaterra, até que a força de ocupação conseguisse territórios suficientes para garantir sua subsistência e, enfim, exportar grãos. Além de trabalhar na terra, entendia-se que pelo menos parte dos investidores lutaria lado a lado ou, pelo menos, um pouco atrás dos soldados pagos, o que criava um risco a mais, além da perda financeira.

No entanto, é preciso lembrar que, no capital agrário-mercantil, existe o problema fundamental de que a quantidade de terras produtivas disponíveis é limitada. Isso significa que a elite econômica terratenente, ainda que aceitasse não nobres ricos, era assim mesmo um clube bastante exclusivo. Não havendo tantas oportunidades de transformar dinheiro em mais dinheiro e subir na vida, o ingresso em tal clube poderia valer o risco das economias — e, quiçá, do pescoço.

O projeto tinha, portanto, prós e contras. Daí a necessidade de imprimir e fazer circular a carta. Seu tom é calculado para a função marqueteira: o autor fictício dedica-se a refutar

> as dúvidas e hesitações [...] que tenho ouvido sendo apresentadas e alegadas com o objetivo de desautorizar aquele empreendimento

> de povoar e abastecer com a nação inglesa o norte da Irlanda, o qual, com a ajuda de *sir* Thomas Smith, um dos conselheiros de Sua Majestade, mestre Thomas Smith, seu filho, se comprometeu a levar a cabo. (LTB, 405)

O autor da carta trata aquelas "dúvidas e hesitações" como "vãs alegações" espalhadas por gente "completamente ignorante" do propósito da empreitada, ou por aqueles "cuja compreensão não consegue abarcar assunto de tamanho engenho, ou que são de pequenas coragens, e covardes na execução dos assuntos de grande importância, ou então de disposição invejosa" (LTB, 405). Metodicamente, portanto, ele se propõe a detalhar o máximo possível o empreendimento, aguçar o apetite do leitor, preparando-o para adversidades organizacionalmente contornáveis e dissipando hesitações exageradas.

Um dos aspectos mais significativos da retórica que Smith emprega para tanto é a mobilização de um discurso contra a superstição e a falta de inteligência. Os adversários do empreendimento são aqueles que, "para entender, só empenharam um pouco o cérebro, e, como sua presunção é inflexível, tomam a empreitada por impossível". Outros "nunca resolvem internamente suas dúvidas, permanecendo supersticiosamente temerosos de embarcar em tais feitos incomuns" (LTB, 405). O que aparece nessas falas é a conexão entre a psicologia do negociante e a cultura renascentista de valorização intelectual. O *business venture*, a aventura do investimento, é uma aposta possibilitada por um espírito inquisidor que derrota a inclinação cautelosa comparável ao conservadorismo e à superstição. O esforço subjetivo de lançar-se num empreendimento capitalista é como um gesto de abrir-se para a novidade, embora envolva também um fechar de olhos: enquanto disponibilidade para o sacrifício, consiste concretamente numa atenção seletiva, voltada aos ganhos possíveis em detrimento das perdas também possíveis.

Tal caracterização do espírito empreendedor tem, também, um lado claramente moral. Do lado da empreitada colonial estão a coragem e a inteligência; do lado contrário estão o conforto doméstico, o comportamento irresponsavelmente perdulário — ou seja, a busca por prazeres vãos. Afinal, um jovem membro da *gentry*, desprovido de terras mas possuidor de uma pequena renda, acaba incorrendo em "excessivos gastos" para "manter a si mesmo na emulação mundana da aparência dos terratenentes ricos" (LTB, 409). Torra uma fortuna que já não é vasta comprando artigos de luxo, pagando aluguéis de residências caras etc. Existe aqui, como em Bacon, uma mobilização da racionalidade contra o conforto e a favor de um progresso — a novidade — que, em Smith, é também imediatamente lucrativo. E se trouxermos para esse quadro a imagem dos nativos bárbaros que aparece em More, entenderemos que a luta contra o comportamento supersticioso e preguiçoso forma sistema com os demais qualificativos morais e intelectuais do empreendedor moderno, que é também agente da colonização. A disposição psíquica que se lança à guerra colonial para obter lucros é análoga àquela que, em Utopia — com a qual Smith de fato comparará seu empreendimento —, subjuga com satisfação os abraxianos, obrigando-os a construir uma sociedade hierárquica e produtiva, e justifica a invasão de terras estrangeiras economicamente subdesenvolvidas. O combate à preguiça, à superstição e ao conforto dentro do próprio psiquismo do empreendedor moderno é complementado pelo combate à vida pré-moderna que se encontra indefesa diante dele.

A sedução da propaganda

É interessante notar que, uma vez estabelecidos os objetivos louváveis do empreendimento econômico, é legítimo, em Smith, mobilizar as forças sedutoras da religião e o encantamento da imaginação para convidar os investidores a participar. Assim, o autor fictício da carta fala da Irlanda como a terra da abundância desperdiçada: "Há madeira, pedra, gesso, ardósia, em quantidade, disponíveis por todo lado, para construção". É também, segundo ele, "um país cheio de nascentes, rios e lagos, tanto pequenos quanto grandes". Ards, especificamente, está "repleto de excelente pescaria, e aves, e nenhuma parte está mais distante que oito milhas de um mar pródigo, ou de água terrestre" (LTB, 409). E, depois de discutir as potencialidades da empreitada, as condições propícias, os ganhos seguros, T. B. afirma: "Estando todas essas coisas reunidas nesse tempo [...] julguei que com certeza foi Deus que tornou apta nossa nação, preparando-a para tal propósito". A Irlanda está madura para a colonização, e a Inglaterra está pronta para colonizar. "Resta apenas convencer a multidão que já foi destinada a tal obra, imbuindo-a da vontade e do desejo de tomá-la em mãos." Assim, "usemos a persuasão que Moisés usou com Israel" e digamos aos ingleses que "possuirão uma terra onde fluem o leite e o mel, um solo dos mais férteis que verdadeiramente há na Europa, seja para adubar e plantar, seja para deixá-lo ao pasto" (LTB, 409).

As alusões bíblicas, incomparáveis à superstição na ótica dos pios homens de bem, têm, estruturalmente, um papel análogo àquele que as promessas de um mundo novo futuro desempenham nos escritos de Francis Bacon, cuja *Nova Atlântida* também ressoa com as notas da terra prometida. Mas, como a satisfação de necessidades está realmente fora de alcance do empreendimento moderno, devido ao recalque das finalidades e à centralidade da acumulação, a evocação do maná pré-moderno que alimentava a religião mosaica não constitui promessa nenhuma, é simplesmente falsa. O que o empreendedor procura na colonização é a ocupação, a guerra, o trabalho; o que ele vai enfrentar são as penas do deserto, e não o deleite da liberdade e da terra prometida. Trata-se, afinal, de propaganda: as críticas à superstição e à religião mentirosa são mobilizadas no interesse de uma disposição gananciosa e sanguinária que busca o lucro fácil. T. B. declara com todas as letras que "aquele solo frutífero" que os investidores estão a ponto de ir conquistar "é tão somente como um butim a ser entre eles dividido" (LTB, 409).

Civilização

Essa pouco sutil combinação entre a disposição empreendedora moderna — estimulada a vencer o medo e abraçar a novidade, razoavelmente moralizada para o progresso — e a violência aberta, alimentada por uma amoralidade aquisitiva, também se encontra expressa pela ideia de missão civilizatória que ocupa, em Smith, um papel semelhante ao que encontramos em More. Na carta, os irlandeses são descritos como os abraxianos em *Utopia*: gente selvagem. Sua terra é "um país quase desolado", passam a vida "seguindo ociosamente seus rebanhos, como os tártaros e os árabes" (LTB, 411). De fato, "o único defeito [da Irlanda] é a incivilidade dos habitantes, a falta de boas ordens" (LTB, 413). "Habitar e reformar uma nação tão bárbara quanto essa, e alçá-la ao conhecimento e à lei, seria um feito pio e louvável" (LTB, 409).

As similitudes com o discurso fictício de More não param por aí. Numa troca de correspondência entre Henry Sidney, então membro do Alto Conselho, e William Fitzwilliam, então lorde delegado da Irlanda, Smith é descrito como alguém que "entende, pelo estudo das histórias, como a Inglaterra foi um dia tão incivil quanto a Irlanda, até que as colônias dos romanos trouxeram suas leis e suas ordens, cujos moldes nenhuma outra nação, nem mesmo a dos italianos e romanos, tem de forma mais direita e reta mantido" (Quinn, 1945, p. 546). O processo é idêntico ao descrito por More: os utopianos primeiro colonizaram a si mesmos para, então, partir à civilização dos outros povos. "O que direis? Não apresentei diante de vós uma nova Utopia?" (LTB, 411).

Assim, falando daquela "falta de boas ordens" que citamos acima, o autor fictício da carta diz que Smith, enquanto responsável pela novidadosa empreitada colonial,

> vai corrigi-la em breve, trazendo a bom termo esse seu empreendimento, para que então [a Irlanda] seja tão abundante e lucrativa quanto qualquer parte da Inglaterra, especialmente quando estiver provida de uma companhia de gentis-homens e outros que viverão amigavelmente em comunhão rejubilando-se nos frutos e comodidades de seu trabalho anterior. (LTB, 413)

Ou seja: Smith percebia com clareza que se tratava de repetir, na Irlanda, uma conversão socioeconômica. O processo de estabelecimento de uma sociedade da mercadoria e do dinheiro, que havia sido desencadeado em terras inglesas, teria de ser realizado também na ilha vizinha. Ademais, nosso autor também compreendia a conexão entre a civilidade inglesa e tal processo: em termos que não deixam dúvida, Smith mostra que a existência sociopolítica republicana da qual nos fala nas duas obras que analisamos acima — a convivência amistosa e próspera entre agentes econômicos — não é outra coisa senão um resultado específico da acumulação primitiva, algo que, ademais, é comparável à guerra colonial que ora se desencadeava contra a Irlanda.

Mas a terra colonizada, depois de convertida numa república de verdade, estará "provida de uma companhia de gentis-homens *e outros*". É preciso falar destes últimos.

Assimetria

Além dos atrativos relacionados a recursos ambientais, um dos elementos importantes da sedução empresarial com que a carta está preenchida é a ideia de uma enorme desproporção entre a capacidade militar dos ingleses de invadir a Irlanda e a capacidade dos irlandeses de resistir à invasão. T. B. fala sobre como, no passado, "com uma infantaria de cem homens e uma pequena cavalaria" foi possível manter ali províncias inteiras "obedientes e temerosas" (LTB, 407). De fato, "seis mil deles não se atrevem a atacar setecentos homens ingleses". A própria terra de Ards foi, no passado, defendida por catorze homens acastelados contra quinhentos inimigos. E, referindo-se a uma das então recentes rebeliões contra as transformações da política colonial inglesa, T. B. diz que "o apaziguamento e a vitória sobre toda a terra de Munster, então sublevada, levada a cabo por *sir* Humphrey Gilbert" — o facínora que mencionamos em nossa discussão sobre More —, "contou com menos de uma centena de homens ingleses" (LTB, 411).

Assim, o barbarismo dos irlandeses, condenado pelos ingleses, é, não obstante, útil a estes, porque torna aqueles conquistáveis e economicamente exploráveis. Acostumados no máximo às escaramuças intertribais e ao roubo de gado, aquela gente primitiva não emprega armamento moderno nem formas modernas de guerrear. Eis um importante componente da viabilidade do empreendimento colonial enquanto investimento de capital: por causa da assimetria militar, a invasão é possível com uns poucos gastos, o que aumenta a possível margem de lucro e diminui os riscos. E está expressa aí uma ideia importante a respeito da natureza da expansão do capitalismo: o que torna a economia moderna viável é sua peculiaridade, ou seja, o fato de que ela existe na Inglaterra, e não na Irlanda — ou nas Américas, depois na África e na Ásia etc. A oligarquia republicana capitalista reconhece-se abertamente como agente de uma forma de socialização baseada na dominação. Mesmo a expansão da civilidade se dá através da manutenção de formas circundantes de incivilidade, o que fica bastante claro quando percebemos que a guerra colonial é um processo contínuo, eterno, de conformação de uma sociedade brutalmente hierarquizada.

É o que transparece quando a carta explica como o processo de colonização terá lugar. Os investidores/soldados/fazendeiros serão proprietários de suas terras, e obrarão nelas por seu próprio lucro e em benefício próprio, como compete aos verdadeiros homens livres, segundo as definições que vimos previamente. Estando as terras cultiváveis sempre sob ameaça dos irlandeses, os investidores terão um estímulo extra para defendê-las, assim transformando-se voluntariamente, ao mesmo tempo, em ferrenhos defensores das novas terras da Coroa — que, como vimos, receberá deles modestos pagamentos pela ocupação e pelo usufruto das possessões coloniais. Mas os irlandeses vivem supostamente na mais profunda barbárie; segundo o autor da carta, são submetidos a obrigações feudais extremas, bem como à extorsão pelos clãs militares, de modo que nada deixaria mais feliz o camponês da Irlanda, "homem muito simples e esforçado", do que se oferecer para trabalhar quase de graça para os ingleses. De fato, devido à crise social corrente, impulsionada pelo cercamento dos campos, o mais provável é que os empreendedores da colonização também possam contar com "fazendeiros provindos da Ilha de Man, bem como outros homens pobres da Inglaterra para, já desde o início, auxiliar na estocagem de grãos e de gado" (LTB, 410).

Mas a petição inicial através da qual Smith apresentou seu projeto colonial para a rainha tinha mais a dizer sobre o lugar da população irlandesa. Lia-se ali, por exemplo, que "nenhum irlandês em perpetuidade [...] comprará terra, ocupará cargo, será escolhido como membro de qualquer júri, admitido como testemunha em qualquer ação [...], nem será aprendiz vinculado a qualquer ciência ou arte que possa fazer dano aos súditos de Sua Majestade" (Smith *apud* Morgan, 1985, p. 275). A enumeração cuidadosa, quase nos termos exatos das definições dos "homens jurídicos" no *Republica Anglorum*, dá conta de que os irlandeses seriam relegados a uma categoria de gente rigorosamente não livre. Ou seja: a assimetria na qual está baseada a possibilidade econômico-militar inicial do empreendimento colonial não é apenas uma condição de origem, situada num ponto de partida específico no tempo, mas um traço constitutivo e permanente da socialização moderna projetada, a ser mantido indefinidamente — "em perpetuidade". Nada de muito estranho, afinal: como vimos, a diferenciação entre homens livres e não livres também é um traço da república oligárquica. E é interessante ver como a "nova Utopia", a sociedade moderna criada do zero, é propositalmente pensada como civilizada e bárbara, a um só turno: nela, a "companhia de gentis-homens" é complementada pelos "outros". Porém, a bem da verdade, a barbárie aí incluída é de novo tipo, manufaturada pelo mesmo gesto que institui a nova civilização, a sociedade civil dos proprietários, a modernização da lida com a terra, a acumulação capitalista exportada. Não são mais os irlandeses espontaneamente selvagens, mas os irlandeses sub-humanizados por decreto real.

O contrato social

A assimetria dá notícia da guerra institucionalizada e tornada permanente entre os colonos — a elite econômica oligárquica transplantada e recriada na Irlanda — e as pessoas comuns, os colonizados. Mas, como já vimos no *Discourse*, na própria elite deve reinar a paz, ou, pelo menos, um certo tipo de paz.

A carta parte do mesmo pressuposto do *Discourse*: a operação capitalista normal envolve disputa, conflitos de interesses, diferenças de perspectiva. Smith escolhe, mais uma vez, não fechar os olhos para o fato bruto dessa tendência antagônica. "Querelas originadas de ninharias, pelas quais se tomam lados, terminam se tornando grandes problemas; e em toda partição há sempre alguém que se acaba zangando por não ter sido preferido para aquele assento cômodo ou aquela boa moradia, ou porque não tem tanta terra quanto algum outro" (LTB, 414).

Assim, a sábia decisão de mestre Smith — o filho homônimo que ficou responsável pela execução do projeto em território irlandês — previa sortear as parcelas de terra nas quantidades prometidas tão logo o bando de colonos chegasse na Irlanda. Nesse compromisso, e em todas as outras coisas, frisa o autor fictício da carta, estão os Smith "obrigados perante Sua Majestade por um pacto, expresso em Seu ato de concessão" (LTB, 414). Isso faz com que todas as promessas dos Smith tenham caráter legal, podendo ser objeto de demanda nos tribunais.

Mas, "para que seja eliminada toda ocasião de querelas, motins e outras desordens que poderiam de outro modo surgir, ele [mestre Smith] prometeu fazer com que um Livro de Ordens e Disciplina seja elaborado" pelos colonos mais distintos. Depois de redigido, esse livro será

> lido para toda a companhia, a qual, depois de aceitá-lo e autorizá-lo, mantê-lo-á em segurança como Estatuto desta empreitada, e pela letra desse Livro serão todos os delitos punidos na Colônia, pois toda pessoa que nela permanecer será submetida a juramento solene de observar cada artigo ou decreto nele registrado e a ajudar, dentro de suas atribuições, a levar ao devido castigo todos aqueles que promoverem ofensas contrárias às disposições do referido Livro. (LTB, 414)

Como se vê, a carta mobiliza um dos mais duradouros elementos do imaginário moderno, a ideia de um contrato voluntário entre pares, para garantir a operabilidade de um empreendimento de conquista e dominação colonial. Mas o que o vislumbre desse contrato social primevo entre capitalistas armados buscando butim nos permite entrever são a límpida concretude e a razoabilidade de tal instrumento de formação política. O contrato desempenha sua função de organização de um empreendimento de capital aberto sem quaisquer das metáforas e abstrações necessárias para, nas mãos dos filósofos mais famosos, funcionar como chave de leitura da organização social em geral: aquelas estranhas imagens de milhões de pessoas, num tempo lógico pré-histórico, tomando decisões racionais de se curvarem perante uma autoridade, um código etc., brilham, aqui, por sua ausência. É de forma direta, firme, sem poréns, que o contrato social — assim como a ideia de república — enraíza-se na operação político-econômica normal da elite oligárquica, esse mal-intencionado grupelho que, para benefício próprio e prejuízo alheio, expõe os termos bastante claros e limitados de sua colaboração mútua. Publicamente (o que quer dizer: diante do punhado de seus iguais) promete sua relutante adesão a uma convivência social minimamente ordeira do ponto de vista da acumulação de riqueza. Está muito claro, no texto de Smith, que participar de tal contrato e obedecer voluntariamente às leis da colônia é um privilégio, porque é, ao mesmo tempo, condição de possibilidade de participação na subjugação — porventura, no extermínio — dos irlandeses não livres. Não é com outra finalidade, em verdade, que o contrato entre os pares existe aqui, senão a dominação dos que não são pares.

Como assinalamos, a empresa colonial de Smith fracassou, no sentido de que os guerreiros-capitalistas e seus paus-mandados não lograram se estabelecer de forma duradora em Ards.

O então lorde delegado, William Fitzwilliam, foi contra o empreendimento de Smith desde o início. Não se conhecem evidências documentais de eventuais impactos do projeto sobre seus interesses pessoais; mas sabemos que a carta de T. B. pegou Fitzwilliam de surpresa. Afinal, quando caiu nas mãos da aristocracia hibérnico-normanda, o panfleto publicitário teve o efeito de uma provocação e de uma notícia enviesada sobre uma possível mudança de política por parte da Coroa inglesa, numa direção mais agressiva. Diante das queixas de Fitzwilliam, a rainha Elizabeth I deu ordem de atrasar o empreendimento, alegando publicamente não ter conhecimento dele. Isso, evidentemente, frustrou os investidores, que escolheram repartir entre si os fundos já angariados. Parece que, em sua maioria, escolheram unir-se a uma empreitada militar de ninguém menos que Humphrey Gilbert, que então liderava grupos de aventureiros a favor dos holandeses contra a Espanha.

Depois dessa obstrução inicial, sabemos que Smith retornou de seu posto como diplomata na França no final de 1572 e tornou-se primeiro secretário da rainha. Não sabemos a que argumentos Smith recorreu, mas conhecemos o decreto real através do qual nosso autor foi feito "coronel", sendo-lhe outorgado, nas palavras do documento,

> o poder de entrar no Grande e no Pequeno Ards com um exército e expulsar todos os rebeldes e indivíduos sediciosos, e apossar-se daquela terra e habitá-la; e governar os soldados e os habitantes; e decidir todas as causas civis exceto pleitos sobre terras, e punir todos os criminosos exceto traidores e forjadores de moeda, e reunir os habitantes para defesa daquela terra. (Morgan, 1985, p. 266-7)

Aquilo deixou o lorde delegado incomodado. Em 1573, Fitzwilliam queixava-se, por carta, que Smith estava passando por cima de sua autoridade junto à rainha. Também lemos como Smith simultaneamente explicava-se e gabava-se para o lorde delegado, afirmando que

> o nome "coronel" em francês designa o líder de infantaria [...] aqui, significa um líder de homens a caminho de habitar e cultivar lugares vazios e desolados, aqueles que, nos tempos antigos, eram os *Deductors Coloniarum*, cuja ação era chamada *deducere coloniam* [reduzir colônia]. Não se trata de um nome de alta honra ou de

> autoridade, entretanto com ele estamos mais contentes, porque mostra a natureza de nossas ações. (Morgan, 1985, p. 246-7)

Nosso estudante dos clássicos, aqui, faz uma sugestão etimológica maliciosa, explorando a semelhança sonora entre o termo inglês *colonel* e os vocábulos romanos que usa para falar da atividade da colonização. A comparação com os afazeres do velho império não é muito exata, mas era, mesmo assim, importante para Smith, que não economizou seu latim para defender a acuidade do seu título coronelesco, conforme ficou documentado em várias cartas.

Entre as idas e vindas das intrigas da Corte inglesa e a disputa não apenas com o lorde delegado, mas com outros conselheiros e oficiais que buscavam aprovação real para projetos semelhantes, a empresa dos Smith sofreu outros contratempos. No mesmo ano de 1573, um grupo de investidores desconfiados, depois de juntar uma numerosa tripulação em três embarcações prontas para o combate, acabou desistindo da Irlanda e escolheu rumar para a costa francesa, visando atuar ali como piratas. Tratava-se, para os guerreiros-capitalistas, de uma escolha simples entre a guerra na Holanda, a colonização e a pirataria, formas possíveis de realização dos seus investimentos monetários em armas e bagagens.

Quando, por fim, mestre Thomas Smith, o filho de nosso autor, desembarcou na Irlanda acompanhado de algumas centenas de aventureiros, encontrou terra arrasada: a *gentry* local, preparando-se para a invasão, havia destruído todas as construções da região — entre fortificações e casas religiosas — e queimado as plantações. A pequena força de ocupação, assim, teve dificuldades em estabelecer um acampamento permanente, sendo acossada pelos irlandeses por meses a fio. A situação mudou um pouco com a chegada, ao norte da Irlanda, de uma força expedicionária numerosa, de tipo convencional, liderada pelo conde (*earl*) de Essex. O novo exército invasor dividiu a atenção da aristocracia local, o que permitiu a mestre Thomas Smith estabelecer um modesto assentamento. Meses depois, contudo, o jovem colonizador foi assassinado por uma dupla de empregados domésticos irlandeses bem menos dóceis do que propagandeado, o que serviu de estopim para um levante generalizado. Colonos e soldados sobreviventes fugiram para a Inglaterra.

Nos anos que se seguiram, a rainha Elizabeth I pressionou Smith pai em algumas ocasiões a renovar seus esforços de colonização no nordeste da Irlanda; nosso autor esforçou-se em obedecer a ela, sem sucesso. Levou seu título honorífico e o debate etimológico a ele anexo para o túmulo, onde, entre outras coisas, lia-se a alusão às suas possessões jamais apossadas: "*Ardae Australisque Claneboy in Hibernia Colonellus*" [Coronel de Ards, ao sul de Claneboy, na Irlanda]. Legou por testamento o direito a essas concessões reais a seu sobrinho, William Smith, que conseguiu desembarcar na Irlanda com um grupo de aventureiros em 1579. Foi, todavia, impedido de prosseguir em seu trabalho de pilhagem e civilização por oficiais do lorde delegado, em obediência às instáveis relações políticas entre a Corte inglesa e a aristocracia da Irlanda.

De todo modo, restava do espólio do tio o manuscrito do *Discourse*; William, talvez sem dinheiro, tampouco escrúpulos, publicou-o em seu próprio nome.

9

Conclusão
A economia política e a administração em benefício próprio

É curioso como vários exemplos de formas primevas de corrupção moderna insinuam-se, por caminhos tortos, nas notas de edição das obras de Smith. Citaremos dois. O primeiro é uma interessante anedota arrolada por Elizabeth Lamond, editora da versão de 1893 do *Discourse*, para ilustrar o fracasso dos esforços de controle de preços durante o reinado de Henrique VIII. Trata-se de um escândalo envolvendo ninguém mais ninguém menos que o lorde prefeito de Londres, acusado de "abusar de sua autoridade". Possuindo ele mesmo um amplo estoque de grãos em seus celeiros privados, utilizava de suas prerrogativas de governo citadino para estabelecer para tais produtos um preço baixíssimo, sempre que algum mercador vinha ter ao porto da cidade com um navio abarrotado deles. Assim, lograva afastar de Londres todos os fornecedores de alimentos; então liberava novamente o preço dos grãos e vendia seus próprios estoques pelo maior montante possível.

O segundo exemplo envolve John Hales (?-1572), personagem muito querido dos progressistas e historiadores entusiastas do humanismo inglês, por haver sido considerado autor de um dos mais empedernidos tratados contra os cercamentos dos campos, publicado em meados do século XVI. Ocorre que o *Discourse* de Smith foi, por muito tempo, também atribuído a Hales, de modo que a estudiosa supracitada tomou para si a missão de estabelecer este último cavalheiro como um homem de bem. Para tanto, traz à tona um episódio vexaminoso, que se empenha em cobrir de um colorido respeitável.

Hales era membro da elite econômico-política, tendo servido como parlamentar e secretário de Thomas Cromwell, principal conselheiro de Henrique VIII. Assim, tinha acesso privilegiado à Corte, do que se serviu muito bem. Na época da Dissolução dos Monastérios (1536-1540) — quando, havendo rompido com Roma, a Coroa inglesa pôs-se a confiscar as antigas propriedades eclesiásticas para redistribuí-las entre a elite —, Hales, que era protestante, conseguiu o favor real de comprar alguns dos antigos dotes dos bons frades. Entre as propriedades assim adquiridas estava uma casa religiosa situada nos arredores de Coventry, a qual tradicionalmente mantinha uma escola para os filhos da *middling sort* local. Quando os amigos de Hales intercederam junto a Henrique VIII para viabilizar a compra, deixaram claro para Sua Majestade que se tratava de um patrono do saber. Assim, de início, a Coroa achou por bem deixar registrado, no contrato de cessão da terra, que, em troca da sua posse livre, um determinado valor seria anualmente empregado pelo novo terratenente para manter a escola funcionando. Hales respondeu a tal exigência de forma magnânima: a quantia designada pela Coroa era, na verdade, pequena demais; seu plano era investir três vezes mais. Aliás, seu compromisso com a causa da disseminação do saber era tal que nem mesmo era necessário fazer nos termos de posse menção alguma à manutenção da escola: encarregar-se-ia disso por convicção pessoal, e não por obrigação legal. Pois bem: os anos se passaram, Hales deu às suas novas aquisições o uso econômico que mereciam, até que seus vizinhos, os gentis-homens de Coventry, fizeram chegar ao rei a reclamação de que o honrado senhor negligenciara os termos de sua posse, pois a escola havia parado de funcionar desde que as terras haviam sido tomadas dos frades. Levado aos tribunais,

Hales foi, entretanto, absolvido — afinal, não existia menção a escola alguma nos termos de posse...

Ora, esse mesmo honrado respeitador dos contratos e crítico ferrenho dos *enclosures* escreveu, em 1548, uma carta ao sucessor de Henrique VIII, o infante Eduardo VI. Nela, procurava persuadir o jovem monarca, através de argumentos moralistas em prol do bem da república, a coibir o cercamento indiscriminado dos campos, sobretudo aquele realizado pela nova elite terratenente nas antigas terras eclesiásticas. Essas terras, dizia Hales, eram antes usadas por frades e monges para manter instituições benéficas para as comunidades locais, em especial escolas, hospitais e asilos. Mas, agora, uma nobreza que não era digna do nome estava transformando tudo em pasto para ovelhas, deixando a pobre gente desassistida em toda parte. Urgia, portanto, apertar a legislação contra os cercamentos, dizia Hales — provavelmente na expectativa de presidir alguma comissão local, para prejuízo dos inimigos e adversários que o haviam denunciado anos antes.

Esses casos, exibidos no contexto da interpretação do *Discourse* e do *Republica Anglorum*, podem sugerir a alguém dotado de imaginação que a percepção de Smith a respeito da administração social moderna — a de que ela pode (ou melhor, precisa) ser utilizada para avançar os interesses da classe proprietária —, ao passo que se relaciona com uma apropriação de classe do aparelho de Estado, é construída sobre as relações de favorecimento arcaicas. No pacto social moderno, a elite parece procurar alcançar, através da legislação e administração, aquilo que antigamente era obtido pelo favor, ou seja, pelo jogo de influências, privilégio, lealdade e mutualidade das relações políticas feudais. Com a complexificação do Estado e da economia, e a necessidade de inclusão, no espaço político, de um número maior de atores econômicos, o favorecimento precisa deixar de ser pensado na base da relação pessoal entre o monarca e o vassalo para assumir um caráter mais indeterminado, capaz de comportar uma fatia da sociedade que, apesar de bastante estreita, é ligeiramente maior que a nobreza de sangue azul dos períodos precedentes.

A república, assim, é oligárquica, e o vocabulário da sociedade civil foi forjado nessas bases. O esforço intelectual de Smith não é o de caracterizá-la em contraste com a tirania ou com a monarquia: essas são apenas formas de governo que o autor demonstra não serem incompatíveis com a vida republicana. A escravidão e a servidão — contanto que sejam as dos outros — também são bem-vindas, tanto na Inglaterra quanto na Irlanda. O limite do conceito de república não está em nada disso, mas no sultanato do "turco". Esse grande inimigo oriental, em seus domínios, "estima serem todos servos e escravos, sendo apenas ele e seus filhos homens livres" — pois, a rigor, só eles realmente possuem liberdade econômica de lida com a terra — de tal modo que "seria possível duvidar se sua administração constitui república ou reino". Ali, "há apenas um infinito número de escravos entre os quais não há direito, lei nem acordo comum, mas apenas a vontade do senhor" (RA, 58). Em contraste, o mundo dos homens livres ingleses é um pouco mais amplo: além do rei e de seus filhos, inclui ainda os nobres e seus filhos; a *gentry* e seus filhos; os *yeomen* e seus filhos.

Embora seja um grupo demograficamente minúsculo, é zeloso de sua microscópica diversidade. É para dar conta desse grupelho que comparece o vocabulário generalista, confundido com universalismo pelos intérpretes empolgados. É um vocabulário adequado a um pacto ou contrato e a um pensamento político que se refere aos cossignatários através de termos vagos — "os ingleses", "os homens livres", "os cidadãos". Essa vagueza, entretanto, é sintoma de um mero déficit conceitual: nem a elite que é por ela designada nem o resto dos "ingleses" têm sobre ela qualquer dúvida. É com o tom de quem diz o óbvio que Smith descreve o homem livre como um gentil-homem ou um terratenente endinheirado; porém, é preciso dizer o óbvio, no caso, porque as novas elites econômicas necessitam de ajuda para entender seu papel no mundo. Os *yeomen* vêm juntar-se à *gentry* para ocupar um espaço que, até há pouco tempo — em especial nos episódios de rebelião política do século XIII, que haviam culminado na assinatura da Magna Carta —, estava reservado aos "barões", ou seja, à nata do sangue azul inglês. Como designar esse novo grupo político? Mesmo nós, supostamente dotados da vantagem da distância historiográfica, quando falamos de "elites terratenentes" ou "proprietárias", precisamos fazer ressalvas explicativas. No tempo de Smith, não era diferente. Mas não havia equívoco nem dubiedade: e o autor cuida para que não haja, deixando claro, para quem quiser ver, que a comunidade republicana de homens livres é algo bastante semelhante aos *franchises* do medievo, em que companhias de ricaços peticionavam por privilégios à monarquia e conquistavam (sobretudo nos meios urbanos e eclesiásticos) certa autonomia política em troca de certos favores.

Consonante a tudo isso, a instituição parlamentar é apresentada como lugar de negociação — o espaço das "demoras da complacência", nas palavras de Smith. A atividade legislativa da elite proprietária institucionaliza o monopólio do poder político de antanho, racionaliza-o, compartilha-o, demarca de forma mais ou menos precisa seu raio de ação, de modo que seus membros possam fazer uso equânime das vantagens da administração social. Trata-se, no fundo, de compartilhar, e é por isso que, desde o ponto de vista do indivíduo, a lei é um obstáculo, mesmo para os membros das elites proprietárias que legislam. Os gentis-homens e *yeomen* não sentem, para com ela, qualquer intimidade, mas percebem-na como um conjunto de obrigações enfadonhas, limitações complicadas ao exercício do interesse próprio, intromissões indesejadas no livre transcorrer dos negócios. Ao mesmo tempo, zelam pelo privilégio de manipular esse caráter oneroso da lei, não apenas para garantir seus interesses imediatos, mas para, em grupo, coagir as pessoas comuns que não legislam. Em especial, na descrição que Smith faz da

Corte Estrelada, onde são julgados os crimes políticos, vê-se que o efeito desejado da aplicação da lei, no que tange à preservação da ordem social, deriva especificamente da natureza laboriosa e desgastante do devido processo legal. O acusado não é intimidado por métodos arcaicos, mas por um poder legislativo hierarquizado, cuja opacidade não é efeito colateral de uma organização tosca, e sim resultado direto de uma conformação política complexa, sofisticada, que a própria elite proprietária autoconsciente designa como "demorada". O fastio com que o homem privado encara o gesto de se tornar homem público para participar dessas morosidades atesta pelo caráter intrinsecamente alienado do maquinário estatal moderno desde suas origens; e é esse mesmo fastio, intensificado, que é despejado sobre os réus de crimes comuns ou capitais. Na relutância à cidadania, aparece uma consciência primeva, por parte da elite proprietária, de que o Estado moderno cinde a experiência social estruturalmente; a instância abstrata onde o poder administrativo está depositado e concentrado é de manejo intrinsecamente difícil e oneroso; mas é justamente por isso, afinal, que serve à dominação social.

A consciência do caráter oneroso da lei e do governo e a relutância da elite em meter-se com isso combinam-se com a concepção de exercício político como "administração". O bom governo é competente: as questões de legitimidade e justiça são, no fundo, todas remetidas ao problema de um governo eficientemente capaz de, a despeito das demoras da complacência e do processo, desempenhar sem trancos a tarefa fundamental de preservar os interesses da elite proprietária. Por causa dessa concepção, fica reservado, no cantinho da imaginação política moderna, um espaço para a ideia de um tirano competente. O complemento para o homem de negócios que não quer saber das coisas públicas é o governo monocrático que faz o que ele deseja sem precisar ser questionado a respeito, porque tem uma compreensão adequada da "maneira de administrar" a república e do "objetivo ou alvo ao qual ela tende" (RA, 53). E não se trata de adivinhação, mas de economia política: esse baluarte da racionalidade moderna é a ciência da administração desejada por Bacon, que Smith começa a esboçar em seus escritos.

Nesse sentido, objetivamente falando, o manual republicano de Smith é um texto dirigido, ao mesmo tempo, aos membros da oligarquia econômico-política e a um eventual rei sobre cujos ombros aquela classe venha a escolher depositar os negócios públicos, ou mesmo a um tirano que, sem esperar por autorização, resolva fazer justiça com as próprias mãos. Em qualquer um dos casos, do ponto de vista conceitual esmerilhado por Smith, os cidadãos permaneceriam livres se pudessem continuar cuidando de seus negócios — e se fossem chamados a ocupar cargos pelo tirano, o que inevitavelmente aconteceria, por serem a única gente capacitada e interessada nisso, ainda que com relutância. Num quadro assim, a grande maioria dos proprietários cairia na categoria dos "homens privados". Então, deixariam de lado o texto de Smith e procurariam leituras mais úteis, do tipo do manual de mineração de Agricola.

O que é mesmo interessante, porém, é que Smith vai além da concepção de legislação onerosa. Pensar politicamente a república oligárquica não é apenas pensar o compartilhamento de privilégio entre uma elite abertamente autointeressada: para tanto, bastavam o moralismo herdado do período clássico, suas oposições simplórias entre o benefício próprio e o alheio, a formulação bom-mocista do "fazer apenas o que nos faz bem e não faz mal aos outros". Mas, por cima dessa máxima, Smith coloca um questionamento a respeito do interesse em obedecer e desobedecer às leis, e mostra que é *isso* que importa. Na medida em que a lei restringe e onera, sempre haverá quem encontre maior vantagem em desobedecê-la. Por isso, no plano abstrato da mera obediência aos ditames da convivência social, o texto de Smith está aberto a um realismo político brutal, no qual a população em geral, entendida como ralé, precisa ser continuamente coagida e obrigada a andar na linha: não há por que esperar nada diferente de quem está obrigado a trabalhar em benefício de outrem, nunca de si mesmo.

Assim, há, em Smith, uma crítica ao moralismo arcaico da obediência às leis. Essa crítica, por um lado, aponta para a dominação aberta do populacho; por outro, conduz à liberdade dos cidadãos, uma vez que destramente reconfigura a discussão sobre sociabilidade, deixando de lado os termos morais e colocando, em seu lugar, uma preocupação com a política de Estado. A economia política nascente traz a possibilidade de que os membros da elite exerçam seu privilégio administrativo em proveito próprio, não apenas enquanto mera coleção de indivíduos, mas enquanto classe: basta entender como a economia de fato funciona, e todos saem ganhando. As velhas questões sobre o público e o privado, o indivíduo e a comunidade são dissolvidas no "fazer comum" republicano, sob cujo conceito é possível pensar o emprego do poder de Estado para manipular o interesse privado, desenhando legislativamente um comportamento de mercado em que todos os capitalistas poderiam, sem pestanejar, agir em benefício próprio, sem fazer mal a nenhum de seus pares. Aparece, assim, a ideia de uma economia nacional plenamente funcional, cuja exequibilidade debatível não subtrai do caráter momentoso de sua formulação. Do ponto de vista da elite da alvorada do capitalismo, é esse o verdadeiro projeto inacabado da modernidade. O lorde prefeito de Londres, sem interesse no progresso infinito, deu-lhe o acabamento que pôde.

Posfácio
As razões do negacionismo: guerra civil e imaginário político moderno

Nossos ídolos ainda são os mesmos.
— Belchior

O discurso filosófico da modernidade

A coisa está muito feia — pelo menos para "nós". Múltiplas crises nos acossam: mudanças climáticas, tensões econômicas permanentes, desigualdade social brutal, encarceramento em massa, esfacelamento das instituições democráticas e do Estado laico etc. Enquanto isso, do outro lado, tem gente dizendo que não se passa nada, ou festejando: defende-se abertamente a ditadura, a administração neoliberal e a tutela estatal dos costumes sexuais e reprodutivos, propagandeia-se a violência policial e faz-se uma chacota contínua da ciência que recomenda medidas antipandêmicas ou decifra sinais da catástrofe ecológica. A polarização entre os dois campos tornou-se um fenômeno indelével do discurso político brasileiro. Por tradição e mania, o primeiro campo — o nosso, que se pensa progressista — vem falando do segundo como o retorno de um passado sombrio.

Em 2015, por exemplo, num artigo sobre o execrável movimento parlamentar de redução da maioridade penal, o filósofo e colunista Vladimir Safatle denunciava o "projeto de remeter o Brasil à Idade Média".[109] Em 2016, Jean Wyllys, na época deputado federal do Rio de Janeiro pelo PSOL, condenando o engajamento do então prefeito carioca Marcelo Crivella contra religiões de matriz africana, criticava "o radicalismo medieval que seu partido defende até hoje".[110] Essas detrações do presente com comparações pré-modernas extrapolam as fronteiras nacionais: os progressistas gringos também as empregam, e é assim que, em 2018, num periódico estadunidense "liberal", uma advogada denunciava que os ataques à imigração da administração de Donald Trump "nos arrastam de volta para a idade das trevas".[111] No mesmo ano, a mídia corporativa britânica denunciava a inacessibilidade à *cannabis* medicinal como sinal de que "as leis de drogas da Grã-Bretanha estão na idade das trevas".[112] Por fim, nossa classe política — muito antenada, na melhor tradição do deputado Brás Cubas — também adotou a retórica iluminista: em março de 2021, o presidente do Senado, Rodrigo Pacheco, do DEM, fez uso público da Razão para referir-se à negligência calculada do governo federal diante da pandemia como atitude "negacionista", "brincadeira de mau gosto macabra e medieval".[113]

Entre nós, está claro que o mote desse jargão odiador do passado não é realmente nada novo. Remonta ao imaginário do subdesenvolvimento, à ideia de um Brasil que ficou para trás dentro de um processo civilizatório geral: os debates sobre o

109 "A bancada do medo", *Folha de S. Paulo*, 7 abr. 2015.
110 "'Precisamos falar sobre Crivella', escreve Jean Wyllys", *Catraca Livre*, 16 out. 2016.
111 "Lawyer: Jeff Sessions' Attacks on Migrant Domestic Violence Survivors Drags U.S. Back to 'Dark Ages'", *Democracy Now*, 15 jun. 2018.
112 "Britain's Drug Laws Are in the Dark Ages. Billy Caldwell's Case Proves It", *The Guardian*, 18 jun. 2018.
113 "Negacionismo passou a ser brincadeira 'de mau gosto e medieval', diz Pacheco", *Valor Econômico*, 22 mar. 2021.

dualismo brasileiro, o caráter feudal de nossa colonialidade etc. A mania de Idade Média dos polemistas de hoje tem a ver com a consciência do atraso de nossos antepassados (Candido, 1973): desde os abolicionistas esperançosos em educar as classes proprietárias retrógradas e dos comunistas procurando entender em que estágio nos encontrávamos no caminho ao socialismo, até os seus alunos, e os alunos de seus alunos, que somos nós. Se, depois de tudo, os tempos tenebrosos se avizinham sempre que o horror social se manifesta, é porque seguimos andando na direção contrária à da história que, nessa versão dos fatos, sempre tem — ou deveria ter — algo de um "carro alegre".[114] É que não se trata de *qualquer* história: o Estado de direito que aqui capenga e a justiça social que nos falta, a laicidade dos representantes e a tecnicidade das instituições, são supostamente características da sociedade moderna; o que amargamos é um déficit de modernidade.

O inventor de toda a escuridão

É notável que a releitura do discurso do subdesenvolvimento hoje corrente tenha fixado nossa referência anacrônica no medievo. Não fomos nós, obviamente, que concebemos originalmente a ideia de um passado sombrio — e tampouco foram os famosos iluministas franceses do século XVIII. A "idade das trevas" foi inventada pelo toscano Petrarca (1304-1374), poeta, latinista, epistoleiro, jurista a contragosto, autor de literatura de autoajuda, expoente originário da Renascença italiana. Esse primeiro movimento de odiadores do passado emitia um chamado a transformar o seu mundo através de uma concepção utilitária de conhecimento. Argumentavam pela refundação

114 Chico Buarque & Pablo Milanés, "Canción por la Unidad Latino-Americana". *In*: Clube da Esquina, *Clube da Esquina 2* (disco 2), Odeon, 1978.

das instituições de ensino, para que fosse sepultada a preocupação escolástica com o formalismo linguístico disputatório e as sutilezas metafísicas. Os estudos tinham que servir para o melhoramento moral dos homens, e, à medida que a modernidade se aprofundou, aquilo que hoje chamamos de ciência também entrou no menu. Tendo arregimentado a cultura dos antigos romanos para sua tarefa reformadora, os humanistas conceberam que o período histórico tenebroso contra o qual se erguiam dizia respeito ao eclipse que o gênio clássico havia sofrido durante uma época "média" entre a Antiguidade e a sua.

Notavelmente, os originadores do movimento renascentista, além de bons cristãos, eram também membros de uma classe urbana do norte italiano que vinham aguçando suas faculdades de leitura imanente nos compêndios jurídicos latinos (Skinner, 2002). Vale a pena entender o contexto desse exercício intelectual. Devido a sucessões e multiplicações dinásticas que datavam do período Carolíngio, as cidades do norte italiano encontravam-se imersas numa luta política secular que envolvia as elites citadinas, a monarquia alemã, os bispos que a representavam localmente e o Papa, que os odiava. Um dos fronts dessa luta consistia em debates em torno das prerrogativas e dos limites de cada uma dessas autoridades, conforme estabelecido nos tempos cristãos do Império Romano — do qual o Germânico alegava ser sucedâneo — e fixado no *Código de Justiniano*, uma coletânea datada do século VI. Ora, a compreensão do "*codex*" dependia da exegese da lei romana antiga; nos interstícios dessa exegese apareciam dificuldades interpretativas; e dessas dificuldades podiam surgir oportunidades políticas, as quais apenas latinistas exímios seriam capazes de encontrar, contestar ou defender, dependendo do caso em questão e dos interesses em jogo. É do setor social desses "glossadores" que surgirá a gente afeita à cultura romana: metidos nas bibliotecas obscuras, ressuscitarão os manuais jurídicos e os manuscritos raros, e cuidarão de restabelecer os textos dos filósofos. No fim das contas, através da sua inteligência, o equipamento do direito romano foi ressuscitado, e os códigos públicos e privados sofreram uma reconfiguração até hoje vigente, fundamentando esse baluarte da modernidade política, a chamada Ordem Legal. Não é qualquer coisa!

A equipagem dessa classe humanista politizada era completada, ademais, com o conhecimento da história — dos romanos, é claro. Era preciso estudar a grandeza exemplar dos homens envolvidos na construção daquela organização civil estável e funcional. Quanto aos tolos e aos covardes que não ficaram à sua altura, eles também precisavam ser conhecidos, para que seu fracasso não se repetisse. Através da análise de eventos momentosos ocorridos outrora — cercos, batalhas, intrigas — e do caráter daqueles neles envolvidos, era possível estabelecer a melhor maneira de proceder no presente. Desenvolvia-se, assim, uma preocupação com a causalidade entre os fatos e os caráteres, debatida nos manuais principescos e nos estudos biográficos.

Um país dividido

A invenção das trevas e o avanço civilizacional rumo ao passado clássico, pulando por cima do Medievo, tinha a ver, portanto, com um interesse político bem específico. Tanto na medida em que mantinham os narizes metidos nos compêndios jurídicos — coisa que o pai de Petrarca queria que o garoto houvesse feito — quanto na medida em que se dedicavam à poesia entusiasmada e produtora de virtude clássico-cristã — como Petrarca acabou fazendo —, o que os humanistas miravam era o problema do governo: a capacidade de alcançar o poder, exercê-lo bem, e manter-se nele. Tratava-se, por um lado, de um projeto de classe das elites citadinas neoletradas; por outro, entretanto, essa classe também brigava consigo mesma: estavam em jogo as ambições individuais de famílias aristocráticas e proprietárias que, dentro de cada uma das cidades autônomas, disputavam umas com as outras. Na ausência de uma modernidade plena, essa disputa tinha apenas um tênue enquadramento institucional: era realizada nas cortes, nos conselhos, mas também debaixo de porrete e na ponta do punhal. As estirpes esmeravam-se na construção — e na decoração, com excelente gosto — de fortalezas urbanas, onde séquitos formados por capangas, primos distantes, capachos, filhos bastardos, rufiões e soldados profissionais defendiam os Albizzi dos Medici, os Medici dos Alberti, os Alberti dos Albizzi etc. Em torno desses séquitos, através de redes de influência e favorecimento, formavam-se subcomunidades dentro das cidades, cimentadas pela lealdade que vem da dependência. Disputas políticas nos conselhos citadinos — prestação de contas, competições para uso dos fundos cívicos, preferências na distribuição de cargos, prerrogativas comerciais ou acesso à terra — eram frequentemente resolvidas no braço, em confrontos abertos nas ruas, envolvendo centenas de pessoas e prolongando-se por dias a fio. Com as cidades internamente divididas, soluções desfavoráveis numa corte civil sempre podiam ser reapresentadas à atenção de outros juízes apadrinhados, cujas jurisdições também eram resolvidas politicamente — ou seja, através da negociação, das influências e da força bruta. Finalmente, para obter ganho privado, as famílias não hesitavam em se aliar com os *players* de outras cidades e de outras classes, inclusive o papado, o próprio imperador, outras monarquias europeias etc., o que trazia a guerra civil para o plano interurbano e internacional.

Se olharmos sem preconceito, tratava-se de uma época muito animada, politicamente falando. A frouxidão institucional tornava a política cotidiana realmente decisiva do ponto de vista histórico, e a própria história não se contava em épocas, mas em curtos períodos de ascendência e decadência deste ou daquele sujeito, sempre com seus capachos e dependentes na boleia. A participação das pessoas comuns nas negociações à base de bofete era essencial e só era alcançada mediante favorecimento, o que significava que havia, entre as elites e as massas, um jogo de interesses que tinha que ser diariamente resolvido. Quer dizer: a violência política constante e difusa — coisa que, por princípio, dá arrepios na classe letrada de ontem e de hoje, tendo, há pouco tempo, trazido uma luminar franco-ultramarina para discursar para a polícia fluminense — era, portanto, um traço indelével e onipresente da sociedade medieval. Sinal de seu caráter primitivo, alguém dirá; mas antes, diremos nós, sinal do equilíbrio de forças entre os setores sociais e agentes econômicos que, na ausência de uma instância qualquer capaz de submeter todas as demais — um exército nacional, uma força policial —, podiam levar às últimas consequências a defesa de seus interesses.[115] De fato, quando a geração de Petrarca falava das trevas, referia-se também a esse ambiente de desequilíbrio e reequilíbrio político sistêmico. Foi montado todo um vocabulário a respeito dos perigos representados pela discórdia, violência, hostilidade, ganância, interesses mundanos etc. Contra tudo aquilo — ou seja, contra a política propriamente dita — e em nome da tranquilidade, deveriam erguer-se as ideias cívicas e o bem público: era a famosa "questão das facções", um termo-chave que, durante todo o Renascimento, funcionou como o xibolete dos homens racionais e de bem.

Para contrastar com o sistema faccioso de guerra civil permanente que transbordava a vida das elites e envolvia todos os setores da sociedade, o discurso renascentista italiano dispunha da admirável imagem da República de Veneza — *La Serenissima*. Ali, desde o século XII, em virtude de um bem orquestrado pacto oligárquico, vigia o razoavelmente estável governo do Grande Conselho, com seu Senado aristocrático, seus subconselhos e a presidência do Doge. Era, enfim, uma forma de política devidamente organizada, porque distribuída de comum acordo pelos magnatas entre si mesmos. Nenhuma pena respeitável podia dei-

115 Discutimos esse jogo de forças medieval em Oliveira (2018, p. 176 ss.).

xar de ocupar-se por alguns instantes da questão de tentar desvendar a natureza da "constituição" veneziana — leia-se não seu conjunto de leis, mas a genial configuração institucional que lhe permitiu ser a exceção da política de facções do norte italiano.

Governo técnico

Encurtaremos a história dizendo que, pelo 1400, a tranquilidade veneziana difundiu-se pelo norte da Itália. Depois de séculos de luta entre facções, algumas perderam, outras ganharam; a redução de seu número e a concentração de riqueza e influência na mão das restantes viabilizaram tratados de paz civil através da submissão do poder sobre a cidade a elementos externos — os chamados *signori*. Eram administradores pagos, eleitos para mandatos curtos, que vinham às cidades seguidos de sua pequena corte de juristas, soldados, contadores, cavalariços, artistas e escrivães, para manter a ordem, redigir códigos citadinos e organizar a defesa contra as outras cidades, num clima de acirramento permanente dos conflitos interurbanos.

Os *signori* não tinham lealdade cidadã a ninguém: eram tiranos de aluguel. Sua neutralidade assalariada tornou possível que se desenhassem os espaços institucionais de administração "pública": os cargos citadinos de tesoureiro, construtor, capitão da guarda etc. não seriam ocupados mais por afilhados de ninguém especificamente, mas por critérios definidos sob os olhos vigilantes do *signore* — que, por suposto, tinha seus próprios afilhados, os quais estavam desvinculados das aristocracias citadinas. É por essa altura, então, que começa entre os cidadãos uma discussão a respeito da importância de se desocupar dos assuntos públicos para concentrar-se em ganhar dinheiro.

À medida que a guerra civil se resolvia por meio do pacto em torno dos governadores profissionais, as cidades podiam fazer guerra mais serenamente umas com as outras. O período dos *signori* viu, portanto, uma organização dos interesses da cidade como um todo em torno dos interesses de uma elite concertada e uma intensificação dos conflitos entre as cidades. Em outros termos: na medida em que defendiam os cidadãos de si mesmos, o serviço que os *signori* prestavam era, sob certo aspecto, uma terceirização da guerra civil e uma expulsão dos interesses belicosos para fora da cidade, para cima de oligarquias portadoras de outros endereços.

Ora, as rédeas do assalariamento são mais ou menos curtas, mas não são inquebráveis. Assim, não era estranho que surgissem eventuais desequilíbrios de forças entre os *signori* e as forças políticas que os haviam contratado. Segundo o resultado dos eventuais conflitos dessa ordem, os grandes homens viriam a ser conhecidos como tiranos ou como cônsules. A extrapolação dos mandatos, a sedimentação de governos autocráticos e a emergência do regente citadino principesco que Maquiavel tornou famoso foram os desenvolvimentos ulteriores. Assim mesmo, do mundo dos *signori* e dos príncipes, não se podia dizer que as facções brigavam cotidianamente nas ruas: para tanto, teriam que se ver com os exércitos privados dos *signori*, legitimados por uma maioria oligárquica. Com o estabelecimento de um pacto entre as elites, sedimentava-se uma cidadania oligárquica: criava-se uma esfera política restrita na qual a importância das pessoas comuns desaparecia e não havia lugar sistêmico para a expressão de sua vontade, a pressão sobre a aristocracia, as lutas por acesso à terra, salários, preço do trigo etc. Por pagamento ou por *putsch*, cumpria-se a ambição renascentista de um ambiente político em que a violência civil difusa da idade das trevas havia sido eliminada, substituída por uma violência civil concentrada — aquela do governo dos cidadãos contra as pessoas comuns — e uma violência não civil difusa: aquela das cidades, umas contra as outras.

A má consciência desse processo coube ao próprio Nicolau Maquiavel (1469-1527). Por um lado, deixava estabelecida, em seu trabalho mais célebre (*O príncipe*, escrito em 1513), a conexão entre a estabilidade política da cidade e a autopreservação do príncipe cujo destino identificava-se com o dela. Por outro lado, no seu *Discursos sobre a primeira década de Tito Lívio* (1517), declarava sua preferência pessoal pelas repúblicas e lembrava que, no fim das contas, a verdadeira liberdade dos romanos derivava da luta constante e da rivalidade aberta entre os diferentes setores sociais e atores políticos — ou seja, da política tenebrosa das facções.

Assim, no fim das contas, a questão reduz-se a um raciocínio plenamente moderno: os governos autocráticos eram simplesmente mais eficazes. Chama atenção a oportunidade que o fenômeno dos *signori* deu para que as classes letradas desempenhassem funções de governança, o que não apenas lhes favorecia o bolso como também era um óbvio sinal da sensatez de seus patrões. O próprio senhor de aluguel, com sua formação cívica, seu currículo de administrações anteriores, sua especialização burocrática e militar, era o protótipo de um quadro técnico, bem-educado, intelectualmente vanguardista, ávido consumidor da literatura dos primeiros humanistas.

A terra totalmente esclarecida

Nesse ponto, o imaginário dos nossos odiadores das trevas em grande medida separa-se daquele dos renascentistas originais, já que a ideia do tirano não lhes encanta. No entanto, totalmente alheia à sua consistência intelectual, é notável que a história moderna haja teimado em produzir combinações e recombinações entre estabilidade política, competência virtuosa, modernização institucional e tecnológica, e autocracia. No caso brasileiro, há quem diga que todos os episódios mais significativos de formação socioeconômica moderna estão marcados por violência civilizadora: para não falar de Cabral, temos

Deodoro, Caxias, Vargas e a referência recente incontornável, a ditadura de 1964-1985. A intensidade do investimento público, a formalização do trabalho, a ampliação do consumo, a expansão do parque industrial, a conformação do sistema financeiro a padrões internacionais, combinadas à substituição da representatividade política e civil por conselhos técnicos povoados de membros da elite empresarial e bancária, marcam o caráter ao mesmo tempo modernizante e autoritário desse regime.

Para que não se diga que não tivemos nossa Renascença, existem outros paralelos a serem traçados. Na medida em que falava de uma luta contra o comunismo, o vocabulário do regime evocava, em certa medida, uma preocupação análoga ao problema humanista das facções. A justificativa oficial de uma pura e simples defesa da democracia tem algo do raciocínio daqueles primeiros pensadores da modernidade: a questão não é tanto que existia uma guerra entre dois lados, os comunistas e o regime; a questão é que os comunistas traziam a experiência social de uma ruptura facciosa, de uma sociedade cindida. Os milicos, nossos preservadores da ordem, quando combatem a ameaça comunista não são inimigos apenas dos comunistas, mas inimigos da própria cisão social. A democracia, em cuja defesa oficialmente saíram, é sereníssima: é tão somente o *business as usual*. Ora, a estabilidade política como valor em si, que é, evidentemente, a questão central do *Príncipe* de Maquiavel, está presente em todas as principais penas da alvorada da modernidade inglesa: de Francis Bacon aos *commonwealthmen*, e depois Hobbes. De olho nessas figuras, vemos como a expressão “modernização conservadora” é, a rigor, um pleonasmo.

Com o advento de uma ditadura modernizante, a história mostra sua fidelidade aos primeiros renascentistas e uma indiferença aos *nossos* odiadores das trevas. Trata-se de um importante episódio de superação do subdesenvolvimento que não trouxe justiça social. Como ficam o ódio ao passado e o progressismo como princípio intelectual diante dos vinte anos de desenvolvimento sob o coturno? Seria preciso inserir uma nuance na autocompreensão do Brasil dentro do progresso civilizatório — se isso, entretanto, já não tivesse sido feito. Estudos produzidos entre nós já a partir da década de 1960[116] cuidaram não apenas de sublinhar o caráter autoritário da nossa modernização, mas de explicitar que tal caráter não a torna menos moderna: muito pelo contrário. Atentando especificamente para a relação entre o desenvolvimento econômico e a urbanização durante o regime militar, Francisco de Oliveira (1972) e Ermínia Maricato (1979), por exemplo, demonstraram que a industrialização do período, e tudo que dela decorre, dependeu da favelização. Afinal, dependeu de baixos salários que condenaram o trabalhador assalariado e com carteira assinada à autoconstrução, abortando o surgimento de um mercado imobiliário formal moderno de massas. Os baixos salários e a precariedade da forma de vida periférica tornam nossa força de trabalho internacionalmente "competitiva" e são, assim, pressuposto para que o capital tenha interesse em vir nos modernizar. Ao mesmo tempo, a favelização condena a mão de obra brasileira moderna a espaços extraoficiais não reconhecidos pelas autoridades estatais, onde, portanto, as políticas públicas civilizatórias não chegam. Quer dizer: a injustiça social e a modernização nacional são elementos complementares.

Na verdade, não falta, mundialmente falando, quem tenha identificado esse cunho intrinsecamente violento e socialmente cindido do progresso civilizatório moderno: desde leituras a respeito das formações nacionais europeias (Mayer, 2010) até reflexões a respeito do sentido histórico mais abrangente da tal civilização ocidental (Adorno & Horkheimer, 1985). E, entre nós, a consagrada interpretação schwarziana da obra de Machado de Assis fala da arbitrariedade e da truculência que marcam o

116 Um interessante mapa da história dessa sensibilidade brasileira aos limites do dualismo é fornecido por Arantes (1992).

ingresso do capitalismo na periferia, o que remete a uma consciência da elasticidade econômica e cultural da modernização, e sua intimidade para com seu suposto contrário (Schwarz, 1999).

A guerra de alguns contra alguns

Ou seja, não é por falta de aviso. A gente letrada e progressista segue na sua mania de modernidade a despeito tanto desse arcabouço crítico endógeno quanto do que diziam os próprios modernos originais. O resultado ora bastante bem-acabado do projeto destes últimos se antevia de forma translúcida nas suas declarações de intenções de séculos atrás: o pensamento e a prática que condenaram como trevosas a luta política e a participação das massas, de um lado, e erigiram em modelo de civilização a combinação de governo forte e ordem legal, de outro. Nesse sentido, o testemunho dos renascentistas ingleses — tão admirados pelos iluministas franceses, que, diante deles, se consideravam infelizes habitantes de um país atrasado — é especialmente eloquente.

Tomemos como exemplo Thomas Smith (1513-1577), o sujeito que pela primeira vez escreveu "*civil society*" em inglês. Esse advogado, parlamentar e conselheiro de Elizabeth I cuidou de traduzir o termo para poder falar da comunidade dos empreendedores-guerreiros que auxiliariam na então chamada "pacificação" da Irlanda (Smith, 1873). Tratava-se de ocupar o território, povoando-o de fazendeiros armados e submetendo os nativos a um regime de segregação que, proibindo-os a posse de terra, também fixava seus salários em valores baixíssimos. Os fazendeiros ingleses, zelosos de manter suas terras a qualquer custo, cuidariam de fazer, em nome de seu próprio interesse, a guerra colonial que a Coroa não tinha condições financeiras de realizar — e isso algumas décadas depois de Henrique VIII, pai de Elizabeth I, ter indagado o governador-geral a respeito da possibilidade logística de exterminar completamente a população irlandesa. Smith, que chegou a ser reitor de Eton, era também profundo conhecedor dos clássicos — jurista que jamais titubearia antes de pronunciar "cônjuge" ou o nome de artistas estrangeiras; inclusive havia sido diplomata na França — e interessava-se pela questão da cidadania porque entendia, como os gregos e os romanos, tratar-se do exercício de privilégios. Materialista, é festejado pela historiografia marxista do pensamento econômico como o gênio que primeiro entendeu a economia como um mecanismo automático (Wood, 1994). Tratava a ambição ou o interesse de classe como cimento do pacto civil entre os proprietários, aquilo que os tornava uma força política. A "república" com que ele sonhava era um sistema oligárquico em que a Coroa, constrangida pela riqueza e pela *expertise* dos empreendedores, governava para eles, e as pessoas comuns só entravam no jogo para trabalhar ou consumir (Smith, 1982).

A imagem italiana de um pacto social de elite reaparece em Smith, de fato, combinada à demofobia: como no estudo maquiavélico sobre Tito Lívio, mas com sinal trocado, o autor refere-se ao fenômeno romano da guerra civil como atividade do "populacho e da canalha" (Smith, 1982, p. 51), em contraste com o governo legítimo pelo "povo", que, na realidade, compreendia o patriciado em sentido amplo. Esse setor sociopolítico não é propriamente aristocrático, mas oligárquico: equivale, na Inglaterra renascentista, àquela parte da classe proprietária que participaria da Câmara dos Comuns onde, evidentemente, nenhuma pessoa realmente comum jamais colocava o pé. Em Smith, a sociedade civil, no fim das contas, é compreendida como uma elite armada, sustentada por privilégios irmãmente compartilhados, ao mesmo tempo que seus interesses são impostos sobre o resto da sociedade. Ou seja: paz entre os proprietários; ao resto, porrada. A guerra civil facciosa é condenada, mas a guerra civil contra os despossuídos é normalizada. Era esse, afinal, o papel dos *signori* renascentistas, também.

Para entender o que está em jogo, é interessante notar como Smith se preocupa em fazer uma cuidadosa distinção entre a questão da legitimidade do governo e a questão do seu caráter violento. O governo legítimo é aquele que defende os interesses da república; tanto faz se chegou ao poder na base da força. Está aí outro luminar da modernidade que não teria nada contra Geisel. Ademais, se a república está definida em termos de interesses, então ela exclui de si todos aqueles que trabalham para outrem e que, por isso, a rigor, não são capazes de possuir interesses próprios. Fica subentendido que, justamente porque os não proprietários estão fora do pacto republicano, é necessário que haja uma reserva de violência agregada à legitimidade do governo. O governo só pode ser legítimo para quem tem interesses comuns; para quem não compartilha desses interesses, o que caracteriza a vida social não é a legitimidade, mas a força. É para *isso* que o conceito de sociedade *civil* precisa ser criado: trata-se de um qualificador restritivo. A guerra civil, nesse contexto, não é uma guerra *entre* os cidadãos, mas uma guerra contra os despossuídos que os cidadãos desencadeiam *enquanto tais* — a guerra que define o caráter civil do pacto civil.

É interessante perceber a onipresença dessa imagem de sociabilidade intrinsecamente aguerrida no imaginário renascentista. Também a encontramos na *magnus opus* de Thomas More (1478-1535), mártir católico, xerife de Londres, conselheiro de Henrique VIII e inventor da palavra "utopia", que tanto pano para manga dá até hoje para os benignos autocompreendedores da modernidade. Esse homem de família famosamente afável — que deixou de legar à posteridade, entretanto, o nome de sua esposa (More, 2003, p. xiv) — foi também conhecido pelo bom gosto arquitetônico de sua mansão bucólica na periferia de Londres, cujo jardim frontal decorou com a mão certeira do modernizador, colocando, ali, um adorável pelourinho (Wood, 1994, p. 92). Mirando na República platônica, concebeu um país maravilhoso em que a economia funcionava, nenhum funcionário era corrupto e os inteligentes eram eugenicamente selecionados para serem dispensados do trabalho, estudar e governar os demais. Como tudo funcionava perfeitamente, não faltava comida e todos eram educados para reverenciar a elite intelectual governante, a estabilidade política reinava nesse não lugar. Quem destoava era evidentemente considerado irracional e punido, então, com a escravidão. De fato, o sistema penal utópico tinha um caráter especial: de todos os crimes previstos em leis, os mais graves consistiam no desrespeito às decisões judiciais, de tal modo que, na prática, o mais alto valor dessa sociedade era a vontade do magistrado, membro da oligarquia governante. Devido à sua índole pacífica, os utopianos empregavam vizinhos subcivilizados para morrer nas guerras em seu lugar, prestando assim um duplo serviço à humanidade: o castigo dos ímpios inimigos dos estados racionais e a eliminação dos povos inferiores, mercenários afeitos à guerra (More, 2003, p. 89).

Fundamentalmente, contudo, a organização política desse país das maravilhas devia-se à mão forte e ao coturno civilizador do general Utopos, um sujeito que havia chegado numa península habitada por bárbaros tecnologicamente inferiores — os quais, contudo, a confiar em Pierre Clastres (1994 [2004]), provavelmente também não passavam fome. Vencidos numa guerra colonial e obrigados a trabalhar, foram esses aborígenes que ergueram — com base nas ideias geniais do general — a civilização utopiana. É esse, afinal, o preço daquilo que Karl Kautsky (1979), leitor de More, chamou elogiosamente de "socialismo utópico"? O próprio Marx (1853 [1992]), outro conhecedor de *Utopia*, quiçá tampouco desviava os olhos desse caráter colonial: havia considerado, afinal, a ocupação britânica da Índia como um preço a pagar para extinguir o fanatismo religioso, as corporações de ofício e o sistema de castas...

É assim que as ideias de uma civilização moderna e de um desenvolvimento moderno dependem dos incivilizados e da incivilização, tanto do ponto de vista do que realmente aconteceu quanto do ponto de vista conceitual. Esses inimigos podem ser tanto externos — como no caso dos aborígenes pré-utópicos — quanto internos. O populacho, as pessoas que usavam a terra para viver — para comer, beber, festejar, contar histórias, celebrar cultos etc. — foram, no período da ascensão do capitalismo, insistentemente caracterizadas pelos produtores de ideias como animalescas, monstruosas, boçais (Linebaugh & Rediker, 2000), caracteres destilados na figura do Calibã (Federici, 2017), inventada pelo incomparável gênio renascentista de William Shakespeare. Por serem subumanos, podiam ser desalojados, torturados e destruídos. E quando as classes proprietárias da Inglaterra, já tendo desencadeado ali o processo de acumulação primitiva de capital, resolveram voltar os olhos para a ilha vizinha, caracterizaram os irlandeses como bichos e como bárbaros que, ocupados com a mera subsistência — a mesma que, no final da década de 1980, às vésperas do lançamento da Campanha contra a Fome, foi desprezada pelos Titãs —,[117] eram incapazes de dar serventia econômica à terra fértil sobre a qual viviam. Por não serem gente, podiam ser varridos do mapa.

Classe trabalhadora

Contudo, como se sabe, houve algum momento na história da modernidade em que a população adquiriu um sentido diferente, que se reflete no desenvolvimento da assistência social pública, dos serviços estatais de preservação e manutenção da vida: educação, saúde, previdência etc. De fato, é nesses traços da sociedade moderna que a imaginação dos odiadores das trevas geralmente se apoia para falar bem do processo de modernização. Pelo que já dissemos, queda evidente que a distância

117 Arnaldo Antunes, Marcelo Fromer & Sérgio Britto, "Comida". *In*: Titãs, *Jesus Não Tem Dentes no País dos Banguelas*, WEA, 1987.

entre o Estado de bem-estar e o extermínio colonial, a demofobia e a institucionalização da guerra declarada de classes não é realmente equivalente à distância entre modernidade e pré-modernidade, e sim entre a modernidade e ela mesma. Mas será que se trata de duas modernidades, uma menos moderna do que a outra?

Na verdade, não é difícil encontrar o ponto de inflexão entre o populacho matável da acumulação primitiva e a massa portadora de direitos das décadas de ouro do capitalismo. Uma das aparições desse elo perdido deu-se aqui entre nós — não surpreendentemente, durante nosso processo de colonização —, registrada no Regimento das Missões de 1686. Ali, Pedro II, rei de Portugal, dito "o Pacífico", é provido de anunciar uma distinção entre os índios selvagens — que "não vivem com modo e forma de República" e que podem ser submetidos ao extermínio militar — e os índios civis, cuja vida deve ser preservada (João V, 1724). Os primeiros são caracterizados como canibais, teimosamente resistentes aos missionários, desprovidos de lei e de senhores. Diante dessa gente, rei cristão nenhum está obrigado a nada. Os segundos são marcados por uma série de diferenças, mas a mais fundamental de todas é a de poderem ser trazidos para perto dos assentamentos coloniais e postos para trabalhar. Sua participação no processo econômico colonial, percebida como fundamental, garante-lhes a proteção da Coroa portuguesa, inclusive sob a forma de "ouvidores dos índios" encarregados de verificar se os "descidos" estão sendo bem tratados e bem pagos, se suas mulheres estão sendo respeitadas etc. Os índios se tornam súditos do rei e cidadãos do reino, na medida em que trabalham e são economicamente úteis.

Outro atropelamento indiferente pelo carro alegre da história e os contentes odiadores das trevas de que está cheio: o raciocínio colonial de Pedro II, o Pacífico, é completamente moderno, e ao mesmo tempo brutal. Encontramos um pensamento semelhante na obra de Bartolomeu de las Casas (1484-1566), o frade dominicano que se alçou a "protetor universal de todos os índios". A preocupação demográfica que atravessa seus relatos famosos contra o extermínio ameríndio tem como pano de fundo a proposta — lançada no *Memorial de remédios para as Índias*, de 1516 — da reorganização de uma população indígena preservada em aldeias geometricamente dispostas em torno dos assentamentos espanhóis. A ideia, às vezes considerada humanitária, de que os ameríndios têm alma servia para dizer que, então, podiam ser convertidos e, portanto, disciplinados e, portanto, postos para trabalhar de bom grado, sem as excessivas violências da escravidão.

Uma versão particularmente explícita desse raciocínio, ademais colocada numa perspectiva transoceânica, vem da pena de Richard Hakluyt (1553-1616), noveleiro das navegações, propagandista do esforço colonial inglês, parlamentar, embaixador, empreendedor, acionista da Companhia da Virgínia. Hakluyt considerou com atenção o fenômeno dos vagabundos da alvorada da modernidade, os sem-terra produzidos pelo capitalismo agrário-mercantil inglês, reduzidos à mendicância e ao banditismo. Na Inglaterra, acabavam torturados, mutilados, presos e mortos. Mas era preciso, conclamava Hakluyt, encarar esses corpos por uma óptica moderna: era preciso exportá-los como escravos para o Novo Mundo, onde suas vidas não seriam supérfluas e seu trabalho era necessário para a árdua tarefa de converter as paisagens selvagens em terras economicamente produtivas (Hakluyt, 1877, p. 37). A destruição do corpo precisava ser substituída por uma preservação moderna da vida. Assim — para voltarmos à modernidade plena —, não é à toa que a escola e o hospital públicos formam sistema com a penitenciária, que é, originalmente, um armazém de gente cuja lotação varia com os altos e baixos da economia e a correspondente demanda de força de trabalho (Rusche & Kirchheimer, 2004).

É verdade, contudo, que, em tempos recentes, a prisão mudou de caráter: virou um lugar aonde se vai para ser eliminado, e não preservado. Por um lado, em recantos do mundo como o Brasil, o índice de mortalidade nas prisões é incrivelmente superior àquele fora delas.[118] Por outro, no centro propriamente desenvolvido do mundo, o sistema prisional cuida de concretamente eliminar populações inteiras do mercado de trabalho e da democracia representativa. Nos Estados Unidos, a legislação bizarra e os bancos de dados unificados permitem aos empregadores discriminar ex-condenados na hora da contratação. Com base nos mesmos cadastros, leis eleitorais restritivas garantem que, em estados como a Califórnia, ou em cidades como Baltimore, entre 40% e 50% dos negros sejam impedidos de votar (Wacquant, 2003, p. 240, 118, 312).

Tal alteração do caráter da prisão compõe uma tendência geral do sistema punitivo na sociedade moderna, que assume sinais claramente destrutivos, e corresponde a uma transformação do papel que as pessoas comuns desempenham diante do pacto de classe das elites proprietárias. Isso corresponde a uma inversão da tendência que havia sido desencadeada com o humanístico apelo hakluyteano pela preservação dos corpos, ecoado pela matemática populacional da colonização portuguesa; por outro lado, não tem nada a ver com um retorno à Idade Média, quando o poder dos senhores se media em almas e o destino dos indivíduos era tão indissociável daquele de sua comunidade que a quantidade de filhos era um sinal de prosperidade. A relativização da vida à sua significação econômica, a subsunção da existência dos humanos — e de tudo mais que há na terra — pela função do trabalho e da acumulação de riqueza são inegavelmente um advento da modernidade. A guerra civil permanente que disso se depreende foi antevista e projetada pelos primeiros ideólogos modernos. Se, ao longo da história moderna,

118 "Estudo inédito analisa as causas de óbito no sistema penitenciário do Rio de Janeiro", Escola Nacional de Saúde Pública Sergio Arouca/Fundação Oswaldo Cruz, 25 mar. 2020.

houve momentos em que massas um pouco maiores gozaram de trégua, foi apenas devido à própria seletividade econômica.

Máquina do tempo

Naquela que é uma das cinco passagens mais não lidas da história das aulas de história da filosofia, Immanuel Kant, em seu unanimemente celebrado texto sobre a civilização das luzes, saúda o esclarecimento de Frederico II, o Grande, o qual podia deixar a modernização correr solta inacabadamente porque dispunha de "um numeroso e bem disciplinado exército para garantir a tranquilidade pública" (Kant, 2012, p. 71). Smith e More fizeram, afinal, uma longa escola — e, quando convém, nossos próprios renascentistas também ficam do lado da ordem cívica. Por exemplo: em plena onda de protestos de 2013, quando a violência estatal seria brutalmente trazida à tona, a filósofa Marilena Chauí achou por bem empreender uma jornada civilizatória ao Rio de Janeiro a fim de contribuir com a racionalização da Polícia Militar através de uma palestra a respeito do caráter fascista dos black blocs.[119] Incoerência? Coerência? As coincidências espaciais envolvendo nossos odiadores das trevas e nosso aparato punitivo, mais do que um sinal de deslizes pessoais, revela algo do caráter da própria modernidade e do progressismo.

É assim que uma figura como Marcelo Freixo, tão indubitavelmente importante para a história recente da esquerda brasileira e tão sensível às questões dos direitos humanos e da segurança pública, chegou, em certo momento, a se unir ao coro dos saudadores das Unidades de Polícia Pacificadoras (UPP). Durante a ocupação do Morro do Alemão e do Complexo da Penha pelas

119 "'Black blocs' agem com inspiração fascista, diz filósofa a PMs do Rio", *Folha de S. Paulo*, 27 ago. 2013.

Forças Armadas — também elas, então, designadas como Força de Pacificação —, Freixo justificava o pedido da população por uma UPP com base num motivo técnico: o Exército não estava devidamente preparado para atuar junto à população.[120] Dois anos depois, num artigo intitulado "UPP e cultura de direitos" (observe-se: não é ironia), Freixo avaliava o projeto como um todo e lamentava: "A UPP Social, que deveria garantir a prestação de serviços públicos e a presença cidadã do Estado, é uma peça publicitária de ficção. Não existe".[121] Foi um fracasso, afinal? O notável é que a ideia de agentes de segurança pública com missão civilizadora era ecoada pela própria Polícia Militar: um vídeo promocional que comemorava os duzentos anos da corporação exibia um camburão que subia em alta velocidade as estreitas ruas de uma favela e do qual saíam, ao final do trajeto, os funcionários do cuidado moderno com a vida: médicos, professores, assistentes sociais (Brito, 2013).

Para continuar o panorama, nas eleições de 2018, encontramos Freixo, então candidato a deputado federal — vaga que acabou levando —, dizendo no rádio: "Contra a corrupção, vote Freixo". Tratava-se, evidentemente, de eleições determinadas por uma militância judicial que, depois de anos de martelação televisiva, havia colocado o problema do crime no centro da política nacional. O vocabulário da guerra às drogas — que falava, há décadas, de bandidagem, vagabundos, cadeia, julgamento sumário, pena de morte — tornava-se intercambiável com o vocabulário do lavajatismo e do combate à corrupção. Não surpreendentemente, no plano estadual, o resultado foi a eleição de Wilson Witzel, um sujeito obscuro cuja principal proposta

120 "Moradores do Alemão querem polícia, mas não o Exército, diz deputado", *Veja*, 7 set. 2011. Numa fotografia infeliz que então circulava, Freixo segurava um cartaz que dizia: "UPP URGENTE"; ver "Moradores rejeitam reforço do Exército e pedem UPP no Morro do Alemão", *NSC Total*, 7 set. 2011.

121 Marcelo Freixo, "UPP e cultura de direitos", [s.d.]. Disponível em: https://www.marcelofreixo.com.br/blog/upp-e-cultura-de-direitos.

para a segurança pública era o emprego de *snipers* posicionados em helicópteros para assassinar, com tiros "na cabecinha", "bandidos" nas favelas cariocas.[122] Nada mais contrário às bandeiras de Marcelo Freixo — que, por outro lado, em 2007, emprestou sua trajetória para o filme *Tropa de Elite*, inicialmente recebido como uma peça de crítica, mas finalmente adotado como bandeira pelos nichos da cultura política que acabariam elegendo Jair Bolsonaro presidente da República em 2018.

Como é possível essa dubiedade? Para repetir a pergunta — e voltando a outro dos "tipos ideais" progressistas de que faremos uso aqui —, é interessante observar como o progressismo de uma figura como Vladimir Saflate torna-o simpático ao lavajatismo. Nas suas reflexões a respeito dessa recente e importante fase do processo civilizatório brasileiro, Safatle consistentemente indagava-se sobre a utilidade das condenações penais para a correção da submodernidade brasileira, analisando a judicialização da política sob a óptica do desvelamento da razão universal entre nós, não obstante seu caráter politicamente interessado.[123]

No cenário internacional, evidentemente, a batalha pela justiça ocorre em escala bastante maior, mas a envergadura dos apologistas não fica atrás. A ideia de uma guerra justa — punitiva ou preemptiva — foi, na década de 1990, simultaneamente avançada pelo Departamento de Estado estadunidense e filosoficamente estabelecida por figurões como Norberto Bobbio, Jürgen Habermas e Axel Honneth (Arantes, 2007, p. 31 ss.). Tratava-se de pensar um concerto do Ocidente pela intervenção militar contra a barbárie asiática — religiosamente fanática, politicamente instável, populista etc. — por ocasião da primeira Guerra do Golfo. Progressistas fazendo apostas erradas? Quem poderia

122 "'A polícia vai mirar na cabecinha e... fogo', afirma Wilson Witzel", *UOL Notícias*, 1º nov. 2018.

123 "Denúncia contra Lula é justa, mas tem interesse eleitoral, avalia Safatle", *UOL Notícias*, 14 set. 2016.

prever que carros tão alegres fossem enveredar por percursos tão sinistros? Na década seguinte, um país inteiro foi mergulhado na destruição bélica permanente para que Saddam Hussein fosse formalmente acusado e enforcado, ao mesmo tempo que a busca pelas famosas armas de destruição em massa estocadas no Iraque também assumia o caráter de projeto inacabado. Mas ninguém pode dizer que, através da guerra ao terror, não foram dados passos importantes para o desenvolvimento do Estado de direito: por exemplo, em 2013, o presidente Barack Obama tornou legal o assassinato de cidadãos americanos pela CIA,[124] que até então o vinha fazendo ilegalmente.

Um capítulo curioso e eloquente desse processo de civilização através da guerra havia, entretanto, acontecido em 2001. Ali, na sequência do ataque às Torres Gêmeas, a Secretaria de Estado dos Estados Unidos declarou que o Paquistão seria "bombardeado até voltar à Idade da Pedra" se não colaborasse com a invasão do Afeganistão,[125] da qual, oficialmente, a segurança nacional estadunidense dependia. A sentença é importante porque envolve um deslocamento temporal e uma relação com o passado e, por isso, dialoga com o renascentismo e o progressismo, embora de um jeito estranho. É essa a mesma guerra que os progressistas defenderam quando da primeira Guerra do Golfo? O que será que acontece que acaba transformando o ódio à Idade Média num amor pelo Paleolítico?

É notável a diferença entre esses projetos internacionais de destruição e as guerras coloniais dos séculos XIX e XX. Aí, o controle do território estava ligado à reconfiguração das ins-

124 "Eric Holder: Drone Strike to Kill U.S. Citizen on American Soil Legal, Hypothetically", *The Huffington Post*, 5 mar. 2013.
125 "Pakistani Leader Claims U.S. Threat after 9/11", *The New York Times*, 22 set. 2006. A eloquência da expressão não pode ser imputada à administração de George W. Bush, mas parece ser uma reedição da proposta feita em 1965 pelo então chefe da Força Aérea dos Estados Unidos, em sua declaração de intenções para o Vietnã; ver Ayton e Crofton (2009).

tituições de Estado e à manutenção de uma população de trabalhadores e consumidores, o que tradicionalmente entendia-se como imperialismo. Já os fenômenos de tempos recentes, especialmente desde a deflagração da guerra ao terror, têm sugerido uma terminologia nova: fala-se de capitalismo por espoliação (Harvey, 2003 [2005]), desmodernização (Graham, 2016) etc. Mas, numa nova reviravolta cronológica, essas novidades não seriam desconhecidas dos renascentistas. Seu cardápio de modernizações incluía, como vimos, tanto o genocídio quanto a manutenção da vida: paradigmaticamente, Thomas Smith, Francisco Pizarro e Hernán Cortés, de um lado, e os *commonwealthmen*, Bartolomeu de las Casas e Thomas More, do outro. Longe de representarem etapas dentro de um quadro de desenvolvimento, ou algo que o valha, trata-se de esquemas do exercício do poder econômico das elites modernas apaziguadas consigo mesmas, mas em guerra com alguém. O que diferencia as duas situações é o papel desempenhado pelas populações dentro desses esquemas. A proposta de genocídio e pilhagem, ou a possibilidade — num quadro pós-genocidário — de incluir os Asteca como súditos do Império espanhol, ou restabelecer a aristocracia inca sobrevivente como supervisora da produção local de mercadorias, dizem respeito tão somente às circunstâncias ondulantes do mercado internacional, à demanda por ouro, prata, tecido, ao valor da força de trabalho, à quantidade de capital sobrante para investimento ultramarino etc. Aquilo que chamam de civilização — que envolve a manutenção da vida e decorre imediatamente das ações dos missionários ou, a confiar em Marx, da colonização britânica da Índia — é uma espécie de efeito colateral desses fatores, que os progressistas tomam, por simples mania, como uma espécie de sentido histórico desejável. Assim como não há nenhum documento de civilização que não seja um documento de barbárie, tampouco há algum documento de barbárie que não seja um documento de civilização.

Noção de país

A sensibilidade à determinação econômica do sentido da civilização moderna foi, evidentemente, muito bem compreendida pelos renascentistas, e também, como vimos brevemente, pelo pensamento crítico antidualista que a denunciou. A reflexão sobre aspectos daquela determinação é que levou Déborah Danowski e Eduardo Viveiros de Castro à ideia de que, diante do capital plenamente desenvolvido, a humanidade encontra-se, hoje, na mesma posição que os ameríndios estiveram diante das caravelas que chegavam (Danowski & Viveiros de Castro, 2014). Entre nós, contudo, desenvolveu-se, em meados dos anos 1990, a percepção de que talvez aos Tupinambá haja faltado uma dialética, ou a "fome de transcendência" (Arantes, 1998, p. 38) necessária para perceber sua grande oportunidade. Assim articulou-se autoconsciência de uma idade intermediária que se abriu entre a modernidade inacabada, as trevas do passado e a pré-história futura: a Era FHC.

O discurso político daqueles tempos, documentado por Paulo Arantes (1998), intencionou aliar uma penetrante percepção da natureza do capitalismo realmente existente com uma exaltação da racionalidade moderna. O teor de verdade dessa síntese levava os teóricos e os jornalistas a experiências de clareza mística que só quem viveu consegue entender. Assim, um colunista na *Folha de S. Paulo* escrevia, em 1996, que "O Deus dos católicos reúne três pessoas num ser único. A natureza pública de Fernando Henrique Cardoso soma apenas duas: o presidente e o sociólogo". A essa intimidade com a ciência social era reputada a leitura excepcionalmente adequada da realidade contemporânea: "um sistema que [...] não é dos excluídos, mas do capitalismo competitivo e avançado tecnologicamente".[126] No contexto da dita "globalização", tratava-

126 "FHC exclusivo", *Folha de S. Paulo*, 13 out. 1996.

-se de tornar a economia brasileira compatível com o ambiente internacional, fazendo o Brasil participar daquele processo capitalista estrangeiro atrás do qual os progressistas sempre correram. Na prática: dolarizar, financeirizar — o que também significava "enxugar as contas públicas" —, privatizar. É também disputando a audiência progressista que FHC afirmava que "se considera de esquerda: a nova esquerda, que percebeu que a mudança do modo de produzir — do capitalismo para o socialismo, por exemplo — não é a solução. A palavra da nova esquerda é universalização — do acesso aos bens e direitos. Se, quando e como for possível".[127]

A ideia de um universal condicionado e limitado é realmente estupenda, e suspende a relevância de toda a tradição dialética de crítica imanente à modernidade. A tucanologia, de um realismo acurado e implacável, convida à racionalização da economia e das instituições que com ela têm que ver. Ao mesmo tempo — e justamente por aquele motivo —, vai na direção de uma "paixão pelo possível" (Arantes, 1998, p. 44), o que subentende, nas palavras do próprio FHC, que setores inteiros da sociedade "vão dançar" (Arantes, 1998, p. 39), porque, afinal, o apetite demográfico da economia moderna tem limites. O caráter macabro dessa dança é que fez com que a tucanologia atraísse panegiristas do naipe do sinistro economista Albert Hirschman (*apud* Arantes, 1998, p. 45-6), que, já em 1995, descrevia o regime FHC nos termos do seu conceito de "desenvolvimento não equilibrado", o qual os milicos argentinos também haviam empregado para formular sua declaração de intenções na década de 1960. Tudo isso, entretanto, parece excelente no caderno Mais!, da *Folha de S. Paulo*, porque seus redatores e leitores são dotados de alma, conversos e capazes de trabalhar, qualificando, portanto, como índios civis a quem a possibilidade explícita de exclusão do processo moderno não concerne.

127 "FHC exclusivo", *Folha de S. Paulo*, 13 out. 1996.

Alguém, afinal, por acaso tem "resposta política" para a limitada capacidade moderna de funcionalizar economicamente as populações? Coube à era FHC, no processo do desvelamento objetivo do espírito do capitalismo entre nós, o papel de escancarar essa falta de resposta, e ao lulopetismo continuar esse escancaramento com determinadas nuances. A visão realista, combinada às soluções técnicas, impedia que se duvidasse que o que estava acontecendo era uma forma de desenvolvimento: o país se moderniza, cresce, os números mostram etc. Nesse sentido preciso, existe uma continuidade entre esses dois períodos recentes da administração pública brasileira, que cuidaram, cada um a seu modo, da implementação de um progressismo realmente existente, sendo por isso brindados por uma acachapante aprovação intelectual — no caso lulopetista, apenas até certo ponto, como depois ficou claro.

Essa aprovação intelectual correspondia, na prática política, a concepções pragmáticas de pacto social. FHC havia desenvolvido, já na década de 1970 — e justamente no contexto de uma crítica ao dualismo —, a ideia de uma burguesia brasileira afeita a seu caráter periférico e a seu lugar subordinado na divisão internacional do trabalho (Cardoso, 1972). Isso significava que, ao perseguir seu interesse específico, a classe proprietária brasileira jamais produziria um ambiente economicamente vivaz o suficiente para desembocar num processo civilizado como o das nações desenvolvidas — ao que corresponderia, no fim das contas, a estratégia de universalização restrita dos anos 1990. Em torno dessa estratégia, construiu-se a atmosfera de sóbrio culto à tecnocracia, "um monte de gente séria fazendo coisas sérias num governo sério" (Arantes, 1998, p. 42), que persistiria por anos a fio e viria assombrar o governo Dilma às vésperas do impeachment.

No que diz respeito ao lulopetismo, as configurações da "paixão pelo possível", desde o início, levaram a rupturas dentro do campo progressista. A primeira dessas configurações foi a infame reforma da Previdência, que, no fim das contas, levou ao racha do PT e à fundação do PSOL em 2004. A ela seguiram-se reformulações das leis trabalhistas, visando, na lógica do universalismo realmente existente, à expansão da explorabilidade econômica da população em geral. Por trás de tudo isso pairava um discurso de concertação social, cujo sentido pode ser eloquentemente resumido numa declaração de Lula em 2010: "Vim mais à Fiesp do que fui à CUT".[128] E não foi a despeito disso, mas por causa disso, que o presidente--metalúrgico percorreu o mundo dando lições sobre inclusão social e recebendo um doutorado *honoris causa* atrás do outro.

O notável sobre esse concerto social lulopetista é que, em grande medida, o seu passo a passo havia sido previsto, de modo oracular, por um relatório de proposta de política econômica do Banco Mundial em 2002. Para brasileiros escaldados, são incrivelmente familiares os sumários de recomendações desse relatório, nos quais se fala sobre a combinação de flexibilização legislativa em geral, expansão do microcrédito, rede de assistência baseada na distribuição de alimentos, importância da mão de obra não qualificada, investimento em infraestrutura, combinação de redes pública e privada de educação etc. (Banco Mundial, 2002, p. 108, 119-20). Enxerga-se claramente a preocupação com o crescimento, a pobreza e a inclusão na perspectiva do universalismo realmente existente.

Ao mesmo tempo, fala-se de uma globalização que beneficia a sociedade "na média", mas que produz "vencedores e perdedores específicos em cada sociedade" (Banco Mundial, 2002, p. 2) — algo previsto também pela tucanologia. Milita-se contra a fiscalização dos mercados pela Organização Internacional do Trabalho e a aplicação de sanções trabalhistas internacionais: "o mais provável é que tal abordagem se transforme numa nova

128 "'Vim mais à Fiesp do que fui à CUT', diz Lula a empresários em SP", *UOL Notícias*, 9 ago. 2010.

forma de protecionismo que venha a restringir as oportunidades dos países de baixa renda" (Banco Mundial, 2002, p. 87). Da mesma forma, conclama-se uma limitação das "regulações de saúde e segurança [no trabalho]" que muitas vezes se tornam "excessivas" (Banco Mundial, 2002, p. 96): o cuidado moderno com a vida, afinal, não tem a própria vida por finalidade, mas a explorabilidade econômica.

Com isso tudo, o relatório realiza uma espécie de defesa, portanto, da mesma exploração da subcivilização que Chico de Oliveira trabalhosamente desvendava, trazia à tona e denunciava. Nos tempos que correm, a realidade dessa subcivilização extrapolou os confins usuais do Sul global. Em harmonia com as intimações do Banco Mundial, a precarização do trabalho alcança os países ditos desenvolvidos. A combinação de exploração e repressão ao trabalho imigrante, numa franja de semiformalidade econômica, permite que se fale hoje de "boias-frias da Europa".[129] E, enquanto o presente texto está sendo escrito, os Estados Unidos vivem um clamor contra os auxílios monetários pandêmicos, aos quais se imputa uma suposta escassez de mão de obra em meio a um quadro de contratos de trabalho de zero hora e salários baixos demais para proporcionar um nível mínimo de subsistência,[130] o que leva uma parte da população a simplesmente desistir de trabalhar.

A ideia de uma parcela da população global sistematicamente expelida da economia formal — à margem até das estatísticas de desemprego, visto que não procura trabalho — nos coloca diante de uma dupla "brasilianização do mundo", para colocar no jogo outro jargão que caiu no radar de Paulo Arantes (2004).

129 "O novo velho continente e suas contradições: os boias-frias da Europa", *Carta Maior*, 10 maio 2021.

130 "U.S. Hiring Takes Big Step Back as Businesses Scramble for Workers, Raw Materials", *Reuters*, 7 maio 2021; "Unemployment Benefits Aren't Causing a Labor Shortage. Low Wages Are", *MSNBC*, 24 maio 2021; "Can a Family Survive on the U.S. Minimum Wage?", *Investopedia*, 3 mar. 2021.

A mais antiga dessas brasilianizações, registrada pela intelectualidade gringa na década de 1990, dizia respeito a um aumento da desigualdade nos países ricos. Interessantemente, a segunda brasilianização se estabelece para remediar a primeira: normaliza-se a exclusão social, sua percepção como estimulador de apetite da acumulação capitalista pela população periférica, usando a matéria ornitorríntica *as-is* contra toda a crítica social. É essa normalização, proposta pelo Banco Mundial em 2002, que será testada pelo lulopetismo em nosso laboratório social.

No such a thing as society

Em termos meramente lógicos, é difícil decidir se a ideia de um desenvolvimento econômico baseado na exploração da subcivilidade consiste num pacto social ou na ausência de qualquer coisa do tipo. Quis a história do espírito econômico, contudo, que uma autoconsciência da dessolidarização fosse alcançada através de um par de relatórios publicados em 2005 e 2006 por analistas do Citigroup. Contestando o supracitado documento do Banco Mundial — na verdade, levando-o até as últimas consequências —, os autores argumentavam que a maior parte da economia capitalista gira em torno dos "originadores de demanda dominantes", sujeitos milionários que, quanto maiores os desequilíbrios sociais, mais milionários ficam. Por isso, os ambientes socioeconômicos onde eles existem — as "plutonomias" — prescindiriam de preocupações com a "integração" econômica. "Numa plutonomia", dizia o primeiro dos relatórios, "há consumidores ricos, que, embora em pequeno número, são desproporcionalmente grandes pela fatia que lhes corresponde na renda e no consumo" e "há o resto, os 'não ricos', as numerosas multidões, que respondem por mordidas surpreendentemente pequenas da torta nacional". Devido às diferenças abissais entre os dois grupos, "análises de consenso" que "focam o consumidor 'médio' estão erradas por princípio".[131] É verdade que variações no preço do petróleo ou dos alimentos criam grandes turbulências na vida das massas populacionais; mas os mais pobres, "embora sejam numericamente muitos, representam pouco no que diz respeito à sua capacidade de consumo, e sua influência econômica simplesmente não é importante o suficiente para provocar uma alteração na confiança econômica, no bem-estar ou na capacidade de consumo dos ricos".[132] Trata-se de ideias óbvias, já colocadas em jogo no relatório do Banco Mundial de 2002, porém mobilizadas para suspender a importância do problema administrativo da desigualdade.

A ideia de que, do ponto de vista de um concerto entre os ricos, os destinos do resto da humanidade tornam-se indiferentes contém, evidentemente, uma ameaça. Ela já está presente na consciência objetiva da era FHC — que, aliás, com sua loquacidade característica, denominava a globalização como uma "nova Renascença".[133] Para a lógica moderna, o periférico príncipe dos sociólogos está no mesmo território do metropolitano e pacífico rei de Portugal, e também dos cosmopolitas pensadores modernos originais, que mantinham todo o tempo diante dos olhos os limites da funcionalização econômica da população e, por isso, o caráter violento da socialização moderna. É por causa daquele caráter ameaçador que o economicismo excludente dos tecnocratas é, afinal, complementado por um jargão exterminista: não é à toa que, durante a era FHC, e também ao longo do lulopetismo, se haja refinado, a partir do punitivismo tradicional, uma cultura de administração territorial baseada na segre-

131 Ajay Kapur, Niall Macleod & Narendra Singh, "Equity Strategy — Plutonomy: Buying Luxury, Explaining Global Imbalances", Citigroup Industry Note, 16 out. 2005, p. 2. Disponível em: https://delong.typepad.com/plutonomy-1.pdf.
132 *Idem*, "Equity Strategy — Revisiting Plutonomy: The Rich Getting Richer", Citigroup Industry Note, 5 mar. 2006, p. 5.
133 "Só para professores", *Folha de S. Paulo*, 22 fev. 1996.

gação e na execução sumária por agentes públicos, amparada numa distinção entre "trabalhadores" e "bandidos".[134] O que vem à tona aí é o caráter realmente genocidário do "capitalismo competitivo", do universalismo "se, quando e como for possível", que, desde as origens da socialização moderna, pensava em termos francamente brutais a estabilidade política, a ordem social necessária aos negócios e a tranquilidade "pública".

Esse exterminismo realmente existente, afinal, não foi inventado pelas eleições de 2018, apenas conduziu a elas e à vitória de algo que ora chamamos de extrema direita e que os progressistas condenam como retrocesso. Trata-se, entretanto, de um fenômeno completamente moderno, e é por isso que, nos tempos que correm, nem mesmo os melhores progressistas conseguem escapar do polinômio que conecta o desenvolvimento sereno com a autoridade e a mortalidade. Assim, em 2010, encontramos Marcelo Freixo dizendo que, "da população das favelas, 99% são pessoas honestas que saem todo dia para trabalhar na fábrica, na rua, na nossa casa, para produzir trabalho, arte e vida".[135] É gritante o moralismo embutido no jargão da honestidade, bem como o ponto cego que envolve a porcentagem de criminosos desonestos, sem trabalho e sem arte, que acabam — segundo um ato falho de vultosas proporções — também inevitavelmente desprovidos de vida.

Mas, a partir da contextualização econômica e da pegada punitivista, o progressismo dispõe, esquematicamente, de duas perspectivas. Na primeira, ressalta-se que, no fim das contas, a lógica do confronto com o crime não funciona — nas palavras de Freixo, "não parece ser eficaz". A desumanidade policial é inadministrável: nos confrontos intermináveis, as comunidades são "tornadas praças de 'guerra'", e os trabalhadores "não con-

134 Tentamos mapear essa cultura em Brito e Oliveira (2013).
135 "Não haverá vencedores", *Folha de S. Paulo*, 28 nov. 2010.

seguem exercer sequer o direito de dormir em paz".[136] A lenta ação genocida precisa ser modernizada — e, em termos propriamente modernos, estamos no campo análogo ao dos odiadores das facções, apologistas da autocracia senhorial, para quem a guerra civil precisava ser organizada. A segunda perspectiva do progressismo, complementar à primeira, é a reflexão a respeito da origem dos incivis extermináveis: a falta de emprego, educação, etc. Nesse sentido, deve haver algum malabarismo socioeconômico que amplie o apetite capitalista pela população, ou que torne a população mais desejável para a acumulação capitalista.

O lulopetismo foi justamente um malabarismo desse tipo, e é nesse sentido que Marildo Menegat denominava-o uma administração da barbárie. As operações policiais e militares no Rio de Janeiro dessa época envolviam o morticínio de sempre, saudado, entretanto, como "Choque de Paz" e "Choque de Ordem",[137] para empregar os termos utilizados para descrever uma mui espetacularizada operação na favela da Rocinha em novembro de 2011. Na época, um entusiasmado comentarista de segurança da TV Record celebrou a operação dizendo que, "agora, a paz será total, permanente, *ad aeternum*". A sensação reinante na opinião pública era de que se estava tirando do caminho um setor da população sobrante e emperrado, para que, então, fosse possível ao capitalismo penetrar triunfalmente nas comunidades. A cada operação de pacificação, seguiam-se as cifras de investimentos públicos e privados, injeções de vitalidade nos recantos de uma cidade que estava às vésperas de receber a Copa do Mundo de 2014 e as Olimpíadas de 2016. Foi assim que um comandante de policiamento da Baixada Fluminense, sem sociologismo principesco, mas com honestidade intelec-

136 "Não haverá vencedores", *Folha de S. Paulo*, 28 nov. 2010.
137 "Depois do Choque de Paz, o choque de ordem", *O Globo*, 13 nov. 2011.

tual comparável, declarou, em 2008, que "a Polícia Militar é o melhor inseticida social".[138]

É preciso enfatizar o quanto essa lógica, que historicamente nos trouxe da modernização econômica e do universalismo seleto ao exterminismo declarado, já havia sido raciocinada pelos ideólogos originais da modernidade. Como vimos, se a paz social é um dos pilares do pensamento político moderno, a guerra social é o outro. Por isso, nesse imaginário político, a ideia da desigualdade reverbera sonoramente. Por um lado — como dizia Thomas Smith —, o governo legítimo depende de uma comunidade de interesses, o que se torna impossível entre setores separados por expectativas e experiências sociais completamente diferentes. Aí aparece a situação de dessolidarização social apontada pelo conceito gringo de brasilianização do mundo. Seguindo com Smith, sem interesse comum, não há governo legítimo: mas isso, para o arauto original da *civil society*, não significava a falência do governo, e sim que o governo acabaria sendo ilegítimo — para alguns — sem, obviamente, deixar de ser governo. Aliás, muito pelo contrário, porque governo é isso. Se não fosse para promover uma violência civil focada e polarizada, poderíamos ter ficado no mundo das facções.

As pazes fazíveis

As UPP andam, hoje, um pouco esquecidas: em 2019, a PM fluminense reclamava de sucateamento.[139] Originalmente, o projeto tinha a marca do policiamento inteligente, da administração territorial competente. Propaganda enganosa? Não é verdade que o professor, o assistente social e o dentista bro-

138 "Nove morrem em ação do Bope", *Folha de S. Paulo*, 16 abr. 2008.
139 "PM quer retomar programa de Unidades de Polícia Pacificadora no Rio", *Agência Brasil*, 20 jul. 2019.

taram do camburão — ou dos contêineres que acabaram servindo de sede para as UPP em várias comunidades —, mas isso se deve, no fim das contas, ao fato de que há um limite para o que essa sociedade pode fazer com gente educada, assistida e com boa dentição. Em seu ápice, entretanto, é inegável que as UPP realizaram *algo*, e é importante notar o quê.

Um ponto de partida útil é a questão da enorme densidade policial a que as comunidades com UPP estavam submetidas. Enquanto a média urbana mundial fica em torno de um policial para cada 292 habitantes (Harrendorf, Heiskanen & Malby, 2010, p. 136), o estado do Rio de Janeiro tem em torno de um policial militar para cada 401 habitantes,[140] e cidades como Nova York e Washington contam com, respectivamente, um policial para cada 246 habitantes e um policial para cada 163 habitantes.[141] A média nas comunidades com UPP, contudo, chegou a um policial para cada 62 habitantes.[142] Em mais da metade dessas comunidades, essa relação foi maior do que um policial para cada 50 habitantes. Ora, em 2003, lobistas da ocupação do Iraque, reclamando aumento da presença militar estadunidense no país, projetavam que, para uma "estabilização sustentável", seria necessária, justamente, uma taxa mínima de um soldado por 50 habitantes (Quinlivan, 2003) — algo próximo da densidade soldadesca empregada nas ocupações do Kosovo (1999) e da Bósnia (1996).

Quer dizer: numericamente, as UPP estiveram pautadas por um paradigma militar. Esse paradigma não diz respeito exatamente às concepções de segurança pública preferidas dos seus defensores e proponentes, mas a considerações técnicas a res-

140 "PM do Rio tem muitos oficiais e poucos soldados para patrulhar as ruas: veja números", *O Globo*, 7 out. 2019. O contingente estabelecido pela Lei Estadual n. 6.681, de 15 de janeiro de 2014, elevaria esse número para um PM para cada 268 habitantes.

141 "Local Police Departments, 2013: Personnel, Policies, and Practices", United States Bureau of Justice Statistics, maio 2015.

142 Estabelecemos esse número em Oliveira (2016, p. 261).

peito da manutenção da estabilidade política através da guerra civil — à questão moderna da administração social armada, da manutenção do pacto social entre as elites à custa da imobilização sociopolítica dos despossuídos. E, afinal, o dia a dia operacional da polícia pacificadora não foi jamais pacífico, embora tenha sido sempre pacificador. Por exemplo: no dia 4 de abril de 2013, moradores da favela do Jacarezinho, na Zona Norte carioca, se insurgiram contra os policiais da UPP diante do que consideraram a prisão arbitrária de um jovem.[143] Os policiais, acossados pela multidão, acabaram encurralados em um beco. Atiraram para todos os lados, e uma das balas matou um garoto que comia numa lanchonete e ficou estendido no chão no meio de uma poça de sangue, ainda com o cachorro-quente na mão. Consultado sobre o ocorrido, o diagnóstico do comandante da UPP foi que a população tinha de se acostumar com as abordagens constantes da polícia, que estava ali para aquilo mesmo.[144] Nisso, estamos apenas um passo atrás da contraparte do mundo desenvolvido, onde departamentos de polícia e organizações da sociedade civil — entre elas, uma chamada Survive The Stop [Sobreviva à abordagem] — fazem oficinas para ensinar jovens a se comportar direito durante as abordagens policiais de modo a não serem mortos pelos oficiais da lei.[145] No Jacarezinho, a UPP continuou a funcionar, e a multidão raivosa foi dispersa, até a próxima escaramuça entre as partes civilmente beligerantes. E então, pouco mais de oito anos depois, a opinião pública assombrou-se com a operação policial mais mortífera da história da PM fluminense, que deixou, ali, 29 mortos. O motivo do assombro, contudo, pode ser apenas a intensidade do hor-

143 "Policiais da UPP atiram para matar na favela do Jacarezinho", *Passa Palavra*, 5 abr. 2013.
144 "UPP: comunidade do Jacarezinho deve se acostumar com abordagens", *O Dia*, 5 abr. 2013.
145 "Group Working to Educate Drivers on What to Do During a Traffic Stop", *10 WBNS*, 17 ago. 2016.

ror, e não sua natureza: pela média de 2020, a Polícia Militar do Rio de Janeiro mata 3,4 pessoas por dia,[146] de modo que o que a chacina do Jacarezinho realizou foi abreviar o trabalho de nove dias em um só.

Ao longo dos anos, os episódios de conflito entre a população e as forças de pacificação foram documentados mensalmente, e, muito em breve, em torno desses conflitos, o jargão da guerra civil assentou-se de forma completamente não problemática. Assim, em março de 2014, vemos o ataque popular à UPP da Rocinha ser descrito como ação de "prestadores de serviço do tráfico, homens que agem sem fuzis nem pistolas e têm por objetivo atrapalhar o trabalho da PM".[147] Na sociedade do universalismo realmente existente, é evidente e inevitável que os excluídos da operação capitalista formal sejam economicamente absorvidos pela operação capitalista informal e ilegal, e, nesse sentido, as distinções exclusivamente morais entre "traficantes" ou "criminosos" e "trabalhadores" ou "gente de bem" de fato desaparecem. Isso é o que torna cruelmente verdadeira a genocida ficção midiática dos "prestadores de serviço do tráfico": do ponto de vista da administração pública e da consciência econômica do capitalismo avançado, os habitantes daqueles espaços são indiferentemente descartáveis, pacificáveis. Existem fora do pacto civil.

É curioso que os supracitados relatórios metropolitanos do Banco Mundial e do Citigroup, embora tenham no horizonte uma incontornável dessolidarização nacional, não façam menção ao problema da segurança pública. O que chega mais perto disso, no primeiro, é o assunto do combate à corrupção, ou um índice que, sob uma aura humanitária, mede o quanto os Esta-

146 "Segurança pública em números 2020: evolução dos principais indicadores de criminalidade e atividade policial no estado do Rio de Janeiro de 2003 a 2020", Instituto de Segurança Pública, 2021, p. 7.

147 "Vídeo mostra PMs sendo agredidos por criminosos na Rocinha, Rio", *G1*, 11 mar. 2014.

dos subdesenvolvidos são realmente Estados de direito, mas que seguramente possui impactos mensuráveis sobre o padrão de consumo. O ponto cego chama atenção: afinal, estão em jogo os limites da socialização capitalista e a guerra civil que há séculos fica subentendida. O que fazer com aqueles que venham a se cansar do trabalho inseguro, insalubre e, no fim das contas, mortífero, ou que se deem conta de que serão os "perdedores específicos", e foda-se a média?

Essas populações que não participam da "integração" — termo muito empregado pelo relatório do Banco Mundial — constituem um problema moderno recorrente. Na Inglaterra do século XVI, nos tempos da acumulação primitiva, eram os chamados "mendigos aptos": uma gente que, recém-expropriada e acostumada aos paradigmas de trabalho para uma subsistência autônoma e pouco monetarizada, não queria se vender ao assalariamento. Eram diferenciados dos "mendigos inaptos" que, por defeito físico, idade avançada ou extrema juventude, estavam impedidos de trabalhar, sendo, por isso, autorizados pelo Estado moderno nascente a mendigar. Nos termos da preocupada sociologia de então, os mendigos aptos preferiam viver "vagabundando" — vagando a esmo, pedindo esmola, soltos pelos campos — a enfurnar-se em oficinas para ganhar uns trocos que, no fim das contas, não somavam mais do que conseguiriam estendendo a mão para provocar pena nos cristãos. Como se sabe, as prisões foram inventadas para disciplinar essa gente, numa época em que o crescimento da manufatura e os trabalhos da colonização do Novo Mundo geravam uma demanda crescente por força de trabalho. Hoje, contudo, como já pontuamos, as prisões são lugares onde se vai para morrer, desenvolvimento manufatureiro nenhum gera demanda de ninguém, e o imperialismo clássico foi substituído pela desmodernização. Estamos, assim, no mundo dos irremediavelmente desonestos, sem trabalho, sem arte e sem vida.

Consciência de classe

Em 2010, quando do início da ocupação policial-militar da Vila Cruzeiro e do Complexo Alemão, no Rio de Janeiro, ficou famosa a cena da "fuga de traficantes" pelo alto dos morros. Escrevendo sobre essa cena, Marcelo Freixo falou de "dezenas de jovens pobres, negros, armados de fuzis [marchando] pelo meio do mato. Não se trata de uma marcha revolucionária, como a cena poderia sugerir em outro tempo e lugar. Eles estão com armas nas mãos e as cabeças vazias. Não defendem ideologia. Não disputam o Estado".[148] É impossível esconder o desapontamento: por sensíveis que sejamos à crueldade do destino desses rapazes, o que está em jogo é a percepção de que, se fossem portadores das ideias corretas, teríamos o que fazer com eles — mas, assim como estão, não há caminho senão o perecimento.

Trata-se, em realidade, de uma ideia fundante da variante de progressismo que procurou desenvolver uma simpatia pelas classes populares. Nesse sentido, a proposta original de Marx e Engels pode ser lida como um convite a massas irremediavelmente despossuídas para que se engajem com entusiasmo no processo moderno incontornável e vitorioso. Inicialmente, comeriam o pão que o diabo amassou, mas estariam condenadas à vitória: num futuro mais ou menos próximo, graças aos potenciais internos da mesma modernidade que os subjugava, acabariam para sempre com a guerra civil. Através da alquimia dialética, o mesmo trabalho assalariado contra o qual seus antepassados haviam resistido até a morte tornar-se-ia sua força, porque era sua porta de entrada para uma modernidade intrinsecamente boa: tecnologicamente avançada, politicamente dinâmica, religiosamente cínica etc.

Desde então, o progressismo se coloca do lado das massas para modernizá-las — e apenas para isso. Assim, o complemento

148 "Não haverá vencedores", *Folha de S. Paulo*, 28 nov. 2010.

lógico do simpático movimento de alfabetização popular são o desprezo pelos incultos e as equiparações contínuas, tão ubíquas na esquerda, entre as más escolhas políticas e a deficiência intelectual. No ápice desse elitismo rubro, temos tiradas como uma recente manifestação de Marilena Chauí na Fundação Perseu Abramo. Caracterizando o governo Bolsonaro como "totalitário", a filósofa encontra relevante salientar, com uma risada derisória, que "seus conselheiros são autodidatas", gente que "mostra total ausência de pensamento, de reflexão, a ignorância levada ao ponto máximo. O que se pode esperar? Não dá pra esperar nada".[149] De fato, não consta que a gestão Bolsonaro favoreça uspianos nas fileiras da administração pública: que dizer, entretanto, do papel dos autodidatas na construção do Partido dos Trabalhadores, de seus principais quadros políticos, de suas bases históricas?

Não se trata de uma fala desastrada. Se olharmos com atenção, a cultura progressista flerta continuamente com esse elitismo intelectual: veja-se o fenômeno do tropicalismo. Ali, na leitura de Roberto Schwarz (1978), jogam as peculiaridades do subdesenvolvimento: o contraste entre uma realidade urbana conectada ao mundo desenvolvido e os traços localistas — geralmente de tom festivo — que remetem à realidade precária de quem pode ser subempregado para ajudar na modernização brasileira. Acontece que o tropicalismo é, segundo ele próprio, absolutamente genial, o que lança um juízo de valor sobre a involuntária e mortífera arregimentação do subdesenvolvimento para o desenvolvimento. "Vaca Profana", uma canção da década de 1980, reflete a respeito disso de forma retrospectiva e sintética. O compositor conclama a gente culta da Bahia, do Rio, de São Paulo, a alçar-se "pra fora e acima da manada", ao mesmo tempo que mobiliza os contrastes locais para ficar no mesmo

149 "Marilena Chauí sobre Trump e Bolsonaro: 'Modelo mafioso de gestão'", *Fórum*, 3 jun. 2021.

plano de Gaudí e Thelonious Monk.[150] Trata-se de uma mobilização ingrata, visto que, obviamente, a tensão com a manada permanece, uma forma inculta e brega de populacho continua existindo, e os que se salvam dela — através do conteúdo que ela fornece, aliás — não têm nada a dizer a seu respeito, para além das recriminações por breguice, ou seja, submodernidade.

De forma parecida, embora aparentemente mais benigna, temos a transformação do idioma dos miseráveis em metafísica heideggeriana na obra de Guimarães Rosa. Ali, ao invés do cabra impotente e mudo de Graciliano Ramos, temos cabras que se tornam humanos interessantes na medida em que seu linguajar pode produzir uma poesia comparável com o gosto das pessoas educadas pela alta cultura. O povo, contra o qual a guerra civil continua e que, inclusive, está em guerra consigo mesmo, torna-se simpático conforme fala de um jeito agradável para aqueles que estão no pacto civil. Os incultos sem fala, ali, não têm lugar: o apetite da estetização, como o da economia, tem limites. Em contraste, num trecho particularmente eloquente de *Memórias do cárcere*, Graciliano fala de uma elite que, com a genuína curiosidade dos alienígenas, inclina-se sobre o gradeado do navio para observar os prisioneiros, nos porões fétidos, cantando e batendo palmas animadamente.

É claro que os movimentos de alfabetização popular, educação pública, luta por direitos, reforma agrária etc. têm todos algo que ver com a inclusão das massas no processo moderno. Contudo, a situação tem sempre um limite tragicômico, uma vez que a modernização só as pode aproveitar até certo ponto. Tal limite hoje está brutalmente claro para aqueles setores da sociedade que recentemente ingressaram na universidade através da expansão lulopetista da educação superior — caracterizada, aliás, por um sistema de cotas raciais que, notavelmente, os tecnocratas precedentes não se preocuparam em implementar.

150 Caetano Veloso, "Vaca Profana". *In*: Gal Costa, *Profana*, RCA, 1984.

O professor universitário que, no ensino público federal, trabalha com as humanidades, encontra-se no infeliz e privilegiado lugar de apreciar como grande parte dos estudantes tem plena ciência de que o tempo que estão passando na universidade é uma espécie de trégua entre o ensino médio, obrigatório e inescapável, e um futuro completamente incerto. Durante essa trégua, a galera se relaciona com a cultura universal metropolitana do jeito que dá. Os de vocação profundamente progressista, ou os que conseguem antever um caminho profissional dentro da academia — por teimosia, origem socioeconômica e/ou confiança em seu preparo prévio — mergulham nela tão completamente quanto possível. A maioria o faz de forma relaxada e episódica, aproveitando o que é possível do ponto de vista da realidade periférica precária, divertindo-se com uma parte, maravilhando-se com outra, usando o restante para equilibrar as aprovações e as reprovações, maximizando a duração de sua experiência acadêmica. Sabem que se trata de um encontro feliz com prazo de validade finito, porque o mundo não tem lugar para todos.

Fobos e Deimos

Do ponto de vista político, dá-se a mesma coisa que no cenário econômico e cultural: o desenvolvimento das instituições modernas determina a política como uma esfera específica, apartada da vida comum e das pessoas comuns. O renascentismo refletiu sobre alguns dos impulsos iniciais desse processo. O fantasmagórico problema das facções, no fim das contas, não dizia respeito a outra coisa que à restrição da participação das massas no cotidiano político. Isso porque, da mesma forma que em Roma e no medievo, o povão da alvorada da modernidade não era apenas quem resolvia a pancadaria para as demais "classes beligerantes", mas também puxava suas próprias brigas. As consequências desse tipo de participação política ficaram registradas na Carta das Florestas, irmã convenientemente esquecida da Magna Carta inglesa, resultado da Guerra dos Barões de 1217 (Linebaugh, 2008). Esse documento estabeleceu uma série de prerrogativas para as massas camponesas que haviam participado do conflito: acesso à terra cultivável, à madeira, à caça e aos frutos nas florestas, à água nas terras comuns etc. Fica ali atestado que, no paradigma pré-moderno, ao final da guerra civil, quando as classes participantes do conflito reúnem-se para combinar os termos para recomeçar uma vida social mais ou menos estável e registram suas condições sob a forma de uma nova ordem legal, o populacho tem assento garantido na mesa de negociações. Quer dizer: na ausência do Estado moderno, a guerra civil englobava realmente todo mundo.

Isso é que precisava ser mudado, e os *signori* foram convocados para realizar essa mudança, com a colaboração da expertise dos humanistas — sua poesia grandiloquente, seu moralismo elegante, seu conhecimento jurídico. O resultado foi a segmentação da guerra civil. O pacto renascentista da oligarquia amante das letras fez com que a política e a vida social se tornassem uma questão de especialistas inteligentes e mercenários pagos para bater nos iletrados. Textualmente, os especialistas em política legaram discussões a respeito do escopo e do caráter de categorias como "o povo" e "os cidadãos"; e a tradição acadêmica, por motivos escusos, resolveu identificar-se com essas categorias, ou torná-las imediatamente comensuráveis com a experiência das democracias do capitalismo plenamente desenvolvido. Autoilusão? Desonestidade? Preguiça? Consciência de classe? Qualquer leitor atento que se despe de sua mania de progressismo e se permite um pouco de ódio àquela gente abominável, que capitaneou a origem da socialização capitalista, entende rapidamente que o objeto daquelas categorias são as elites que, embora não pertencentes à altíssima nobreza, não deixavam por isso de ser minúsculas. Ao preço de criar uma identificação com essas elites, a tradição filosófica progressista desenvolveu mirabolantes exercícios verbais cuja aceitabilidade está restrita aos meios hiperespecializados e àqueles aos quais o hábito da fé no progressismo blindou psicologicamente contra seu teor monumentalmente pelego. A rigor, no jargão renascentista, o que os termos de caráter genérico e anônimo descreviam eram setores que garantiam sua participação no pacto político moderno não pela força dos números, mas pela propriedade, pelo sangue, ou pelos dois. Da inauguração do mundo moderno dos códigos citadinos até o grande oximoro da democracia de massas, as pessoas comuns perderam sua subjetividade política e passaram a figurar forçosamente como objeto de uma administração demográfica militarizada. O objetivo do estabelecimento da ordem social moderna foi a exclusão das pessoas comuns do pacto social, e esse objetivo, obviamente, se concretizou.

Nesse sentido, é interessante atentar para a maneira como, não importando a nacionalidade — italiana, inglesa, francesa etc. —, as penas renascentistas que começavam condenando as facções passavam direto às imprecações contra o populacho rude que participava das balbúrdias urbanas. Os insultos — beberrões, selvagens, ignorantes — são análogos aos que, na era da luta popular contra os cercamentos dos campos, foram dirigidos às multidões campesinas revoltosas e são, na prática, antepassados dos escarnecimentos franco-ultramarinos contra o autodidatismo. No fim das contas, esse vocabulário bate no teto de sempre, no qual até hoje batem até mesmo nossos deputados de esquerda: juízos sobre a utilidade e a inutilidade das pessoas para o trabalho moderno e, daí, para a política moderna. O populacho que é inculto e desordeiro — ou seja, que não vota direito nem age pelos *proper channels* — também é imprestável, ou seja, *não moderno*. Nos relatórios do Banco Mundial dos anos 1990 e 2000, e em outros papeluchos do gênero, eram chamados de “não integrados” ou “excluídos”. A rigor, contudo, esse caráter não moderno é simplesmente equivocado, visto que a existência dessas populações se deve inegavelmente ao processo moderno de expropriação, manutenção da distinção entre licitude e ilicitude, limitação da relevância econômica da população e pacificação civil. Os despossuídos, o lúmpen, são criações tão modernas quanto todo o resto. Mas essa gente, nem a revolução salva.

Nunca antes nesse país

Foi então, nessa calmaria, que sucedeu o horror do bolsonarismo. O que aconteceu? Pelos motivos que viemos enumerando, os diagnósticos de retrocesso não se sustentam. É preciso buscar outro sentido histórico para a ascensão das novas formas brasileiras de estrago.

Do ponto de vista da política eleitoral, é importante notar que, a despeito da vacuidade da expressão "nova política", a irrupção de sociopatas desconhecidos no Executivo e Legislativo pelo país afora representa a interrupção da manutenção da simbologia de progressismo, desde sempre sustentada pelas partes até então participantes do jogo institucional. O reinado inequívoco do desenvolvimento no nosso mundo das ideias — sempre contemporâneo ao mais teimoso submodernismo social — foi colocado em *standby*. E a nêmesis antiga das trevas recorrentes adquiriu consciência de si sob a forma do discurso negacionista, terraplanista, antiprogressista etc., articulado por figuras públicas falantes. Apareceram entre nós, nesse contexto, as designações de nova direita e neoconservadorismo: porque o velho, persistente desde a época em que o escravismo e o capitalismo combinaram-se sutilmente, não precisava de porta-vozes.

De fato, essa mudez é motivo de chacota por aqui há muito tempo, especialmente desde os momentos iniciais da redemocratização. Uma fala anedoticamente atribuída a Paulo Maluf dizia que não existe direita no Brasil, onde todos os partidos são "democráticos" e "sociais". Nas décadas de 1980 e 1990, era comum a sátira dessa ausência. Na análise do segundo turno das eleições de 1989 — que ficaria entre Fernando Collor e Lula —, um colunista do *Jornal do Brasil* falava de Ronaldo Caiado, então do PDS, hoje governador de Goiás pelo União Brasil: "tem o mérito de ser original no Brasil: não esconde que é de direita".[151] Na mesma edição, um redator adverte: "as cassandras já propalam que o segundo turno dividirá o país [...] se dividir, só vai dividir a esquerda, pois ninguém é de direita".[152] O tema foi repetidamente abordado em crônicas por Luís Fernando Veríssimo, para quem "no Brasil, como se sabe, ninguém é de direita. [...] Para ler denúncia social no Brasil [...], basta ler um catálogo de debutantes. Todas são contra a injustiça e por um futuro mais fraterno".[153]

Que tempos! Hoje não faltariam as núbeis pedindo tiro, porrada e bomba. É difícil mapear rigorosamente essa transição, mas os palpites que circulam insistem em buscar o ponto de virada no 2013 dos protestos, das prisões do mensalão, dos confrontos com a polícia, do engajamento midiático anticorrupção e antipetista. Quem esteve então nas ruas há de lembrar do primeiro dia em que os manifestantes de vermelho e de preto foram hostilizados abertamente por setores difusos porém indeléveis da multidão, até temerem por sua segurança e serem obrigados a se retirar, por puro susto e despreparo diante da existência de uma oposição naquele espaço até então por "nós" monopolizado: o espaço de quem tem ideias políticas.

Depois da apertada vitória de Dilma Rousseff nas eleições presidenciais de 2014, e da contestação extraoficial do resultado eleitoral por parte de um candidato cujo nome ninguém mais recorda, o discurso sobre a ilegitimidade do governo petista, até então apenas moralista, assumiu contornos políticos mais preci-

151 "Os mitos que desmoronam com os resultados das urnas", *Jornal do Brasil*, 20 nov. 1989, p. 5.
152 "Cavalo solto", *Jornal do Brasil*, 20 nov. 1989, p. 13.
153 "Líricos", *Jornal do Brasil*, 7 mar. 1996, p. 9.

sos. Em 2015, nas manifestações em que se misturavam demandas econômicas difusas, protestos contra a modernização urbana violenta e excludente para a recepção dos Jogos Olímpicos de 2016 e uma resposta ao chamado midiático para o combate à corrupção, o golpismo tucano ganhou momento, mas acabou escorrendo rapidamente por entre os dedos do establishment político progressista, sendo, afinal, galvanizado pela tal nova direita. Na votação do impeachment, foi o espírito dessa nova direita que brilhou: as alusões, regadas a escárnio e sadismo, aos valores familiares e às crenças religiosas, a paranoia anticomunista e o jargão da violência policial mobilizado para a luta anticorrupção fizeram esquecer por completo as tecnicalidades contábeis originalmente mobilizadas para iniciar o processo. O tucanato saiu de jogo, e o projetado revezamento dentro do campo progressista foi abortado. Aparecia um sujeito falante coletivo diferente, mais capaz de elaborar e performar o vocabulário e as emoções primeiro balbuciados nas ruas em 2013. Esse sujeito chegou às desenvoltas vitórias nas eleições de 2018, que deixaram os progressistas de todos os naipes estupefatos e incrédulos.

E o novo não pode nascer

Na figura do bizarro personagem eleito para a presidência em 2018, abundam os tropos antimodernos no campo da forma de expressão. Verbalizações rudes, descaradamente violentas; a quebra de protocolo; a afronta brutal àquilo que em algum momento as classes propriamente políticas, num sentido moderno, chamavam de politicamente correto. É como se tudo fosse precária porém eficientemente calculado para ofender os ouvidos dos progressistas. Qualquer pretensão ao universalismo realmente existente é abandonada: o racismo aberto, o particularismo religioso, a homofobia declarada parecem buscar a erosão dos frágeis amparos do nosso pacto civil.

Mas como ficam esses ataques verbais diante da estreiteza desse pacto? Seus termos, afinal, nunca foram os melhores e, mesmo durante os anos de benigna administração da barbárie, as limitações do universalismo realmente existente expressavam-se numa socialização amargamente violenta. Ao mesmo tempo, em seu funcionamento cotidiano, a administração pública dessa nova direita continuou sendo administração pública e, portanto, um novo capítulo da horrivelmente continuada história da sociedade moderna. Não obstante a estupenda inabilidade do bolsonarismo, o aparato estatal continuou funcionando, à sua maneira. Os procedimentos de desmonte do sistema público de assistência e de flexibilização da fiscalização ambiental não foram exatamente inéditos e não envolveram uma engenharia institucional especial. Os ministros da Educação, de quem se esperava uma revolução cultural, acabaram substituídos por um gestor simplesmente displicente e privatista. A reputação do então ministro da Economia era de tecnólogo — no fim das contas, nada mais, nada menos, do que alguém que vai oferecer boquinhas privatistas para o empresariado e cuidar de desonerar o Estado: uma maior injeção de realidade no universal realmente existente. É a isso, na prática, que corresponde toda a verborragia bolsonarista, uma regulagem na torneira?

Não apenas. As violências que tiveram lugar ao longo da campanha presidencial de 2018 são inesquecíveis: o mestre de capoeira negro de 63 anos esfaqueado em Salvador por criticar Bolsonaro;[154] a funcionária pública espancada em Recife por portar um bóton da campanha "Ele Não";[155] os estudantes universitários no Rio que, distribuindo panfletos do candidato petista, foram

154 "Mestre de capoeira é morto a golpes de faca após discussão política na BA; suspeito se escondeu no banheiro e foi preso", *G1*, 8 out. 2018.
155 "Servidora pública é espancada em PE após criticar Bolsonaro", *Folha de S. Paulo*, 11 out. 2018.

agredidos com barras de ferro;[156] a transgênero esfaqueada por um sujeito que gritava que, com Bolsonaro, haveria guerra declarada contra os gays.[157] Tais atos, perpetrados durante a corrida presidencial, estiveram inegavelmente conectados à figura de Bolsonaro; além desse contexto, contudo, qual será a especificidade bolsonarista? A resposta a essa questão não é evidente. O perfil racial das vítimas dos crimes violentos no Brasil é bem conhecido há muito tempo; os números hediondos de violência contra a mulher, idem; e, no que diz respeito às agressões inspiradas por homofobias, simplesmente não são produzidas no Brasil estatísticas suficientemente abrangentes (Fórum Brasileiro de Segurança Pública, 2020. p. 110),[158] o que denota uma longa tradição de indiferença a crimes desse tipo. A partir de um ponto de vista estrutural, nosso país estava preparado para aquelas violências, bem como para a permissividade que se supõe haver-lhes seguido, a qual, contudo, não parece haver provocado nenhuma alteração estatística significativa.

Por exemplo, os aumentos registrados nos anos que se seguiram a 2018 nos índices de violência contra a mulher não alcançaram níveis impensáveis antes do governo Bolsonaro. Nos últimos tempos, o maior incremento anual no número de estupros se deu entre 2016 e 2017: de 49.497 para 61.032 casos, uma variação de cerca de 23%. De 2018 a 2019, esse número sofreu uma queda de

156 "Jovem diz ter sido agredido com barra de ferro em campanha pró-PT", *UOL Notícias*, 20 out. 2018.

157 "Transexual morre após ser esfaqueada por apoiador de Bolsonaro em Aracaju", *Observatório G*, out. 2018.

158 O anuário aponta um aumento de 6% no número de registros de crimes de lesão corporal dolosa contra LGBT entre 2018 e 2019 (de 731 para 775) e uma redução de 32% no número de registros de homicídio doloso contra LGBT no mesmo período (de 124 para 84; Fórum Brasileiro de Segurança Pública, 2020, p. 106-7). A subnotificação é evidente e incontornável e torna a interpretação da estatística uma tarefa complexa.

cerca de 2%: de 67.211 para 66.348 casos.[159] Mas a conhecida subnotificação do estupro, que convive com uma estabelecida normalização da violência contra a mulher no Brasil, torna todos esses números difíceis de interpretar, e o que emerge dessa dificuldade é uma sociedade característica e tolerantemente brutal, antes e depois das eleições de 2018. Algo assim também se passa com o ecocídio e a "passagem da boiada" nas áreas de preservação do país. Por significativas que sejam as mudanças recentes na legislação e na fiscalização ambiental, um relatório de 2016 da Global Witness lembrava o quanto o Brasil já era tradicionalmente conhecido por ser recordista de assassinatos contra militantes da causa do meio ambiente[160] numa época em que Bolsonaro ainda não passava de uma atração macabra em programas de variedades.

Assim, por si mesmos, o racismo, a homofobia, o machismo e as insinuações de ecocídio do discurso bolsonarista parecem expressar uma realidade preexistente, e não inaugurar alguma nova era de brutalidade — diferentemente do que se poderia dizer, por exemplo, do Nacional Socialismo, tão evocado para comparações retóricas e cuja prática de segregação racial, embora bebendo do tradicional antissemitismo europeu, foi muito além dele. Mas, se as violências perpetradas na campanha desaparecem no oceano de barbaridades do cotidiano brasileiro, assim mesmo algo salta aos olhos nos episódios que enumeramos acima: o corte de classe. Não se espera que aquele tipo de coisa aconteça em espaços frequentados pelos participantes do pacto civil. Bater num estudante universitário na Zona Sul carioca, em plena luz do dia, ou atacar uma branca sentada num bar em Recife, na frente de todo mundo, seriam eventos impensáveis fora do

159 Números extraídos do aplicativo estatístico do Fórum de Segurança Pública, disponível em: http://forumseguranca.org.br:3838/.
160 "Defenders of the Earth: Global Killings of Land and Environmental Defenders in 2016", Global Witness, 2017, p. 6.

contexto político acirrado que a ascensão da nova direita provocou no Brasil.

Nesse sentido, talvez seja correto dizer que o bolsonarismo introduziu uma mudança na natureza da guerra civil contemporânea, trazendo a violência para dentro dos espaços de cidadania — no sentido original, adequadamente oligárquico, do termo. Lembremos que a modernidade política nasceu justamente para evitar essa violência, estabelecendo o pacto entre os cidadãos propriamente ditos, definidos por sua riqueza e sua cultura, e deixando de fora aqueles cuja existência depende de sua relevância econômica e contra os quais a força bruta continuaria valendo. A ideia de uma campanha presidencial violenta se encaixa perfeitamente nesse modelo: trata-se de violência *política* no sentido tipicamente moderno, diz respeito a preferências ideológicas e por isso ocorre nos espaços do pacto civil, entre aqueles que tipicamente se interessam por essas questões. É verdade que, contra as previsões horrorizadas que fizemos no final de 2018, essa violência política difusa diminuiu depois das eleições. Contudo, não desapareceu, prosseguiu vicejante nas redes sociais, nos almoços em família, nos estacionamentos, bares, condomínios — e sofreu novo incremento nas eleições de 2022. Aí há algo a se pensar.

Danos colaterais

As agressões pontuais politicamente motivadas não são o único sinal de que a guerra civil passou a incluir os cidadãos: para *nós*, a administração estatal da pandemia de coronavírus tem o mesmo significado. Enquanto escrevemos este texto, todas as estatísticas disponíveis parecem indicar que o Brasil é o pior país do mundo na chamada "gestão" da covid-19, e é evidente que a intenção e a incompetência do governo federal se combinaram para produzir esse resultado. Também é impossível negar que o discurso negacionista teve, aí, consequências práticas, sob a forma da sinistra insistência, por parte do próprio ex-presidente e de seu círculo, em caçoar das recomendações científicas de distanciamento social e uso de máscaras, e da prolongada recusa a organizar uma campanha de vacinação. Setores mais críticos da mídia utilizaram a expressão "pandemicídio" para descrever a concretização desse macabro projeto de governo, apontando, assim, para fora da lógica moderna da preservação da vida.

Mas até aí morreu o Neves: a relação da sociedade moderna com as pessoas comuns sempre foi cheia de altos e baixos. Assim, do ponto de vista da administração social, a perda de vidas para a covid-19 é contabilizada segundo raciocínios gerais a respeito da significância econômica da população. Vejam-se, por exemplo, observações feitas pelo então ministro da Economia e por membros de sua equipe: o raciocínio de que a morte de idosos por covid-19 contribuiria para equilibrar as contas da Previdência[161] e a lamentação de que a vontade das pessoas de viver demais causa sobre os serviços públicos de assistência uma pressão contábil insustentável.[162] O vocabulário brutal é característico da desfaçatez da nova direita, mas a ideia subjacente, de caráter meramente técnico, é suficientemente velha: é algo do repertório do universalismo de fato existente, bastante parecido com o que a mídia séria incensava nos tempos áureos do civilizado principado sociológico.

Nessa perspectiva, o ovo da serpente caberia direitinho dentro do ninho do tucano, e estaríamos apenas diante de um capítulo particularmente sangrento da guerra moderna contra os economicamente supérfluos. Nessa linha de raciocínio, encontramos as análises políticas progressistas, com suas lamentações

161 "Morte de idosos por covid-19 melhora contas da Previdência, teria dito chefe da Susep", *O Estado de S. Paulo*, 28 maio 2020.
162 "Guedes diz que Estado 'quebrou' e que vai ser 'impossível' atender demanda crescente de saúde", *G1*, 27 abr. 2021.

petrarquianas e suas acusações de incompetência, ignorância e obscurantismo. Focaliza-se o aspecto subjetivo do bolsonarismo, como se os horrores que estamos vivendo houvessem brotado ineditamente da cabeça de alguém. Nessa perspectiva, contudo, fica de lado o negacionismo realmente existente: o descompasso moderno concreto, objetivo, entre as verdades científicas estabelecidas e as práticas de assistência e manutenção da vida.

Quer dizer: é evidente que não foi a gestão Bolsonaro que inventou os hospitais lotados, as pessoas morrendo nos corredores, a falta de equipamentos básicos e insumos elementares. Muito antes de existir a nova direita, o serviço público de saúde do Terceiro Mundo estava alheio aos tratamentos científicos mais avançados proporcionados pelas descobertas das vanguardas intelectuais da humanidade. Mesmo nos bons tempos em que nosso ex-presidente ainda limitava sua atividade política às boquiabertas sonecas no Parlamento e à medíocre organização de rachadinhas, já vigia a falta de leitos no Sistema Único de Saúde (SUS), bem como as alas de hospitais interditadas por decadência estrutural, os pacientes de unidade de tratamento intensivo (UTI) atendidos em cadeiras plásticas, o abandono e a pressão para privatizar os hospitais universitários etc.

Também é óbvio que esse negacionismo objetivo não está limitado à experiência social brasileira e precede o advento da covid-19. De acordo com dados das Nações Unidas, na última década morreram por ano, em média, 1,7 milhão de pessoas vitimadas por doenças diarreicas,[163] causadas por patógenos que a ciência conhece e compreende desde o século XIX. A profilaxia para essas doenças, que envolve a higiene mais básica, está inviabilizada para grande parte da humanidade, e isso não se deve a uma campanha negacionista contra o sabonete. Segundo dados

163 Saloni Dattani, Fiona Spooner, Hannah Ritchie & Max Roser, "Diarrheal Diseases", Our World in Data, nov. 2019. Disponível em: https://ourworldindata.org/diarrheal-diseases.

das Nações Unidas, duas em cada cinco pessoas no mundo não têm onde lavar as mãos e metade dos seres humanos não tem acesso ao saneamento básico.[164]

Extrapolando a problemática para outras frentes, a despeito de todos os avanços científicos na produção tecnológica de alimentos, metade da humanidade está em insegurança alimentar, mais de 25% das pessoas no mundo estão desnutridas e cerca de 10% padecem de alguma doença associada à subnutrição crônica (FAO *et al.*, 2020, p. xvi). A eficácia dos alimentos para saciar a fome não é questionada por nenhum teórico da conspiração; ademais, segundo dados das Nações Unidas, há alimentos suficientes para dez bilhões de pessoas (Holt-Giménez *et al.*, 2012), e, mesmo assim, a fome persiste. O obscurantismo enquanto projeto intelectual é supérfluo para a sociedade moderna: a lógica das coisas modernas é obscurantista por si mesma, sem que ninguém tenha que jurar por terra plana nenhuma. Diante da realidade do SUS, da fome, do transporte público lotado, da pobreza sistêmica etc., as verdades científicas são indiferentes.

Isso não quer dizer, é claro, que um governo e um empresariado absolutamente comprometidos com a ciência mais avançada não possam realizar grandes coisas. Foi assim que megacorporações como a DuPont, a Kellogg's, a Union Carbide, entre outras, ouviram o chamado de Albert Einstein, e do próprio presidente estadunidense Franklin Delano Roosevelt, para, sem um pingo de negacionismo, depositar rios de dinheiro no Projeto Manhattan e iniciar a produção de armamentos nucleares. Não havia nenhum Véio da Havan ali e, do ponto de vista da ciência moderna conforme originalmente concebida, nada de estranho, tampouco. Francis Bacon (1561-1626), oficialmente o inventor do tão celebrado método experimental, em nenhum de seus exemplos práticos indicou o emprego da ciência para a

164 "Water Facts", United Nations, [s.d.]. Disponível em: https://www.unwater.org/water-facts.

satisfação de necessidades, cura de doenças, auxílio em obras humanísticas, superação da desigualdade social etc. Explicitamente, Bacon só nos fala da eficácia científica para a produção de armas, a construção de edifícios altíssimos para servirem de morada à elite político-intelectual e a produção de artigos luxuosos tais como joias artificiais e roupas brilhantes (Bacon, 1952b).

Essa imagem baconiana deveria nos dar o que pensar: os resultados do exercício intelectual interessam aos membros oligárquicos do pacto civil. Isso não quer dizer apenas que as pessoas comuns ficam de fora, mas também que as pessoas de bem deveriam ficar dentro — e é isso que não aconteceu na gestão bolsonarista da pandemia. O que se passa é que há uma diferença entre o contexto pandêmico, de um lado, e as pessoas morrendo no corredor do hospital ou da inacessibilidade da água limpa e alimentos, do outro. A sociedade moderna sempre excluiu os economicamente inúteis e/ou substituíveis das benesses do desenvolvimento, mas o que a covid-19 apresentou foi a possibilidade do perecimento sistemático de membros do pacto civil. Ao contrário das epidemias de sarna que correm soltas no sistema carcerário ou da tuberculose que mata nas favelas, o coronavírus, como se dizia, não conhece muros, passando facilmente do motorista de aplicativo para o usuário do aplicativo, do faxineiro para o patrão, do padeiro para o freguês etc. E não era preciso ter ouvidos muito apurados para perceber a ênfase com que, a cada nova "onda" de infecções, a mídia contabilizava os riscos não só dos hospitais públicos não darem conta — o que não seria nenhumíssima novidade —, mas também da possibilidade de lotação do sistema privado de saúde.

Nesse sentido, novamente, encontramos no caráter de classe da violência uma marca específica do bolsonarismo. É claro que, no fim das contas, quem morre mais são os economicamente supérfluos ou limítrofes, nos termos da guerra civil tradicional — os mesmos que não precisavam se preocupar com profilaxia e distanciamento social, pois utilizam transporte público lotado, residem em habitações de baixa metragem e sempre seguirão procurando trabalhar de qualquer jeito: se já o fizeram, historicamente, a custo de dedos e braços, lesões por esforço repetitivo e deformações ósseas, intoxicação aguda e pulmões calcificados, andaimes precários e caminhadas no parapeito etc., não será um micróbio maldito que vai detê-los. A indiferença frente às *nossas* vidas, contudo — à vida daqueles que normalmente conseguem se cuidar e geralmente estão do lado preservativo do poder moderno sobre a vida e a morte —, é coisa nova.

É assim que fazem sentido as rememorações, hoje muito correntes, de uma declaração emitida por Bolsonaro no final da década de 1990, num programa de televisão. Falando sobre sua esperança no Brasil, diz que isso aqui só vai ter jeito "quando nós partirmos para uma guerra civil aqui dentro. E fazendo um trabalho que o regime militar não fez, matando uns trinta mil, e começando com o FHC [...]. Se vai [*sic*] morrer alguns inocentes, tudo bem, tudo quanto é guerra morre alguns inocentes. Eu até fico feliz se morrer, mas desde que vá [...] trinta mil junto comigo".[165] Ora, a guerra civil concebida aí não é aquela tradicional, de Petrarca, de Henrique VIII, de Thomas Smith, contra as pessoas comuns: essa todos os governos vêm praticando ininterruptamente, porque é para isso, exatamente, que servem. Trata-se de uma guerra civil contra cidadãos — especificamente contra os progressistas. É uma guerra de desmodernização e, como tal, está funcionando: levando em conta a proporção demográfica da classe letrada no Brasil, digamos que já morreram umas centenas de milhares de inocentes. Mas o coronavírus não conhece muros.

165 "Bolsonaro já defendeu a tortura e o fuzilamento de FHC. Veja o vídeo", *Fórum*, 10 out. 2017.

Como dizíamos, mesmo o acesso à medicina básica e ao saneamento ainda é questão no Brasil, falta sabonete até nos banheiros das universidades públicas e por isso as verdades científicas constituem, para a maioria dos brasileiros, um assunto completamente vão. Os cientistas do clima aperfeiçoam modelos sofisticados e complicadíssimos, então utilizam suas atualizações quase semanais sobre a irreversibilidade da catástrofe para se digladiarem contra os negacionistas; ao mesmo tempo, os meteorologistas tradicionais, utilizando previsões calculáveis com lápis e papel, não têm sucesso em precaver a administração pública sobre os colapsos hídricos em São Paulo ou sobre os deslizamentos de terra na região serrana fluminense. Poucos de nós circunavegarão o globo, e a primeira vez que isso foi feito foi no contexto do grande genocídio ameríndio, e é por essas e outras que, na prática, para a maioria esmagadora dos habitantes humanos da Terra, faz muito pouca diferença se ela tem ou não tem formato de pires. As questões de epistemologia ocupam apenas, de um lado, os corações e as mentes de uma reduzida casta de progressistas e, de outro, de sua contraparte antiprogressista — a qual, a bem da verdade, foi a responsável por trazer essa coisa chamada "ciência" para o debate político, quando começou obstinadamente a contrariá-la, ao invés de simplesmente manter diante dela a indiferença civilizacional usual.

Essa observação é importante porque, através dela, fica claro que o negacionismo enquanto doutrina — não o dar de ombros popular, mas os vitupérios antivacina, terraplanistas etc. — situa-se, ideologicamente falando, no mesmo campo que o progressismo: ambos são formas de cultura no sentido moderno do termo, conjuntos de crenças que distinguem aqueles que as possuem, marcando-os como *connoisseurs* de algo, gente especial por causa daquilo que leu, ouviu dizer, as ideias que defende, os canais que segue, o professor de filosofia preferido etc. No fim das contas, às costas das pessoas comuns, os intelectuais e os anti-intelectuais travam uma batalha cultural, chacoalhando o pacto civil.

No caso do antiprogressismo brasileiro, um dos traços mais marcantes de seu caráter moderno era a existência de Olavo de Carvalho. Nosso Homem da Virgínia ainda é às vezes chamado de guru, mas apenas critérios chauinianos muito suspeitos nos permitiram contestar o epíteto de filósofo que ele e os seus lhe atribuem. Afinal, era profundamente apegado à inteligência e ao espírito e, de forma idêntica aos odiadores das trevas, utilizava-os como critério de discriminação. Quando justificava seu apego pelo conservadorismo cristão estadunidense, falava do prazer de haver descoberto que "o vigor intelectual dessa cultura é assombroso". Defendia o "povo" do interior da Virgínia como sendo o "mais educado, gentil e civilizado do mundo", em contraste com as populações mestiçadas e os ambientes cosmopolitas das grandes cidades como Chicago e Nova York, onde "a criminalidade é galopante e incontrolável" (Grimaldo & Carvalho, 2015). São comparações no melhor estilo do cânone moderno, como as que Francis Bacon e Thomas More — para ficarmos entre esses homens de antigamente — emitiriam sem ruborizar. Obviamente, a cultura e a incultura, a civilização e a incivilização são atributos de grupos diferentes para os progressistas e os antiprogressistas; o critério, entretanto, é o mesmo, bem como a finalidade de sua aplicação, que é a discriminação pura e simples.

Também é incrivelmente irônico como a proximidade que o círculo bolsonarista procurava cultivar para com a pessoa de Carvalho colocava-o numa posição que os pensadores progressistas, na sua prática diária, sempre procuraram constitutivamente ocupar, sem nunca haver conseguido, ficando limitados a perfis de "feice" e encontros em restaurantes italianos. E isso é ainda mais notável quando pensamos no ineditismo de um pensamento de direita entre nós. É historicamente curioso que o único governo a procurar se associar enfaticamente com um intelectual — não um tecnocrata, mas alguém que é conhecido por ter ideias — tenha sido justamente um governo da nova direita. A nossa direita yuppie associada ao neoliberalismo ocupa-se apenas de raciocínios administrativos, e mesmo o entusiasmado filosofar tucanófilo do final da década de 1990 era entusiasticamente conformado, essencialmente despretensioso, pragmático e conciliador. Já os nossos períodos de governo autoritário, tanto os mais recentes quanto os mais antigos, careceram de ideólogos: durante a última ditadura (1964-1985), como muita gente já deixou registrado, a hegemonia intelectual era inegavelmente de esquerda. Os milicos não precisavam de intelectual de estimação, o regime não tinha opiniões sobre os rumos da cultura ocidental, e até a filha do funcionário do Departamento de Ordem Política e Social (Dops) era famosamente fã de Chico Buarque.[166] Isso sim é que é um Estado laico! Vem daí, afinal, a necessidade de completar o serviço...

De todo modo, chega a ser engraçado que, enquanto do lado do progressismo contemporâneo temos o universalismo realmente existente que dispensa pensadores, do outro lado temos a promessa — que alguém poderia chamar de utópica — de usar o lugar político de comando para a implementação dos pensamentos certos, utilizando a premissa moderna de que a realidade pode ser transformada numa determinada direção através do exercício do poder concentrado pelo aparato estatal. É que o orgulho específico dos partidários do universalismo realmente existente não repousa nos seus valores civilizados — embora prestem homenagem verbal a eles —, mas em sua habilidade para governar; em contraste, como testemunhou o próprio Jair Bolsonaro em declarações conhecidas e reverberadas, ele e os seus nunca tiveram nenhuma aptidão para o governo,[167] e o

166 Chico Buarque, "Jorge Maravilha". *In*: Chico Buarque, *O Banquete dos Mendigos*. Rio de Janeiro: RCA, 1974.

167 "Bolsonaro diz que sofre pressão para tentar reeleição em 2022", *Valor Econômico*, 8 abr. 2019.

papel histórico de seu mandato teria sido o de desconstruir, e não de criar.[168] Ao mesmo tempo, essa perspectiva maljeitosa era caracterizada como uma "revolução que estamos vivendo", a qual "em grande parte" devia-se às ideias de Olavo de Carvalho. O que está em questão, no fim das contas, é a realização mundana das boas ideias.

É hora do almoço

No discurso recente dos progressistas, chamam atenção a evocação da "autoridade científica" e o apelo à "crença na ciência". Esse vocabulário curioso destoa de um espírito cético que parte do Iluminismo francês havia procurado explorar, e que dizia respeito a um poder propriamente científico de destruir as autoridades estabelecidas e as crenças inamovíveis, devido à enxurrada perpétua de novidades. Mas a escolha de palavras dos progressistas contemporâneos que se distancia dessa perspectiva não é acidental, mas sim perfeitamente adequada a todos os momentos da história moderna em que os especialistas, com seus gráficos enganosamente simples e o branco ofuscante dos seus jalecos, estiveram do lado da violência tecnológica ou exigindo das pessoas comuns que aceitassem verdades desvantajosas. As teorias eugênicas, a superioridade racial dos brancos, a inferioridade cognitiva das mulheres, a inviabilidade contábil do Estado de bem-estar, os modelos históricos que dizem que tudo sempre foi igual e assim permanecerá, a tecnologia de administração populacional durante o Holocausto, o risco calculado de criar uma reação em cadeia infinita quando da primeira detonação nuclear, as rotinas de tortura padronizadas pela CIA, os experimentos com material tóxico promovidos pela DuPont em seus funcio-

168 "Nós temos é que desconstruir muita coisa, diz Bolsonaro durante jantar", *Valor Econômico*, 18 mar. 2019.

nários: a cada vez, o establishment científico pronunciou-se e assinou embaixo, e conclusões foram emitidas, muito embora os processos propriamente científicos usados para produzi-las fossem completamente opacos para as pessoas comuns. Esses processos — aquilo que poderia ser chamado de descoberta científica — ocorrem por trás das muralhas sempre crescentemente mais inexpugnáveis da sofisticação técnica e da divisão social do trabalho. O corte racial, de gênero e de classe dos pesquisadores soma-se aos interesses dos financiadores para produzir um discurso com uma marca sociológica muito precisa, mas um aspecto indiferentemente autoritário. A divulgação científica e o estímulo à ciência obedecem lógicas obscuras, que fazem com que os enunciados científicos tenham, objetivamente, o aspecto de enunciações oraculares — as quais Francis Bacon (2000e) defendia que deveriam ser o mais diferentes possível da linguagem das pessoas comuns. *Às vezes*, essas enunciações estão do nosso lado, ideologicamente falando, como no caso da ciência do clima, o materialismo dialético etc. *Sempre*, entretanto, são membros de *nossa* classe que as operam, mapeiam, interpretam, implementam, emitem.

Dado aquele aspecto de revelação, não é estranho que, mais cedo ou mais tarde, as demandas para que as pessoas comuns aceitem a verdade da ciência assumam o caráter do insulto. Quem "não acredita" na ciência é estúpido; a alternativa a dizer isso seria, de fato, explicar a ciência, o que é impossível para quem não tem muito tempo sobrando e conhecimento prévio, de tal modo que, na prática, é o perfil de classe que determina os fundamentos daquela crença. Quando levamos em conta a questão da religião, isso fica ainda mais evidente. Aqueles que, segundo o jargão progressista, se deixam levar pelo discurso "medieval" dos pastores etc. são os mesmos que precisam da própria igreja e da comunidade em torno dela para ter o que ler, o que cantar, com quem conversar, aonde ir no fim de semana, com quem pegar dinheiro emprestado. São pessoas que estão além do alcance das instituições modernas e para quem o ateísmo maníaco dos progressistas não levaria a nenhuma vantagem prática. Dessa forma, diferentemente dos progressistas e dos antiprogressistas, as pessoas comuns talvez não tenham problemas de ordem estritamente cultural, porque, para quem vive nas margens da sociedade moderna, não ocorre realmente uma separação entre, de um lado, as ideias defensáveis e indefensáveis e, de outro, a reprodução material. Esse, no fim, é o pecado das populações que não têm o bom senso de se ocupar do que pensam, desejam e planejam os progressistas.

De fato, quando Marilena Chauí — nesse contexto, também um tipo ideal — ri dos autodidatas ou quando algum amigo querido vocifera contra o gado ignorante, o que vem à tona é que o conhecimento, a ciência, a cultura são contrassenhas que os membros progressistas do pacto civil moderno usam para se reconhecer. Para além do alcance dessas contrassenhas — ou seja, entre quem está dentro e quem está fora do pacto —, não há nem fala comum, nem dívida de civilidade. Repetem-se aí as condições que vigiam entre os índios canibais e Pedro II, o Pacífico: a única relação possível é a guerra. Como os frequentadores de refeições em família sabem muito bem, e os teóricos da primeira modernidade também já sabiam, muito mais do que ser um fundamento para a socialização e a civilização, a racionalidade é resultado de um acordo comum que, inexistindo, torna o "intercâmbio de ideias" impossível. Primeiro você concorda — pertence à sociedade civil, é portador de certas distinções raciais, econômicas, culturais — e só depois você conversa sobre as coisas. É assim desde Aristóteles: para ele, a política não era um atributo dos animais racionais, mas, ao contrário, a racionalidade era um atributo do animal político, de modo que os atenienses não faziam a pólis por serem racionais, mas podiam ser ditos racionais porque faziam a pólis; e os escravos não estavam fora da vida política por serem irracionais, mas podiam ser ditos irracionais porque estavam fora da vida política (Aristóteles, 1992). No limite, o astronauta Buzz Aldrin é celebrado por ter dado um soco na cara de um sujeito que negava que "o homem" houvesse chegado a Lua e chamava-o de mentiroso.[169] A alternativa seria levar o negacionista para o espaço — o que é impossível por questões contábeis, para não falar de segurança militar — ou convencê-lo a confiar nos meios de comunicação, coisa que os chamados teóricos da conspiração não estão dispostos a fazer, talvez seguindo os passos dos próprios progressistas que, por muito tempo, ocuparam sozinhos o posto de vanguarda crítica da ideologia e denunciadora das mentiras contadas na TV.

No news is good news

O negacionismo anticientífico e a desconfiança da mídia têm o mesmo fundamento sociológico. O caráter autoritário do aparato tecnológico de informação frente às pessoas comuns é tão incontornável quanto o caráter oracular da divulgação científica — independentemente do posicionamento que sai da boca do âncora de TV. Além do jornalismo investigativo que obedece aos parâmetros empiristas da verificabilidade, sempre se chega ao plano das coisas que realmente importam, onde vige a opacidade social normal da modernidade: os interstícios da negociação política, a incompreensível capacidade de acumular e exercer poder por parte do Estado. Estamos, novamente, no âmbito da incontornável e determinante divisão social do trabalho — as informações privilegiadas trocadas com fontes exclusivas por informantes com circulação livre em esferas que, para os meros mortais, são inacessíveis; os gabinetes onde se entra por amizade; as reuniões em que se penetra por indicação; as entrevistas que se obtêm por troca de favores etc. Numa lei-

169 "Conspiracy Theorists Destroy a Rational Society: Resist Them", *Financial Times*, 14 jan. 2021.

tura de Roberto Schwarz, o pano de fundo dos noticiários televisivos, onde se veem os bastidores repletos de máquinas e de trabalhadores, busca revestir essa opacidade com uma aura de objetividade científica, cujo sentido, contudo, não é outro que a demonstração do poder econômico necessário para fazer girar as engrenagens da informação. É preciso acreditar nas notícias porque é impossível à maioria de nós produzi-las e difundi-las na escala que está ao alcance dos jornalistas predominantemente brancos e de classe alta e das megacorporações que, obedecendo sabe-se lá a que critérios, resolveram empregá-los.

Objetivamente, isso significa que qualquer informação, mesmo a acurada, tem o aspecto de verdade revelada. Mas também os próprios fatos narrados são indistinguíveis de conspirações. Quando a CIA envia secretamente um esquadrão de elite num helicóptero para dentro do território paquistanês sem se comunicar com o governo desse país, de modo a assassinar um sujeito chamado Bin Laden, e depois dispõe do corpo como bem entende, sem sofrer nenhuma sanção internacional, a realidade desse acontecimento se torna indiferente: a escala do poder envolvido torna a veracidade da informação irrelevante. Cada membro do público que assiste à reportagem a esse respeito poderia, objetivamente, estar no lugar de Bin Laden: ser desaparecido, raptado, assassinado, ter o cadáver ocultado, perecer a tiro ou esganado sob os joelhos de um oficial qualquer, de uniforme ou não — como sabem muito bem as populações economicamente supérfluas. Da mesma forma, um caso como o Irã-Contras, em que a CIA facilitava a venda ilegal de armas para o regime iraniano de modo a financiar, também ilegalmente, grupos paramilitares na Nicarágua, coloca no chinelo qualquer assim chamada "teoria da conspiração". E o infeliz que tem contato com o público de classe média estadunidense sabe do ceticismo que afeta mesmo os "liberais" diante do envolvimento da CIA nos golpes militares da América do Sul. No fim das contas, as inúmeras mediações envolvidas no processo de obtenção das informações a respeito dessas tramoias, bem como a própria natureza mirabolante dos planos, tornam-nos tão incríveis para a pessoa comum quanto histórias sobre ovnis. Parafraseando Wilhelm Reich, o grande mistério não é de onde vieram os negacionistas e os conspiracionistas, mas o que fundamenta a crença das pessoas de bem nas coisas que realmente aconteceram.

Contracultura

Do ponto de vista sociológico, o que há de errado é o fundamento irracional da sociabilidade racional. Por causa dos códigos de conduta, da branquitude e da divisão do trabalho, a crença na ciência e no noticiário é fácil e natural para a classe que a produz, e não para as demais classes. O discurso progressista atribui um valor universal para os produtos da atividade dessa classe, na esteira das primeiras elites letradas modernas, que se denominaram nada mais nada menos que *humanistas*. Mas essa retórica não é nem de longe suficiente para eliminar o gesto classista e arbitrário que instaura a modernidade cultural. A própria divisão social do trabalho, que determina o aspecto oracular da ciência e das notícias, remete ao caráter restrito do pacto civil moderno e à guerra civil declarada. As pessoas comuns convivem com isso há séculos e tocam a vida como dá, numa mistura de pragmatismo, desespero, autoconvencimento e contravenção. Já os antiprogressistas voltam àquele caráter alquebrado contra o próprio pacto civil: os inimigos específicos de seu discurso paranoico — gayzistas, feministas, comunistas, pedofilistas, corruptos, racistas reversos etc. — não são membros da massa economicamente supérflua, mas cidadãos ameaçadores.

É claro, o elemento policialesco de combate à "criminalidade" e o racismo intrínseco do antiprogressismo tornam-no partícipe da guerra civil moderna tradicional, desencadeada contra as pessoas comuns sem posses nem nome de família — mas é que essa guerra está ganha. É por isso, aliás, que é possível e necessário expandir o *front* para cima dos cidadãos progressistas. Essa lógica foi profeticamente explicada pelo filme *Tropa de Elite 2*, que tão generosamente contribuiu para a autoconsciência genocidária brasileira. Depois de passar dois filmes inteiros matando e torturando negros economicamente supérfluos numa guerra às drogas irracional porém inevitável, o homem de preto narrador avisa: "o inimigo agora é outro". E é assim que, ao longo do filme, o maconheiro da PUC é estapeado, a mocinha branca da ONG é executada, o rapaz metido com política que vendia drogas é queimado vivo, e o sobrevoo final mostra a estética modernista do Congresso Nacional, numa alusão aos progressistas então governantes.

Mas o antiprogressismo se volta contra a cidadania desde dentro: da mesma forma que o progressismo, a condição de possibilidade para o antiprogressismo é a distinção socioeconômica daqueles que o proferem. São oriundos do meio social dos cidadãos no sentido estrito: suas roupas, seu endereço, sua cor garantem que suas declarações antiprogressistas não terão consequências práticas violentas. Ademais, conhecem o bastante da cultura progressista para entender e emular sua aura: frequentaram a escola pelo menos o mínimo suficiente para aprender a representar suas ideias a respeito da realidade com autoridade e entusiasmo. Vale para o antiprogressismo o que Theodor Adorno (2008) disse a respeito da astrologia: deve sua existência à tendência do indivíduo educado a aceitar formulações sistemáticas repetidas com vigor, combinada à opacidade do funcionamento social — do Estado e do governo tanto quanto da ciência e da mídia — e à impossibilidade de dar um uso prático para a razão, a qual os próprios progressistas atestam com seus universais capengas do presente ou perpetuamente adiados do futuro.

Assim, a origem do antiprogressismo está na repetição da arbitrariedade do progressismo: gente que simplesmente ousa desprezar a alta cultura progressista porque ela pode ser desprezada e porque é possível instaurar outras referências culturais na base da mera convenção. O que faz com que os progressistas passem raiva é exatamente isto: o fato de que, no fundo, a tradição progressista não era sustentada por seu valor intrínseco, e seu monopólio da cultura pode ser destruído facilmente por um monte de autodidatas com celulares mais ou menos baratos e uma certa quantidade de tempo de conexão.

No entanto, embora armados de uma forma de cultura tanto quanto os progressistas, os antiprogressistas tiveram mais sucesso que eles — incluindo os radicais, que são, no máximo, um nicho e não elegeram presidente — em representar a falsidade do pacto social moderno para as pessoas comuns. Esse é o lado dito populista da estética bolsonarista: o vocabulário escrachado, o gestual alterado, o jeito escroto de falar, as imagens simplistas procuram sempre evocar o clima de uma reunião familiar em que todos são pessoas comuns odiando juntas os malditos da vez. Quando, em novembro de 2018, depois da oficialização de sua vitória nas urnas, Bolsonaro deu uma coletiva em mangas de camisa, com os microfones apoiados numa prancha de bodyboard,[170] seu desrespeito pela "misancene" usual foi perfeitamente adequado à consciência social que, em contato imediato com a precariedade social constitutiva da periferia do capitalismo, havia acompanhado o processo esculachado do impeachment e o colocado lado a lado com as citações em latim e a pose canastrona de Michel Temer. Nesse sentido, o antiprogressismo comunica-se com a indelével percepção das contradições e dos limites da civilização moderna — contradições que os progressistas desejam resolver positivamente e limites que pretendem sempre adiar mais um pouco, enquanto o dia D não chega.

170 "Coletiva de Bolsonaro foi improvisada em cima de prancha de bodyboard", *UOL*, 1º nov. 2018.

É claro, entretanto, que esse populismo de direita tem limites muito curtos. Como já ensinou Roberto Schwarz, o luxo de obedecer e desobedecer à regra moderna é reservado aos poderosos: a desfaçatez é um privilégio de classe. O mundo em que o presidente sociopático fala de jeito afrontoso e se veste com simplicidade é o mesmo mundo em que a UPP Social promete ensinar as pessoas a falar e se vestir de modo a não serem confundidas com bandidos e assassinadas pela polícia (Oliveira, 2013b). O próprio impeachment — novamente, numa leitura de Schwarz — opera no mesmo registro descarado: o desrespeito às regras políticas de uma sociedade caqueirada "não favorece igualmente o campo popular e o campo das elites".[171] E, no fim das contas, depois da performance antiprogressista, a nova direita faz uso da estrutura de governo do Estado moderno.

Assim, por um lado, é verdade que os antiprogressistas, e aqueles que os escutam, parecem ter perdido a fé nas instituições modernas. Mas essa perda de fé tem, no fundo, certa afinidade com a crítica imanente dos progressistas: enquanto estes últimos acreditam que a sociedade moderna *em algum momento* ficará à altura de si própria, os antiprogressistas acreditam que essa civilização já foi decente *um dia*. Por um lado, denunciam com palavras ou na prática a falsidade daquilo que os progressistas dizem ser o caráter propriamente moderno dessa sociedade: o universalismo e todas as suas derivações, desde o caráter laico do Estado até o globalismo, os direitos humanos, a separação entre o público e o privado, a igualdade de raça e de gênero etc. Por outro lado, evidentemente têm uma visão de mundo centrada na pequena e média propriedade privada, pautam-se

171 Fala de Roberto Schwarz no ato público "Professores contra o impeachment e pela democracia", Faculdade de Direito da Universidade de São Paulo, 16 dez. 2015. Como todos sabem, mesmo se, eventualmente, vingasse algum dos inúmeros pedidos de impeachment contra Bolsonaro, o que estaria em jogo seriam acordos escusos entre *players* de alta patente... E é isso que se vê, afinal, na atuação política do Judiciário desde janeiro de 2023.

numa forma de vida e num conjunto de ideias que são as dos brancos e aderem a uma concepção ao mesmo tempo individualista e policialesca de sociedade, o que é inviável sem um Estado moderno forte tomando conta das fronteiras, regulando o sistema bancário, dando isenção de impostos para fabricantes de armas de fogo, reprimindo protestos do movimento civil etc.: sendo antiprogressistas, não são realmente antimodernos. E, no fundo, da mesma forma que os progressistas, têm seu próprio apreço secreto pela primeira das "décadas de ouro" do pós-guerra: não pelo advento do Estado Social, mas porque, então, as pessoas andavam com o cabelo arrumado, podiam ter casa própria e os *hippies* ainda não existiam.

Facções

Quando uma estrutura de governo moderna se combina ao escancaramento antiprogressista dos limites do pacto civil moderno e da arbitrariedade de seu fundamento, o resultado é um governo que tem lado. No fim das contas, ainda que não o reconhecessem, os antiprogressistas procuraram dar um determinado sentido à administração estatal moderna. Por um lado, essa administração estatal estava determinada pela exacerbação da performance privatista e monetarista do período anterior. Por outro lado, havia princípios especificamente antiprogressistas por trás dessa operação. A velha percepção de classe média, de que os critérios de utilidade econômica, estreitíssimos, ameaçam expulsar parte dos cidadãos dos círculos da cidadania, combina-se com um desgosto ou uma indiferença diante dos serviços estatais que, tradicionalmente, os cidadãos obrigaram a sociedade como um todo a prestar a eles mesmos. A implicância insistente com a tradicional hegemonia progressista nos ambientes da educação superior, das artes e das ciências reflete a consciência de que parte dos progressistas já teria decaído para o plano dos despossuídos matáveis, não fosse o gasto de recursos públicos. Sem participarem desse universo e sentindo-se difusamente oprimidos por uma lógica social opaca, revoltam-se contra a carga tributária, a corrupção, a Lei Rouanet etc. Do outro lado, os progressistas sem financiamento, preocupantemente desprovidos de perspectivas, falam da inviabilidade de sua forma de vida e de seus valores como se fosse o colapso da civilização ocidental, enquanto as pessoas comuns, historicamente arrastadas para dentro dessa civilização a contragosto, só ocasionalmente podem perceber se existem ou inexistem políticas públicas de cultura.

O projeto de inanição dos profissionais da cultura, bolsistas de pós-graduação, professores etc. e a tentativa de promover legislação para controle dos costumes não esgotam a luta contra os inimigos onipresentes. O governo esquerdista anterior, embora de modo precário, realmente permitiu a instauração de uma Comissão Nacional da Verdade, desenvolveu estratégias de administração humanística da barbárie, contava com ex-guerrilheiros entre seus quadros. Ou seja: também tinha lado. A beligerância discursiva que resulta dessa leitura de mundo flerta com o quadro pré-moderno de luta facciosa em que todas as forças políticas se digladiavam em pé de igualdade: de acordo com o vocabulário e o alarmismo empregados, os esquerdistas, gayzistas etc. são partes atuantes numa guerra civil de fato. Contudo, evidentemente, por causa da indestrutibilidade do Estado moderno, o momento primitivo de guerra de todos contra todos é irrecuperável.

Assim mesmo, a manutenção do discurso paranoico conviveu com um cuidadoso entrincheiramento político: a repetição de posicionamentos infames a respeito do que quer que seja, de modo a mobilizar uma reação da opinião pública progressista, que por sua vez, mesmo depois da vitória em 2022, retroalimenta a zanga dos vinte e poucos por cento do eleitorado que se identificam com o bolsonarismo em quaisquer mundos possíveis. Ao lado dessa estratégia ideológica, desenvolveu-se uma outra, com consequências práticas significativas: a reconfiguração e a politização das forças policiais. Aí, o escancaramento da guerra civil e a desfaçatez da tomada de lado adquiriram configurações bastante concretas. É nesse sentido que deve ser entendida a criação de uma polícia legislativa com atribuições duvidosas, funcionando num limbo institucional, mas desempenhando funções investigativas,[172] e também o inchaço da Força Nacional e seu emprego em operações dos mais diversos tipos, inclusive em substituição das corporações institucionalmente configuradas para atuação no sistema carcerário ou na segurança ambiental. Ao mesmo tempo, assistimos ao desenvolvimento de laços especiais entre as polícias militares e o governo federal. Propagou-se um discurso favorecendo a atuação inimputável dos agentes e forçando uma tensão política com o Legislativo através do projeto de lei do excludente de ilicitude.[173] Tentou-se criar, através da mobilização de recursos da Caixa Econômica Federal, vínculos econômicos entre a União e as forças policiais estaduais, promovendo uma linha de crédito especial.[174] Finalmente, são abundantes os indícios de uma relação entre o bolsonarismo e as organizações paraestatais milicianas, sabidamente operadas por ex-integrantes das polícias militares, bombeiros etc. Quer dizer: quando a nova direita escancara o quadro de crise do pacto civil, o aparato estatal moderno começa a atuar como uma facção, projetando sua capacidade de exercer poder para fora do quadro institucional em torno do qual o pacto civil se organiza.

172 "Bolsonaristas da CPI reclamam de artigo, e Polícia do Senado abre investigação contra colunista da *Folha*", *Folha de S. Paulo*, 25 maio 2021.
173 "Bolsonaro diz que é difícil excludente de ilicitude passar no Congresso", *O Estado de S. Paulo*, 1º mar. 2021.
174 "Em novo aceno para a base, Bolsonaro prepara crédito imobiliário subsidiado para policiais", *Folha de S. Paulo*, 10 jun. 2021.

Isso é diferente do que normalmente se chama de aparelhamento: a indicação de superintendentes, fiscais, ministros do Supremo Tribunal Federal para garantir, dentro do funcionamento institucional normal, a defesa dos seus. De fato, o contexto brasileiro admite variações bastante coloridas dessa ideia. Alguns anos atrás, um importante quadro petista fez uma interessante análise dos famosos "erros do PT". Em outras palavras, disse que, na prática, a corrupção é endêmica e a acochambração das contas públicas, incontornável; por isso, o lulopetismo havia investido num Ministério Público e numa Polícia Federal independentes, para que, no momento inevitável em que se produzisse — por interesses políticos — um escândalo qualquer, o centrão ficasse com medo de ser tragado pela tempestade de merda e, então, acabasse optando por manter o pacto petista funcionando. Eis uma saída mais sofisticada que o aparelhamento, e um raciocínio político de interesse para nossos presentes questionamentos: por um lado, modernizam-se as expressões investigativa e punitiva do aparato estatal, de modo a tornar arriscado demais produzir uma quebra do pacto civil; por outro, realiza-se essa modernização apenas para manter a precariedade administrativa funcionando de maneira indetectável: permite-se à sociedade que trate como inexistente a falência das instituições em torno das quais o pacto civil existe, no interesse da evitação de uma transição de poder. Na perspectiva do progressismo disposto a governar, é preciso que tenha lugar alguma forma de simulação de normalidade.

Em contraste, a nova direita flerta com a possibilidade de abrir mão dessa simulação sem, ao mesmo tempo, trazer à luz a real natureza do anormal. O pacto civil é representado como repousando em uma mentira por causa do esquerdismo, do gayzismo ou de algo que o valha; por isso, já existiria uma guerra civil em curso, e a preparação de terreno para uma quartelada policialesca generalizada representaria apenas um capítulo qualquer de uma normalidade já belicosa. Ao mesmo tempo, Bolsonaro é incorruptível, e o movimento das engrenagens do maquinário administrativo é algo de que ele confessa não entender nada — não lhe diz respeito, para isso existe uma equipe tecnicamente competente etc. O acordo tácito em torno da noção de uma operação estatal perfeita é mantido incólume, e a ideia de precariedade cívica é deslocada para o plano ideológico. Junto ao colo de um Estado moderno minimizado e penal, um pacto civil imaginário se estabelece entre pessoas de bem, contra os progressistas que cumpre deslocar — e, também, contra os economicamente inúteis, o que, contudo, não é novidade.

Os comedores de salsichas

O antiprogressismo apela ao ceticismo das pessoas comuns diante da ciência, da mídia, do pacto civil e da administração estatal modernos; com isso, ironicamente, remete a um interesse na verdade. Entre nós, a derrocada do lulopetismo, no momento em que o projeto progressista alcançava seu ápice e seu limite, e a eleição de Bolsonaro e de figuras como ele remetem a uma vontade de ver o circo pegar fogo — não mais de escutar alguém dizendo que as coisas vão melhorar, de que é só uma questão de jogar o jogo direito, mas de que é preciso virar a mesa com as cartas e tudo. Esse ceticismo — que a apertada vitória pan-progressista em 2022 mostra não ser efêmero — foi mobilizado pela direita porque, apesar da popularidade da ideia de revolução nos reduzidos círculos progressistas radicais, sua inteligência dialética apela continuamente aos termos da modernidade, de modo que só os especialistas entendem sua diferença diante de um progressismo *latu sensu* combinado a um banditismo comum.

Ao mesmo tempo, a resposta ao interesse das pessoas comuns na alquebrada verdade da modernidade é uma espécie estranha de populismo epistemológico, um fenômeno estritamente cultural. Existem coisas muito mais importantes na vida do que representações adequadas e, enquanto o jogo de administração da barbárie está funcionando de maneira minimamente satisfatória, pouco importa se o fundamento do pacto social é verdadeiro ou falso — ou mesmo o preço que se paga em termos de vidas economicamente supérfluas. Afinal, em todos os regimes possíveis, o caráter exterminista da administração pública fica evidente, a existência palpável de um pacto civil limitado sempre está presente para todo mundo o tempo inteiro, de modo que a vontade de ver a afirmação explícita dessa violência onipresente tem, no fundo, o caráter de uma excrecência masoquista.

Essa ideia de um comportamento eleitoral perverso permite-nos entrar num plano afetivo de discussão que não costuma ter lugar nos esquemas racionais dos progressistas, mas no qual residem diferenças irredutíveis entre as últimas experiências políticas brasileiras. A superioridade condescendente de FHC; o entusiasmo deslumbrado de Lula; a falta de jeito de Dilma, possível enquanto dura a bonança; a cortesia cadavericamente enrijecida de Temer; a arrogância propositalmente grosseira de Bolsonaro são posicionamentos determinados diante da questão da norma civilizada que encarnam, no plano dos caráteres, pensamentos a respeito da modernização. No lulopetismo da primeira edição, a propaganda centrada na possibilidade de uma fruição despreocupada combinava-se às discussões sobre renda mínima, a políticas de desoneração e estímulo ao consumo, à ideia de uma prazerosa abundância e à imagem de um presidente muito contente consigo mesmo. A especificidade do afeto que essa propaganda evoca nas pessoas não é desprezível. Aconteciam coisas que nunca haviam acontecido neste país; não se tratava de técnica, mas de milagre. De um ponto de vista psicológico, não surpreende que a amarga decepção com essa magia da satisfação material tenha exigido, em seguida, a entrega ao deleite com um comportamento via de regra desleixado, frequentemente odioso e muitas vezes brutal. Em comparação, a figura de Fernando Haddad, evocando a ideia progressista da manutenção de uma administração competente contra a irracionalidade bárbara, nas eleições de 2018, não proporcionava nenhuma satisfação imediata e talvez fosse indistinguível da tecnofilia tucana cuja consequência é, afinal, o abraço presunçoso do universal realmente existente.

Talvez sejam justamente as finalidades especificamente modernas do governo que, desde a era FHC, as pessoas comuns parecem consistentemente recusar. Mais profundos do que a vontade de ver a nova direita falando a verdade a respeito do pacto civil detonado talvez sejam o pragmatismo diante de um pacto moderno desvantajoso, o simples descrédito da administração social racional, a má vontade frente ao Estado moderno. Nesse sentido, a satisfação psíquica com imagens não é pueril: ela é tão mais importante quanto menos lhe dão atenção as análises políticas sérias, orientadas pelos valores racionais progressistas, as questões de conjuntura, frações de classe etc.

Aquela má vontade tem várias expressões, e talvez a mais eloquente seja a maneira como a vida privada entra no discurso político — especialmente na tematização da família e do mérito pessoal, algo com que o antiprogressismo sabe dialogar. Esses temas foram privilegiados por uma interessante pesquisa promovida pelo PT em 2017, em resposta à qual os habitantes das periferias paulistanas puderam deixar claro seu desinteresse nas ações no âmbito público, experimentadas sempre como precárias e insuficientes, e sua percepção do Estado como uma espécie de inimigo das pessoas comuns, devido à imposição contínua de obrigações, impostos, restrições, más notícias etc.[175] A função do governo, nessa visão, deveria ser proporcionar a exis-

175 "Percepções e valores políticos nas periferias de São Paulo", Fundação Perseu Abramo, 2017.

tência de uma realidade econômica suficientemente dinâmica para que as pessoas pudessem cuidar da própria vida.

Segundo a perspectiva progressista radical, trata-se de uma posição equivocada e retrógrada. Especialmente desde o *Dezoito de brumário*, as pessoas comuns que pensam na vida privada são vistas com desdém: impedidas, por debilidade intelectual e imaginativa, de antecipar as maravilhas de um Estado socialista, ficam condenadas a desprezar as mediações históricas e deixar-se levar por qualquer oferta imediata de linguiças. De fato, já a grande Revolução Francesa, mãe de todas as promessas progressistas, teria tido seus rumos propriamente modernos embarreirados pela preocupação campesina com a reforma agrária e a propriedade privada, em detrimento da fixação de garantias sociais a serem entregues pelo Estado: o direito ao trabalho, à educação, à assistência etc.

Essas alusões setecentistas e oitocentistas, pelas quais o imaginário progressista está colonizado, caracterizam-se pela ausência de qualquer tensão interna *contra* o processo moderno. Por isso, são surdas aos aspectos mais radicais daquelas impressões populares inamovíveis que, século após século, invariavelmente frustram as expectativas dialéticas. Se voltamos nossos olhos para o século XVI, onde toda essa desgraceira começou, temos a chance de refrescar nossa memória a respeito dos motivos pelos quais as pessoas comuns teimam em recusar as generosas propostas da modernidade. Ali, na época em que o cercamento dos campos espalhava a miséria, e o genocídio dos vagabundos começava a criar problemas demográficos, a Coroa inglesa aprovou as infames Leis dos Pobres, as quais previam, em suma, o armazenamento de pessoas em oficinas de trabalhos forçados e a distribuição de alimentos. Não era incomum, entretanto, que os comboios que carregavam os grãos a serem distribuídos pelos comissionários da Coroa fossem atacados e apropriados pelas pessoas comuns, que então se encarregavam de realizar a distribuição com as próprias mãos. Do ponto de vista administrativo, esses ataques eram, evidentemente, desnecessários e contraproducentes. Por outro lado, o ser humano vinha desenvolvendo, há um milhão de anos, o hábito de prover o próprio alimento através da lida direta com a terra, e a ideia de conferir ao Estado um lugar de mediação para a subsistência não parecia, compreensivelmente, muito animadora.

Da mesma forma, é interessante observar o caráter de satisfação imediata envolvido nas negociações políticas e nos numerosos episódios de rebeldia, que foram incessantes até o advento dos exércitos nacionais. Na já citada Carta das Florestas, o que o populacho participante da Guerra dos Barões garantiu para si mesmo não foi que alguém lhe desse comida, ou lhe vigiasse as ovelhas, ou lhe desse trabalho, mas que ninguém o impediria de acessar os recursos necessários para que, com suas próprias mãos, fosse produzido todo o necessário para sua subsistência. Ademais, no lugar do que os modernos chamariam de luta política, o que se estabelecia era um regime de vida diferenciado. As rebeliões populares mais famosas, que mobilizavam o imaginário das pessoas comuns por gerações a fio, não eram apenas aquelas em que se alcançavam importantes vitórias na manutenção ou na restauração do acesso direto à terra, mas eram também aquelas em que os rebeldes se divertiam às pampas assaltando as despensas da aristocracia, bebendo seu vinho e comendo seu presunto, de pernas para o ar o verão inteiro, em vez de labutar. O ponto de chegada dessa política primitiva, pré-moderna, era a satisfação direta e imediata de necessidades. Para desgosto dos progressistas, essa exigência ao mesmo tempo pueril e perfeitamente razoável ainda se encontra na mentalidade das pessoas comuns, que, diante dos ouvidos moucos dos dialéticos, vão encontrar quem as escute no pentecostalismo e no populismo antiprogressista de direita.

De fato, nos meios propriamente progressistas, o "populismo" só evoca repugnância. Isso é curioso. Em conjunção com esses sentimentos, o que o termo denota é a ideia de que fazer exatamente aquilo que as pessoas comuns gostariam que fosse feito é estruturalmente contrário à administração pública responsável — algo que diz mais a respeito da natureza da "governança" moderna do que sobre o caráter dos populistas. Mas, se é possível ganhar uma eleição com promessas tecnicamente inadequadas, isso também significa que, no fim das contas, através de suas relações com o aparato moderno, as pessoas comuns — originalmente modernizadas a contragosto, como mostra a história da colonização e da acumulação primitiva — buscam finalidades não modernas. Depois de todo esse tempo, merecem, no mínimo, uma menção honrosa pela tenacidade.

Referências

ADORNO, Theodor. *As estrelas descem à Terra: a coluna de astrologia do* Los Angeles Times *— um estudo sobre superstição secundária*. Trad. Pedro Rocha de Oliveira. São Paulo: Editora Unesp, 2008.

ADORNO, Theodor W. & HORKHEIMER, Max. *Dialética do esclarecimento*. Trad. Guido Antonio de Almeida. Rio de Janeiro: Zahar, 1985.

AGRICOLA, Georgius. *De Re Metallica, Translated from the First Latin Edition of 1556*. Nova York: Dover, 1950.

ANDERSON, Perry. *Lineages of the Absolutist State*. Londres: Verso, 2013.

APPLEBY, John C. "War, Politics and Colonization, 1558-1625". *In*: CANNY, Nicholas. *The Oxford History of the British Empire*, v. 1, *The Origins of Empire*. Oxford: Oxford University Press, 2001.

ARANTES, Paulo. *Sentimento da dialética na experiência intelectual brasileira*. Rio de Janeiro: Paz e Terra, 1992.

ARANTES, Paulo. *Diccionario de bolso do Almanaque Philosophico Zero à Esquerda*. 5. ed. Petrópolis: Vozes, 1998.

ARANTES, Paulo. "A fratura brasileira do mundo". *In*: ARANTES, Paulo. *Zero à esquerda*. São Paulo: Conrad, 2004.

ARANTES, Paulo. *Extinção*. São Paulo: Boitempo, 2007.

ARISTÓTELES. *The Politics*. Londres: Penguin, 1992.

AYTO, John & CROFTON, Ian (org.). "Bomb Them Back into the Stone Age". *In*: AYTO, John & CROFTON, Ian (org.). *Brewer's Dictionary of Modern Phrase & Fable*. 2. ed. Londres: Chambers, 2009. Disponível em: https://tinyurl.com/2vbmmvht.

BACON, Francis. *Essais du chevalier Bacon, chancelier d'Anglaterre, sur divers sujets de politique et de morale*. Paris: Emery, 1704.

BACON, Francis. *The Works of Francis Bacon*, v. 4. Londres: [s.e.], 1711.

BACON, Francis. "An Advertisement Touching a Holy War". *In*: BACON, Francis. *The Works of Francis Bacon, Baron of Verulam, Viscount St. Albans, and Lord High Chancellor of England*, v. 3. Londres: W. Baynes and Son, 1824, p. 472-91.

BACON, Francis. *Novum Organum*. Trad. Alfred Lorquet. Paris: Hachette, 1857a.

BACON, Francis. *The Works of Francis Bacon*, v. 7. Org. James Spedding. Boston: Houghton, Mifflin and Company, 1857b.

BACON, Francis. *The Works of Francis Bacon*, v. 11. Org. James Spedding. Boston: Houghton, Mifflin and Company, 1857c.

BACON, Francis. *The Works of Francis Bacon*, v. 1. Org. James Spedding, Robert Ellis & Douglas Denon Heath. Londres: Longman, 1858.

BACON, Francis. "Advice about the Charterhouse". *In*: MONTAGO, Basil (org.). *The Works of Francis Bacon, Lord Chancellor of England*, v. 2. Filadélfia: Parry and McMillan, 1859.

BACON, Francis. "The Advancement of Learning". *In*: HUTCHINS, R. M. (org.). *Great Books of the Western World*, v. 30. Chicago: University of Chicago Press, 1952a.

BACON, Francis. "The New Atlantis". *In*: HUTCHINS, R. M. (org.). *Great Books of the Western World*, v. 30. Chicago: University of Chicago Press, 1952b.

BACON, Francis. *Novum organum ou verdadeiras indicações acerca da interpretação da natureza; Nova Atlântida*. Trad. José Aluysio Reis de Andrade. São Paulo: Abril Cultural, 1979.

BACON, Francis. *Essays*. Prometheus Books: Nova York, 1995.

BACON, Francis. "Plan of the Great Renewal". *In*: BACON, Francis. *The New Organon*. Org. Lisa Jardine & Michael Silverthorn. Cambridge: Cambridge University Press, 2000a.

BACON, Francis. "Preface to the Great Renewal". *In*: BACON, Francis. *The New Organon*. Org. Lisa Jardine & Michael Silverthorn. Cambridge: Cambridge University Press, 2000b.

BACON, Francis. "Preface to the New Organon". *In*: BACON, Francis. *The New Organon*. Org. Lisa Jardine & Michael Silverthorn. Cambridge: Cambridge University Press, 2000c.

BACON, Francis. "The Great Renewal". *In*: BACON, Francis. *The New Organon*. Org. Lisa Jardine & Michael Silverthorn. Cambridge: Cambridge University Press, 2000d.

BACON, Francis. *The New Organon*. Org. Lisa Jardine & Michael Silverthorn. Cambridge: Cambridge University Press, 2000e.

BANCO MUNDIAL. *Globalization, Growth and Poverty: Building an Inclusive World Economy*. Nova York: Oxford University Press, 2002.

BARLOWE, Arthur. *The First Voyage Made to the Coasts of America, with Two Barks*. Boston: Directors of the Old South Work, 1898.

BECKETT, Samuel. *Malone Dies*. *In*: BECKETT, Samuel. *Three Novels: Molloy, Malone Dies, The Unnamable*. Nova York: Grove Press, 2003. [Ed. bras.: *Malone morre*. Trad. Ana Helena Souza. São Paulo: Globo, 2014.]

BERMAN, Marshall. *All That is Solid Melts into Air*. Nova York: Penguin Books, 1988. [Ed. bras.: *Tudo que é sólido desmancha no ar: a aventura da modernidade*. Trad. Carlos Felipe Moisés & Ana Maria I. Ioriatti. São Paulo: Companhia das Letras, 1986.]

BLOCK, David. *Mission Culture on the Upper Amazon: Native Tradition, Jesuit Enterprise and Secular Policy in Moxos, 1660-1880*. Londres: University of Nebraska Press, 1994.

BOX, Ian. "Bacon's Moral Philosophy". *In*: PELTONEN, Markku (org.). *The Cambridge Companion to Bacon*. Cambridge: Cambridge University Press, 1996, p. 260-82.

BRADDICK, Michael J. *State Formation in Early Modern England, c. 1550-1700*. Cambridge: Cambridge University Press, 2004.

BRENNER, Robert. "Agrarian Class Structure and Economic Development in Pre-Industrial Europe", *Past & Present*, n. 70, p. 30-75, fev. 1976.

BRENNER, Robert. *Merchants and Revolution: Commercial Change, Political Conflict, and London's Overseas Traders, 1550-1653*. Londres: Verso, 2003.

BRITO, Felipe. "Considerações sobre a regulação armada de territórios cariocas". *In*: BRITO, Felipe & OLIVEIRA, Pedro Rocha de (org.). *Até o último homem: visões cariocas sobre a administração armada da vida social*. São Paulo: Boitempo, 2013.

BUCHOLZ, Robert & KEY, Newton. *Early Modern England, 1485-1714: A Narrative History*. Oxford: Blackwell, 2004.

BUDÉ, Guillaume. "Guillaume Bude to Thomas Lupset". *In*: MORE, Thomas. *Utopia*. Ed. George M. Logan, trad. Robert M. Adams. Cambridge: Cambridge University Press, 2003.

CANDIDO, Antonio. "Literatura e subdesenvolvimento", *Argumento: Revista Mensal de Cultura*, v. 1, n. 1, p. 6-24, out. 1973.

CARAMAN, Philip. *The Lost Paradise: The Jesuit Republic in South America*. Londres: Sidgwick & Jackson, 1975.

CARDOSO, Fernando Henrique. *Empresário industrial e desenvolvimento econômico no Brasil*. São Paulo: Difel, 1972.

CAVE, Alfred A. "Thomas More and the New World", *Albion: A Quarterly Journal Concerned with British Studies*, v. 23, n. 2, p. 209-29, 1991.

CAVE, Alfred A. *Lethal Encounters. Englishmen and Indians in Colonial Virginia*. Santa Barbara: Praeger, 2011.

CAWDREY, Robert. *A Table Alphabeticall*. Londres: Edmund Weaner, 1604.

CHAUCER, Geoffrey. *The Canterbury Tales*. Disponível em: https://chaucer.fas.harvard.edu/pages/literary-works.

CLASTRES, Pierre. *Archeology of Violence*. Trad. Jeanine Herman. Nova York: Semiotext(e), 1994. [Ed. bras.: *Arqueologia da violência: pesquisas de antropologia política*. Trad. Paulo Neves. São Paulo: Cosac Naify, 2004.]

CLAY, C. G. A. *Economic Expansion and Social Change: England 1500-1700*, v. 1, *People, Land and Towns*. Cambridge: Cambridge University Press, 1994.

CLAY, C. G. A. *Economic Expansion and Social Change: England 1500-1700*, v. 2, *Industry, Trade and Government*. Cambridge: Cambridge University Press, 2005.

COMNINEL, George C. "English Feudalism and the Origins of Capitalism", *The Journal of Peasant Studies*, v. 27, n. 4, p. 1-53, jul. 2000.

CONCA, James. "Pollution Kills More People Than Anything Else", *Forbes*, 7 nov. 2017.

DANOWSKI, Déborah & VIVEIROS DE CASTRO, Eduardo. *Há mundo por vir? Ensaio sobre os medos e os fins*. Florianópolis: Cultura e Barbárie, 2014.

DELEULE, Didier. "Francis Bacon: réforme de l'etat ou réforme de la société?", *Revue philosophique de la France et de l'étranger*, v. 193, n. 1, p. 79-101, 2003.

DESCARTES, René. *Meditations on First Philosophy, with Selections from the Objections and Replies*. Trad. Michael Moriarty. Oxford: Oxford University Press, 2008. [Ed. bras.: *Meditações sobre filosofia primeira*. Trad. Fausto Castilho. Campinas: Editora da Unicamp, 2004.]

DEWAR, Mary. *Sir Thomas Smith: A Tudor Intellectual in Office*. Londres: Athlone Press, 1964.

DEWAR, Mary. "Introduction". *In*: SMITH, Thomas. *De Republica Anglorum*. Org. Mary Dewar. Cambridge: Cambridge University Press, 1982.

DICKENS, A. G. *The English Reformation*. Londres: Collins, 1970.

DIMMOCK, Spencer. *The Origin of Capitalism in England, 1400-1600*. Boston: Brill, 2014.

DUBOIS, Page. "Subjected Bodies, Science, and the State: Francis Bacon, Torturer". *In*: RYAN, Michael & GORDON, Avery (org.). *Body Politics: Disease, Desire, and the Family*. Boulder: Westview, 1994, p. 175-91.

DUCK, Stephen. *Poems on Several Occasions*, 1738. Disponível em: http://quod.lib.umich.edu/e/ecco/004857010.0001.000/1:11?rgn=div1;view=fulltext.

ELTIS, David & ENGERMAN, Stanley L. (org.). *The Cambridge World History of Slavery*, v. 3, *AD 1420 — AD 1804*. Nova York: Cambridge University Press, 2011.

EPSTEIN, S. R. "Craft Guilds, Apprenticeship, and Technological Change in Preindustrial Europe", *The Journal of Economic History*, v. 58, n. 3, p. 684-703, set. 1998.

FAO; Ifad; Unicef; WFP & WHO. *The State of Food Security and Nutrition in the World 2020: Transforming Food Systems for Affordable Healthy Diets*. Roma: FAO, 2020.

FEDERICI, Silvia. *Calibã e a bruxa: mulheres, corpo e acumulação primitiva*. Trad. Coletivo Sycorax. São Paulo: Elefante, 2017.

FLETCHER, Anthony & MACCULLOCH, Diarmaid. *Tudor Rebellions*. Londres: Pearson, 2008.

FÓRUM BRASILEIRO DE SEGURANÇA PÚBLICA. *Anuário brasileiro de segurança pública 2020*. São Paulo: Fórum Brasileiro de Segurança Pública, 2020.

GASCOIGNE, John. "The Religious Thought of Francis Bacon". *In*: CUSACK, Carole M. & HARTNEY, Christopher (org.). *Religion and Retributive Logic: Essays in Honour of Professor Garry W. Trompf*. Leiden: Brill, 2009, p. 202-223.

GRAHAM, Stephen. *Cidades sitiadas: o novo urbanismo militar*. Trad. Alyne Azuma. São Paulo: Boitempo, 2016.

GRIMALDO, Silvio & CARVALHO, Olavo. "O que mudou no mundo duas décadas depois? Uma conversa com Olavo de Carvalho no vigésimo aniversário de *O jardim das aflições*". *In*: CARVALHO, Olavo. *O jardim das aflições*. Campinas: Vide Editorial, 2015.

HAKLUYT, Richard. *A Discourse Concerning Western Planting Written in the Year 1584*. Cambridge: John Wilson and Son, 1877.

HARRENDORF, Stefan; HEISKANEN, Markku & MALBY, Steven (org.). *International Statistics on Crime and Justice*. Helsinki/Viena: European Institute for Crime Prevention and Control/United Nations Office on Drugs and Crime, 2010.

HARVEY, David. *The New Imperialism*. Oxford: Oxford University Press, 2003. [Ed. bras.: *O novo imperialismo*. Trad. Adail Sobral & Maria Stela Gonçalves. 2. ed. São Paulo: Loyola, 2005.]

HILL, Christopher. *Intellectual Origins of the English Revolution*. Nova York: Oxford University Press, 1980.

HILL, George. *An Historical Account of the MacDonnells of Antrim*. Belfast: Archer & Sons, 1873.

HILTON, Rodney. *Bond Men Made Free: Medieval Peasant Movements and the English Rising of 1381*. Londres: Routledge, 2003.

HINDLE, Steve. *The State and Social Change in Early Modern England, 1550-1640*. Nova York: Palgrave Macmilan, 2002.

HIS MAJESTY'S COMMISSION. *State Papers*, v. III, *King Henry the Eighth, Part 3*. Londres, 1834.

HOBSBAWM, Eric. "The General Crisis of the European Economy in the 17th Century", *Past & Present*, v. 5, n. 6, p. 33-53, maio 1954.

HOLT-GIMÉNEZ, Eric; SHATTUCK, Annie; ALTIERI, Miguel; HERREN, Hans & GLIESSMAN, Steve. "We Already Grow Enough Food for 10 Billion People... and Still Can't End Hunger", *Journal of Sustainable Agriculture*, v. 36, n. 6, p. 595-8, jul. 2012.

HOOVER, Herbert Clark. "Introduction". *In*: AGRICOLA, Georgius. *De Re Metallica, Translated from the First Latin Edition of 1556*. Trad. Herbert Clark Hoover & Lou Henry Hoover. Nova York: Dover Publications, 1950.

HOYLE, Richard W. "Rural Economy and Society". *In*: TITTLER, Robert & JONES, Norman (org.). *A Companion to Tudor Britain*. Oxford: Blackwell, 2004, p. 311-29.

HUNT, E. K. & LAUTZENHEISER, Mark. *History of Economic Thought: A Critical Perspective*. Nova York: M. E. Sharpe, 2011.

HUTCHINS, Zachary McLeod. "Building Bensalem at Massachusetts Bay: Francis Bacon and the Wisdom of Eden in Early Modern New England", *The New England Quarterly*, v. 83, n. 4, p. 577-606, dez. 2010.

JAN, Abid Ullah. "Overpopulation: Myths, Facts and Politics", *Albalagh*, 9 jul. 2003.

JARDINE, Lisa & SILVERTHORN, Michael. "Introduction". *In*: BACON, Francis. *The New Organon*. Org. Lisa Jardine & Michael Silverthorn. Nova York: Cambridge University Press, 2000.

JOÃO V, REI DE PORTUGAL. *Regimento e leis sobre as missões do estado do Maranhão, e Pará, e sobre a liberdade dos Índios*. Lisboa: Officina de Antônio Menescal, 1724.

JOHNSON, Samuel. *Dictionary of the English Language*. 2. ed. Dublin: W. C. Jones, 1768.

KANT, Immanuel. "Resposta à pergunta: Que é esclarecimento?". *In*: KANT, Immanuel. *Textos seletos*. Trad. Floriano de Sousa Fernandes. Petrópolis: Vozes, 2012.

KAUTSKY, Karl. *Thomas More and his Utopia*. Trad. H. J. Stenning. Londres: Lawrence and Wishart, 1979.

KERSEY, John. *Dictionarium Anglo-Britanicum*. Londres: J. Wilde, 1708.

KURZ, Robert. "O programa suicida da economia", trad. José Marcos Macedo, *Folha de S. Paulo*, 2 jun. 1996.

LINEBAUGH, Peter. *The Magna Carta Manifesto: Liberties and Commons for All*. Berkeley: University of California Press, 2008.

LINEBAUGH, Peter & REDIKER, Markus. *The Many-Headed Hydra: Sailors, Slaves, Commoners and the Hidden History of the Revolutionary Atlantic*. Boston: Beacon Press, 2000.

LOCKE, John. *Two Treatises of Government and a Letter Concerning Toleration*. New Haven: Yale University Press, 2003.

LOGAN, George M. & ADAMS, Robert M. "Introduction". *In*: MORE, Thomas. *Utopia*. Ed. George M. Logan, trad. Robert M. Adams. Cambridge: Cambridge University Press, 2003, p. XI-XXIX.

LOHR, C. H. "The Medieval Interpretation of Aristotle". *In*: KRETZMANN, Norman *et al.* (org.). *The Cambridge History of Later Medieval Philosophy: From the Rediscovery of Aristotle to the Disintegration of Scholasticism, 1100-1600*. Cambridge: Cambridge University Press, 2008.

MAQUIAVEL, Nicolau. *The Prince*. Trad. Peter Bondanella. Nova York: Oxford University Press, 2005. [Ed. bras.: *O príncipe*. 4. ed. Trad. Maria Júlia Goldwasser. São Paulo: WMF Martins Fontes, 2010.]

MARICATO, Erminia (org.). *A produção capitalista da casa (e da cidade)*. São Paulo: Alfa-Omega, 1979.

MARSHALL, T. H. "Capitalism and the Decline of the English Gilds", *Cambridge Historical Journal*, v. 3, n. 1, p. 23-33, 1929.

MARTIN, Julian. *Francis Bacon, the State, and the Reform of Natural Philosophy*. Cambridge: Cambridge University Press, 1992.

MARX, Karl. "The British Rule in India", *New York Daily Tribune*, 25 jun. 1853. Disponível em: https://www.marxists.org/archive/marx/works/1853/06/25.htm. [Ed. port.: "A dominação britânica na Índia". *In*: MARX, Karl. *Obras escolhidas em três tomos*, tomo I. Trad. Editorial Avante. Lisboa/Moscou: Progresso, 1992, p. 513-18. Disponível em: https://www.marxists.org/portugues/marx/1853/06/10.htm.]

MARX, Karl. *Crítica do Programa de Gotha*. Trad. Rubens Enderle. São Paulo: Boitempo, 2012.

MARX, Karl. *O capital: crítica da economia política*, livro I, *O processo de produção do capital*. Trad. Rubens Enderle. São Paulo: Boitempo, 2013.

MARX, Karl & ENGELS, Friedrich. "Demands of the Communist Party in Germany", mar. 1848. Disponível em: https://www.marxists.org/archive/marx/works/1848/03/24.htm. [Ed. port.: "Demandas do Partido Comunista na Alemanha", mar. 1848. Disponível em: https://www.marxists.org/portugues/marx/1848/03/24.htm#tr1.]

MARX, Karl & ENGELS, Friedrich. *Manifesto comunista*. Trad. Álvaro Pina & Ivana Jinkings. São Paulo: Boitempo, 1998.

MARX, Karl & ENGELS, Friedrich. *A ideologia alemã*. Trad. Luciano Cavini Martorano, Nélio Schneider & Rubens Enderle. São Paulo: Boitempo, 2007.

MAYER, Arno. *The Persistence of the Old Regime*. Londres: Verso, 2010.

MERCHANT, Carolyn. "Secrets of Nature: The Bacon Debates Revisited", *Journal of the History of Ideas*, v. 69, n. 1, p. 147-62, 2008.

MORE, Thomas. *Utopia*. Ed. Joseph Lupton. Oxford: Clarendon Press, 1895.

MORE, Thomas. *Utopia*. Ed. George M. Logan, trad. Robert M. Adams. Cambridge: Cambridge University Press, 2003.

MORGAN, Hiram. "The Colonial Venture of Sir Thomas Smith in Ulster, 1571-1575", *The Historical Journal*, v. 28, n. 2, p. 261-78, jun. 1985.

OLIVEIRA, Francisco de. *Crítica da razão dualista*. São Paulo: Cebrap, 1972.

OLIVEIRA, Pedro Rocha de. "Arte e sociedade burguesa na teoria do texto teatral de Peter Szondi", *Crítica Cultural*, v. 8, n. 1, p. 11-26, jan.-jun. 2013a.

OLIVEIRA, Pedro Rocha de. "Golpes de vista". *In*: BRITO, Felipe & OLIVEIRA, Pedro Rocha de (org.). *Até o último homem: visões cariocas da administração armada da vida social*. São Paulo: Boitempo, 2013b.

OLIVEIRA, Pedro Rocha de. "O sentido moderno da administração colonial: o caso do Regimento das Missões", *Revista do Instituto de Estudos Brasileiros*, n. 61, p. 203-21, ago. 2015.

OLIVEIRA, Pedro Rocha de. "Paradigmas de política penal e sentido econômico da população: das punições corporais às UPPs", *Revista Em Pauta*, v. 14, n. 37, p. 243-69, out. 2016.

OLIVEIRA, Pedro Rocha de. *Dinheiro, mercadoria e Estado nas origens da sociedade moderna: estudo sobre a acumulação primitiva de capital*. Rio de Janeiro/São Paulo: Editora PUC-Rio/Loyola, 2018.

PAPA JOÃO PAULO II. "Carta apostólica *E Sancti Tomae Mori* sob a forma de *motu próprio* para proclamação de S. Tomás Moro patrono dos governantes e dos políticos", 31 out. 2000.

PASTORINO, Cesare. "The Mine and the Furnace: Francis Bacon, Thomas Russell, and Early Stuart Mining Culture", *Early Science and Medicine*, v. 14, n. 5, p. 630-60, 2009.

PELTONEN, Markku. "Bacon's Political Philosophy". *In*: PELTONEN, Markku (org.). *The Cambridge Companion to Bacon*. Cambridge: Cambridge University Press, 1996, p. 283-10.

PESIC, Peter. "Wrestling with Proteus: Francis Bacon and the 'Torture' of Nature", *Isis*, v. 90, n. 1, p. 81-94, 1990.

QUINLIVAN, James T. "Burden of Victory: The Painful Arithmetic of Stability Operations", *RAND Review*, v. 27, n. 2, 2003.

QUINN, David Beers. "Sir Thomas Smith (1513-1577) and the Beginnings of English Colonial Theory", *Proceedings of the American Philosophical Society*, v. 89, n. 4, p. 543-60, dez. 1945.

RAVALLION, Martin. "Pessimistic on Poverty?", *The Economist*, 7 abr. 2004.

RUSCHE, Georg & KIRCHHEIMER, Otto. *Punição e estrutura social*. Trad. Gizlene Neder. Rio de Janeiro: Revan. 2004.

SANTOS, Fabricio Lyrio. "Aldeamentos jesuítas e política colonial na Bahia, século XVIII", *Revista de História*, n. 156, p. 107-28, 2007.

SARGENT, Rose-Mary. "Bacon as an Advocate for Cooperative Scientific Research". *In*: PELTONEN, Markku (org.). *The Cambridge Companion to Bacon*. Cambridge: Cambridge University Press, 1996, p. 146-71.

SCHWARZ, Roberto. "Cultura e política, 1964-69". *In*: SCHWARTZ, Roberto. *O pai de família e outros estudos*. Rio de Janeiro: Paz e Terra, 1978.

SCHWARZ, Roberto. "A nota específica". *In*: SCHWARZ, Roberto. *Sequências brasileiras*. São Paulo: Companhia das Letras, 1999.

SHAH, Anup "Poverty Facts and Stats", *Global Issues*, 7 jan. 2013. Disponível em: http://www.globalissues.org/article/26/poverty-facts-and-stats.

SHANK, Michael H. "Schools and Universities in Medieval Latin Science". *In*: LINDBERG, David C. & SHANK, Michael H. (org.). *The Cambridge History of Science*, v. 2, *Medieval Science*. Nova York: Cambridge University Press, 2013, p. 207-39.

SKINNER, Quentin. "Political Philosophy". *In*: SCHMITT, Charles & SKINNER, Quentin (org.). *The Cambridge History of Renaissance Philosophy*. Nova York: Cambridge University Press, 1998, p. 387-452.

SKINNER, Quentin. *The Foundations of Modern Political Thought*, v. 1, *The Renaissance*. Cambridge: Cambridge University Press, 2002.

SMITH, Thomas. "A Letter by T. B. Gentleman unto his very Friend Master R. C. Esquire, wherein is Contained a Large Discourse of the Peopling and Inhabiting the Country Called the Ardes, and other Adjacent in the North of Ireland, and Taken in Hand by Sir Thomas Smith, one of the Queen's Majesty's Counsel, and Thomas Smith Esquire his Son" (1572). *In*: HILL, George (org.). *An Historical Account of the MacDonnells of Antrim*. Belfast: Archer & Sons, 1873, p. 405-15.

SMITH, Thomas. *A Discourse of the Common Weal of this Realm of England, First Printed in 1581 and Commonly Attributed to W. S.* Org. Elizabeth Lamond. Cambridge: Cambridge University Press, 1893.

SMITH, Thomas. *De Republica Anglorum*. Org. Mary Dewar. Cambridge: Cambridge University Press, 1982.

SPEDDING, James. *An Account of the Life and Times of Francis Bacon*, v. 2. Londres: Turner and Francis, 1878.

SZONDI, Peter. *Teoria do drama burguês*. Trad. Luiz Sérgio Repa. São Paulo: Cosac Naify, 2004.

TANNER, Joseph Robson. *Tudor Constitutional Documents, AD 1485-1603*. Cambridge: Cambridge University Press, 1922.

THOMPSON, E. P. *Customs in Common*. Pontypool: Merlin Press, 2010.

WACHTEL, Nathan. "The Indian and the Spanish Conquest". *In*: BETHELL, Leslie (org.). *The Cambridge History of Latin America*, v. 1, *Colonial Latin America*. Nova York: Cambridge University Press, 1984, p. 207-48. [Ed. bras.: "Os índios e a conquista espanhola". *In*: BETHELL, Leslie (org.). *História da América Latina*, v. 1, *América Latina colonial*. Trad. Maria Clara Cescato. 2. ed. São Paulo: Edusp, p. 2021, p. 195-240.]

WACQUANT, Loïc. *Punir os pobres: a nova gestão da miséria nos Estados Unidos*. Trad. Eliana Aguiar. Rio de Janeiro: Revan, 2003.

WALLACE, William A. "Traditional Natural Philosophy". *In*: SCHMITT, Charles & SKINNER, Quentin (org.). *The Cambridge History of Renaissance Philosophy*. Nova York: Cambridge University Press, 1998, p. 201-235.

WOOD, Andy. *The 1549 Rebellions and the Making of Early Modern England*. Cambridge: Cambridge University Press, 2007.

WOOD, Ellen Meiksins. *Liberty and Property: A Social History of Western Political Thought from Renaissance to Enlightenment*. Londres: Verso, 2012.

WOOD, Neal. *Foundations of Political Economy: Some Early Tudor Views on State and Society*. Oakland: University of California Press, 1994.

WOOD, Neal. "Foundations of Political Economy: The New Moral Philosophy of Sir Thomas Smith". *In*: FIDELER, Paul & MAYER, Thomas (org.). *Political Thought and the Tudor Commonwealth*. Londres: Routledge, 2005.

ZAGORIN, Perez. *Francis Bacon*. Princeton: Princeton University Press, 1998.

Foto: Acervo pessoal

PEDRO ROCHA DE OLIVEIRA é carioca, professor do ensino público federal, psicanalista e pós-doutor em filosofia. Tentando dar uma voz mais ou menos organizada à sensação de colapso onipresente na experiência contemporânea, estuda as origens e os limites da civilização moderna, entendida simplesmente e rigorosamente como socialização capitalista. É coautor de *Até o último homem: visões cariocas da administração armada da vida social* (Boitempo, 2013), autor de *Dinheiro, mercadoria e Estado nas origens da sociedade moderna: estudo sobre a acumulação primitiva de capital* (Editora PUC-Rio, 2018) e de vários estudos, artigos e capítulos sobre estética moderna, política penal, psicanálise e história do pensamento moderno, através dos quais tem buscado manter os olhos sempre fixos nas razões para odiar o caminho mortífero em que, desde o advento moderno, a humanidade foi metida. Suas principais referências teóricas são Paulo Arantes, Peter Linebaugh, Theodor Adorno, Sándor Ferenczi e David Graeber. Na Universidade Federal do Estado do Rio de Janeiro, geralmente leciona crítica da economia política, pensamento brasileiro e filosofia da cultura.

Primeira edição, abril de 2024
São Paulo, Brasil

Dados Internacionais de Catalogação na Publicação (CIP)
Angélica Ilacqua CRB-8/7057

Oliveira, Pedro Rocha
Discurso filosófico da acumulação primitiva: estudo sobre as origens do pensamento moderno / Pedro Rocha de Oliveira — São Paulo: Elefante, 2024.
504 p.

ISBN 978-65-6008-007-2

1. Filosofia 2. Sociologia 3. Economia política I. Título

23-4626 CDD 100

Índices para catálogo sistemático:
1. Filosofia

---

elefante

editoraelefante.com.br
contato@editoraelefante.com.br
fb.com/editoraelefante
@editoraelefante

Aline Tieme [comercial]
Samanta Marinho [financeiro]
Sidney Schunck [mídia]
Teresa Cristina Silva [redes]

Lá vem o cinocéfalo! As mãos gesticulam racionalmente: uma oferece um argumento, a outra desenha a terra redonda. Mas sua postura é agressiva: ele avança, linguarudo, com passadas firmes, e a falação que ele late deve ser ouvida, entendida e introjetada. Quem não o fizer vai encarar seus dentes caninos e acabar pisado como mato. Dos sistemas filosóficos à burocracia estatal e às aulas de matemática, é assim que a racionalidade moderna aparece diante das pessoas comuns desde que essa desgraceira começou.

Fontes Signifier & Prophet
Papéis Cartão 250 g/m² & Pólen Natural 70 g/m²
Impressão Gráfica HRosa